Veröffentlichungen
der Vereinigung der Deutschen Staatsrechtslehrer
Heft 48

Heinz-Christoph Link und Georg Ress

Staatszwecke im Verfassungsstaat – nach 40 Jahren Grundgesetz

---

Jörn Ipsen, Dietrich Murswiek und Bernhard Schlink

Die Bewältigung der wissenschaftlichen und technischen Entwicklungen durch das Verwaltungsrecht

Berichte und Diskussionen
auf der Tagung der Vereinigung der Deutschen Staatsrechtslehrer
in Hannover vom 4. bis 7. Oktober 1989

1990

Walter de Gruyter · Berlin · New York

Redaktion: Prof. Dr. Erhard Denninger (Frankfurt am Main)

CIP-Titelaufnahme der Deutschen Bibliothek

Staatszwecke im Verfassungsstaat nach 40 [vierzig] Jahren Grundgesetz / Heinz-Christoph Link u. Georg Ress. Die Bewältigung der wissenschaftlichen und technischen Entwicklungen durch das Verwaltungsrecht / Jörn Ipsen ... Berichte und Diskussionen auf der Tagung der Vereinigung der Deutschen Staatsrechtslehrer in Hannover vom 4. bis 7. Oktober 1989. – Berlin ; New York : de Gruyter, 1990
(Veröffentlichung der Vereinigung der Deutschen Staatsrechtslehrer ; H. 48)
ISBN 3-11-012565-X
NE: Link, Heinz-Christoph [Mitverf.]; Ress, Georg [Mitverf.]; Beigef. Werk; Vereinigung der Deutschen Staatsrechtslehrer: Veröffentlichungen der Vereinigung der Deutschen Staatsrechtslehrer

∞ Gedruckt auf säurefreiem Papier,
das die US-ANSI-Norm über Haltbarkeit erfüllt.

Printed in Germany
Satz und Druck: Saladruck, 1000 Berlin 36
Bindearbeiten: D. Mikolai, 1000 Berlin 10

Inhalt

Jahrestagung 1989

Die Jahrestagung der Vereinigung fand vom 4. bis 7. Oktober in Hannover statt. Der genius loci der früheren Technischen Hochschule erschien jedenfalls für den zweiten Beratungsgegenstand als besonders angemessen. Die Mitglieder gedachten ihres im April verstorbenen Kollegen *Herbert Krüger*, dessen Leben und Werk der Vorsitzende würdigte. Dieser konte sechs neue Mitglieder begrüßen, so daß die Vereinigung nunmehr 359 Mitglieder zählt. In Anerkennung seiner besonderen Verdienste um die Vereinigung wählte die Mitgliederversammlung Herrn *Hans Peter Ipsen* einstimmig zum Ehrenvorsitzenden auf Lebenszeit. Die Jahrestagung 1990 soll vom 3. bis 6. Oktober in Zürich, die folgenden sollen jeweils in der ersten Oktoberwoche in Gießen und in Bayreuth stattfinden. Zum neuen Vorstand der Vereinigung wurden die Herren *Klaus Vogel* (Vorsitzender), *Volkmar Götz* und *Hans-Jürgen Papier* gewählt.

Annähernd zweihundert Mitglieder waren, mit oder ohne Begleitung, nach Hannover gekommen. Außerdem konnte der Vorsitzende Gäste aus Italien und Japan, sowie mehrere Fachverleger und Vertreter der Fachzeitschriften begrüßen.

Im Hauptgebäude der Universität im Welfengarten fanden die Vorträge und Aussprachen statt. *Martin Heckel* hatte den Vorsitz; *Erhard Denninger* und *Hans-Peter Schneider* leiteten die Diskussionen. Am Mittwochabend eröffnete der Präsident der Universität Hannover, Professor Dr. Dr. h. c. *Hinrich Seidel*, das Rahmenprogramm mit einem Empfang im Sprengel Museum. Von da an bis zum Samstagnachmittag wurden Augen und Ohren der Teilnehmer jeden Tag vielfältig künstlerisch verwöhnt: sei es bei dem Empfang des Niedersächsischen Ministerpräsidenten Dr. *Ernst Albrecht* am Donnerstag in der Hochschule für Musik und Theater, deren Meisterschüler(innen) von Mozart bis zum modernen Chanson musikalisch brillierten, sei es bei dem „Wilhelm-Busch-Abend" im Buchholzer Bauernhof am Freitag, sei es durch die Staatsrechtslehrer-(Selbst)kritik in den Karikaturen von *Joachim Nocke*, sei es beim Gang durch die Herrenhäuser Barock-Gärten, bei der Besichtigung der Kirchen in Hildesheim, des Klosters Corvey, des Schlosses von Celle oder schließlich bei dem Samstag-Ausflug nach Wolfenbüttel zur Herzog-August-Bibliothek, ins Lessinghaus und endlich zum Dome Kaiser Lothars von Supplinburg in Königslutter (1135). „Technik" und „Kunst", so wurde deutlich, sind nicht nur sprachlich-begrifflich eng verwandt. *Hans-Peter Schneider* und seinen Hannoveraner Kollegen und ihren Ehefrauen sei herzlich gedankt.

Erster Beratungsgegenstand:

Staatszwecke im Verfassungsstaat – nach 40 Jahren Grundgesetz

1. Bericht von Prof. Dr. *Christoph Link*, Erlangen

Inhalt

Vor der Staatsrechtslehrervereinigung über den Zweck des Staates zu sprechen bedeutet ähnliches wie vor Philosophen über den Sinn des Lebens. Die Komplexität des Gegenstands erfordert Reduktion und eine Auswahl, die notwendigerweise subjektiv ist. Insofern bitte ich um Milde angesichts der Nöte des Berichterstatters zu einem Thema, das zu einer tour d'horizon durch nahezu alle Bereiche des Staatsrechts und der Staatslehre einlädt. Es wird zusätzlich kompliziert durch seinen Untertitel. Auch hier kann nicht etwa eine Bilanz der staatsrechtlichen Entwicklung der vergangenen 40 Jahre gezogen werden. Herr Ress und ich sind übereingekommen, den Akzent auf die Staatszweckproblematik zu legen und sie nur exemplarisch anhand ausgewählter Einzelfragen zu verdeutlichen. Dabei haben wir uns die Aufgabe derart geteilt, daß ich mich sozusagen auf den allgemeinen Teil und die innerstaatlichen Aspekte des Themas konzentriere, während Herr Ress schwerpunktmäßig die dramatischeren Konsequenzen behandelt, die sich aus einer Auflösung des nationalstaatlichen Bezugsrahmens der überkommenen Staatszwecklehren ergeben. Grenzüberschreitungen sind dabei unvermeidlich.

Ich werde in einem ersten Teil die historischen und methodischen Probleme einer Staatszwecklehre zu skizzieren versuchen, in einem zweiten die Gemeinwohlverpflichtung der Staatsgewalt, die gleichsam als Klammer das folgende umschließt. In drei weiteren Abschnitten werde ich auf die zentralen Staatszwecke Frieden und Sicherheit, Wohlfahrt und Freiheit eingehen und zum Schluß die Frage nach der möglichen Relevanz einer Wiederbelebung der Staatszwecklehre stellen. Ich hoffe, damit jedenfalls *einen* möglichen Pfad durch den Problemdschungel zu schlagen. Daß es deren unendlich viele andere gibt, ist mir bewußt.

I. Historische und methodische Probleme einer Staatszwecklehre

1. Staatszwecke im „modernen Staat"?

„Die Lehre vom Staatszweck" ist „eine gar nicht aufzuwerfende Frage... Es sind das Fragen, welche einem früheren, naturrechtlich gestimmten Zeitalter wichtig und lösbar erscheinen mochten, die aber in der heutigen Staatsrechtswissenschaft kaum anders als durch Übergang zur Tagesordnung zu erledigen sind"[1].

In der Tat scheint das Thema „Staatszwecke im Verfassungsstaat" Unvereinbares zu verknüpfen. Die klassischen Staatszwecklehren[2] hatten es unternommen, ein theologisch oder naturrechtlich begründetes Bild vom „richtigen" Staat zu zeichnen. Hier erfolgte die Abgrenzung von Staatsgewalt und Bürgerfreiheit, hier wurden die Leitlinien einer bene moderata potestas[3] gezogen und die Vision eines materiellen Rechtsstaats entwickelt, in dem herrscherliche und ständische Kompetenzen, Staatsnotwendigkeit und Eingriffsschranken, innere Souveränität und Gesetzesbindung unter dem Leitbild einer

[1] *G. Anschütz,* Die Grundlagen des deutschen Staatsrechts, in: F. v. Holtzendorff/J. Kohler (Hg.), Enzyklopädie der Rechtswissenschaft in systematischer Bearbeitung IV, 1914, S. 4 ff. (26).

[2] Zur älteren Geschichte der Staatszwecklehre *G. Jellinek,* Allgemeine Staatslehre, 3. Aufl. 1914 (7. Neudr. 1960), S. 230 ff.; *R. Schmidt,* Allgemeine Staatslehre I, 1901, S. 145 ff.; *O. v. Gierke,* Das deutsche Genossenschaftsrecht IV, 1913 (Neudr. 1954), S. 404 ff.; *E. Rosenthal,* Der Wandel der Staatsaufgaben in der letzten Geschichtsperiode, 1913; *H. v. Frisch,* Die Aufgaben des Staates in geschichtlicher Entwicklung, in: G. Anschütz u. a. (Hg.), Handbuch d. Politik I, 3. Aufl., 1920, S. 86 ff.; *L. Waldecker,* Die Theorien über den Umkreis der Staatstätigkeit, ebda. S. 73 ff.; *A. Menzel,* Zur Lehre vom Staatszweck, ZöR 7 (1928), S. 211 ff.; *H. Hug,* Die Theorien vom Staatszweck, 1954; *E. Mayer,* Die Staatsziele im Wandel der Geschichte, in: Festg. R. Binder, 1930, S. 137 ff.; *H. Nawiasky,* Allgemeine Staatslehre IV, 1958; *K. Hespe,* Zur Entwicklung der Staatszwecklehre in der deutschen Staatsrechtswissenschaft des 19. Jahrhunderts, 1964, S. 20 ff.; *H.-U. Erichsen,* Verfassungs- und verwaltungsrechtsgeschichtliche Grundlagen der Lehre vom fehlerhaften belastenden Verwaltungsakt und seiner Aufhebung im Prozeß, 1971, S. 31 ff.; *U. Scheuner,* Die Staatszwecke und die Entwicklung der Verwaltung im deutschen Staat des 18. Jahrhunderts, in: Gedächtnisschr. f. H. Conrad, 1979, S. 467 ff.; *H. P. Bull,* Die Staatsaufgaben nach dem Grundgesetz, 2. Aufl. 1977, S. 17 ff.; *Ch. Link,* Herrschaftsordnung und bürgerliche Freiheit, 1979, S. 132 ff.; *P. Preu,* Polizeibegriff und Staatszwecklehre, 1983, S. 102 ff., 196 ff., 226 ff., 257 ff., 276 ff.; *R. Zippelius,* Allgemeine Staatslehre, 10. Aufl. 1988, S. 104 ff.; *ders.,* Geschichte der Staatsideen, 5. Aufl. 1985.

[3] *J. H. Boehmer,* Introductio in Jus publicum universale (1710), Ed. 2, 1726, P. spec. I 1 § 21 (p. 291).

„justitia in omni regimine"[4] zum Ausgleich gebracht werden sollten. Die Staatszwecklehre, zentraler Bestandteil des „allgemeinen Staatsrechts", des „Jus publicum universale"[5], entwarf so eine materielle Verfassung der Respublica mit dem normativen Geltungsanspruch des Naturrechts. Insofern ist sie dem vorkonstitutionellen Status der politischen Ordnung verhaftet.

Jede Staatszwecklehre sieht sich deshalb heute einem empirischen und einem normativen Einwand ausgesetzt: Zum einen läuft sie danach Gefahr, durch die Hypostasierung „absoluter" Staatszwecke überzeitliche Allgemeingültigkeit für einen abstrakten Typus „Staat" und seine Funktionen zu beanspruchen und dabei deren historische, politische, ökonomische und soziogeographische Variabilität zu übersehen. Ein realer Erkenntniswert komme allenfalls der Beschreibung derjenigen Zwecke zu, die sich ein bestimmtes Gemeinwesen in einer konkreten geschichtlichen Situation setzt, mithin der realen, „relativen" Staatszwecke[6]. — Zum anderen: Haben nicht die Wertentscheidungen moderner Verfassungen, ihre Kompetenzordnung und ihre Konfliktregelungsmechanismen, namentlich das fein austarierte Verhältnis von Grundrechtsgewährleistungen und Schrankenregelung, die Funktion der älteren Staatszwecklehre übernommen, ihre Theoreme positiviert und in den Rang justiziablen Verfassungsrechts erhoben?[7] Ja müßte nicht jeder Wiederbelebungsversuch dem pouvoir constituant des demokratischen Verfassungsgebers zu nahe treten, seine Entscheidung durch die Behauptung überzeitlicher Staatszwecke relativieren und damit die rechtsstaatliche Verfassungsbindung durch subjektive Werturteile unterlaufen?[8] Die Feststellung von Staatszwecken hatte jedenfalls unter dem Regime des Naturrechts eine staatsbegrenzende Funktion. Wenn es die Aufgabe des modernen Staates ist, sich der jeweiligen „Lage" (im Sinne *Herbert Krügers*[9]) anzupassen, so stellt sich die Frage nach der Vereinbarkeit einer solchen vorverfas-

---

4 *U. Huber,* De jure civitatis libri tres (1674), Ed. 4, 1708, I. 1.1 § 15 (p. 3).

5 *Link* (s. Anm. 2), S. 45 ff. m. Nachw.; *M. Stolleis,* Geschichte des öffentlichen Rechts in Deutschland I, 1988, S. 291 ff.

6 *Jellinek* (s. Anm. 2), S. 238; *H. Krüger,* Allgemeine Staatslehre, 2. Aufl. 1966, S. 760; *Th. Fleiner-Gerster,* Kriterien für die Aufgabenverteilung von Staat und Gesellschaft, in: Bitburger Gespräche, 1984, S. 25 ff.

7 *Zippelius,* Staatslehre (s. Anm. 2), S. 50, 132 f.; *K. Stern,* Das Staatsrecht der Bundesrepublik Deutschland I, 2. Aufl. 1984, S. 82, 97.

8 Dazu *P. Häberle,* Verfassungsrechtliche Staatsaufgabenlehre, AöR 111 (1986), S. 595 ff. (600 f.); *Bull,* Staatsaufgaben (s. Anm. 2), S. 31 f.

9 (s. Anm. 6), S. VI f., 15 ff., 192 ff. u. ö.

sungsrechtlichen Determinierung des Staatshandelns mit dem neuzeitlichen Staatsbegriff selbst; in der klassischen Terminologie gesprochen: mit der Souveränität des modernen Staates[10].

2. *Die Verdrängung der Staatszweckfrage in der neueren Staatsrechtslehre*

Es erscheint deshalb durchaus folgerichtig, daß die Staatszwecklehre der deutschen Staatsrechtswissenschaft im 19. Jahrhundert verlorengegangen ist. Darüber darf die Renaissance dieses Lehrtopos in der ersten Jahrhunderthälfte nicht hinwegtäuschen. Unter dem Begriff der „Kulturzwecke" sollte der staatliche Anspruch auf bisher vornehmlich von der Kirche wahrgenommene Aufgaben begründet werden, während der „Machtzweck" dem aufblühenden Nationalstaat Schubkraft verlieh. In Gestalt der „ökonomischen Zwecke" endlich suchte man ein Korrektiv für liberales Laisser-faire und institutionalisierte damit zugleich in der Staatslehre das außenwirtschaftliche Schutzbedürfnis der Industrialisierungsepoche. Alle diese Interessen schienen mit der Reichsgründung im wesentlichen saturiert. Die Zwecke waren theoretisch zu einem so dichten Gewebe verflochten, daß sie einander zu einer staatlichen Allzuständigkeit ergänzten. Eine Staatszwecklehre, die ihren Gegenstand als „potentielle Totalität, verbunden mit aktueller Partialität"[11] bestimmte, hob sich selber auf. *Laband* machte nicht zu Unrecht geltend, der Begriff des Zweckes sei nur in Verbindung mit einer konkreten Zielrichtung sinnvoll. Eine „Allseitigkeit der Zwecke" bedeute einen Widerspruch in sich[12].

Dabei ist es zunächst geblieben. Daß sich die Frage nach einer sich aus ihren Zielen legitimierenden Staatlichkeit[13] indes nicht auf Dauer

---

[10] *Krüger*, Staatslehre (s. Anm. 6), S. 761; *H. Nawiasky*, Allgemeine Staatslehre III, 1956, S. 51; *W. v. Simson*, Die Souveränität im rechtlichen Verständnis der Gegenwart, 1965, S. 70 ff., 90 ff., 168 ff., 210 f.; *ders.*, Carl Schmitt und der Staat unserer Tage, AöR 114 (1989), S. 185 ff. (194–197).

[11] *H. Rosin*, Souveränität, Staat, Gemeinde, Selbstverwaltung, (Hirths) Annalen des Deutschen Reiches, 1883, S. 265 ff. (290); ebenso *S. Brie*, Theorie der Staatenverbindungen, 1887, S. 4, 100.

[12] Das Staatsrecht des Deutschen Reiches I, 5. Aufl., 1911, S. 67 f. Fn. 2. Dies gelte nicht nur, weil ein derartiger Lehrtopos nichts mehr als Kriterium des Staatsbegriffs hergebe, sondern primär auch, weil „der Zweck eines Rechtsinstituts ... jenseits seines Begriffes" liege (a. a. O. S. 67 f.).

[13] Die prinzipielle Verbindung von Staatszweckproblem und Legitimierung des Staates betonen zu Recht *Hespe* (s. Anm. 2), S. 74; *Zippelius*, Staatslehre (s. Anm. 2), S. 110 ff.

verdrängen ließ[14], zeigten in Weimar die Werke von *Smend* und *Heller*. *Smends* Integration[15] und *Hellers* ethisch gefüllte „Rechtssicherheitsorganisation"[16] stellten je für sich Einheitsformeln und Legitimitätskriterien auf, in denen das Anliegen der älteren Staatszwecklehre in neuem Gewande wiederkehrte.

Gleichwohl stand die Weimarer Staatslehre noch in einer Kontinuität rechtsstaatlicher Tradition, die das Grundproblem der Staatsrechtfertigung in den metajuristischen Bereich verweisen konnte. Erst die Indienstnahme des Staates für mörderische Ziele durch die „Großtyrannen" unseres Jahrhunderts, die Auflösung der Rechtsstaatlichkeit im Säurebad der Ideologien, ließ die Frage nach dem Telos einer Staatlichkeit, die diesen Namen verdient, wieder virulent werden und weckte die Erinnerung an eine theoretische Kultur des Staatsdenkens. Die frühen Länderverfassungen geben davon ebenso Zeugnis[17] wie die Beratungen des Parlamentarischen Rats[18] und zentrale Aussagen des Grundgesetzes[19].

---

[14] Vgl. dazu bereits *H. Gerber*, Freiheit und Bindung der Staatsgewalt, 1932, S. 10 f. u. ö.

[15] Verfassung und Verfassungsrecht, 1928, jetzt in: Staatsrechtliche Abhandlungen und andere Aufsätze, 2. Aufl. 1968, S. 119 ff. (127 f., 161 f., 165, 193 f.); *ders.*, Das Problem der Institutionen und der Staat, 1967, jetzt ebda. S. 500 ff. (503 ff.); *ders.*, Staat, 1959, jetzt ebda. S. 517 ff. (521). – Dazu *R. Bartlsperger*, Die Integrationslehre Rudolf Smends als Grundlegung einer Staats- und Rechtstheorie, Diss. jur. Erlangen 1964, S. 90 ff.; *P. Badura*, Staat, Recht und Verfassung in der Integrationslehre, AöR 16 (1977), S. 305 ff. (309 f., 317); *J. Poeschel*, Anthropologische Voraussetzungen der Staatstheorie Rudolf Smends, 1978, S. 208 ff.; *A. v. Campenhausen*, Rudolf Smend, in: F. Loos (Hg.), Rechtswissenschaft in Göttingen, 1987, S. 510 ff. (520 f.).

[16] *H. Heller*, Staatslehre, 3. Aufl. 1963, S. 199 ff., 333. – Dazu *I. Staff*, Lehren vom Staat, 1981, S. 400 ff., 406 f.

[17] Neben den Präambeln der meisten Landesverfassungen besonders deutlich in Art. 1 Abs. 2 und 3 Verf. Rheinland-Pfalz (1947): „Der Staat hat die Aufgabe, die persönliche Freiheit und Selbständigkeit des Menschen zu schützen, sowie das Wohlergehen des einzelnen und der innerstaatlichen Gemeinschaften durch die Verwirklichung des Gemeinwohls zu fördern. Die Rechte und Pflichten der öffentlichen Gewalt werden durch die naturrechtlich bestimmten Erfordernisse des Gemeinwohls begründet und begrenzt". Ähnlich Art. 1 Verf. Baden-Württemberg; Art. 1 Verf. Saarland.

[18] Dazu jetzt *H. Bethge*, Staatszwecke im Verfassungsstaat – 40 Jahre Grundgesetz, DVBl. 1989, S. 841 ff. (841).

[19] Präambel, Art. 1, 20, 79 Abs. 3.

3. Staatszwecke als „Verfassungszwecke"?

Gerade diese verfassungsrechtliche Positivierung war es aber, die das Problem der „Staatszwecke im Verfassungsstaat" zunächst auf das Instrumentarium der Verfassungsexegese verwies. Der Verfassungspositivismus in den ersten Jahrzehnten der Bundesrepublik, der bald zugunsten eines „Bundesverfassungsgerichtspositivismus" *(Schlink)*[20] abdankte, verortete derartige Fragen namentlich in der Grundrechts- und Sozialstaatsdogmatik. Daß die konkrete Verfassungsordnung im Vordergrund des Interesses stand, nicht so sehr das von ihr Geordnete, der Staat des Grundgesetzes selbst[21], läßt sich indes nicht nur mit jenem Verfassungspositivismus erklären. Die Bundesrepublik wurde zunächst und in den ersten beiden Jahrzehnten eher als ein Transitorium empfunden, als ahistorisches Produkt von Niederlage und Siegerzwietracht, belastet mit den Geburtsfehlern von Spaltung und Besatzungsregime. Wenn die Staatsräson der Bundesrepublik in ihrer eigenen Überwindung lag, so eignete sie sich wenig als Identifikationsobjekt gelebter Gemeinschaft. Ihr mangelte die irrationale Komponente des Staatsbewußtseins[22]; sie wurde akzeptiert, aber nicht geliebt. Andererseits erschienen die traditionellen Werte der Staatlichkeit durch das Vergangene diskreditiert. Die Perversion nationalen Staatsbewußtseins erhob nun die Distanz zu jeder geistigen, traditionellen oder nationalen Grundlegung des Gemeinschaftslebens in den Rang aufgeklärter Bürgertugend[23]. Der vielzitierte Verfassungspatriotismus[24] bot in der Rechtsordnung eine scheinbar entpolitisierte Integrationsbasis, über der der durch sie konstituierte Staat als „wirkende Einheit des politischen Geschehens"[25] aus dem Blick geriet.

Es mag auch ein Aspekt eines sich konsolidierenden Staatsbewußtseins sein, daß sich in neuerer Zeit die Stimmen mehren, die über die

[20] Die Entthronung der Staatsrechtswissenschaft durch die Verfassungsgerichtsbarkeit, Der Staat 28 (1989), S. 161 ff. (163).

[21] *U. Scheuner,* Staatszielbestimmungen, jetzt in: Staatstheorie und Staatsrecht, Ges. Abhandlungen, 1978, S. 223 ff.; *J. Isensee,* Die Verfassung als Vaterland, Zur Staatsverdrängung der Deutschen, in: A. Mohler (Hg.), Wirklichkeit als Tabu, 1986, S. 11 ff.

[22] Dazu *v. Simson,* AöR 114 (1989), S. 185 ff. (206).

[23] In diese Richtung *J. Habermas,* Zum Begriff der politischen Beteiligung, jetzt in: *ders.,* Kultur und Kritik, 1973, S. 9 ff. (40 f.).

[24] *D. Sternberger,* Verfassungspatriotismus, in: 25 Jahre Akademie für Politische Bildung, Tutzing 1982, S. 76–87. — Dazu *Isensee* (s. Anm. 21), S. 33 Fn. 23.

[25] *Scheuner,* Staatszielbestimmungen (s. Anm. 21), S. 223.

dogmatische Beschäftigung mit den Staatszielbestimmungen des GG[26] hinaus eine Staatszwecklehre als Desiderat reklamieren[27]. Die damit verfolgten Anliegen gehen freilich weit auseinander: Die Spannweite reicht von einer Begrenzung staatlicher Aktivitäten[28] bis hin zu einer weitgehenden Indienstnahme der Gesellschaft zur Bewältigung ökologischer Krisen[29].

4. *Autonome und heteronome Zwecksetzungen*

Dagegen herrscht weitgehende Einigkeit darüber, daß eine solche Staatszwecklehre nicht mehr an die älteren Zielbestimmungen anknüpfen könne, die in ihrer philosophischen Abstraktion an den konkreten Aufgaben des Verfassungsstaats der Gegenwart vorbeigingen[30]. Dies ist sicher richtig für jene ältere Schicht des Staatsdenkens, die die politische Gestaltung in einen überzeitlichen ordo eingebettet sah, der ihr Telos bestimmte und „staatliche" Herrschaft nur als Verwaltung einer vorgegebenen Aufgabe erscheinen ließ. In dem Maße aber, in dem die rationale Naturrechtslehre an die Stelle einer derart transzendenten Staatszweckbestimmung eine immanente setzte, stellte sich das grundlegende Problem einer weltlichen – und das heißt: politischen – Legitimation des Herrschaftsverbandes „Staat". Ihre Entdeckung war die Zweckrationalität der societas civilis. Die Gesellschaftsvertragslehre hatte die konsensuale Begründung der Staatlichkeit nicht als historische oder realpsychologische ausge-

---

[26] Zuletzt *Th. Maunz*, Staatsziele in der Verfassung von Bund und Ländern, BayVBl. 1989, S. 545 ff.

[27] *Häberle*, AöR 111 (1986), S. 595 ff. (611); *T. Fleiner-Gerster*, Allgemeine Staatslehre, 1980, S. VII, 391; *P. Saladin*, Wachstumsbegrenzung als Staatsaufgabe, in: FS U. Scheuner, 1973, S. 541 ff. (557); *ders.*, Verantwortung als Staatsprinzip, 1984, S. 13; *H. H. v. Arnim*, Staatslehre der Bundesrepublik Deutschland, 1984, S. 471; *E. W. Böckenförde*, Die verfassungstheoretische Unterscheidung von Staat und Gesellschaft als Bedingung der individuellen Freiheit, Rhein.-Westf. Akad. der Wiss., Vortr. 183, 1973, S. 39 Fn. 96; *ders.*, VVDStRL 30 (1971), S. 164 (Disk.-beitr.); *W. Leisner*, Öffentliches Amt und Berufsfreiheit, AöR 93 (1968), S. 161 ff. (187); *ders.*, Der Triumph, 1985, S. 31–33. – Zur Notwendigkeit interdisziplinärer Arbeit s. neben *Häberle* (a. a. O.) auch *K. Stern*, Staatsziele und Staatsaufgaben in verfassungsrechtlicher Sicht, in: Bitburger Gespräche 1984, S. 5 ff. (15); *G. F. Schuppert*, Entzauberung des Staates oder "Bringing the state back in?", Der Staat 28 (1989), S. 91 ff. (91).

[28] *v. Arnim*, Staatslehre (s. Anm. 27), S. 471.

[29] Namentlich *Saladin*, Verantwortung (s. Anm. 27), S. 123 ff.

[30] *J. Isensee*, in: J. Isensee / P. Kirchhof (Hg.), Handbuch des Staatsrechts der Bundesrepublik Deutschland (i. folg. HdbStR) III, 1988, § 57 Rdn. 32 ff., 116; *Stern*, Staatsziele (s. Anm. 27), S. 6; *Scheuner*, Staatszielbestimmungen (s. Anm. 21), S. 343; *ders.*, Staatszwecke (s. Anm. 2), S. 467 ff. (468).

geben, sondern als hypothetische betrachtet[31]. Weniger kompliziert: der Staat muß so angesehen werden, als sei er eine zweckrationale Schöpfung seiner Bürger, als beruhe alle Herrschaft auf der prinzipiellen Zustimmung der Beherrschten. Mir scheint dies ein unverlierbarer Besitz jedes humanen Staatsdenkens zu sein, der im Verfassungsstaat nur seine demokratische Aktualisierung erfahren hat. Es schließt ein Verständnis des Staates als „sittlicher Zweck an sich"[32] ebenso aus wie jede Hypostasierung eines Kollektivs. Damit kann die Frage nach den Staatszwecken sinnvoll nur dort gestellt werden, wo eine solche Rückkopplung an die finale gesellschaftliche Steuerung der politischen Ordnung nicht aufgehoben ist, wo sich der Staat nicht als Selbstzweck verselbständigt[33].

5. *Staatszwecklehre und Volkssouveränität*

Damit bleibt freilich das Problem der potentiellen Allzuständigkeit. Man hat den Staat geradezu im Gegensatz zum Zweckverband gesehen, weil ihm — ein König Midas — alles, was er anfaßt, zur Aufgabe wird[34]. In einer demokratischen Staatsordnung würde dies die prinzipielle Ungebundenheit und Unbindbarkeit der volonté générale bedeuten. Und in der Tat ist dies ein Herzstück der klassischen marxistischen Staatslehre. Demgegenüber legt im Verfassungsstaat die Verfassung dem Leviathan nicht nur nachträglich Fesseln an, sie begründet ihn als verfassungsmäßigen und erlaubt ein Reagieren auf die „Lagen"[35] nur im Rahmen der Verfassung und mit verfassungsmäßigen Mitteln[36]. Die allseitige Zwecksetzungskompetenz ist damit konstitutionell beschränkt. Das Grundgesetz, überwiegend abhold allem pädagogischen Pathos, gibt hier freilich nur wenige Leitlinien vor[37].

---

[31] *Link*, Herrschaftsordnung (s. Anm. 2), S. 245 m. w. N.

[32] Vgl. *G. F. Hegel*, Grundlinien der Philosophie des Rechts, hrsg. v. Hoffmeister, 4. Aufl. 1955, § 258 mit Anmerkung; aus neuerer Zeit *Krüger*, Staatslehre (s. Anm. 6), S. 192 m. w. N.

[33] *H. Nawiasky*, Allgemeine Staatslehre II/1, 1952, S. 199 f.; dagegen sieht *v. Arnim*, Staatslehre (s. Anm. 27), S. 175, schon im Begriff des Staatszwecks das Mißverständnis vom Staat als Selbstzweck angelegt.

[34] *Krüger*, Staatslehre (s. Anm. 6), S. 196, 759 ff.

[35] *Krüger*, Staatslehre (s. Anm. 6), S. 761.

[36] *M. Kriele*, Einführung in die Staatslehre, 4. Aufl. 1990, S. 111 ff.; *Bull*, Staatsaufgaben (s. Anm. 2), S. 33 f.

[37] Vgl. zum Folgenden *Isensee*, HdbStR III, § 57 Rdn. 121 ff.; *R. Herzog*, HdbStR III, § 58 Rdn. 28 ff.; *Häberle*, AöR 111 (1986), S. 595 ff. (605); vgl. auch *W. Leisner*, Öffentlichkeitsarbeit der Regierung im Rechtsstaat, 1966, S. 80, 82 ff.

Neben den Staatszielbestimmungen des sozialen Rechtsstaats, dem Wiedervereinigungsgebot, der Verfassungsentscheidung für die internationale Zusammenarbeit[38] und dem Verbot des Angriffskrieges ist dies vor allem das Bekenntnis zur Menschenwürde als oberstem Konstitutionsprinzip. Daneben lassen sich aus der Zusammenschau einzelner Verfassungsbestimmungen Inhalt und Grenzen einzelner Staatszwecke entnehmen, so die Friedenssicherung nach innen und außen, kulturstaatliche Direktiven, das Neutralitätsgebot, Schutzpflichten für Individual- und Gemeinschaftsgüter. Darauf wird im einzelnen noch einzugehen sein.

6. *Staatszwecke – Staatsziele – Staatsaufgaben – Verfassungsdirektiven*

Es liegt auf der Hand, daß diese Aufgabenzuweisungen staatstheoretisch auf unterschiedlichen Ebenen liegen. Es bedarf daher zunächst einer terminologischen Klarstellung[39]. Wenn im folgenden von Staatszwecken[40] die Rede ist, so ist damit die Frage nach legitimierenden und begrenzenden Konstanten der Staatstätigkeit gestellt. Dies freilich nicht im Sinne einer überzeitlichen und für alle Staaten geltenden spekulativen Teleologie[41]. Diesem Mißverständnis hat die ältere Staatslehre dort Vorschub geleistet, wo sie von den „prima principia" in die Niederungen der „conclusiones" herabstieg und ganze Staatszweckkataloge entwarf[42]. Sie sind durchweg aus Verallgemeinerungen der historisch-konkreten politischen Umwelt gewonnen und stehen zu dieser in einem unlösbaren – kritischen oder affirmativen – Zusammenhang. Dagegen scheinen mir ihre Grundanliegen Konstanten des neuzeitlichen Staatsdenkens zu bezeichnen, die zwar sicher

---

38 *K. Vogel,* Die Verfassungsentscheidung des Grundgesetzes für eine internationale Zusammenarbeit, 1964.

39 Dazu *Bull,* Staatsaufgaben (s. Anm. 2), S. 29 m. w. N., 43 ff.; *ders.,* Staatszwecke im Verfassungsstaat, NVwZ 1989, S. 801 ff. (802).

40 Vgl. *U. Matz,* Der überforderte Staat, in: W. Hennis u. a. (Hg.), Regierbarkeit I, 1977, S. 82 ff. (82 f.); *G. Küchenhoff / E. Küchenhoff,* Allgemeine Staatslehre, 8. Aufl. 1977, S. 99 ff.

41 Dagegen zu Recht *Isensee,* HdbStR III, § 57 Rdn. 116.

42 Dies gilt vor allem dort, wo sie die bestehenden Hoheitsrechte durch eine naturrechtliche Staatszwecklehre zu unterfangen unternahm. – Dazu *Link,* Herrschaftsordnung (s. Anm. 2), S. 86; *ders.,* Johann Stephan Pütter, in: M. Stolleis (Hg.), Staatsdenker im 17. und 18. Jahrhundert, 2. Aufl. 1987, S. 310 ff. (319 ff.); *Preu* (s. Anm. 2), S. 102 ff.

nicht Allgemeingültigkeit beanspruchen können[43], die aber jedenfalls das Selbstverständnis des aus ihrer Wurzel erwachsenen freiheitlichen Verfassungsstaats prägen. Staatszwecke in diesem Sinne sind die Verpflichtung auf das Gemeinwohl, Friedenssicherung nach innen und außen, Wohlfahrt im weitesten Sinn und Gewährleistung individueller wie korporativer Freiheit. Diese „klassische Quadriga"[44] der Staatszwecke legitimiert den konkreten Staat in dem Maße ihrer Verwirklichung ebenso wie den staatsbürgerlichen Rechtsgehorsam.

Solche abstrakten Zwecke bedürfen der Konkretisierung in Richtung auf Art und Mittel ihrer Realisierung. Ihr dienen Staatszielbestimmungen (*Ipsen*[45]). Staatsziele liegen auf einer „mittleren Ebene der Reflexion"[46]. Sie beschreiben die tatsächlichen Funktionen eines bestimmten Staates und weisen seinem Handeln die Richtung[47]. Staatsziele können Konkretionen allgemeiner Staatszwecke sein — so das Sozialstaatsprinzip als spezifische (Teil-)Ausprägung des Wohlfahrtszwecks —, sie können aber auch die Staatstätigkeit programma-

---

[43] Daß auch die ältere Naturrechtslehre keineswegs von der Allgemeingültigkeit ihrer Theoreme ausgeht, zeigt die Lehre vom imperium herile, dem „Sklavenstaat", in dem die Staatsgewalt nicht dem Gemeinwohl, sondern dem herrscherlichen Privatnutzen dient. Dieses Kontrastmodell wird nicht nur als kritisches Potential eingeführt, auf dessen düsterer Folie sich eine zivilisierte Gemeinschaftsordnung um so leuchtender abhebt, sondern dient etwa bei Grotius auch zur Begründung dafür, die (völkerrechtliche) Staatsqualität nicht an moralische Bewertungskriterien zu binden. Dazu *Link*, Herrschaftsordnung (s. Anm. 2), S. 33, 41, 81, 115f., 132; *ders.*, Hugo Grotius als Staatsdenker, 1983, S. 25f. (jeweils m. Nachw.).

[44] Etwas abweichend *Bethge*, DVBl. 1989, S. 841ff. (843) (Freiheit, Frieden, Sicherheit und demokratische Selbstbestimmung); *H. Hofmann*, Die Zukunft gestalten, in: Veröff. d. Walter-Raymond-Stiftung 27 (1989), S. 21ff. (23) (Sicherheits-, Rechts-, Sozial- und Kulturzweck); *Herzog*, HdbStR III, § 58 Rdn. 24f. (Gefahrenabwehr nach außen, Sicherung des inneren Friedens, Gesellschaftsgestaltung und Sozialstaatlichkeit).

[45] Über das Grundgesetz, 1950, S. 14; zum Begriff *R. Herzog*, in: Maunz/Dürig, GG, Art. 20 Abschn. I, Rdn. 8f.; *Stern*, Staatsrecht I (s. Anm. 7), S. 121f. m. w. N.; *Scheuner*, Staatszielbestimmungen (s. Anm. 21), S. 227ff.

[46] *Scheuner*, Staatszielbestimmungen (s. Anm. 21), S. 240; ähnlich *Stern*, Staatsziele (s. Anm. 27), S. 18.

[47] Weiter wird der Begriff gefaßt bei *Isensee*, HdbStR III, § 57 Rdn. 115: „Staatsziele sind die Belange des Gemeinwohls (öffentliche Interessen), die der Staat sich zu eigen macht und in deren Dienst er sich planmäßig stellt." Als Staatsziele erscheinen dann auch innere/äußere Sicherheit, Gewähr von Frieden, Freiheit und Wohlfahrt (Rdn. 117), die nach der hier verwendeten Terminologie als Staatszwecke bezeichnet werden. Wie hier im Ergebnis *P. Badura*, Staatsrecht, 1986, S. 194.

tisch auf die Bewältigung besonderer „Lagen" gerade dieses Gemeinwesens verpflichten (Wiedervereinigungsgebot). Demgegenüber werden unter Staatsaufgaben hier die Modalitäten zur Staatszielverwirklichung verstanden, d.h. das auf ein solches Ziel hin aufgegebene Handeln. Sie sind konkreter als die Staatsziele zu bestimmen und sind durch ihren imperativen Charakter gekennzeichnet. Eine weitere Konkretion bilden schließlich die Verfassungsdirektiven, die in unterschiedlicher Bestimmtheit inhaltliche Vorgaben zur Annäherung an Staatsziele machen. Trotz *Lerches* klassifikatorischer Vorarbeit[48] ist insoweit freilich die Terminologie noch immer recht uneinheitlich.

Weniger die Staatszwecke, von denen hier zu reden ist, als vielmehr die Staatsziele haben teil an der verfassungsrechtlichen Relativierung, d.h. an der Positivierung durch eine rechtliche Rahmenordnung. Sie und die ihnen korrespondierenden Staatsaufgaben sind damit konstitutionell verfügbar geworden, erschließen sich aus dem komplexen Regelwerk moderner Verfassungen, das sie materiell ebenso begründet wie begrenzt und kompetentiell auf die verschiedenen Staatsorgane verteilt. Dieser mit dem 19. Jahrhundert in Deutschland einsetzende Prozeß hat die dahinterstehende Staatszwecklehre verkümmern lassen — und damit auch die Frage nach dem legitimierenden Sinn der Staatlichkeit. Gerade manche Entwicklungen und Tendenzen der vergangenen 40 Jahre geben aber Anlaß, sie erneut zu stellen. Ich orientiere mich dabei an der genannten „klassischen Quadriga" der Staatszwecke. Um im Bild zu bleiben — gelenkt, gezügelt und zu einem Gespann verbunden wird sie durch die Gemeinwohlbindung allen staatlichen Handelns. Von ihr soll darum zunächst die Rede sein.

II. Die Gemeinwohlverantwortung des Verfassungsstaates

Daß die politische Herrschaft dem Wohl der Beherrschten und nicht dem der Herrschenden verpflichtet ist, ist ein Grundsatz so alt wie die Reflexion über den Herrschaftsverband Staat selbst. Insofern ist das Gemeinwohl allgemeinster Staatszweck, zugleich Rechtfertigung und Grenze aller Staatsgewalt. Zunehmend wird die Gemeinwohlbindung des Souveräns zur nachdrücklich betonten Rechtspflicht. Die einhellige Befürwortung dieses Postulats in allen politischen Lagern zeigt, daß in der vorkritischen Staatslehre unter diesem Mantel eine

---

[48] Das BVerfG und die Verfassungsdirektiven, AöR 90 (1965), S. 341 ff. (346 ff.).

Fülle divergierender Vorstellungen Unterschlupf fand. Dabei ist es auch nach *Kant* geblieben. Trotzdem hat sich die Gemeinwohlbindung auch unter dem GG nicht zu einer Leerformel verflüchtigt[49].

1. *Bonum commune und weltanschauliche Neutralität*

a) Sicherlich die folgenreichste Mutation des Gemeinwohlbegriffs ist seine Säkularisierung. Bis weit in das 17. Jahrhundert hinein galt die Sorge für das Seelenheil der Bürger als selbstverständliche, ja zentrale Staatsaufgabe. Die umfassende herrscherliche Gemeinwohlverantwortung wurzelt in diesem göttlichen Amtsauftrag und transzendiert als cura religionis alle regiminalen Aufgaben. Die salus publica ist eine salus publica christiana.

Die vielbeschriebene „Entstehung des modernen Staates als Vorgang der Säkularisation"[50] schwächt diese theologische Imprägnierung zusehends ab. Die Beschränkung auf den irdischen Friedens- und Wohlfahrtszweck tritt als eigentliches Telos der staatlichen Gemeinschaft hervor. „Die Staaten sind nicht um der Religion willen gegründet", heißt es bei *Pufendorf*[51] und *Locke*[52] – und das heißt: Gesellschaft und Staat bestehen allein um der Bewältigung diesseitiger Ordnungsaufgaben willen. Der moderne Staat stellt die religiöse Wahrheitsfrage nicht mehr. Die konfessionelle Neutralität des Staates[53] weitet sich zur religiösen und entläßt die Kirchen in die Freiheit ihres selbstbestimmten Wirkens.

---

[49] So aber *F. Ossenbühl,* Welche normativen Anforderungen stellt der Verfassungsgrundsatz des demokratischen Rechtsstaates an die planende staatliche Tätigkeit..., Gutachten B zum 50. DJT, 1974, S. 3138; auch *K. Eichenberger,* Der geforderte Staat, in: Regierbarkeit I (s. Anm. 40), S. 103 ff. (112): „lenkungsschwache Vagheit" des Gemeinwohlbegriffs; *Saladin,* Wachstumsbegrenzung (s. Anm. 27): Gemeinwohlformel „in der Gegenwart zur Tautologie verblaßt" (S. 555); wie hier *H. H. v. Arnim,* Gemeinwohl und Gruppeninteresse, 1977, S. 5 ff.; *Isensee,* HdbStR III, § 57 Rdn. 35–40, 112–114; *Bull,* NVwZ 1989, S. 801 ff. (805).

[50] *E. Troeltsch,* Das Wesen des modernen Geistes, jetzt in: Ges. Schriften IV, 1925, S. 297 ff. (302 ff.); *Krüger,* Staatslehre (s. Anm. 6), S. 32 ff., *E.-W. Böckenförde,* Die Entstehung des Staates als Vorgang der Säkularisation, in: FS E. Forsthoff, 1967, S. 77 ff.; *M. Heckel,* Weltlichkeit und Säkularisierung, jetzt in: Ges. Schriften II, 1989, S. 912 ff. (931 f.); *Link,* Herrschaftsordnung (s. Anm. 2), S. 134 f.

[51] De jure naturae et gentium (1672), Ed. G. v. Mascov, 1759 (Neudr. 1967), VII. 2. § 8 (II p. 136).

[52] A letter concerning Toleration (1689), Ed. J. Ebbinghaus, 1966, p. 42, vgl. auch p. 12–14.

[53] Zu ihren Anfängen *M. Heckel,* Deutschland im konfessionellen Zeitalter, 1983, S. 52 ff.

b) Im modernen Verfassungsstaat westlicher Prägung ist die religiöse zur weltanschaulichen Neutralität erweitert[54]. Das BVerfG hat dies mit der Formel umschrieben, der Staat solle Heimstatt aller Bürger ohne Unterschied ihrer Religion und Weltanschauung[55] sein. Dies schließt ebenso wie eine religiöse auch eine ideologische Determination des Gemeinwohls als bindende Zielvorgabe der Staatlichkeit aus. Dieser Grundsatz gewann seine fundamentale Bedeutung nicht nur auf der Folie der NS-Diktatur[56], sondern grenzte die freiheitlich-pluralistische Verfassungsordnung auch von der sich zunehmend ideologisch verfestigenden Herrschaftsform im anderen deutschen Staat ab. Indem sich der Staat des Grundgesetzes nicht in den Dienst einer Weltanschauung stellt, sich mit keiner, auch nicht mit der der jeweiligen Mehrheit identifiziert, ist für eine „wissenschaftliche" Bestimmung des bonum commune ebensowenig Raum wie für deren institutionelle Absicherung in Gestalt einer durch angeblich historisches Gesetz zur Herrschaft berufenen, im Besitz der objektiven Wahrheit befindlichen Staatspartei[57]. Zwar hindert der Neutralitätsgrundsatz Bürger und Parteien nicht, religiös oder weltanschaulich geprägte Gemeinwohlvorstellungen in das politische Kräftespiel einzubringen. Grund- und Minderheitsrechte ebenso wie institutionelle Vorkehrungen sollen aber der Ausbildung ideologischer Monopole vorbeugen. Der politisch Andersdenkende irrt nicht über das wahre bonum commune, so daß ihm gegenüber die Wahrheit der volonté générale im Recht wäre, die Durchsetzung einer Gemeinwohlkonzeption ruht nicht auf der materiellen Rationalität der Wahrheit, sondern auf der formellen Rationalität des Mehrheitsprinzips[58]. An dieser

---

[54] *Krüger*, Staatslehre (s. Anm. 6), S. 764 f.; *E. W. Böckenförde*, Der Staat als sittlicher Staat, 1978, S. 31; *K. Schlaich*, Neutralität als verfassungsrechtliches Prinzip, 1972.

[55] BVerfGE 19, 206 (216).

[56] Dazu näher *M. Stolleis*, Gemeinwohlformeln im nationalsozialistischen Recht, 1974, S. 76 ff., 303 ff.; *B. Rüthers*, Entartetes Recht, 1988, S. 190 ff.

[57] BVerfGE 5, 85 (224 f.).

[58] *H. Hofmann*, Legitimität und Rechtsgeltung, 1977, S. 87 ff.; *ders.* / *H. Dreier*, Repräsentation, Mehrheitsprinzip und Minderheitenschutz, in: H.-P. Schneider / W. Zeh (Hg.), Parlamentsrecht und Parlamentspraxis, 1989, S. 165 ff. (186 ff., v. a. 190). Grundsätzlich dazu *H. Kelsen*, Allgemeine Staatslehre, 1925, S. 368–371. Stärker als Richtigkeits- und Vernünftigkeitsgewähr wird die Mehrheitsentscheidung gesehen bei *C. Offe*, Politische Legitimation durch Mehrheitsbindung?, in: B. Guggenberger / C. Offe (Hg.), An den Grenzen der Mehrheitsdemokratie, 1984, S. 150 ff. (153); *Krüger*, Staatslehre (s. Anm. 6), S. 981 f., vgl. auch S. 284 f.; *Kriele*, Einführung (s. Anm. 36), S. 188. Dagegen mit Recht *Ch. Gusy*, Das Mehrheits-

Prämisse scheiden sich freiheitliche von totalitären Herrschaftsformen[59]. Daß eine solche dem deutschen Staatsdenken keineswegs immanente Konzeption[60] nach 1949 zunächst weitgehend das politische Bewußtsein prägte, lag sicherlich zum geringsten Teil an Reeducationsversuchen der Besatzungsmächte. Es wurde vielmehr durch eine allgemeine Ideologiemüdigkeit befördert, die das „Zeitalter der Ideologien"[61] hierzulande als Geschichte erscheinen ließ. Erst eine gewisse Reideologisierung in den späten sechziger Jahren hat überkommene Denkmuster neu belebt. Angesichts der Menschheitsbedrohung durch moderne Waffentechnik und heraufziehende ökologische Gefahren kehrt die alte Konzilsfrage, ob der heilige Geist nicht auch bei der Minderheit sein könne, in neuem Gewande dort wieder, wo scheinbar allein richtige Wege zur Katastrophenabwehr abseits der demokratischen Willensbildung durchgesetzt werden sollen[62] — legitimiert durch eine Heilsgewißheit, dergegenüber das als „Atomstaat", „Überwachungsstaat" und Staat des umweltzerstörenden Kapitals ausgegebene Gemeinwesen von vornherein als Hort des bonum commune in Frage steht. Solche weitverbreiteten Strömungen geben Anlaß zu der Sorge, daß der offene Prozeß der Gemeinwohlfindung erneut ideologisch überformt wird[63].

2. *Institutionelle Sicherungen der Gemeinwohlverpflichtung*

Der Richtpunkt des Gemeinwohls, daß nämlich alle politische Herrschaft im Dienste der im Staatsverband lebenden Menschen zu stehen hat, wird institutionell nicht nur durch Verfahrensregeln, sondern insbesondere durch die mit dem öffentlichen Amt verbun-

---

prinzip im demokratischen Staat, AöR 106 (1981), S. 329 ff. (341); *H. Dreier,* Das Majoritätsprinzip im demokratischen Verfassungsstaat, in: Z. f. Parl.fragen 1986, S. 94 ff. (105); vgl. auch schon *H. Kelsen,* Vom Wesen und Wert der Demokratie, Neudr. d. 2. Auflage 1929, 1963, S. 99.

59 Vgl. *H. Buchheim,* Totalitäre Herrschaft, 2. Aufl. 1962, S. 90 ff.

60 Dazu etwa *E. Fraenkel,* Deutschland und die westlichen Demokratien, 2. Aufl. 1964, S. 32 ff.

61 Vgl. *K. D. Bracher,* Zeit der Ideologien, 1982, S. 18.

62 Vgl. zu diesen modernen Infragestellungen des Mehrheitsprinzips den Sammelband Guggenberger/Offe (s. Anm. 58), insbes. die Beiträge von *I. Fetscher, U. K. Preuß, D. Rucht* und *Guggenberger/Offe.*

63 *Chr. Graf v. Krockow,* Politik und menschliche Natur, 1987, S. 162 ff.; *H. Oberreuter,* Abgesang auf einen Verfassungstyp?, jetzt in: ders. (Hg.), Wahrheit statt Mehrheit?, 1986, S. 23 ff. (28 ff.).

dene Pflichtenstellung gesichert[64]. Der moderne Staat hat das Verhältnis von beneficium und Amt umgekehrt. Nicht die Pfründe begründet die Amtspflichten, sondern erst deren Erfüllung ist Grund des Anspruchs auf amtsgemäße Besoldung[65]. Dies verbietet nicht nur die Entstehung einer Nomenklatura mit ihren Privilegienbündeln. Auch im demokratischen Verfassungsstaat erliegen namentlich die Parteien immer wieder der Versuchung, die Gemeinwohldestinatäre zu segmentieren, d.h. ihrer Klientel Sondervorteile zuzuwenden und insgesamt Partikularinteressen mit dem Gemeinwohl zu identifizieren[66].

3. *Bonum commune und Menschenbild*

a) Wenn das bonum commune die politische Herrschaft in den Dienst der Menschen stellt, so verliert diese Formel ihren Blankettcharakter aber letztlich erst mit der Bestimmung des der jeweiligen Verfassungsordnung zugrundeliegenden Menschenbildes. Denn das Wohl der Beherrschten reklamiert auch die Diktatur für sich. Das Grundgesetz verpflichtet alle staatliche Gewalt auf Achtung und Schutz der Menschenwürde[67]. Es unterscheidet sich von totalitären Herrschaftsformen dadurch, daß es damit die Würde des jetzt lebenden Menschen meint, so wie er nun einmal ist, nicht erst eines zu erziehenden „neuen Menschen". Das verpflichtet die staatliche Tätigkeit auf das Wohl der Gegenwart, die nicht nur als zwangsläufige Durchgangsstufe zu künftigen Paradiesen erscheint. Eine derart säkulare Eschatologie[68] mit all ihrer gerade in diesen Tagen greifbaren

---

[64] Näher *Isensee*, HdbStR III, § 57 Rdn. 10, 64–68; *ders.*, in: E. Benda / W. Maihofer / H.-J. Vogel (Hg.), Handbuch des Verfassungsrechts (i. folg. HdbVerfR) II, 1984, S. 1149 ff. (1152 ff.); *H. Lecheler*, HdbStR III, § 72 Rdn. 14 f., 82 ff.; *W. Hennis*, Amtsgedanke und Demokratiebegriff (1962), jetzt in: U. Matz (Hg.). Grundprobleme der Demokratie, 1973, S. 323 ff.; krit. *W. Leisner*, Legitimation des Berufsbeamtentums, 1988, S. 70 ff.

[65] *Isensee*, HdbVerfR II, S. 1153; *Krüger*, Staatslehre (s. Anm. 6), S. 267 f.

[66] Dazu *M. Stolleis*, VVDStRL 44 (1986), S. 7 ff. (24); *ders.*, Art. „Gemeinwohl", in: Ev. Staatslexikon[3], 1987, Sp. 1061 ff. (1063); *Lecheler*, HdbStR III, § 72 Rdn. 107 ff; *v. Arnim*, Staatslehre (s. Anm. 27), S. 304 ff.

[67] Für *P. Häberle*, Das Menschenbild des Verfassungsstaates, 1988, S. 35, „anthropologische Prämisse" des Verfassungsstaates; ähnlich *E. Denninger*, Staatsrecht I, 1973, S. 19. Näher zur Grundlage des grundgesetzlichen Menschenbildes BVerfGE 4, 7 (16); *Häberle* (a. a. O.), S. 44 ff.; *F. Kopp*, Das Menschenbild im Recht und in der Rechtswissenschaft, in: FS K. Obermayer, 1986, S. 54 ff.

[68] Näher *K. Löwith*, Weltgeschichte und Heilsgeschehen, 2. Aufl. 1953, S. 38 ff.; *H. D. Wendland*, Christliche und kommunistische Hoffnung, in: Marxismus-Studien III, 1954, S. 214 ff.

Tragik ist dem freiheitlichen Verfassungsstaat fremd[69]. Dies bedeutet natürlich nicht, daß damit dessen generationsübergreifende Verantwortung geleugnet werden soll. Aber in seiner planerischen Gestaltung hat die Gegenwart einen Eigenwert, der nicht nur als notwendig unvollkommene Antizipation einer Heilserwartung erscheint.

b) Mit seiner realistischen Anthropologie[70] hat der Verfassungsstaat westlicher Prägung eine tiefgreifende Entscheidung innerhalb zweier Traditionsströme des politischen Denkens getroffen. Seit jeher stehen sich in der Staatslehre die Leitideen eines eher pessimistischen und eines optimistischen Menschenbildes gegenüber[71]. Die optimistische Variante sah die ursprüngliche Freiheit, Gerechtigkeit und Sozialität des Menschen durch die herrschenden gesellschaftlichen Verhältnisse verformt und erhoffte sich demgemäß von deren Umgestaltung einen Bewußtseinswandel, der die Vernunft zu sich selbst befreit und eine gerechte Gemeinschaftsordnung ohne Zwangsmechanismen hervorbringt. Dieses totalitarismusanfällige Menschenbild ließ dort, wo die vorgeblich deformierenden Faktoren beseitigt waren, Opposition als falsches Bewußtsein, mithin als Pathologie erscheinen, deren Zwangsbehandlung gerade das Gemeinwohl förderte. Diese uns aus der marxistischen Fortentwicklung *Roussseaus* vertrauten Leitgedanken[72] haben auch in der Bundesrepublik zeitweise Einfluß gewonnen. Die „antiautoritäre" Bewegung, die sich von einer repressionsfreien Selbstbestimmung[73] und einer „Demokratisierung"[74] aller Lebensbereiche eine Veränderung der als ungerecht empfundenen Strukturen erhoffte, die Infragestellung der Institutionen des Gemeinschaftslebens, die Hoffnung, der „mündige Bürger" werde die Erbsünde abstreifen und sich stets sozialadäquat verhalten, hat Teile der den Vätern des Grundgesetzes noch selbstverständlichen Fundamente der Staatlichkeit unterspült.

---

[69] Krit. zum Menschenbild des GG als „Staatsreligion der Bundesrepublik" *H. Ridder,* Das Menschenbild des Grundgesetzes, in: Demokratie und Recht 7 (1979), S. 123 ff. (123, 129 f.); vgl. auch *Denninger,* Staatsrecht (s. Anm. 67), S. 19, 25–27.

[70] *W. Geiger,* Menschenrecht und Menschenbild in der Verfassung der Bundesrepublik Deutschland, jetzt in: FS H. J. Faller, 1984, S. 3 ff. (13).

[71] *R. Zippelius,* Die Bedeutung kulturspezifischer Leitideen für die Staats- und Rechtsgestaltung, Abh. d. Akad. d. Wiss. u. d. Lit. Mainz, 7/1987, S. 17 ff.; *Häberle,* Menschenbild (s. Anm. 67), S. 36 ff.

[72] Zum sozialistischen Menschenbild neuestens *V. Peter,* Kritik der marxistisch-sozialistischen Rechts- und Staatsphilosophie, 1989, S. 137 ff.

[73] Krit. dazu *M. Kriele,* HdbVerfR I, 1984, S. 129 ff. (158 ff.).

[74] Vgl. *W. Mantl,* Repräsentation und Identität, 1975, S. 275–334 m. w. N.

c) Demgegenüber sichert der demokratische Verfassungsstaat Würde und Freiheit des Menschen gerade durch seine anthropologische Skepsis. Daß der Verfassungsstaat mit der Unvollkommenheit des Menschen rechnet, zeigen die rechtsstaatlichen Sicherungen, namentlich der Gewaltenteilung[75]. Daß er diese Unvollkommenheit akzeptiert, erweist die Konzeption der grundrechtlichen Freiheit als Freiheit auch zu nichtgemeinwohlorientiertem Verhalten[76]. Die Grenzen der Skepsis markiert das BVerfG, wenn es mit seinem normativen Leitbild des sozial verantwortlichen Menschen[77] dessen Ansprechbarkeit auf seine soziale Pflichtenstellung voraussetzt und so das düstere *Hobbessche* Szenario vermeidet, in dem die Wölfe nur durch die absolute Macht des Souveräns zu zähmen sind[78]. Die unterschiedlichen beiden deutschen Verfassungssysteme nach 1949 haben deutlich gemacht, daß ein derartiges begrenzt skeptisches oder gemäßigt optimistisches[79] Menschenbild Bedingung einer freiheitlichen Staatlichkeit ist.

4. *Die Offenheit der Gemeinwohlkonkretisierung im demokratischen Prozeß*

a) Innerhalb der so beschriebenen Leitgrundsätze ist die nähere Bestimmung des Gemeinwohls dem demokratischen Prozeß aufgegeben[80]. Diese Offenheit der Gemeinwohlkonkretisierung bietet keine materielle Richtigkeitsgewähr[81]. Demokratische Willensbildung und Entscheidung sind nicht durch ein im ideologischen Gerinnungspro-

---

75 *Zippelius*, Bedeutung (s. Anm. 71), S. 20; *Häberle*, Menschenbild (s. Anm. 67).

76 *J. Isensee*, Die verdrängten Grundpflichten des Bürgers, DÖV 1982, S. 609 ff. (615).

77 BVerfGE 4, 7 (15 f.); 12, 45 (51); 27, 344 (351); 30, 1 (20); 32, 373 (379); 65, 1 (44); dazu *G. Dürig*, in: Maunz/Dürig, GG, Art. 1 Rdn. 46 ff.; *K. Hesse*, Grundzüge des Verfassungsrechts der Bundesrepublik Deutschland, 16. Aufl. 1988, S. 47, Rdn. 116; *E. Niebler*, Die Rechtsprechung des BVerfG zum obersten Rechtswert der Menschenwürde, BayVBl. 1989, S. 737 ff.

78 De cive (1642), cap. 1 Nr. 10 ff., dt. unter d. Titel „Vom Menschen, Vom Bürger", hrsg. v. G. Gawlik, 2. Aufl. 1959, S. 82 f.

79 So *Häberle*, Menschenbild (s. Anm. 67), S. 40 f.; vgl. auch *W. Leisner*, Demokratie, 1979, S. 225 ff.

80 Bericht der Sachverständigenkommission Staatszielbestimmungen/Gesetzgebungsaufträge, hrsg. von den Bundesministern des Inneren und der Justiz, 1983, Rdn. 69.

81 Vgl. *Th. Ellwein*, HdbVerfR II, S. 1029 ff. (1138).

zeß fixiertes bonum commune ersetzbar. Der demokratische Konsens ist daher Bedingung einer freiheitlichen Gemeinwohlrealisierung. Wenn das Grundgesetz ihn zur Grundlage einer Teilnahme am Verfassungsleben macht, die wehrhafte Demokratie in Verfassungsrang erhebt[82], so liegt darin auch eine Entscheidung für die Harmonisierung von Freiheit und Gemeinwohl. Kompetentiell ist die Gemeinwohlverpflichtung Legislative und Exekutive gleichermaßen auferlegt.

b) Im vertikalen Staatsaufbau, aber auch im Verhältnis von staatlichen und gesellschaftlichen Institutionen[83] ist immer wieder der Versuch unternommen worden, dem Grundgesetz feste Zuständigkeitsregelungen im Sinne des Subsidiaritätsprinzips zu entnehmen. Die Vernünftigkeit eines solchen Regulativs wird man schwerlich bestreiten können. Aber es teilt mit allen Prinzipien allenfalls eine gewisse Leitbildfunktion, die nicht normativ verabsolutierbar ist[84]. Dem steht schon die staatliche Souveränität entgegen, die eine überpositive Kompetenzzuweisung ausschließt[85]. Das Grundgesetz folgt zwar in vielem den Grundsätzen derartiger Subsidiarität, ohne sie aber durchgängig zu verwirklichen[86]. Man wird darin ein Gebot guter Politik zu sehen haben, in der Sprache der älteren Staatslehre: eine Klugheitsregel[87], nicht aber ein Konstitutionsprinzip. Der Gemeinwohlbegriff erweist sich damit letztlich auch kompetentiell als offen.

---

[82] Dazu *E. Denninger / H. H. Klein.*, VVDStRL 37 (1979), S. 7 ff., 53 ff.; *A. Sattler,* Die rechtliche Bedeutung der Entscheidung für die streitbare Demokratie, 1982.

[83] Etwa *H. Peters,* Art. „Staat", in: StLexGörrG[6], VII, 1962, Sp. 520 ff. (534 f.); *P. Mikat,* „Staat VIII", in: StLexGörrG[7], V, 1989, Sp. 157 ff. (161); vorsichtig *A. Rauscher,* Art. „Subsidiarität I", ebda., Sp. 386 ff.

[84] *J. Isensee,* Subsidiaritätsprinzip und Verfassungsrecht, 1968, S. 313 u. ff.; *ders.*, HdbStR III, § 57 Rdn. 79; ähnlich *H. H. Rupp,* HdbStR I, 1987, § 28 Rdn. 51 ff. m. w. N.; *Fleiner-Gerster* (s. Anm. 6), S. 27, 32; für ein „elastisch" verstandenes Subsidiaritätsprinzip auch *v. Arnim,* Staatslehre (s. Anm. 27), S. 474 ff.

[85] So dezidiert *Krüger,* Staatslehre (s. Anm. 6), S. 775; krit. auch *Eichenberger* (s. Anm. 49), S. 113.

[86] *R. Herzog,* Subsidiaritätsprinzip und Staatsverfassung, Der Staat 2 (1963), S. 399 ff. (411 ff,); *ders.,* Art. „Subsidiaritätsprinzip", in: Ev. Staatslexikon[3], 1987 Sp. 3563 ff. (3566 f.); weitergehend *O. Kimminich,* Die Subsidiarität in der Verfassungsordnung des freiheitlichen demokratischen Rechtsstaats, in: ders. (Hg.), Subsidiarität und Demokratie, 1981, S. 30 ff. (61).

[87] Vgl. *R. Herzog,* Allgemeine Staatslehre, 1971, S. 151.

III. Der Sicherheitszweck des Verfassungsstaats

1. Die Verschränkung von Schutzpflicht und staatsbürgerlichem Rechtsgehorsam

Eine der ältesten Konkretionen des Gemeinwohls ist die Sicherheit der Bürger[88]. Auch dieser Begriff verliert im 17. Jahrhundert seinen theologischen Beziehungsreichtum. In säkularisierter Form wird die bürgerliche Sicherheit unter dem Schild der staatlichen Rechtsordnung in der naturrechtlichen Staatslehre zum zentralen Motiv des Sozialvertrags und damit zum Kern der Staatslegitimation. Subjectio trahit protectionem. Für *Hobbes* ist dies der einzige Zweck des Staates, aus dem sich alle anderen Aufgaben herleiten. Seine Erfüllung begründet und begrenzt den bürgerlichen Gehorsam[89]. Diese unauflösliche Verschränkung von staatlicher Schutzfunktion und Gehorsamsanspruch findet sich noch bei *Laband*[90]. Freilich wird das subjektiv-rechtliche Element, das die ältere Staatslehre ganz überwiegend festgehalten hatte, im Verlaufe des 19. Jahrhunderts zunehmend und in dem Maße auf eine objektive Schutzpflicht reduziert, wie sich das Staatsbild ins Transpersonale entrückt. Auch die Rechtsprechung des BVerfG hat hieran nur wenig geändert[91].

Schutzpflicht und Schutzanspruch für Leben, körperliche Unversehrtheit, individuelle Freiheit und Eigentum bilden den Kern einer jedenfalls der modernen Staatlichkeit unabdingbaren inneren Friedens- und Sicherheitsgewährleistung[92]. Sie verwirklicht sich in der Schaffung einer wirksamen, die Interessensphären im Verhältnis Bürger-Bürger und Bürger-Staat abgrenzenden Rechtsordnung, in deren Durchsetzungsmöglichkeit unter Reduktion der Privatgewalt auf den Ausnahmefall (Gewaltmonopol) sowie in der Bereitstellung der hierfür erforderlichen Institutionen[93].

---

[88] *J. Isensee,* Das Grundrecht auf Sicherheit, 1983, S. 3 ff.; *G. Robbers,* Sicherheit als Menschenrecht, 1987, S. 27 ff.; *E. Klein,* Grundrechtliche Schutzpflichten des Staates, NJW 1989, S. 1633 ff.; *D. Murswiek,* Die staatliche Verantwortung für die Risiken der Technik, 1985, S. 102 ff.; *K. Eichenberger,* Die Sorge für den inneren Frieden als primäre Staatsaufgabe, in: *ders.,* Der Staat der Gegenwart, 1980, S. 73 ff.

[89] Leviathan, 1651, III, chap. 29 (p. 174).

[90] Staatsrecht I (s. Anm. 12), S. 156; vgl. dazu *Robbers* (s. Anm. 88), S. 114 f.

[91] Vgl. BVerfGE 39, 1 (41 ff.); 46, 160 (164 f.); 49, 89 (141 f.); 53, 30 (57 f.). S. auch BVerfGE 77, 170 (214).

[92] *Chr. Starck,* Frieden als Staatsziel, in: FS K. Carstens, 1984, Bd. 2, S. 867 ff. (868).

[93] *Herzog,* HdbStR III, § 58 Rdn. 26; vgl. auch *F. Ermacora,* Der Staat als Rechtsordnung, in: FS G. Winkler, 1989, S. 9 ff.

In diesen ineinander verflochtenen Teilbereichen haben sich Defizite insbesondere in der Akzeptanz von Teilen der Rechtsordnung und des Gewaltmonopols gezeigt, die die staatliche Schutzpflicht für Frieden und Sicherheit jedenfalls partiell einem Erosionsprozeß aussetzen.

2. *Das staatliche Gewaltmonopol*

a) Das Gewaltmonopol[94] ist untrennbar mit der Entstehung des neuzeitlichen Staates verbunden. Dabei ging es nicht – jedenfalls nicht primär – um die Zurückdrängung von „Privat"-gewalt. Eigentliches Ziel war das Verbot der Fehde als Rechtstitel „öffentlicher", wenngleich mit der Landeshoheit konkurrierender Gewaltausübung zwischen kleineren Herrschaftsverbänden[95]. Das mühsam durchgesetzte Gewaltmonopol war freilich zunächst im monarchischen Staat im absoluten Herrscher zentriert. Erst im 19. Jahrhundert wurde es demokratisch „eingefangen", d. h. Legitimationsgrundlage des Gewaltmonopols sollte nicht mehr die Herrschersouveränität bilden, sondern die Herrschaft des Gesetzes. Erst die Unterwerfung unter Zwangsgesetze – so *Kant* – begründet „den Friedenszustand, in welchem Gesetze Kraft haben"[96]. Das Gewaltmonopol ist deshalb untrennbar mit der Geltung der Rechtsordnung verknüpft, es dient nicht dem Recht der Macht, sondern soll die Macht des Rechts sichern. Es legitimiert nur rechtlich begründete und begrenzte Gewalt. Im Verfassungsstaat bedeutet dies, daß Gewalt nur im Rahmen verfassungsmäßiger Gesetze, beschränkt durch die grundrechtlichen Gewährleistungen, geübt werden kann[97] – und auch hier an die rechtsstaatlichen Grundsätze des Übermaßverbotes, des Vertrauensschutzes, der Garantien von objektivem Rechtsschutz und fairem Verfahren gebunden ist. Der Primat des Rechtes schließt die Zulässig-

---

[94] Dazu *Isensee*, HdbStR I, § 13 Rdn. 74 ff.; *ders.*, Die Friedenspflicht des Bürgers und das Gewaltmonopol des Staates, in: FS K. Eichenberger, 1982, S. 23 ff.; *D. Merten*, Rechtsstaat und Gewaltmonopol, 1975.

[95] Grundlegend *O. Brunner*, Land und Herrschaft, 6. Aufl. 1973, S. 1 ff.; *E. Kaufmann*, Art. „Fehde", in: HRG I, 1971, Sp. 1083 ff. (1084 f.); *D. Willoweit*, Die Verwaltung und Entwicklung der spätmittelalterlichen Landesherrschaft, in: K. Jeserich / H. Pohl / G.-Ch. v. Unruh (Hg.), Dt. Verwaltungsgeschichte I, 1983, S. 66 ff. (71).

[96] Zum ewigen Frieden (1795), in: Werke, hrsg. v. d. Kgl. Preuß. Akad. d. Wissensch., 1904 ff., VIII, S. 343 ff. (366); dazu *H. J. Faller*, Gewaltmonopol des Staates und Selbstschutzrecht des Bürgers, in: FS W. Geiger, 1989, S. 3 ff. (7).

[97] *R. Scholz*, Rechtsfrieden im Rechtsstaat, NJW 1983, S. 705 ff. (707).

keit gesellschaftlicher „Gegengewalt" aus[98]. Staatliche Zwangsgewalt ist gewiß nicht das einzige, nicht einmal das zentrale Steuerungsinstrument[99], aber sie ist als ultima ratio zur Sicherung des inneren Friedens und zur Gewährleistung von Schutz und Sicherheit unverzichtbar.

b) Die Kritik an dieser Einsicht hat indes Konjunktur[100]. Nach einer Allensbach-Umfrage von 1986[101] halten sich in der Gesamtbevölkerung Befürworter und Gegner in etwa die Waage[102], während bei den unter 30jährigen bereits ein deutliches Übergewicht der Ablehnung erkennbar ist[103]. Hier zeigt sich, daß dieses Kernelement der staatlichen Schutz- und Friedenssicherungspflicht keineswegs mehr auf einer selbstverständlichen Akzeptanz ruht, wie sie in den ersten Jahrzehnten der Bundesrepublik vorausgesetzt werden konnte. Unter einer Camouflage des Gewaltbegriffs erscheint „ziviler Ungehorsam"[104] als Bürgertugend und polizeiliches Vorgehen gegen Rechtsbrüche gerät so – je nach dem Gewicht ethischer Motivationen für „Widerstand" – unversehens in den Mahlstrom von Verhältnismäßigkeitswertungen[105].

---

[98] Ähnlich *G. Püttner*, Der Rechtsstaat und seine offenen Probleme, DÖV 1989, S. 137ff. (141).

[99] *Herzog*, Staatslehre (s. Anm. 87), S. 155 ff.; *ders.*, Von der Akzeptanz des Rechts, Festg. z. 10jährigen Jubiläum d. Gesellsch. f. Rechtspolitik, 1984, S. 127ff. (128).

[100] Vgl. *S. Eisel*, Minimalkonsens und freiheitliche Demokratie, 1986, S. 186ff.

[101] Allensbacher Archiv, IfD-Umfrage 4077, August/September 1986.

[102] Dafür: 45 %, dagegen 44 %, unentschieden 11 %.

[103] Dafür: 38 %, dagegen 48 %, unentschieden 14 %. Diese Ergebnisse werden freilich dadurch relativiert, daß nur etwa einem Drittel der Befragten der Begriff bekannt und von diesen wiederum sich nur ein Viertel über seine Bedeutung im klaren war.

[104] Vgl. hierzu aus der schon fast unüberschaubaren Literatur einerseits *R. Dreier*, Widerstandsrecht im Rechtsstaat, in: FS H. U. Scupin, 1983, S. 573ff. sowie die Beiträge von *dems.* und *H. Schüler-Springorum*, in: P. Glotz (Hg.), Ziviler Ungehorsam im Rechtsstaat, 1983; andererseits *W. Hassemer*, Ziviler Ungehorsam – ein Rechtfertigungsgrund?, in: FS R. Wassermann, 1985, S. 325ff.; *U. Karpen*, „Ziviler Ungehorsam" im demokratischen Rechtsstaat, JZ 1984, S. 240ff.; *Th. Lenckner*, Strafrecht und ziviler Ungehorsam, JuS 1988, S. 349ff.; *Starck* (s. Anm. 92), S. 881ff.; vgl. auch BVerfGE 73, 250 und BGH, JZ 1988, S. 772ff.

[105] Krit. *Herzog*, HdbStR III, § 58 Rdn. 39ff.; *Götz*, HdbStR III, § 79 Rdn. 29ff.; *Isensee*, HdbStR I, § 13 Rdn. 74ff.; *A. Randelzhofer*, HdbStR I, § 15 Rdn. 8f.; *Scholz*, NJW 1983, S. 705ff. (709f.); *W. Martens*, Wandlungen im Recht der Gefahrenabwehr, DÖV 1982, S. 89ff. (97f.); *Bethge*, DVBl. 1989, S. 841ff. (845f.).

c) Sicherheitsdefizite zeigen sich zunächst allgemein im steilen Anstieg der Straftaten[106]. Vor allem aber geht es um die zur Massenerscheinung gewordene politisch und wirtschaftlich motivierte Gewalt[107]. Der Rechtsbindung der staatsmonopolistischen Gewalt korrespondiert die Friedenspflicht der Bürger. Dies bedeutet natürlich nicht den Versuch einer Beschneidung grundrechtlich legitimierter Kritik. Im Gefolge des Brokdorf-Beschlusses des BVerfG[108] ist indes die staatliche Reaktionsmöglichkeit im Vorfeld von absehbar gewalttätigen Demonstrationen nicht unerheblich beschränkt[109].

d) Im präventiven Bereich ist auch bei schweren Gefährdungen der Rechtsgüter Leben, Gesundheit und Eigentum der Anspruch auf polizeiliches Einschreiten, als wesentliche Errungenschaft des grundrechtssichernden Rechtsstaates gefeiert[110], deutlich relativiert. Im repressiven Bereich liegt die Wahrscheinlichkeit einer Verurteilung politisch motivierter Gewalttäter erheblich unter dem Risiko sonstiger Straftaten. Hier hat sich an dem skeptischen Befund *Ipsens* zum 25. Jahrestag des GG[111] wenig geändert — und auch dieses wenige beruht nicht auf einer effektiveren Erfüllung der staatlichen Schutzpflichten, sondern eher auf einem zeitweisen Mangel an geeigneten Mobilisierungsobjekten für die latente Breitbandempörung. In der Unfähigkeit, seiner Friedens- und Schutzpflicht zu genügen, zeigen sich Krisensymptome des Rechtsstaats[112]. Zu Recht ist darauf hinge-

---

[106] Vgl. die Nachw. bei *Faller* (s. Anm. 96), S. 3 f.

[107] Hierzu anschaulich *D. Merten,* Rechtsstaatsdämmerung, in: FS R. Samper, 1982, S. 41 ff.

[108] BVerfGE 69, 315. — Dazu krit. *V. Götz,* Versammlungsfreiheit und Versammlungsrecht im Brokdorf-Beschluß des BVerfG, DVBl. 1985, S. 1347 ff. (1352); *H. Schneider,* Anmerkung zum Brokdorf-Beschluß, DÖV 1985, S. 783 ff.; *M. Kloepfer,* HdbStR VI, § 143 Rdn. 5 ff.

[109] Vgl. *A. Dietel / M. Kniesel,* Der Brokdorf-Beschluß des BVerfG und seine Bedeutung für die polizeiliche Praxis, Die Polizei 1985, S. 335 ff.; zur Schadensbilanz der „Demonstrationen" um die Startbahn West (neben Toten und zahlreichen Schwerverletzten Sachschäden und Kosten in Höhe von nahezu 60 Mio. DM) *K. Gemmer,* Polizeiliche Erfahrungen zur Praxis des Demonstrationsstrafrechts, in: B. Rill / R. Scholz (Hg.), Der Rechtsstaat und seine Feinde, 1986, S. 97 ff. (98).

[110] *Martens,* DÖV 1982, S. 89 ff. (97); vgl. auch *V. Götz,* Allgemeines Polizei- und Ordnungsrecht, 9. Aufl. 1988, Rdn. 274.

[111] *H. P. Ipsen,* Über das Grundgesetz — nach 25 Jahren, DÖV 1974, S. 289 ff. (292 f.).

[112] Dazu *E. Schmidt-Aßmann,* HdbStR I, § 24 Rdn. 97; *K. A. Bettermann,* Der totale Rechtsstaat, 1986.

wiesen worden, daß seine grundrechtliche Bindung nicht nur durch das Übermaßverbot, sondern auch durch ein „Untermaßverbot“[113] markiert wird.

3. *Gewaltmonopol und Rechtsschutzgewährleistung*

Der Schutzzweck des Staates schließt einen effektiven Rechtsschutz ein[114]. Die alte Konnexität von Gewaltmonopol und Gerichtsschutz hat das GG durch Art. 19 Abs. 4 systematisch abgeschlossen. Aber man wird das dem Friedenszweck immanente Versprechen des effektiven Rechtsschutzes kaum als erfüllt ansehen können, wenn sich die Verfahren über Jahre hinziehen[115]. Die deutsche Rechtsstaatsperfektion zeigt hier zunehmend ihren Januskopf[116]. Die hohe Zahl erfolgloser Verfassungsbeschwerden läßt erkennen, daß fachgerichtliche Entscheidungen ihre Funktion verlieren, den Rechtsfrieden auch gegenüber der unterlegenen Partei herzustellen. Ursache dafür ist, so scheint mir, nicht nur die intransigente Weigerung, Niederlagen zu akzeptieren, sondern sind letztlich diffuse Erwartungshaltungen, die den Staat als Garanten gegen Einbußen an materiellem oder immateriellem Wohlbefinden mißverstehen[117].

4. *Die Akzeptanz der Rechtsordnung*

Das Gewaltmonopol bedarf, da es der Durchsetzung des Rechts dient, der überwiegenden Akzeptanz eben jenes im demokratischen Verfahren gesetzten Rechts durch die Bürger[118]. Der Schutz- und Friedenszweck des Staates hat deshalb, wenn er nicht zur Diktatur verkommen will, sein Widerlager im prinzipiellen freiwilligen Geset-

---

[113] *Götz*, HdbStR III, § 79 Rdn. 30 f.

[114] BVerfGE 8, 326; 25, 365; 35, 72; 51, 185; 54, 41; 67, 58.

[115] Dazu *H. Sendler*, 40 Jahre Rechtsstaat des Grundgesetzes: Mehr Schatten als Licht?, DÖV 1989, S. 482 ff. (489); *ders.*, Der Rechtsstaat im Bewußtsein seiner Bürger, NJW 1989, S. 1761 ff. (1769).

[116] *K. A. Bettermann*, Der Zustand des Rechtsstaates, Cappenberger Gespräche 21, 1986, S. 75 ff., empfiehlt zur Bekämpfung der Prozeßflut deshalb gar eine Einschränkung der Rechtsweggarantie des Art. 19 Abs. 4 GG.

[117] *O. R. Kissel*, Justiz zwischen Anspruch und Wirklichkeit, DRiZ 1987, S. 301 ff. (311); *P. Kirchhof*, Nach vierzig Jahren: Gegenwartsfragen an das Grundgesetz, JZ 1989, S. 453 ff. (458).

[118] *R. Wassermann*, Rechtsstaat ohne Rechtsbewußtsein?, 1988, S. 13 f.; *H. Hill*, Das Verhältnis des Bürgers zum Gesetz, DÖV 1988, S. 666 ff. (667); *G. Ress*, Die Autorität des Verfassungsrechts, in: T. Stein (Hg.), Die Autorität des Rechts, Koll. z. 65. Geburtstag v. K. Doehring, 1985, S. 5 ff. (16).

zesgehorsam[119] als Regelfall. Diese als Sekundärtugend bespöttelte Basis einer in Frieden bestehenden Rechtsgemeinschaft ist in den 40 Jahren des Grundgesetzes deutlich abgebröckelt. Man wird Erosionserscheinungen nicht allein in ideologischen Deformationen des Rechtsbewußtseins sehen können. Die Bereitschaft, das angeblich formale Recht um „höherer Werte" willen beiseitezuschieben, hat durch kalkulierte Rechtsbrüche von Roben- und Talarträgern moralisch die höheren Weihen empfangen. Aber die Bereitschaft, das demokratische Gesetz nur dort zu akzeptieren, wo es mit den eigenen Interessen konform geht, beschränkt sich keineswegs auf derartige Erscheinungen. Dies zeigen die Massendelikte des Alltags, etwa im Steuerrecht und im Straßenverkehr, die verharmlosende Bewertung von Ladendiebstählen — insgesamt die erschreckend niedrig gewordene Hemmschwelle dort, wo „es keinen Armen trifft", wo Geschädigte unpersönliche Kollektive oder die Gemeinschaft sind. Sicherlich wird man die Ursachen auch in der unübersichtlich gewordenen Welt zu suchen haben, der eine Unübersichtlichkeit der Rechtsordnung[120] korrespondiert, deren Gebote mit zunehmender Komplexität unmittelbare Einsehbarkeit und ethische Nachvollziehbarkeit verlieren[121]. Das Steuerrecht bietet hierfür ein signifikantes Beispiel[122].

Es ist aber doch vor allem der Rückgang eines in der Gesellschaft verwurzelten Wertbewußtseins, die Zersetzung eines als selbstverständlich empfundenen moralischen Verhaltenskodex[123], dessen Übertretung — wie *Christian Thomasius* noch voraussetzen konnte — den Verlust der „tranquillitas animi" nach sich zieht[124]. Dies mag der Preis einer sich zunehmend pluralisierenden Gesellschaft bei schwindender Integrationskraft wertsetzender Institutionen, etwa der Kirchen, sein. Aber es ist auch die vielfach anzutreffende gleichheitswidrige Prämierung des Rechtsbruchs, nicht nur durch die in vielen Bereichen

---

[119] *H. Röken*, Gesetzesgehorsam statt Gesetzesakzeptanz, DÖV 1989, S. 54 ff.

[120] Dazu *E. Denninger*, Der Präventionsstaat, KJ 1988, S. 1 ff. (6 ff.); *Hill* (s. Anm. 118), S. 667 f.; *Sendler*, NJW 1989, S. 1761 ff. (1762 f.).

[121] *Herzog*, Staatslehre (s. Anm. 87), S. 134 f.

[122] *K. Tipke*, Steuerrecht, 11. Aufl. 1987, S. 65 ff.; *B. Knobbe-Keuk*, Zum Verfall der Steuergesetzgebung, BB 1988, S. 1086 ff.; *G. Wichmann*, Einkommensteuerrecht — einmal anders betrachtet, BB 1989, S. 361 ff.

[123] Dazu *J. Isensee*, Freiheit — Recht — Moral. Das Dilemma des Rechtsbewußtseins im deutschen Verfassungsstaat, in K. Weigelt (Hg.), Freiheit — Recht — Moral, 1988, S. 14 ff. (17).

[124] *Chr. Thomasius*, Fundamenta iuris naturae et gentium, Ed. 4, 1718 (Neudr. 1963), S. 153 § XL, 175 § XXXV.

minimale Sanktionsgefahr, die den Rücksichtslosen belohnt, sondern auch die — aus was für achtbaren Gründen auch immer — nachträgliche Legalisierung. Die Amnestie bei Einführung der Quellensteuer[125] ist hier nur ein Beispiel. Das mehrfach kritisierte „informelle Verwaltungshandeln"[126] mag im Einzelfall vernünftige Ergebnisse zeigen, läßt aber auch im staatlichen Bereich eine Großzügigkeit im Umgang mit dem Recht erkennen, der das allgemeine Gesetz um der Einzelfallgerechtigkeit willen zur Disposition stellt[127]. Der Friedens- und Sicherheitszweck des Rechtsstaates zielt aber auch und gerade auf den Komplementärwert der Rechtssicherheit[128].

5. *Ethische Neutralität des Verfassungsstaates?*

Aber es bedarf noch mehr als des Rufes nach der Sanktionseffektivität. Gesetzesakzeptanz ist ein vermittlungsfähiger und vermittlungsbedürftiger Wert eines friedlichen Zusammenlebens. Die weltanschauliche Neutralität des Staates gebietet keine ethische Farbenblindheit[129]. Die landesverfassungsrechtlichen Erziehungsziele zeigen hier weit geringere Skrupel als Teile der Staatsrechtslehre. *Obermayer* hat vor Jahrzehnten einmal den „ethischen Standard des Grundgesetzes" als pädagogische Leit- und Grenzlinie des schulischen Erziehungsauftrags im demokratischen Staat bezeichnet[130]. Daran scheint mir richtig zu sein, daß die Verfassung ein Beziehungssystem von individueller Freiheit und Gemeinschaftsgebundenheit vorgibt, dessen ethische

---

125 Krit. *H.-W. Arndt*, Gleichheit im Steuerrecht, NVwZ 1988, S. 787 ff. (793); *K. Tipke*, Die rechtliche Misere der Zinsbesteuerung, BB 1989, S. 157 ff.

126 Hierzu *H. Bauer*, Informelles Verwaltungshandeln im öffentlichen Wirtschaftsrecht, VerwArch 78 (1987), S. 241 ff.; *D. Murswiek*, Freiheit und Freiwilligkeit im Umweltrecht, JZ 1988, S. 985 ff.; *Püttner*, DÖV 1989, S. 137 ff. (140 f.).

127 Vgl. zum Ganzen a. *Sendler*, NJW 1989, S. 1761 ff. (1762 ff.); *J. Burmeister*, Praktische Jurisprudenz und rechtsethischer Konsens in der Gesellschaft, in: Gedächtnisschr. f. W. K. Geck, 1989, S. 97 ff. (98 ff.).

128 Zur Gefährdung der Rechtssicherheit durch das den Staat der Industriegesellschaft strukturell überfordernde Verlangen nach „Rechtsgütersicherheit" *Denninger*, KJ 1988, S. 1 ff.

129 Vgl. *F. Bydlinksi*, Fundamentale Rechtsgrundsätze — Zur rechtsethischen Verfassung der Sozietät, 1988, S. 95 f.; *Burmeister* (s. Anm. 127), S. 110 ff.; anders *E. W. Böckenförde*, Der Staat als sittlicher Staat, 1978, S. 24 f.

130 *K. Obermayer*, Gemeinschaftsschule — Auftrag des GG, 1967, S. 23 f.; vgl. a. *P. Häberle*, Grundrechtsgeltung und Grundrechtsinterpretation im Verfassungsstaat, JZ 1989, S. 913 ff. (915); zur Bedeutung für die Öffentlichkeitsarbeit von Staatsorganen s. a. BVerfGE 44, 125 (147 f.); skeptisch insofern *Leisner*, Öffentlichkeitsarbeit (s. Anm. 37), S. 79 ff.

Grundlage zwar der religiösen oder weltanschaulichen Vertiefung bedarf, die aber auch als rational vermittelbare philosophia practica demokratischer Bürgerpflicht einen Eigenwert besitzt[131]. Entgegen manchen Rahmenrichtlinien ist weniger eine Konflikts- als eine Friedenserziehung in *diesem* Sinne ein Postulat des friedenssichernden Rechtsstaats. Denn Rechtsfrieden und Rechtssicherheit sind nicht nur elementarer Staatszweck, die freiheitliche Demokratie lebt zugleich von ihrer Bewährung als Gemeinschaftsaufgabe.

IV. Der Staatszweck Wohlfahrt

1. Die Domestizierung des Wohlfahrtsstaats durch den Rechtsstaat

a) *Georg Jellinek* zieht die Grenze zwischen „expansiven" und „limitierenden" Staatszwecken dort, wo der Staat nicht nur als Instrument des Sicherheits-, Freiheits- und Rechtsschutzes angesehen wird, sondern primär als im Dienst der öffentlichen Wohlfahrt stehend. Hier werde „das Tätigkeitsgebiet des Staates ins Schrankenlose geweitet"[132]. Die historische Problematik einer solchen Klassifizierung, die noch von altliberalen Kategorien bestimmt ist, kann hier nicht diskutiert werden[133]. Das Sozialstaatsprinzip des Grundgesetzes begrenzt den Schutz- und Sicherungszweck nicht auf Rechtssicherheit und Rechtsgüterschutz, sondern hat die Schutz- und Vorsorgepflicht des Staates für die Grundlagen menschenwürdigen Lebens zum Verfassungsauftrag erhoben[134]. Damit setzt es eine Tradition der Staatszweckbestimmung fort, die durch liberal-rechtsstaatliche Postulate des 19. Jahrhunderts keineswegs unterbrochen war[135]. In der älteren

---

[131] Ähnlich *Burmeister* (s. Anm. 127), S. 120 ff.; *O. Kimminich*, Zur „Ethik-Konjunktur" im Umwelt- und Technikrecht, Jahrbuch des Umwelt- und Technikrechts, Bd. 5, 1988, S. 108 f., 121 f.

[132] *Jellinek* (s. Anm. 2), S. 243 ff. einerseits und 246 ff. andererseits.

[133] Dazu *Link*, Herrschaftsordnung (s. Anm. 2), S. 136 ff.

[134] Seit BVerfGE 1, 97 (105) st. Rspr. Dazu *E. Forsthoff*, VVDStRL 12 (1954), 8 ff. (42 f.), sowie *H. F. Zacher*, HdbStR I, § 25 Rdn. 25; *R.-U. Schlenker*, Rückschrittsverbot und Grundgesetz, 1986, S. 93; *R. Scholz*, Sozialstaat zwischen Wachstums- und Rezessionsgesellschaft, 1981, S. 24; *Chr. Starck*, Gesetzgeber und Richter im Sozialstaat, DVBl. 1978, 937 ff. (938); *K. Obermayer*, Der Sozialstaat als Herausforderung der Menschlichkeit, RdA 1979, S. 1 ff. (15); *B. Müller-Volbehr*, Der soziale Rechtsstaat im System des Grundgesetzes, JZ 1984, S. 6 ff. (9).

[135] *G. A. Ritter*, Der Sozialstaat. Entstehung und Entwicklung im internationalen Vergleich, 1989, S. 46 ff. Zur — in moderner Terminologie — sozialstaatlichen Gesetzgebung etwa (aber keineswegs nur) in Preußen *G. Landwehr*, Staatszweck

deutschen Staatslehre behauptet sich neben dem Schutz von Freiheit und Eigentum die wohlfahrtsstaatliche Komponente. Öffentliche und private Wohlfahrt werden als wechselseitig aufeinander bezogene Größen beschrieben. Die Glückseligkeit der Untertanen ist „Endzweck der Republic“[136]. Es ist der Gedanke des Wohlfahrtsstaates, der vornehmlich in der deutschen Staatslehre ausgeformt wird, am deutlichsten in der patriarchalischen Sozialethik des lutherischen Fürstenstaats[137]. Die Idee der umfassenden Daseinsvorsorge als öffentliche Aufgabe scheint mir der eigentliche Beitrag des Luthertums zur modernen Staatsidee zu sein.

b) Letztlich wurzelt das seit *Kant*[138] als Eudämonismus abgetane „Glückseligkeits“-ideal in der tieferen, immer wieder verschütteten Einsicht in die Vorläufigkeit politischer Ordnungen, die nicht dazu berufen sind, außerhalb ihrer selbst liegende – sittliche oder ideologische – Werte zu verwirklichen und so das Glück der Gegenwart der Schimäre künftiger Paradiese zu opfern. Es ist zugleich die Einsicht in die ökonomische Bedingtheit der Menschenwürde. Das Grundgesetz hat die latente Spannung zwischen liberté und égalité in der Formel vom sozialen Rechtsstaat[139] zu vermitteln versucht. Es stellt damit die

---

und Staatstätigkeit in Preußen während der 1. Hälfte des 19. Jahrhunderts, in: FS K. Kroeschell, 1987, S. 249 ff. und allg. demnächst *D. Klippel*, Der Lohnarbeitsvertrag in Naturrecht und Rechtsphilosophie des 18. und 19. Jahrhunderts, in: FS A. Söllner, 1990.

[136] *N. H. Gundling*, Einleitung zur wahren Staatsklugheit, 1751, cap. 7 § 1 (S. 234); weitere Nachw. bei *Link*, Herrschaftsordnung (s. Anm. 2), S. 137 Fn. 19 ff.; zu Christian Wolffs bedeutendem Beitrag *ders.*, Die Staatstheorie Christian Wolffs, in: W. Schneiders (Hg.), Christian Wolff 1679–1754, 1983, S. 171 ff. (173 f.).

[137] Etwa bei D. Reinkingk (1590–1664); zu ihm *Link*, in: M. Stolleis (Hg.), Staatsdenker im 17. und 18. Jahrhundert, 2. Aufl. 1987, S. 78 ff. und V. L. v. Seckendorff (1626–1692); dazu *Stolleis*, ebda. S. 148 ff.

[138] Vgl. vor allem Ueber den Gemeinspruch: Das mag in der Theorie richtig sein ..., in: Werke (s. Anm. 96) VIII, S. 275 ff. (302). Dazu, daß die kantische Frage nach der Verallgemeinerungsfähigkeit individueller Handlungen gerade aus moralphilosophischer Sicht Grenzen des Sozialstaates aufzuzeigen vermag, *Chr. Starck*, Ist der kategorische Imperativ ein Prinzip des Sozialstaats?, ZRP 1981, S. 97 ff. (101).

[139] Das sozialstaatliche Aufgabenfeld wird über Art. 20 Abs. 1, 28 Abs. 1 GG durch zahlreiche weitere Verfassungsbestimmungen abgesteckt. Hierzu zählen insbesondere Art. 9 Abs. 3 i. V. m. Art. 74 Nr. 12 GG als institutionelle Garantie herkömmlicher Grundsätze des Arbeitsrechts, die Kompetenznormen der Art. 74 Nr. 6, 7–16, Art. 91 a sowie die Übergangsregelungen der Art. 119, 120, 120 a (dazu *K. J. Bieback*, Sozialstaatsprinzip und Grundrechte, EuGRZ 1985, S. 657 ff. [660]

anspruchsvolle Aufgabe, die notwendige Statik des bürgerlichen Rechtsstaates und die Dynamik des Sozialstaats[140] als dialektische Einheit zu begreifen, Sozialstaatlichkeit in die Formtypik des Rechtsstaats zu fassen und den Rechtsstaat auf die Herstellung sozialer Gerechtigkeit zu verpflichten. Dabei griffe es zu kurz, den Sozialstaat auf das Feld ökonomischer Vorsorge einzuengen. Soziale Gerechtigkeit realisiert sich auch in der Gleichheit von Bildungschancen, in der Sicherung der natürlichen Lebensgrundlagen und im Kulturstaatsauftrag[141].

c) In diesem Rahmen kann es heute nicht nur um die „Herstellung erträglicher Lebensverhältnisse" gehen, wie es das BVerfG noch 1951 forderte[142]. Über diesen Minimalstandard ist die „Verpflichtung des Gesetzgebers zu sozialer Aktivität" längst hinausgewachsen. Es liegt gleichwohl im „Prozeßcharakter des Sozialstaats" *(Zacher)*[143] begründet, daß er nie an sein Ziel kommen kann, ohne doch auf ein solches zu verzichten. Trotzdem — oder gerade deshalb — produziert der Sozialstaat im Maße seiner Entfaltung Erwartungshaltungen, deren immer nur teilweise mögliche Einlösung Zufriedenheit, „Glückseligkeit" und damit Loyalitätsbindungen[144] nur beschränkt zu fördern

---

sowie *A. Bleckmann*, Zum materiellrechtlichen Gehalt der Kompetenzbestimmungen des GG, DÖV 1983, S. 129 ff. [808 f.]), weiterhin die „sozialen Grundrechte" — etwa Art. 6 Abs. 5 – wie überhaupt die Grundrechte in ihrem objektiv-rechtlichen Gehalt (vgl. z. B. BVerfGE 75, 40 [65]).

140 Hierzu vor allem *Zacher*, HdbStR I, § 25 Rdn. 66. Vgl. *dens.*, Was können wir über das Sozialstaatsprinzip wissen?, in: FS H. P. Ipsen, 1977, S. 207 ff. (240 ff.) sowie *F. Hufen*, VVDStRL 47 (1988), 142 ff. (147) und *Ch. Degenhart*, Rechtsstaat — Sozialstaat. Anmerkungen zum aktuellen Problemstand, in: FS H. U. Scupin, 1983, S. 537 ff. (553).

141 Zur Gleichheit der Bildungschancen vgl. BVerfGE 33, 303 (332). Zur Verbindung von Sozialstaatsprinzip und staatlichen Umweltschutzpflichten *Stern*, Staatsrecht I (s. Anm. 7), S. 908; *Zacher*, HdbStR I, § 25 Rdn. 69. Zum Kulturstaatsauftrag BVerfGE 36, 321 (331) sowie *Stern*, Staatsrecht III/1, 1988, S. 884 f.; *E.-R. Huber*, Zur Problematik des Kulturstaats, 1958; *P. Häberle* (Hg.), Kulturstaatlichkeit und Kulturverfassungsrecht, 1982; *M. Heckel*, Staat, Kirche, Kunst, 1968, S. 125 ff.; *W. Maihofer*, HdbVerfR II, S. 953 ff.

142 BVerfGE 1, 97 (105).

143 ZgS 134 (1978), S. 15 ff. (16).

144 Zur materiellen Legitimierung des Staates durch das Sozialstaatsprinzip neben der formellen durch das demokratische Prinzip *Maihofer*, HdbVerfR I, S. 173 ff. (193 ff.). Dazu, daß der Staat seine Legitimationsprobleme hier gleichsam selbst produziert, *M. Spieker*, Legitimationsprobleme des Sozialstaats, 1986, S. 15 f., 76 ff. sowie *H. Krüger*, Von der Staatspflege überhaupt, in: H. Quaritsch (Hg.), Die Selbstdarstellung des Staates, 1977, S. 21 ff. (30). Vgl. auch *dens.*, Staatslehre (s. Anm. 6), S. 804.

vermag. Da die Verteilungsmasse konjunkturabhängig bleibt, verschärft sich diese Problematik bei sinkendem Sozialprodukt. Die relativ undramatischen Wirtschaftskrisen der jüngeren Vergangenheit haben die Spannungslage von Rechts- und Sozialstaat in ein neues Licht gerückt. Das notwendig gewordene Zurückschneiden von Ansprüchen provozierte nicht nur eine politische Kampagne gegen „Sozialabbau“[145], sondern führte mit der These eines „sozialen Rückschrittsverbotes“[146] auch zu Bemühungen um eine konstitutionelle Absicherung von Besitzständen. Sie finden ihre Grenzen freilich in der unerbittlichen Dialektik von Sein und Sollen. Gleichwohl hat die politische Realität die Schwierigkeit erwiesen, verbandsmäßig verteidigte Besitzstände anzutasten. Der progressiven sozialstaatlichen Dynamik entspricht ein regressiver Immobilismus. Die im großen und ganzen glücklichen Wachstumsbedingungen der Bundesrepublik haben dem System bisher einen grundlegenden Belastungstest erspart. Sie haben selbst eine langanhaltende Massenarbeitslosigkeit so abzufedern erlaubt, daß der Umschlag der sozialen in die politische Krise vermieden werden konnte. Nach der Eingliederung der Flüchtlinge hat der Sozialstaat damit seine zweite große Bewährungsprobe bestanden.

2. *Die Zukunftsdimension des Sozialstaats*

a) Auch der Sozialstaat ist ein „System in der Zeit“[147]. Die ihm aufgegebenen Probleme stellen sich nicht nur in der Horizontale der Gegenwart, sondern zunehmend auch in jener Vertikale, die die Vergangenheit mit der Zukunft verbindet. Die Verpflichtung auf das „Εὖ ζῆν“ der hier und jetzt seinem Schutz anvertrauten Bürgerschaft bildet keinen Freibrief für eine Bedürfnisbefriedigung auf Kosten zukünftiger Generationen[148]. *Ipsen* hat die geschilderte Dynamik des

---

[145] Vgl. hierzu *J. Strasser*, Grenzen des Sozialstaats?, 2. Aufl., 1983; *H. Ehrenberg / A. Fuchs*, Sozialstaat und Freiheit, 1980, S. 123 ff. und *R. G. Heinze / B. Hombach / H. Scherf* (Hg.), Sozialstaat 2000, 1987.

[146] Hierzu vor allem *Schlenker* (s. Anm. 134), bes. S. 100. Krit. *J. Isensee*, Der Sozialstaat in der Wirtschaftskrise, in: FS J. Broermann, 1982, S. 365 ff. (369); *Scholz*, Sozialstaat (s. Anm. 134), S. 32; *Degenhart*, Rechtsstaat — Sozialstaat (s. Anm. 140), S. 537 ff. (541); vgl. auch *D. Suhr*, Rechtsstaatlichkeit und Sozialstaatlichkeit, Der Staat 9 (1970), S. 67 ff. (92).

[147] Hierzu allg. *Krüger*, Staatslehre (s. Anm. 6), S. 125 ff. — Zu den verfassungsrechtlichen Schranken für Privatisierungen jetzt *H. Lecheler*, Grenzen für den Abbau von Staatsleistungen, 1989.

[148] *Hofmann* (s. Anm. 44), S. 21 ff. (32).

Sozialstaats auf den prägnanten Nenner der „Wachstumsvorsorge" gebracht[149]. Zwar bedeutet Wachstum keineswegs notwendig steigenden Ressourcenverbrauch, im vielstimmigen Chor der Wachstumskritiker ist deshalb ein ideologischer cantus firmus unüberhörbar. Indes: Die jüngere Geschichte der Bundesrepublik hat gezeigt, daß Wachstum durch Staatsvorsorge nur beschränkt produzierbar ist und daß nicht nur konjunkturelle Wechselfälle den Sozialstaat gerade in seinem klassischen Kernbereich einer Alters- und Krankheitsvorsorge an seine Grenzen geführt haben. Namentlich die 1957 eingeführte Rentendynamik basierte auf der linearen Extrapolation wirtschaftlicher und demographischer Entwicklungen, deren Fehleinschätzung heute mit der brutalen Frage nach der „Finanzierbarkeit der Alten"[150] die im Generationenvertrag angelegte Partnerschaftskrise von Ökonomie und Ethik sichtbar macht[151].

b) Die Grenzen des Wachstums haben damit den Sozialstaat vor die immer schwieriger zu bewältigende Aufgabe einer gerechten intertemporalen Lastenverteilung gestellt. Die Droge der Staatsverschuldung hat Abhängigkeiten geschaffen, die allenfalls noch eine Rückführung der Neuverschuldung zulassen. Man muß nicht die „klassische tiefe Abneigung der Ökonomen gegen die Staatsverschuldung" teilen[152] und dem Satz des amerikanischen Nationalökonomen *Buchanan* mehr als eine Pointe abgewinnen, daß „der Wohlfahrtsstaat sein eigenes Ableben mit dem ersten Dollar" garantiert, „den er sich als Schuld auferlegt"[153], um in einem ständig wachsenden Schuldensockel trotz inflationärer Relativierung eine generationenübergreifende Umverteilung zu sehen[154]. Die Grenzen der Staatsverschuldung

---

149 Zuerst in VVDStRL 34 (1966), 222 (Disk.beitr.). – Ebenso *Badura* (s. Anm. 47), S. 199. Krit. *Starck*, DVBl. 1978, 937 ff. (939 f.); *N. Achterberg*, VVDStRL 38 (1980), S. 55 ff. (85); *Bieback*, EuGRZ 1985, 657 ff. (661). Im Hinblick auf die Verankerung dieses Auftrags gerade im Sozialstaatsprinzip zu Recht skeptisch *Scholz*, Sozialstaat (s. Anm. 134), S. 9 f.

150 *H. Diessenbacher*, Sind die Alten noch finanzierbar?, FAZ v. 18. 8. 1989, S. 6.

151 Vgl. Gutachten der Kommission des Verbandes Deutscher Rentenversicherungsträger „Zur Entwicklung der gesetzlichen Rentenversicherung" vom Juni 1987, S. 59 ff., 65 f. Das Rentenreformgesetz 1992 (BGBl. I, 1989, S. 2261 ff.) hat freilich grundlegende Reformvorschläge nicht aufgegriffen.

152 *J. M. Buchanan*, Demos und Wohlfahrtsstaat, in: P. Koslowski u. a. (Hg.), Chancen und Grenzen des Sozialstaats, 1983, S. 117 ff. (118).

153 *Buchanan*, ebda.

154 Zum „crowding-out-Effekt" der Staatsverschuldung *M. Neumann*, Theoretische Volkswirtschaftslehre I, 3. Aufl. 1988, S. 189 ff.; *G. Fels*, Die Konsequenzen der Staatsverschuldung, in: H. Siebert (Hg.), Perspektiven der deutschen Wirt-

sind vom BVerfG zwar gesehen, aber nicht verfassungsrechtlich präzisiert worden. Es hat dem Gesetzgeber einen weiten Einschätzungs- und Beurteilungsspielraum zugebilligt, ihm zwar eine Darlegungslast auferlegt, aber die Justiziabilität auf eine Plausibilitätskontrolle dieser Darlegungen zurückgenommen[155]. Das normative Konzept einer justitia distributiva intertemporalis bleibt unbefriedigend.

c) Ähnliche Probleme stellen sich im Umweltschutz[156]. Die Diskussion um die Verankerung als Staatszielbestimmung im GG kann hier nicht nachgezeichnet werden[157]. Es steht indes zu befürchten, daß damit nur die Fronten im Glaubenskrieg um den Vorrang dirigistischer oder marktwirtschaftlicher Strategien verfassungsdogmatisch befestigt würden, ohne daß dem ein meßbarer Effektivitätsgewinn entspräche.

3. *Sozialstaatsprinzip und Wirtschaftsverfassung – das Problem der Staatsintervention*

a) Die Janusköpfigkeit des Wohlfahrtszwecks beschreibt ein Kernproblem der Staatslehre seit dem ausgehenden 18. Jahrhundert. Seinen realgeschichtlichen Hintergrund hatte es im gewaltsamen Beglükkungsoptimismus des Spätabsolutismus, der dann im Terror des Wohlfahrtsausschusses eine schaurige totalitärdemokratische Metamorphose erlebte. Der Verfassungsstaat des Grundgesetzes hat deshalb den zum Sozialstaat entschärften Wohlfahrtsstaat im grundrechtsgebundenen Rechtsstaat domestiziert. Damit ist er allein mit einem System freiheitlicher Ordnung kompatibel. Die freiheitssi-

---

schaftspolitik, S. 85 ff. (90). Allgemein zum Problem der intergenerativen Gerechtigkeit *H. H. v. Arnim*, Grundprobleme der Staatsverschuldung, BayVBl. 1981, 514 ff.; *ders.* / *D. Weinberg*, Staatsverschuldung in der Bundesrepublik Deutschland, 1986, S. 35 ff.; *P. Henseler*, Verfassungsrechtliche Aspekte zukunftsbelastender Parlamentsentscheidungen, AöR 108 (1983), S. 488 ff.; *G. Püttner*, Staatsverschuldung als Rechtsproblem, 1980.

155 BVerfGE 79, 311 (346). Dies letztlich aufgrund der mangelnden Operationalität des Begriffs „gesamtwirtschaftliches Gleichgewicht". Dazu jetzt *W. Heun*, Staatshaushalt und Staatsleitung, 1989, S. 142 ff.

156 *D. Rauschning* u. *E. Hoppe*, VVDStRL 38 (1980), S. 167 ff., 211 ff.; *D. Murswiek*, Umweltschutz – Staatszielbestimmung oder Grundsatznorm, ZRP 1988, S. 14 ff. (17).

157 Zum Diskussionsstand vgl. die Dokumentation zur Anhörung vor dem Rechtsausschuß des Bundestages: Verankerung des Umweltschutzes im Grundgesetz (Zur Sache 88/2), hrsg. v. Deutschen Bundestag, Referat Öffentlichkeitsarbeit, 1988.

chernde Funktion der Trennung von Staat und Gesellschaft hat hier ihren eigentlichen Probierstein, indem sie einem wohlfahrtsstaatlichen Politikverständnis Schranken setzt, das tendenziell „eine Art von Gesamtverantwortung für die Gesellschaft zu okkupieren“[158] trachtet. Dabei geht es nicht nur um Grenzen gegenüber einem „emanzipativen“ Sozialstaatsverständnis[159]. Subtiler stellen sich die Probleme bei der sozialstaatlich intendierten Staatsintervention in gesellschaftliche Prozesse.

b) Die Interdependenz der Freiheitlichkeit von politischem und ökonomischem System — von der Freiburger Schule der Ordoliberalen bis *Hayek* immer wieder betont[160] — ist uns in den Ereignissen der vergangenen Monate handgreiflich vor Augen geführt worden. Die vom BVerfG zwar apodiktisch behauptete, durch den Hinweis auf Grundrechte aber faktisch relativierte These von der wirtschaftspolitischen Neutralität des GG erscheint als eine vereinfachende Reduktion[161]. Sicherlich läßt die Verfassung eine Bandbreite an Regulierungsintensität zu. Es erscheint aber in einem auf das „Prinzip Wettbewerb“ *(Krüger)* gegründeten politischen System nur um den Preis grundrechtlicher Freiheit möglich, die invisible hand des individuellen ökonomischen Interessenausgleichs durch die visible hand des Staates

[158] *N. Luhmann,* Politische Theorie im Wohlfahrtsstaat, 1981, S. 121.

[159] Bezeichnung von *Spieker,* ZfP 1974, S. 331. In diesem Sinne aber bereits *W. Abendroth,* VVDStRL 12 (1954), S. 85 ff. (Disk.beitr.); *ders.,* Zum Begriff des demokratischen und sozialen Rechtsstaates im Grundgesetz der Bundesrepublik Deutschland, 1954, jetzt in: E. Forsthoff (Hg.), Rechtsstaatlichkeit und Sozialstaatlichkeit, 1968, S. 114 ff. Ähnlich *H. Ridder,* Die soziale Ordnung des Grundgesetzes, 1975; *H. H. Hartwich,* Sozialstaatspostulat und gesellschaftlicher Status quo, 3. Aufl. 1978; *ders.,* Die Entwicklung des deutschen Sozialstaats zwischen bürokratischer Instrumentalisierung und demokratischer Zukunftsvorsorge, in: A. Randelzhofer / S. Süß (Hg.), Konsens und Konflikt, 1986, S. 105 ff.

[160] Vgl. *F. A. v. Hayek,* Der Weg zur Knechtschaft, 1946, bes. S. 98. Für die Ordoliberalen *F. Böhm,* Die Bedeutung der Wirtschaftsordnung für die politische Verfassung (1946), jetzt in: U. Scheuner (Hg.), Die staatliche Einwirkung auf die Wirtschaft, 1971, S. 85–109, bes. S. 96; *A. Müller-Armack,* Die zweite Phase der Sozialen Marktwirtschaft (1960), jetzt in: *ders.,* Wirtschaftsordnung und Wirtschaftspolitik, 1966, S. 267 ff., bes. S. 288; neuerdings *Hofmann* (s. Anm. 44), S. 21 ff. (27); vgl. auch *Leisner,* Demokratie (s. Anm. 79), S. 164 ff.

[161] Vgl. die grundlegenden Entscheidungen BVerfGE 4, 7; 50, 290. Wenn das BVerfG gelegentlich von „einer grundsätzlich marktwirtschaftlich geordneten Wirtschaft“ spricht (BVerfGE 30, 292 [311]; ähnliche Formulierungen in BVerfGE 12, 281 [293]; 18, 315 [327]; 32, 311 [317]), handelt es sich weniger um „verwirrende Zwischentöne“ (so *Bäumler,* DÖV 1979, S. 335 ff. [328]) als um deskriptive Aussagen.

zu ersetzen. Staats und Staatsrechtslehre vermögen hier ebensowenig wie die Nationalökonomie präzise Grenzen zu ziehen. Ein Alternativprogramm wie das des bayerischen Verfassungsentwurfs von 1946: „Die Volkswirtschaft wird nach einem einheitlichen Plan durch die Staatsregierung geleitet“[162], wäre indes schwerlich in Kongruenz mit einer grundrechtlichen Wertordnung zu bringen.

c) Das von dem Kathedersozialisten *Adolph Wagner* aufgestellte Gesetz wachsender Staatsaufgaben[163] begegnet deshalb nicht nur normativer Skepsis. Auch faktisch ist es durch die Entwicklung allenfalls partiell bestätigt worden: Die Staatsquote hat sich — nach anfänglichem steilen Anstieg — bei etwas unter 50 % eingependelt — freilich auf hohem Niveau[164]. Die Deregulierungsdebatte zeigt in einigen Bereichen praktische Folgen. Wenngleich die Bundesregierung davon ausgeht, daß derzeit nur rund die Hälfte der Wirtschaft in unverfälschtem Wettbewerb steht[165], sind hier doch vom gemeinsamen Markt deregulierende Impulse zu erwarten. Insgesamt ist die sozialstaatliche Aufgabenerfüllung untrennbar mit dem Wirtschaftlichkeitsgebot verknüpft, dem *v. Arnim* zu Recht verfassungsnormative Qualität zuschreibt[166]. Es erzwingt eine Kosten-Nutzen-Analyse nicht nur unter ökonomischen, sondern auch unter Zweckverwirklichungskriterien. Diese finale Konditionierung der Staatstätigkeit ist Ausdruck der Rationalität des modernen Staates. Der Planungs- und Steuerungsoptimismus der 60er Jahre ist angesichts der beschränkten Interventionserfolge[167] (etwa im Bereich des Arbeitsmarktes) und der Schwie-

---

162 Art. 113 Abs. 1; Sten. Ber. d. Verf.Aussch. d. bay. verf.geb. Landesvers. I, S. 10.

163 Grundlegung der politischen Oekonomie, 3. Aufl., 1. Theil 1892, S. 893 ff. — Allg. zur Genese des Interventionsstaats jetzt *M. Stolleis,* Die Entstehung des Interventionsstaats und das öffentliche Recht, ZNR 11 (1989), S. 129 ff.

164 Sie lag 1970 noch bei 39,1 % und erreichte 1982 einen Höchststand von 49,8 %. Seither bewegt sie sich zwischen 46 und 47 %, vgl. Zahlen zur wirtsch. Entwicklung der Bundesrepublik Deutschland 1989, hrsg. vom Institut d. deutschen Wirtschaft. Krit. zum Maßstab der Staatsquote *Chr. Watrin,* Staatsaufgaben — die ökonomische Sicht, in: Bitburger Gespräche 1984, S. 41 ff. (45).

165 *K. König,* Kritik öffentlicher Aufgaben, 1989, S. 44.

166 *H. H. v. Arnim,* Wirtschaftlichkeit als Rechtsprinzip, 1988, bes. S. 67 ff.; s. auch schon *dens.,* VVDStRL 39 (1981), 286 ff. (316 ff.).

167 Zur nationalökonomischen Problematik *A. Gutowski,* Nach der Enttäuschung: Der Staat auf dem Rückzug, in: R. Vaubel / H. D. Barbier (Hg.), Handbuch der Marktwirtschaft, 1986, S. 284 ff. (285); *N. Kloten,* Das Stabilisierungsproblem, Konzeption und wirtschaftspolitische Praxis, Jahrestagung d. Vereins f. Sozialpolitik 1988, Ref. 3, bes. S. 25.

rigkeit, die Auswirkungen von punktuellen Eingriffen in hochkomplexe Systeme abzuschätzen[168], eher einer heilsamen Skepsis gewichen. Mit *Luhmann* wird man die realistische Chance derartiger Steuerungseingriffe auf Möglichkeiten einer rechtzeitig korrigierenden Intervention zu reduzieren haben, „die gleichwohl nicht beanspruchen kann, das Gesamtgeschehen planmäßig zu kontrollieren und sich auch nicht als Fortschritt zu rechtfertigen" versucht[169]. Eine solche Akzeptanz der Grenzen des Wohlfahrtsstaats vermag nicht nur seine Freiheitlichkeit, sondern auch seinen Bestand zu sichern.

V. Freiheitsgewährleistung als Staatszweck des Verfassungsstaats

1. *Der Freiheitszweck als typusprägendes Element des demokratischen Verfassungsstaats*

Die Trias Gemeinwohl, Wohlfahrt, Schutz- und Friedensfunktion bildet — in unterschiedlicher Gewichtung — die Legitimationsbasis des modernen Staates. Differenzierungskriterium zwischen dessen autoritärer und verfassungsstaatlicher Ausprägung — und typusprägend für die letztere — ist allein das Maß der teleologischen Ausrichtung auf die Gewährleistung staatsbürgerlicher, individueller und kollektiver Freiheit. Dabei tritt der Freiheitszweck nicht nur additiv zu den anderen Staatszwecken hinzu, sondern er bestimmt zugleich Grund, Art und Grenzen von deren Realisierung. Davon war bereits mehrfach die Rede.

2. *Die Unterscheidung von Staat und Gesellschaft*

Der Staatszweck Freiheitssicherung setzt voraus, daß das politische System sich nur als Teilsystem des Sozialen versteht, daß es nicht eine potentielle Regelungskompetenz für alle Bereiche personaler Lebensgestaltung beansprucht. Freiheitsgewährleistung im Sinne des Verfassungsstaats westlicher Prägung beruht m. a. W. auf der Unterscheidung von Staat und Gesellschaft und damit auf der Anerkennung eines staatsfreien autonomen Bereichs selbstverantwortlicher Lebensgestaltung[170]. Das GG hat dies in Art. 1 Abs. 2 durch das Bekenntnis zu den

---

[168] Dazu jetzt *D. Dörner,* Die Logik des Mißlingens, 1989.

[169] *Luhmann* (s. Anm. 158), S. 145.

[170] *Böckenförde,* Verfassungstheoretische Unterscheidung (s. Anm. 27), S. 32 f.; *Herzog,* Staatslehre (s. Anm. 87), S. 146; *H. H. Klein,* Die Grundrechte im demokratischen Staat, 1974, S. 47; krit. *K. Hesse,* Bemerkungen zur heutigen Problema-

unverletzlichen und unveräußerlichen Menschenrechten als Grundlage der Sozialgemeinschaft zum Ausdruck gebracht.

3. *Das kontraktualistische Modell des status libertatis*

Freiheitsgewährleistung in diesem Sinne verlangt also zunächst die Möglichkeit eines legitimen Rechtsstandpunkts außerhalb des Leviathans und im Gegenüber zu ihm. *Hobbes* und *Rousseau* hatten dies – folgenreich für die Zukunft – auf unterschiedliche Weise durch die Zusammenziehung von Gesellschafts- und Herrschaftsvertrag zu einem Rechtsakt ausgeschlossen, in dem der Bürger seine Rechtsstellung im Augenblick ihrer Entstehung zugleich an den Souverän oder die volonté générale überträgt. Dagegen ermöglichte die bei *Grotius, Pufendorf* und *Locke* ausgeformte zweistufige Vertragsgestaltung eine Unterscheidung von unveräußerlicher und abtretbarer, in die libertas civilis zu transformierender Freiheit und legte so die Fundamente einer systematischen Begründung von gegen den Staat bestehenden, seinen Wirkungskreis begrenzenden Rechten[171]. Das Grundgesetz hat die Konsequenzen dieses kontraktualistischen Modells durch die primäre Ausgestaltung der Grundrechte als Abwehrrechte übernommen. Dies schließt eine Verengung auf ein funktionaldemokratisches Verständnis aus, wonach der Kern der Grundrechtsgewährleistung im Ermöglichen eines „freien Prozesses demokratischer Staatshervorbringung" besteht[172].

4. *Status negativus und „Freiheitsvorsorge"*

a) Bereits die Frage nach dem Staatszweck Freiheitsverwirklichung impliziert indes eine über die Anerkennung subjektiver Abwehrrechte hinausgehende Grundrechtsvorsorge des Verfassungsstaats. Grundrechte als Abwehrrechte markieren ja nur Grenzen, nicht Zwecke des Staates[173]. Auf der Basis von Ansätzen der Weimarer Staatsrechts-

---

tik und Tragweite der Unterscheidung von Staat und Gesellschaft, DÖV 1975, S. 437 ff. (439 f.); *P. Saladin*, VVDStRL 35 (1977), S. 7 ff. (35 f.); *ders.*, Verantwortung (s. Anm. 27), S. 157. Noch anders *H. Ehmke*, „Staat" und „Gesellschaft" als verfassungstheoretisches Problem, in: FS R. Smend, 1962, S. 23 ff. (45).

171 Dazu jetzt *R. Saage*, Vertragsdenken und Utopie, 1989, S. 62 f.

172 Ebenso *E. W. Böckenförde*, Grundrechtstheorie und Grundrechtsinterpretation, NJW 1974, S. 1529 ff. (1534 f.); *L. H. Michel*, Staatszwecke, Staatsziele und Grundrechtsinterpretation, 1986, S. 259 ff.

173 *Murswiek* (s. Anm. 88), S. 105.

lehre[174] ist nach 1949 auf mehreren Wegen versucht worden, Grundrechte über diesen „Primäreffekt"[175] hinaus als objektivrechtliche Normen, als „Gemeinwohlaufgaben der res publica"[176] zu begreifen. Gemeinsam ist allen darauf gerichteten Konzeptionen, daß sie die Grundrechte als objektiv-rechtliche Normierung einer staatlichen Freiheitsvorsorge verstehen[177]. Sie berühren sich mit einer älteren deutschen Verfassungstradition, die die Grundrechtskataloge nicht auf subjektive Freiheitsgewährleistungen reduzierte, sondern diesen die Garantie bestimmter institutionell verfestigter Rahmenbedingungen zur Seite stellte[178]. Man wird sich vor jeder Vereinseitigung derartiger Grundrechtstheorien hüten müssen, indes besteht ein breiter Konsens darüber, daß sie nur unterschiedliche Interpretationstopoi für die Effektuierung der Grundrechte im Hinblick auf wechselnde Gefahrenlagen bilden, daß sie einander nicht ausschließen,

---

[174] *Smend,* Verfassung (s. Anm. 15), S. 161 ff.; *ders.,* VVDStRL 4 (1928), S. 44 ff.; *G. Leibholz,* Begründet der... Grundsatz der Gleichheit... durchsetzbares subjektives Recht (1931), jetzt in: *ders.,* Die Gleichheit vor dem Gesetz, 2. Aufl. 1959, S. 216 ff. (230); dazu Stern, Staatsrecht III/1 (s. Anm. 141), S. 491 ff.

[175] *R. Herzog,* Grundrechte und Gesellschaftspolitik, in: FS E. Hirsch, 1968, S. 72 ff.

[176] *P. Häberle,* VVDStRL 30 (1972), S. 104; *ders.,* AöR 111 (1986), S. 602 f.; *ders.,* Praktische Grundrechtseffektivität, Die Verwaltung 22 (1989), S. 409 ff.

[177] BVerfGE 7, 198 (204 f.); 33, 301 (330 ff.); 35, 79 (114) und die in Anm. 91 genannten Entscheidungen. S. dazu *H. D. Jarass,* Grundrechte als Wertentscheidungen bzw. objektivrechtliche Prinzipien in der Rechtsprechung des Bundesverfassungsgerichts, AöR 110 (1985), S. 363 ff.; aus der abundanten Literatur neben Häberle *H. H. Rupp,* Vom Wandel der Grundrechte, AöR 101 (1976), S. 161 ff.; *Isensee,* HdbStR III, § 57 Rdn. 148; *Hesse,* HdbVerfR I, S. 95; *A. Bleckmann,* Staatsrecht II — Die Grundrechte, 3. Aufl. 1989, S. 259 ff. Überblick über die Entwicklung der objektiven Grundrechtsfunktionen in Literatur und Rechtsprechung bei *Stern,* Staatsrecht III/1 (s. Anm. 141), S. 894 ff.; neuere Versuche zu einer „Rekonstruktion der klassischen Grundrechtsfunktion" einer „Freiheit durch Eingriffsabwehr", die auch bisher als objektive Grundrechtsgehalte verstandene Schutzwirkungen einschließt, bei *Schlink,* EuGRZ 1984, S. 457 ff.; *G. Lübbe-Wolff,* Die Grundrechte als Eingriffsabwehrrechte, 1988; s. a. *Robbers* (s. Anm. 88), S. 186 ff.; *Murswiek* (s. Anm. 88), S. 91 ff., 106 ff.; *J. Schwabe,* Probleme der Grundrechtsdogmatik, 1977, S. 213 ff.; *dens.,* Die sogenannte „Drittwirkung" der Grundrechte, 1971, S. 16 f., 154 ff.

[178] *U. Scheuner,* Die institutionellen Garantien des Grundgesetzes (1953), in: *ders.,* Staatstheorie und Staatsrecht (s. Anm. 21), S. 665 ff. (668 f., 672 f.); *ders.,* VVDStRL 22 (1965), S. 33 ff.; s. bereits *C. Schmitt,* Verfassungslehre (1928), 3. Aufl. 1957, S. 170 ff.; vgl. zu dieser Tradition *Stern,* Staatsrecht III/1 (s. Anm. 141), S. 756 ff.

sondern ergänzen[179]. In ihrer ordnungspolitischen[180] Dimension vermögen sie zwar zur Erkenntnis verfassungsgeschützter Werte und Ziele zu verhelfen, nicht aber verfassungstranszendente Wertsysteme zu begründen — ebenso wie die Grundrechte selbst kein geschlossenes System bilden, sondern geronnene Erfahrung typischer historischer Gefährdungslagen[181]. Deshalb wird man objektiv-rechtliche Funktionen der Grundrechte jeweils grundrechtsspezifisch zu bestimmen haben. Dies gilt *nicht nur*, gilt aber in besonderem Maße für die Ermittlung leistungsrechtlicher Gehalte. Das BVerfG hat hier zu Recht vorgeschobene Frontlinien zurückgenommen[182].

b) Der alte Graben zwischen Grundrechten und Organisationsrecht, der im klassischen Verständnis nur durch die Institutionen der Rechtsstaatlichkeit überbrückt wurde, ist im Staatszweck Freiheitssicherung weitgehend eingeebnet. Dies geschah freilich um den Preis einer weit vorgetriebenen richterlichen Kognition einerseits und andererseits einer Relativierung der Grundrechte als unmittelbar vom Bürger einzufordernder Gewährleistungen. Die immer wieder erhobene Forderung nach Aufnahme erweiterter sozialer Grundrechte in das GG hätte diesen Prozeß von einzelnen Facetten der Grundrechtswirkungen auf ganze Gewährleistungsbereiche selbst ausgedehnt[183]. Zu Recht ist dem — jedenfalls auf Bundesebene[184] etwa bei einem Umweltgrundrecht — widerstanden worden. Der Staatszweck Freiheitsgewährleistung lebt von seinen Effektivitätsgarantien, die sich im Maße einer programmatischen Verflüchtigung zersetzen und unerfüllbare Erwartungen wecken müßten.

5. *„Verantwortung als Staatsprinzip"?*

Staatsbürgerliche Freiheit ist nicht nur „Freiheit zu", sie bleibt aber eingebunden in den sozialen Bezugsrahmen. Die *Kantsche* Bestim-

---

179 *F. Ossenbühl*, Die Interpretation der Grundrechte in der Rechtsprechung des BVerfG, NJW 1976, S. 2100 ff. (2105); *Rupp*, AöR 101 (1976), S. 161 ff.; ähnlich auch *R. Alexy*, Theorie der Grundrechte, 1986, S. 28 ff.; *W. Brugger*, Elemente verfassungsliberaler Grundrechtstheorie, JZ 1987, S. 633 ff.; krit. *Böckenförde*, NJW 1974, 1529 ff. (1536).

180 *Michel* (s. Anm. 172), S. 220.

181 *U. Scheuner*, VVDStRL 22 (1965), S. 42 ff.

182 Vgl. BVerfGE 75, 40 (61 ff.) gegenüber BVerfGE 33, 303 (330); dazu s. *Ch. Link*, Staatliche Subventionierung konfessioneller Privatschulen, in: FS W. Geiger, 1989, S. 604 ff.

183 Vgl. auch *Bethge*, DVBl. 1989, S. 841 ff. (847 f.).

184 Vgl. aber Art. 141 BV.

mung des objektiven Rechts als „Inbegriff der Bedingungen, unter denen die Willkür des einen mit der Willkür des anderen nach einem allgemeinen Gesetz der Freiheit zusammen bestehen kann“[185], ist auch dem freiheitssichernden Verfassungsstaat aufgegeben. Die globalen Bedrohungen menschlicher Existenz durch die Zerstörung der natürlichen Lebensgrundlagen haben zu Versuchen geführt, Freiheit unter dem Primat der Verantwortung als Staatsprinzip neu zu definieren und die grundrechtlichen Gewährleistungen auf ein gefährdungsneutrales Niveau zu reduzieren[186]. Eine solche Konzeption, die grundrechtliche Freiheit entsprechend einer alten deutschen Tradition[187] im wesentlichen auf die Freiheit des Glaubens, des Denkens und der Feder beschränkt[188], muß sich indes auf ihre Prämisse befragen lassen, ob nämlich ein die Handlungs- und Wirtschaftsfreiheit absorbierender Staat wirklich eher die Gewähr bietet, die zur Bekämpfung dieser Gefahren nötigen Ressourcen zu produzieren und die hierfür erforderlichen Innovationspotentiale freizusetzen. Die Erfahrung mit real existierenden autoritären Staatstypen erweist eher das Gegenteil. Die Chance des freiheitlichen Staates, die ihm zur Verfügung stehenden Lenkungsinstrumente zu einer wirksamen Problemlösung einzusetzen, scheint mir ungleich größer zu sein, als selbst die einer aufgeklärten Diktatur, von der sich etwa *Rudolf Bahro* Rettung erhofft[189].

Der in den Grundrechten positivierte Freiheitsgewährleistungszweck legt den Verfassungsstaat zwar nicht auf ein konkretes politisches Modell fest, aber er schließt doch bestimmte Staats- und Gesellschaftsbilder aus und verpflichtet das staatliche Handeln unwiderruflich auf das Leitmotiv der Freiheit, in dem — wie die Erfahrung zeigt — nicht unberechtigten Vertrauen, daß eine freiheitliche Ordnung am ehesten in der Lage ist, flexibel und kreativ auf Krisen und Bedrohungen zu reagieren.

---

185 Metaphysische Anfangsgründe der Rechtslehre (= Metaphysik der Sitten I, 1797), Einleitung in die Rechtslehre, in: Werke (s. Anm. 96), VI, S. 230.

186 *Saladin,* Verantwortung (s. Anm. 27), S. 82 ff.; *ders.,* Wachstumsbegrenzung (s. Anm. 27), S. 550 ff.

187 Vgl. *Link,* Herrschaftsordnung (s. Anm. 2), S. 145.

188 *Saladin,* Verantwortung (s. Anm. 27), S. 160; *ders.,* Wachstumsbegrenzung (s. Anm. 27), S. 559.

189 Logik der Rettung, 1987, S. 478 f., 491 ff. u. passim; vgl. auch *R. L. Heilbroner,* Die Zukunft der Menschheit, 1976, S. 78 f., 100 f.

VI. Staatszwecke und Verfassung

1. Staatszwecklehre und Allgemeine Staatslehre

Jede Staatszwecklehre sieht sich notwendig mit der Frage nach ihrer konkreten Relevanz konfrontiert. Sie stellt sich zunächst auf der staatstheoretischen Ebene — und das heißt im Bereich der Allgemeinen Staatslehre als deskriptiver, allenfalls appellativer, nicht aber normativer Disziplin[190]. Nach der hier vertretenen Auffassung bilden die behandelten Staatszwecke unaufgebbare Kernfunktionen des modernen Verfassungsstaats. Sie sind insofern typusprägend für eine durch gemeinsame Merkmale bestimmte Gestaltungsform der politischen Ordnung. Andererseits bezeichnen sie keinen numerus clausus der Staatsaufgaben. Sie lassen die „General- und Blankovollmacht" (*Krüger)*[191] unberührt, kraft derer sich der Staat zur Bewältigung konkreter Aufgaben weitere, historisch variable Ziele zu setzen vermag. Insofern vermag eine Staatszwecklehre nur klarzustellen, daß sich die Verfolgung solcher Ziele in den Rahmen jener Kernfunktionen einzufügen hat, daß sich ihre Realisierungsmodalitäten nicht dazu in Widerspruch setzen können, wenn sie nicht typusverändernd wirken wollen.

2. Staatszwecklehre und Staatsrechtslehre

Schwieriger zu beantworten ist die Frage nach den staatsrechtlichen Konsequenzen einer solchen Aussage. Ich teile insoweit nicht die Ansicht von *Häberle,* daß der Verfassungsstaat keine Anleihen beim Staat der Allgemeinen Staatslehre zu machen habe[192]. Das Grundgesetz legt den von ihm konstituierten Staat auf eben jenen Typus des freiheitlichen, friedenssichernden, schutzgewährenden, der sozialen Solidarität und letztlich einem nicht ideologisch vorgeprägten Gemeinwohl verpflichteten Gemeinwesens fest, formt ihn aber in spezifischer Weise aus und realisiert so den Idealtypus in einer bestimmten historischen und geopolitischen Situation. Verfassungsinterpretation hat ihr Substrat in dieser normativen Konkretisierung, und nur dies ist wohl mit dem genannten Diktum gemeint. Die typusprägenden Kernfunktionen der Verfassungsstaatlichkeit haben durchweg, wenn auch in sehr verschiedener Gestalt, ihre Verankerung im positiven Verfassungsrecht gefunden. Insofern geht es nicht

---

190 Vgl. nur *Zippelius,* Staatslehre (s. Anm. 2), S. 1 ff. m. w. N.

191 Staatslehre (s. Anm. 6), S. 760 f.; ihm folgend *Herzog,* Staatslehre (s. Anm. 87), S. 148; *Isensee,* HdbStR III, § 57 Rdn. 156.

192 AöR 111 (1986), S. 595 ff. (600).

darum, metakonstitutionelle Postulate in Verfassungsrang zu erheben. Eine Staatszwecklehre vermag nicht mehr, aber auch nicht weniger zu leisten, als auf der mittleren Reflexionsebene der Staatsziele Konstanten von Variablen zu unterscheiden, etwa im Geltungszeitraum des GG das Wiedervereinigungsgebot als durch den Freiheitsgewährleistungszweck begrenzt zu erkennen. Elementare Staatszwecke bezeichnen Prioritätsstufen *(Saladin)*[193], Primäraufgaben *(Stern)*[194], faktische und geistige Notwendigkeiten *(Eichenberger)*[195]. Als solche binden sie im Maße ihrer verfassungsrechtlichen Positivierung den Gesetzgeber[196] und können als Abwägungs- und Auslegungshilfe Wirkungen auch im exekutivischen und judiziellen Bereich entfalten[197]. In ihrer konstitutionellen Ausformung sind sie mehr als nur ein „Theorieangebot" *(Häberle)*[198], sondern teilen mit den Staatszielbestimmungen die Funktion als Richtungsvorgabe der Staatstätigkeit. Konkurrenzprobleme sind wie bei anderen Verfassungswerten im Wege optimierenden Ausgleichs zu lösen.

Auch hier gilt, daß die konstitutionell positivierten Staatszwecke der souveränen Aufgabenkompetenz-Kompetenz des Staates, d. h. der demokratischen Gestaltungsfreiheit, nur dort Schranken setzen, wo verfassungsrechtlich festgeschriebene Kernfunktionen der Staatlichkeit beeinträchtigt werden. In ihrer Ausgestaltung unterliegen sie dem demokratischen Prozeß[199]. Nur so kann sichergestellt werden, daß Staatszwecke nicht zum Trojanischen Pferd einer Gruppenmoral werden[200].

---

193 Verantwortung (s. Anm. 27), S. 119, v. a. 153 ff.; vgl. auch *dens.*, Verfassungsreform und Verfassungsverständnis, AöR 104 (1979), S. 345 ff. (384 ff.).

194 Bitburger Gespräche 1984, S. 16. Krit. *Häberle,* AöR 111 (1986), S. 600 f.

195 Staat (s. Anm. 49), S. 103.

196 *Stern,* Staatsrecht I (s. Anm. 7), S. 85, 122 m. w. N.; II, 1980, S. 609; *Th. Maunz / R. Zippelius,* Deutsches Staatsrecht, 27. Aufl. 1988, S. 39 f.; Bericht der Sachverständigenkommission (s. Anm. 80), Rdn. 35 u. ö.

197 Bericht der Sachverständigenkommission (s. Anm. 80), Rdn. 7, 40, vgl. auch Rdn. 162 f.; *Maunz/Zippelius,* Staatsrecht (s. Anm. 196), S. 97 f., vgl. auch S. 144; *Lerche,* AöR 90 (1965), S. 341 ff. (363).

198 AöR 111 (1986), S. 605.

199 *Scheuner,* Staatszielbestimmungen (s. Anm. 21), S. 236 f.; *Badura* (s. Anm. 47), S. 194.

200 Ähnlich *M. Heckel* zum verwandten Problem der Grundpflichten, VVDStRL 41 (1983), S. 113 (Disk.beitr.).

3. *Staatszwecklehre als Staatslegitimation*

Staatszwecke haben damit teil an der Programmfixierung durch die Verfassung. Ihr besonderer Rang liegt in der Legitimationsfunktion einer Herrschaftsordnung, als die sich auch der demokratische Verfassungsstaat darstellt. Die Dialektik von Zweckerfüllung und Gehorsamsanspruch erscheint mir als der eigentliche Grund dafür, daß sich die Staatszweckfrage entgegen *Anschütz'* Einspruch nicht von der Tagesordnung der Staatsrechtslehre absetzen läßt.

Leitsätze des Berichterstatters über:

Staatszwecke im Verfassungsstaat — nach 40 Jahren Grundgesetz

I.

1. Staatszwecklehren sehen sich prinzipiell einem empirischen und einem normativen Einwand ausgesetzt. Sie laufen danach Gefahr, Allgemeingültigkeit für „den" Staat und seine Funktionen zu beanspruchen und dabei deren historische, politische, ökonomische und geographische Variabilität zu übersehen. Ein realer Erkenntniswert komme allenfalls der Systematisierung derjenigen Zwecke zu, die sich ein bestimmtes Gemeinwesen in einer konkreten historischen Situation aktuell setzt, mithin den „relativen" Staatszwecken. Ins Normative gewendet bedeutet dies, daß Leitlinien des Staatshandelns nicht aus metajuristischen, überzeitlich-philosophisch begründeten Teleologien hergeleitet werden können, sondern allein aus den normativen Vorgaben, die sich die souveräne Staatsgewalt selbst gibt. Im Verfassungsstaat ist hierfür der demokratische pouvoir constituant berufen.

2. Die älteren Staatszwecklehren hatten unter diesem Lehrtopos eine materielle Verfassung entworfen, die im Rahmen des „Jus publicum universale" — kritisch oder affirmativ — eine naturrechtliche Verbindlichkeit beanspruchte. Demgegenüber gründete der aufkommende Positivismus Staatszwecke auf die souveräne Gestaltungsmacht des Staates und verband sie zugleich zum Anspruch potentieller Totalität. Eine „Allseitigkeit der Zwecke" erschien als Widerspruch in sich (Laband). Dabei ist es auch trotz vereinzelter Neuansätze in Weimar geblieben. Dem lag die selbstverständliche Voraussetzung des wohlgeordneten Rechtsstaats zugrunde, der von seiner Abgrenzungskompetenz zwischen staatlicher und gesellschaftlicher Sphäre keinen prinzipiell freiheitsfeindlichen Gebrauch macht. Erst die Erfahrungen mit den totalitären Weltanschauungsdiktaturen haben die im Staatszweckproblem enthaltene Legitimationsfrage politischer Herrschaft neu gestellt.

3. Die in solchen Erfahrungen wurzelnde Diskreditierung traditioneller Staatlichkeit hat in der Bundesrepublik lange nachgewirkt. Sie begünstigte einen Verfassungspositivismus, der in der Rechtsordnung eine scheinbar entpolitisierte Integrationsbasis fand. Darüber geriet der durch sie konstituierte Staat als „wirkende Einheit des politischen Geschehens" weithin aus dem Blick. Dementsprechend sind auch die früher im Zusammenhang der Staatszwecke behandelten Materien in die Verfassungsinterpretation, namentlich in die Grundrechts- und Staatszieldogmatik abgewandert.

4. Die neuerdings vielfach als Desiderat reklamierte Wiederbelebung der Staatszwecklehre impliziert es, Ordnung und von ihr Geordnetes, Verfassung und Staat, in ihrer dialektischen Beziehung zu sehen. Das Grundgesetz setzt ein Staatsbild voraus, in dem allein die Frage nach Staatszwecken sinnvoll gestellt werden kann: Der Staat ist nicht Selbstzweck, sondern steht im Dienste seiner Bürger. Der Verfassungsstaat knüpft insofern an die Traditionen der kontraktualistischen Staatslehre an.

5. Terminologisch benennen „Staatszwecke" die legitimierenden und limitierenden Konstanten des modernen Staates allgemein und des demokratischen Verfassungsstaats im besonderen, d. h. die typusprägenden Kernfunktionen: Gemeinwohlbindung, Friedenssicherung nach innen und außen, Schutzpflicht, Wohlfahrt (im weitesten Sinn) unter Gewährleistung individueller wie korporativer Freiheit. Sie konkretisieren sich auf einer mittleren Reflexionsebene in den Staatszielen, ohne diese auf einen numerus clausus festzulegen. Demgegenüber bezeichnen Staatsaufgaben die Modalitäten der Staatszielverwirklichung. Eine weitere Kategorie bilden die Verfassungsaufträge, die in unterschiedlicher Bestimmtheit inhaltliche Vorgaben zur Annäherung an Staatsziele enthalten. Staatszwecke, Staatsziele, Staatsaufgaben und Verfassungsaufträge determinieren das Staatshandeln mithin auf unterschiedlichen Konkretisierungsstufen.

II.

6. Allgemeinstes Telos der Staatlichkeit und Richtpunkt aller anderen Staatszwecke ist das Gemeinwohl. Die Säkularisierung des Gemeinwohlbegriffs konstituiert den modernen freiheitlichen Staat als religiös und weltanschaulich neutrales Gemeinwesen, als Friedensordnung zunächst über den streitenden Konfessionen, dann über den kontroversen Ideologien. Sie schließt das Wahrheitsmonopol einer Staatspartei ebenso aus wie die Erhebung weltanschaulicher Mehrheitspositionen zur volonté générale.

7. Der Gemeinwohlbezug der Staatstätigkeit findet seine Sicherung in der Neutralität rechtsstaatlicher Institutionen, vor allem aber in der Pflichtenstellung des öffentlichen Amtes. Gefahren drohen ihm von Versuchen, Institution und Amt zur Beute von Parteien und anderen Gruppen zu machen, Partikularinteressen mit dem Gemeinwohl zu identifizieren.

8. Die Verdiesseitigung des Gemeinwohlbegriffs orientiert sich an einem Menschenbild, das den Menschen in seiner realen Befindlichkeit ernst nimmt. Sie schließt eine Staatsform aus, die zu ihrem Funktionieren erst den „neuen Menschen" benötigt. Bezugspunkt aller staatlichen Tätigkeit ist deshalb das Wohl der konkreten Bürgergemeinschaft. Dem widersprechen säkulare Eschatologien, in denen der Gegenwart ein Eigenwert nur als Durchgangsstufe zu künftigen Paradiesen zukommt. Das Gemeinwohl bildet deshalb – unbeschadet der auch dem Verfassungsstaat aufgegebenen Zukunftsverantwortung – eine in der Realität der Gegenwart zu verwirklichende Aufgabe, nicht einen transitorischen Wert im Kontext irdischer Heilserwartungen.

9. Im Rahmen dieser Determinanten ist die Gemeinwohlverwirklichung kompetentiell dem demokratischen Prozeß aufgegeben. Bindungen können sich nicht aus einem metakonstitutionellen Subsidiaritätsprinzip ergeben. Rationalität und Freiheitlichkeit der Subsidiarität begründen aber eine Leitbildfunktion, die sich imperativ im Einzelfall indes nur kraft konkreter Verfassungsdirektiven durchzusetzen vermag.

III.

10. Schutzpflicht des Staates und Schutzanspruch des Bürgers für die Rechtsgüter Leben, körperliche Unversehrtheit, Freiheit und Eigentum bilden den Kern der mit der modernen Staatlichkeit unabdingbar verbundenen Friedens- und Sicherheitsgewährleistung. Traditionell bildet ihre Erfüllung die Legitimationsgrundlage des staatlichen Anspruchs auf Loyalität und Rechtsgehorsam. Seine Verwirklichung findet der Friedens- und Sicherheitszweck in der Schaffung einer interessenabgrenzenden Rechtsordnung, in deren Durchsetzung unter Beschränkung der Privatgewalt auf den Ausnahmefall (Gewaltmonopol) und in der Vorhaltung der hierfür erforderlichen Institutionen.

11. Das verfassungsstaatliche Gewaltmonopol legitimiert sich aus seiner strikten Rechtsbindung. In der Anerkennung gesellschaftlicher „Gegengewalt" leben ältere ständestaatliche Denkmuster wieder auf, aus deren Überwindung der moderne Staat hervorgegangen ist.

Gleichwohl sind Akzeptanzdefizite des Gewaltmonopols deutlich gewachsen. Ihnen korrespondieren wachsende Sicherheitsdefizite, die auch auf der richterlichen Überdehnung der Anforderungen an eine wirksame staatliche Reaktion im präventiven und repressiven Bereich beruhen. Die Berufung auf „zivilen Ungehorsam" hat kalkulierten Gesetzesbruch in den Rang einer Bürgertugend erhoben. Die quantitative Überforderung des Rechtsstaats durch massenhafte Inanspruchnahme der Gerichte und dadurch bedingte überlange Verfahrensdauer gefährdet darüber hinaus einen effektiven Rechtsschutz.

12. Faktische Geltungssicherheit der Rechtsordnung wird indes nicht primär durch Sanktionen, sondern durch überwiegende Gesetzesakzeptanz begründet. Sie ist — nicht zuletzt gefördert durch staatlichen leichthändigen Umgang mit dem demokratischen Gesetz — in weiten Bereichen des alltäglichen Gemeinschaftslebens im Schwinden begriffen. Gefordert erscheint deshalb auf der Basis des Art. 7 Abs. 1 GG eher eine Friedens- als eine Konfliktserziehung, die Vermittlung von Voraussetzungen und Überlebensbedingungen des demokratischen Rechtsstaats als Gemeinschaftsaufgabe.

IV.

13. Das Sozialstaatsprinzip hat die alte Schutz- und Vorsorgepflicht des Staates für die Grundlagen menschenwürdigen Lebens zum Staatsziel erhoben. Das „Glückseligkeits"-Postulat beruhte auf der Einsicht in die Vorläufigkeit politischer Ordnungen und verpflichtete den Staat auf zeitliche Wohlfahrt der konkreten Untertanengemeinschaft. Auch dem gemäßigten Liberalismus des 19. Jahrhunderts ging es nicht um eine Eliminierung, sondern um eine rechtsstaatliche Einbindung des Wohlfahrtszwecks. In dieser Tradition stellt das Grundgesetz die Aufgabe, die Statik des bürgerlichen Rechtsstaats mit der sozialstaatlichen Dynamik in Einklang zu bringen. Das hierin notwendigerweise beschlossene Konfliktpotential kann nicht durch die Begründung eines Rangverhältnisses zwischen beiden Gewährleistungen entschärft werden.

14. Der sozialstaatliche Entwicklungsprozeß, der begrifflich sein Ziel nie erreichen kann, hat Loyalitätsbindungen nur in beschränktem Umfang zu verstärken vermocht. Steigende Erwartungshaltungen gerieten spätestens bei Wachstumsstagnation in Konflikt mit der ökonomischen Realität. Versuche, Besitzstände über ein soziales Rückschrittsverbot konstitutionell zu verfestigen, haben zwar nur geringe

Resonanz gefunden. Indes zeigt die Schwierigkeit, verbandsmäßig verteidigte Positionen anzutasten, daß der progressiven sozialstaatlichen Dynamik ein regressiver Immobilismus korrespondiert. Gleichwohl hat der Sozialstaat durch die soziale Abfederung der Massenarbeitslosigkeit deren Umschlagen in eine politische Krise vermieden und damit — nach der Eingliederung der Vertriebenen — seine zweite Bewährungsprobe bestanden.

15. In neuerer Zeit ist mehr als bisher ins Bewußtsein getreten, daß auch der Sozialstaat als „System in der Zeit" existiert. Die Probleme der intertemporalen Verteilungsgerechtigkeit haben sich vor allem in den Bereichen der Staatsverschuldung, der Rentenfinanzierung und des Umweltschutzes gestellt. Schlüssige Lösungskonzepte zeigen sich bisher nur in Ansätzen. Die Zukunftsdimension des Sozialstaats bildet die ernsteste Herausforderung der Wohlfahrtsstaatlichkeit.

16. Der historischen Gefahr des Wohlfahrtsstaates, einem obrigkeitlich-bürokratischen Beglückungsoptimismus, ist das Grundgesetz durch die rechtsstaatliche und grundrechtliche Domestizierung begegnet. Das verfassungsstaatliche Sozialstaatsprinzip ist deshalb allein mit einer freiheitlichen Ordnung kompatibel. Dies zieht einem wohlfahrtsstaatlich intendierten Politikverständnis Grenzen, das tendenziell eine Gesamtverantwortung für die Gesellschaft okkupiert. Die Interdependenz von Freiheitlichkeit des politischen und des ökonomischen Systems relativiert die These von der wirtschaftspolitischen Neutralität des Grundgesetzes. Damit sind der sozialstaatlich motivierten Wirtschaftsintervention durch Übermaßverbot und Wirtschaftlichkeitsprinzip auch dort Schranken gezogen, wo das grundrechtliche Schutzsystem versagt. Die beschränkten Interventionserfolge (etwa im Bereich des Arbeitsmarktes) zeigen zudem die Schwierigkeit, die Auswirkungen punktueller Eingriffe in hochkomplexe Systeme zuverlässig abzuschätzen.

V.

17. Freiheitsgewährleistung als Staatszweck prägt den Typus des demokratischen Verfassungsstaats. Sie tritt nicht nur additiv zu den anderen Staatszwecken hinzu, sondern bestimmt Grund, Modalität und Grenzen von deren Realisierung. Sie setzt einen legitimen Rechtsstandpunkt außerhalb des Leviathan voraus und damit die Unterscheidung von Staat und Gesellschaft. Die primäre Abwehrfunktion der Grundrechte bildet daher das Fundament einer freiheitlichen Staatsgestaltung.

18. Eine „ordnungspolitische" Funktion der Grundrechte kann diesen Primäreffekt nur ergänzen, nicht aber verdrängen. Sie knüpft an besondere deutsche Verfassungstraditionen an. Gleichwohl vermag sie nicht, verfassungstranszendente Wertsysteme zu begründen. Vielmehr sind derartige objektive und institutionelle Gehalte grundrechtsspezifisch zu ermitteln. Dies gilt in besonderem Maße für die leistungsrechtliche Dimension der Grundrechte.

19. Die Begrenzung grundrechtlicher Freiheit durch ihren sozialen Bezugsrahmen legitimiert nicht ihre Unterordnung unter die „Verantwortung als Staatsprinzip". Auch angesichts globaler Bedrohungen ist es dem freiheitssichernden Verfassungsstaat verwehrt, die libertas civilis im wesentlichen auf die Freiheit des Glaubens, des Denkens und der Feder zu beschränken. Dies bedeutet nicht, verfassungsrechtliche Schutzwälle um den Egoismus zu ziehen. Vielmehr erscheint eine freiheitlich verfaßte Sozialgemeinschaft am ehesten in der Lage, die zur Gefahrenminimierung benötigten Ressourcen zu produzieren und das erforderliche Innovationspotential freizusetzen.

VI.

20. Die Frage nach der Relevanz einer Staatszwecklehre stellt sich zunächst auf der staatstheoretischen Ebene. Hier vermag sie den Typus des freiheitlichen Verfassungsstaats von anderen Formen politischer Ordnung abzugrenzen und ihm schärfere Konturen zu geben. Sie läßt die demokratische Souveränität unberührt, kraft deren sich ein Staat weitere, historisch variable Ziele setzt. Sie kann insoweit nur deskriptive Aussagen über die Kongruenz derartiger Zielsetzungen und ihrer Realisierungsmodalitäten mit den typusprägenden Kernfunktionen machen.

21. Normative Verbindlichkeit kommt Staatszwecken nur nach Maßgabe ihrer verfassungsrechtlichen Positivierung zu. In diesem Rahmen vermögen sie Prioritätsstufen zu kennzeichnen und bieten Abwägungs- und Auslegungshilfen. Insoweit teilen sie mit den Staatszielbestimmungen die Funktion der Richtungsvorgabe, aber auch die Konkretisierungsbedürftigkeit im demokratischen Prozeß. Ihre besondere Bedeutung liegt indes in der Legitimationsfunktion für den Herrschafts- und Rechtsgehorsamsanspruch des freiheitlichen Verfassungsstaats.

Staatszwecke im Verfassungsstaat — nach 40 Jahren Grundgesetz

2. Bericht von Prof. Dr. Dr. *Georg Ress*, Saarbrücken

Inhalt

I. Vorbemerkung: das Gründungsverständnis

1. Der Staatszweck[1] der Bundesrepublik Deutschland wird maßgeblich durch ihr Gründungsverständnis[2] bestimmt: nach den Erfahrungen der nationalsozialistischen Diktatur[3] eine freiheitliche, rechtsstaatliche und demokratische Ordnung zu errichten, in deren Mitte der Mensch mit seiner Würde und seinen Rechten steht. Der ethische Grund, auf dem sich der pouvoir constituant gestellt sieht, wird mit dem Eingangssatz der Präambel des Grundgesetzes von der Verantwortung vor Gott und den Menschen appellativ angesprochen[4]. Auch 40 Jahre nach Erlaß des Grundgesetzes ist die Übergangszeit, die erst nach Vollendung der Einheit und Freiheit Deutschlands in freier Selbstbestimmung ihren Abschluß findet, nicht beendet[5], ebensowenig wie das mit dem im GG selbst nicht aufgenommenen Begriff „Wiedervereinigung" nur unvollkommen skizzierte Staatsziel[6] er-

---

[1] Dem „Staatszweck" als eigener Kategorie des Staatsverständnisses ist seit dem 19. Jahrhundert und den zusammenfassenden Arbeiten von *Hespe* (*Hespe, Klaus:* Zur Entwicklung der Staatszwecklehre in der deutschen Staatsrechtswissenschaft des 19. Jahrhunderts, 1964) und *Hug* (*Hug, Hans:* Die Theorien vom Staatszweck, Diss. Zürich 1954) kaum Aufmerksamkeit gewidmet worden. Die Diskussion wurde erst durch *K. Stern* (*Stern, Klaus:* Das Staatsrecht der Bundesrepublik Deutschland, Bd. III/1, 1988, S. 100ff.), *Ch. Link* (*Link, Christian:* Herrschaftsordnung und bürgerliche Freiheit, 1979, S. 144ff.), *L. Michel* (*Michel, Lutz H.:* Staatszwecke, Staatsziele und Grundrechtsinterpretation unter besonderer Berücksichtigung der Positivierung des Umweltschutzes im Grundgesetz, 1986), *K. Waechter* (*Waechter, Kay:* Polizeigebühren und Staatszwecke, 1988) und die Begleitaufsätze zur Tagung (*Bethge, Herbert:* Staatszwecke im Verfassungsstaat — 40 Jahre Grundgesetz —, DVBl. 1989, S. 841 ff.; *Brugger, Winfried:* Staatszwecke im Verfassungsstaat, NJW 1989, S. 2425 ff.; *Bull, Hans Peter:* Staatszwecke im Verfassungsstaat, NVwZ 1989, S. 801 ff.) aufgegriffen.

[2] *Bethge, Herbert,* a. a. O. (Anm. 1), S. 841.

[3] *Grawert, Rolf:* Die nationalsozialistische Herrschaft, in: Isensee, Josef / Kirchhof, Paul (Hg.): Handbuch des Staatsrechts, Bd. I, 1987, § 4 Rdn. 15 ff.

[4] Der in diesem Satz verborgene Zielcharakter wird mit Recht von *Starck, Christian,* in: v. Mangoldt / Klein / Starck, GG, Präambel, Rdn. 26 betont.

[5] Art. 146 GG kann für diesen Abschluß nicht als einzige Möglichkeit angesehen werden. Denn es ist auch ein Beitritt nach Art. 23 GG möglich; vgl. *Klein, Eckart:* An der Schwelle zur Wiedervereinigung Deutschlands, NJW 1990, S. 1065 ff.; *Rauschning, Dietrich:* Deutschlands aktuelle Verfassungslage, DVBl. 105 (1990), S. 393 ff. (399 ff.).

[6] Der Staatszielcharakter ist eindeutig: vgl. *Klein, Eckart:* Die Staatsräson der Bundesrepublik Deutschland, in: Staat und Völkerrechtsordnung. Festschrift für *Karl Doehring,* 1989, S. 459 ff. (472); *Klein, Hans H.:* „... die Einheit und Freiheit Deutschlands zu vollenden" — Geltung und Bestand des Wiedervereinigungsgebo-

reicht ist. Der Staat, dessen Zwecke es zu betrachten gilt, ist das unter dem Namen Bundesrepublik Deutschland auf einem territorialen Teilbereich neu verfaßte, aber fortbestehende Staatswesen, das nach wie vor mit den anderen Teilen Deutschlands, die sich in einem fortgeschrittenen Sezessionsprozeß[7] befinden und die wie die DDR ebenfalls Staatlichkeit erlangt haben, nicht nur in völkerrechtlichen, sondern auch noch in staatsrechtlichen Bindungen steht[8]. Die Staatlichkeit ist noch immer überlagert von Vier-Mächte-Rechten und -Verantwortlichkeiten und deren inhaltlichen Zwecken[9]. Durch Art. 7 des Deutschlandvertrages ist die besatzungsrechtliche Zwecksetzung vertraglich eingebunden in die Ziele einer frei vereinbarten friedensvertraglichen Regelung mit endgültiger Grenzregelung und „ein wiedervereinigtes Deutschland, das eine freiheitlich-demokratische Verfassung ähnlich wie die Bundesrepublik Deutschland besitzt und das in die Europäische Gemeinschaft integriert ist“. Die Qualität eines fundamentalen Staatszielprogramms für die Bundesrepublik Deutsch-

---

tes, in: Verantwortlichkeit und Freiheit. Festschrift für Willi Geiger, 1989, S. 132 ff. (133, 142); *Murswiek, Dietrich:* Das Staatsziel der Einheit Deutschlands — nach 40 Jahren Grundgesetz, Reihe Themen der Carl Friedrich von Siemens Stiftung, 1989; *Rauschning, Dietrich:* Wiedervereinigungsgebot — Willensbildungsfunktion und Kontrollfunktion, in: Staat und Völkerrechtsordnung. Festschrift für Karl Doehring, 1989, S. 779 ff. (797); *Ress, Georg:* Grundlagen und Entwicklung der innerdeutschen Beziehungen, in: Isensee, Josef / Kirchhof, Paul (Hg.): Handbuch des Staatsrechts, Bd. I, 1987, § 11 Rdn. 55 f.

[7] So bezüglich der DDR auch der Teso-Beschluß des BVerfG (E 77, 137 [151]); zum Fortbestand vgl. *Ress,* a. a. O. (Anm. 6), Rdn. 47 f.; *ders.:* Die Rechtslage Deutschlands nach dem Grundlagenvertrag vom 21. Dezember 1972, 1978, S. 199 ff.; zum Teso-Beschluß vgl. z. B. *Rauschning,* a. a. O. (Anm. 6); *Tomuschat, Christian:* Staatsvolk ohne Staat? in: Staat und Völkerrechtsordnung. Festschrift für Karl Doehring, 1989, S. 985 ff.; *von Mangoldt, Hans:* Praktische Fragen zur Einheit der deutschen Staatsangehörigkeit nach dem Teso-Beschluß des Bundesverfassungsgerichts, Politik und Kultur 16 (1989) H. 3, S. 36 ff.

[8] Von einer Gemengelage geht nunmehr offenkundig auch Bernhardt aus (vgl. *Bernhardt, Rudolf:* Die deutsche Teilung und der Status Gesamtdeutschlands, in: Isensee, Josef / Kirchhof, Paul [Hg.]: Handbuch des Staatsrechts, Bd. I, 1987, § 8, Rdn. 24, 32 ff. m. w. N.).

[9] Diese Zwecke gehen auf die „supreme authority“ in der Berliner Erklärung vom 5. Juni 1945 zurück. Sie sind später auf die ungenaue Formel „Friedensvertrag, Wiedervereinigung, Berlin und Deutschland als Ganzes“ reduziert worden; vgl. dazu die Formulierung in Art. 2 des Deutschland-Vertrages; noch ungenauer die Vier-Mächte-Erklärung in der UNO (siehe dazu *Zündorf, Benno:* Die Ostverträge, 1979, S. 287 ff.). Zum Zusammenhang mit den Feindstaatenklauseln (Art. 53 u. 107 UN-Charta; siehe *Ress, Georg:* Art. 107 UN-Charta, Rdn. 3 ff., in: Simma, Bruno (Hg.): Charta der Vereinten Nationen. Kommentar, 1990.

land, das in seiner rechtlichen Qualifikation über rein völkerrechtliche Vertragsbestimmungen hinausreicht, ergibt sich aus zwei Erwägungen. Die Beschränkung der internationalen Handlungsfähigkeit[10] der Bundesrepublik Deutschland in bezug auf bestimmte äußere Aspekte der Wiedervereinigung und die friedensvertragliche Regelung (oder ein entsprechendes „Substrat") – von Berlin ganz abgesehen – ist für sie rechtlich nur durch die gleichzeitige Einbindung nach Art. 7 des Deutschlandsvertrages 40 Jahre nach Inkrafttreten des Grundgesetzes hinnehmbar. Die Bundesrepublik hat den Fortbestand der vorbehaltenen Rechtspositionen hingenommen und sich für die Dauer des Vertrages des Arguments begeben, daß die Ausübung derartiger besatzungsrechtlicher Rechtspositionen 40 Jahre nach Inkrafttreten des Grundgesetzes völkerrechtlich nicht mehr haltbar sei[11]. So gesehen ist Art. 7 eine notwendige rechtliche Folgerung aus der in der Präambel enthaltenen Verpflichtung, auf das Ende der Übergangszeit hinzuwirken[12]. Der Gründungszweck ist sowohl auf die völkerrechtliche Selbstbestimmung als auch auf die staatliche Einheitsvollendung ausgerichtet. Dabei begrenzt die völkerrechtliche Selbstbestimmung, wenn sie stattfindet, die staatliche Einheitsvollendung, mit anderen Worten, eine Wiedervereinigung gegen den frei geäußerten Willen der Deutschen in der DDR wäre nicht zulässig[13]. Eine Bindung der verfaßten Gewalten an den historischen Willen des pouvoir constitu-

---

[10] Dazu *Ress*, a. a. O. (Anm. 6), Rdn. 8.

[11] Zum sui-generis-Charakter des Besatzungsregimes vgl. *Ress*, Rechtslage, a. a. O. (Anm. 7), S. 27 ff.

[12] Das mit dem Begriff Wiedervereinigungsgebot nur unvollkommen skizzierte Staatsziel ist weder faktisch noch rechtlich obsolet geworden (so aber *Rottmann, Joachim:* Über das Obsolet-Werden von Verfassungsnormen, in: Festschrift für Wolfgang Zeidler, Bd. 2, 1987, S. 1097 ff. (1106 f.); dagegen zu Recht *Klein, Hans H.*, a. a. O. (Anm. 6), S. 134 ff.). Faktisch deshalb nicht, weil die Umstände, die die Wiedervereinigung, oder anders gesagt: die Selbstbestimmung der Deutschen ohne alliierte Intergerenz objektiv unmöglich machen würden, angesichts der Unberechenbarkeit der historischen Entwicklung nicht nachweisbar sind; rechtlich deshalb nicht, weil es von den Normadressaten in zahlreichen Schritten zur Aufrechterhaltung des Trägers des Selbstbestimmungsrechts der deutschen Nation verfolgt wurde.

[13] Vgl. *Doehring, Karl:* Das Selbstbestimmungsrecht der Völker als Grundsatz des Völkerrechts (Bericht der Deutschen Gesellschaft für Völkerrecht, H. 14), 1974, S. 40 ff. Ob man davon sprechen kann, daß der provisorische Zweck die Legitimität des Grundgesetzes begrenzt (so *Murswiek, Dietrich:* Die verfassungsgebende Gewalt nach dem Grundgesetz für die Bundesrepublik Deutschland, 1978, S. 76), ist zweifelhaft, weil die Legitimität des Grundgesetzes sich auf nicht mehr als dieses Grundgesetz bezieht.

ant, den sie nicht nachträglich ändern dürfen, kommt im Begriff des Deutschen Volkes nach Art. 20 Abs. 2 GG zum Ausdruck[14], der eine Separierung der Staatsangehörigkeiten und die Aufgabe der einen deutschen Staatsangehörigkeit nicht zuläßt, solange von einer endgültigen Dismembration des Deutschen Reiches (oder einer endgültigen Sezession der DDR) nicht gesprochen werden kann. Alliierte Staatszwecksetzung im Rahmen fortbestehender besatzungsrechtlicher Befugnisse ist so wenigstens teilweise vertraglich eingebunden und mit der Präambel auch verfassungsrechtlich verknüpft. Die Zwecke des dem Grundgesetz zugrundeliegenden Staates weisen aufgrund dieser Zusammenhänge über das Gründungsstatut hinaus[15]. Bezeichnenderweise hat das Grundgesetz von der besatzungsrechtlichen Lage 1949 überhaupt keine Kenntnis genommen.

Nicht minder deutlich tritt für die Bundesrepublik die in der Präambel enthaltene Aufforderung, als gleichberechtigtes Glied in einem vereinten Europa dem Frieden der Welt zu dienen, als mit der Gründung angelegtes Staatsziel parallel hinzu[16]. Daneben lassen sich Staatszielbestimmungen wie das gesamtwirtschaftliche Gleichgewicht für die Wirtschaftsordnung[17], das Ziel eines Sozialstaats[18] und außenpolitische Staatsziele[19] erkennen. Von den drei klassischen Staatszwecken[20]

---

[14] Vgl. *Ress,* a. a. O. (Anm. 6), Rdn. 102.

[15] In diesem Sinne auch *Bethge* (*ders.,* a. a. O. [Anm. 1], S. 843).

[16] Zum Verhältnis zum Wiedervereinigungsgebot siehe *Bücking, H. H.:* Wiedervereinigung Deutschlands und die Einigung Westeuropas – im Widerspruch?, in: Hacker, Jens / Mampel, Siegfried (Hg.): Europäische Integration und deutsche Frage, 1989, S. 65 ff.; *Doehring, Karl:* Die Wiedervereinigung Deutschlands und die europäische Integration als Inhalte der Präambel des Grundgesetzes, DVBl. 94 (1979). S. 633 ff.

[17] Zu Art. 109 Abs. 2 GG vgl. BVerfG NJW 1989, 2457 (2458 ff.); *Stern, Klaus:* Das Staatsrecht der Bundesrepublik Deutschland, Bd. II, 1980, S. 1078 ff.; über den inneren Zusammenhang dieser Zielbestimmung mit der Sozialstaatsklausel vgl. *Ipsen, Hans Peter:* Gebundene Sozialstaatlichkeit, in: Festschrift für Konrad Zweigert, 1981, S. 747 ff. (755).

[18] Vgl. dazu BVerfGE 22, 180 (204); *Badura, Peter:* Der Sozialstaat, DÖV 1989, S. 491 ff.

[19] Zu erwähnen sind das Verbot des Angriffskrieges und die Aufgabe der Friedenssicherung als Ausformungen der Friedenspflicht (Präambel S. 1, Art. 1 Abs. 2, Art. 24 Abs. 2, Art. 26 Abs. 1 GG). Gleiches gilt für die Staatszielbestimmung der Kulturstaatlichkeit (BVerfGE 35, 79 [114]; 36, 321 [331]); vgl. hierzu z. B. *Badura, Peter:* Staatsrecht, 1986, S. 202.

[20] Vgl. hierzu *Isensee, Josef:* Das Grundrecht auf Sicherheit, 1983, S. 17; *Starck,* a. a. O. (Anm. 4), Rdn. 22 f.; *Stern, Klaus:* Staatsziele und Staatsaufgaben in verfassungsrechtlicher Sicht, in: Bitburger Gespräche. Jahrbuch 1984, S. 5 ff. (6).

der Sicherheit, der Freiheit und der sozialen Wohlfahrt finden nur die beiden letzteren in den Grundrechten und im Sozialstaatsziel ausdrückliche Regelung. Der Staatszweck der Gewährleistung des inneren Friedens — samt Gewaltmonopol — läßt sich aus einzelnen Normen des Grundgesetzes in einer Gesamtschau ermitteln[21].

Demgegenüber verfügen andere moderne Verfassungen wie die Spaniens und Portugals über Verfassungskataloge, in denen Zwecke, Ziele und Aufgaben umschrieben werden, die der moderne demokratische Verfassungsstaat sich stellt oder deren Besorgung von ihm erwartet wird. Eine rechtsvergleichende Betrachtung der Verfassungen der Mitgliedstaaten des Europarats zeigt, daß hier eine allgemein bemerkenswerte Tendenz[22] zu einer normativen Anreicherung der Verfassung um inhaltliche Ziele und Aufgaben sichtbar wird[23].

II. Staatsbegriffe und Staatszwecke

2. Staatszwecke gehören zum Staat. Sie sind keine Gesellschaftszwecke und — jedenfalls auf den ersten Blick und in sprachlicher Sonderung — auch keine Verfassungszwecke. Das Thema zielt auf

---

[21] Vgl. die Kompetenzvorschriften über Strafrecht, Strafvollzug (Art. 74 Nr. 1), über Kriminalpolizei und Verfassungsschutz (Art. 73 Nr. 10) sowie Art. 8 Abs. 1 GG, der gewährleistet, sich „friedlich" und ohne Waffen zu versammeln; siehe dazu *Götz, Volkmar:* Innere Sicherheit, in: Isensee, Josef / Kirchhof, Paul (Hg.): Handbuch des Staatsrechts, Bd. III, 1988, § 79, Rdn. 3 ff.; *Starck,* a. a. O. (Anm. 4), Rdn. 22.

[22] Diese Tendenz ist bisher in der Bundesrepublik nach der Arbeit der Sachverständigenkommission Staatszielbestimmungen/Gesetzgebungsaufträge (Der Bundesminister des Innern/Der Bundesminister der Justiz [Hg.]: Staatszielbestimmungen — Gesetzgebungsaufträge. Bericht der Sachverständigenkommission, 1983) nicht aufgegriffen worden.

[23] Dazu gehören neben den hergebrachten (vgl. z. B. *Häberle, Peter:* „Wirtschaft" als Thema neuerer verfassungsstaatlicher Verfassungen, Jura 1987, S. 577 ff.) insbesondere solche, die sich neuen Herausforderungen zuwenden, wie Naturschutz, Erhaltung natürlicher Ressourcen, sogar „der Lebensqualität des Volkes" und natürlich Schutz und Förderung der Kultur. Ob dem Typus des demokratischen Verfassungsstaates, wie er in der Präambel der Europäischen Menschenrechtskonvention anhand materieller Kriterien qualifiziert wird — *Zacher* hat ihn treffend durch seine Offenheit gegenüber der Abgeschlossenheit und inhaltlichen Determiniertheit der sozialistischen Staaten umschrieben (VVDStRL 36 [1978], S. 134 f.) —, mit derartigen inhaltlichen Zielbestimmungen und sogar Gesetzesaufträgen ein Dienst erwiesen worden ist, wird sich erst nach Jahren — und nicht anhand eines bloßen Textvergleichs — beantworten lassen.

den Staat in — oder hinter — der Verfassung. Die Staatszwecke des modernen Staates als für dessen Entstehen konstitutive Faktoren können auch im heutigen Verfassungsstaat begrenzenden, Gewährleistungspflichten auslösenden, ermächtigenden und Legitimation verleihenden Charakter haben[24]. Der Staat hat Sicherheit zu gewährleisten, Freiheit zu achten und ein Mindestmaß an sozialer Wohlfahrt anzustreben.

Staatszwecke, Staatsziele und Staatsaufgaben stehen in Zusammenhang, sind aber zu unterscheiden. Der Staatszweck fragt nach der Finalität des Staates, nach seinem „Wozu" und dem einzelner staatlicher Funktionen, aber auch nach dem Umfang und damit nach der Begrenzung des Staates. Von den sonstigen in der Verfassung enthaltenen Staatszielen unterscheiden sich diese Staatszwecke durch ihre Herkunft als typische Normalausstattung des modernen Staates. Das Staatsziel kann einen einzelnen Aspekt aus den Staatszwecken besonders hervorheben oder eingrenzen oder eine der Verfassung eigentümliche Direktive hinzufügen, wie z.B. das Wiedervereinigungsgebot. Die Staatsaufgabe, wenn sie sich relativ konkret z.B. in dem Gesetzgebungsauftrag nach Art. 7 Abs. 5 GG zeigt (Gleichstellung der unehelichen Kinder), kann ein Mittel sein, um einem abstrakteren Staatsziel (Sozialstaatlichkeit/Gleichheit) näherzukommen[25].

---

[24] Hinter diesen Alternativen stehen unterschiedliche Kategorien. Die Ermächtigung geht davon aus, daß dem Staat von vornherein nur beschränkte Aufgaben zur Verfügung stehen; wo sich solche nicht feststellen lassen, herrscht Freiheit (vgl. eine solche Betrachtung bei *Stern, Klaus,* a.a.O. [Anm. 20], S. 7f., 16ff.). Die Begrenzungstheorie sieht Staatszwecke als Grenzen des omnipotenten Staates, dem auf diese Weise bestimmte Aufgaben/Funktionen beschnitten werden, der im übrigen aber kompetent bleibt (vgl. *Böckenförde, Ernst-Wolfgang:* Die verfassungstheoretische Unterscheidung von Staat und Gesellschaft als Bedingung der individuellen Freiheit, 1973, S. 17f.). Zur Gewährleistungsfunktion siehe *Murswiek, Dietrich:* Die staatliche Verantwortung für die Risiken der Technik, 1985, S. 102ff.). Zur Legitimationsfunktion vgl. *Isensee, Josef:* Gemeinwohl und Staatsaufgaben im Verfassungsstaat, in: ders. / Kirchhof, Paul (Hg.): Handbuch des Staatsrechts, Bd. III, 1988, § 57 Rdn. 116; vgl. auch *Scheuner, Ulrich:* Staatszielbestimmungen, in: Festschrift für Ernst Forsthoff, 2. Aufl. 1974, S. 340ff.; *Böckenförde, Ernst-Wolfgang:* Der Staat als sittlicher Staat, 1978, S. 19: „Diese Zwecke stellen keine Zutat dar, die auch entfallen könnte, sie machen das geistige Prinzip des Staates aus, begründen seine Vernünftigkeit und seinen Charakter als allgemeines Wesen."

[25] Vgl. zur Terminologie z.B. *Isensee, Josef,* a.a.O. (Anm. 24) Rdn. 115ff.; *Stern,* a.a.O. (Anm. 20), S. 18, 20. Die Abgrenzung ist weniger gelungen bei *Bull, Hans Peter:* Die Staatsaufgaben nach dem Grundgesetz, 2. Aufl. 1977, S. 43ff. m.w.N.

3. Staatszwecke sind ihrem Ideengehalt nach eine Frucht der vernunftrechtlichen Staatstheorie. Einen einheitlichen Vorstellungsgehalt der Staatszwecke, die historisch gesehen die vielfältigsten Rechtfertigungsgründe und rationalen Begrenzungen des Staates abgeben, gibt es ebensowenig wie nur einen einzigen Begriff des Staates oder des Zwecks[26]. Immer aber steht vor der Entscheidung über die Art des Staates die über das Wesen des Menschen[27]. Soll er zu einer bestimmten Vollendung der Tugend, der Gerechtigkeit, zu einer neuen geistigen Existenz durch den Staat gelangen?[28] Oder geht es um das Machbare, die mehr oder weniger stabile Ordnung der Egoismen und Antagonismen?[29] Die daran anknüpfenden Staatskonzeptionen werden je nachdem, für wie gut oder böse der Mensch aus theologischer Einsicht oder empirischer Beobachtung gehalten wird, mehr oder weniger Herrschaft für erforderlich halten[30]. Die vernunftrechtliche Staatsrechtslehre seit *Hobbes*[31] und *Locke*[32] hat diese empirisch-induktiven Annäherungen in vielfältigen Variationen entfaltet und normativ-deduktiv überhöht. Die Staatszwecke waren keine beliebigen Spekulationen, sondern notwendige Entstehungselemente des modernen Staates[33]. In ihrem vernunftrechtlichen Gehalt sollten sie für den Bürger vornehmlich Sicherheit (inneren und äußeren Frieden)

---

[26] Der Staatszweck kann abstrakt staatstheoretisch, aber auch teleologisch-normativ oder aber — wie in der marxistischen Staatstheorie im Rahmen einer angeblich naturwissenschaftlich eschatologischen Zukunftsvision — teleologisch-kausal gedeutet werden (zur Unterscheidung vgl. *Eisler, Rudolf:* Der Zweck, 1914, S. 66).

[27] Vgl. *Herzog, Roman:* Allgemeine Staatslehre, 1971, S. 108.

[28] So in den Jellinekschen Kategorien die ethische Theorie der Staatsrechtfertigung, wie sie zuerst Plato entwickelte; vgl. *Jellinek, Georg:* Allgemeine Staatslehre, 1922, S. 218 f.

[29] So in den Jellinekschen Kategorien die sogenannte Vertragstheorie der Staatsrechtfertigung, vgl. a. a. O., S. 201 ff.

[30] Vgl. *Häberle, Peter:* Das Menschenbild im Verfassungsstaat, 1988, S. 36 ff.; *Kirchhof, Paul:* Mittel staatlichen Handelns, in: Isensee, Josef / Kirchhof, Paul (Hg.).: Handbuch des Staatsrechts, Bd. III, 1988, § 59, Rdn. 5.

[31] Vgl. insbesondere „De Cive" (1647) und "Leviathan or the Matter, Forme and Power of a Commonwealth Ecclesiasticall and Civil" (1651) sowie z. B. *Warrender, H.:* The Political Philosophy of Hobbes, 1957; *Goldsmith, M. M.:* Hobbes' Science of Politics, 1966.

[32] Vgl. "Two Treatises of Government" (1690) sowie z. B. *Euchner, Walter:* Naturrecht und Politik bei John Locke, 1969; *Gough, J. W.:* John Locke's Political Philosophy, 2. Aufl. 1950.

[33] So hat Gottfried Wilhelm Leibniz — der genius loci des Tagungsortes Hannover — den Akt der Staatsgründung wie Thomasius, Pufendorf und Hobbes

und Freiheit verbürgen sowie je nach Ausprägung Kultur und soziale Wohlfahrt ermöglichen[34]. Der Staat wird nicht als Naturereignis, nicht als eine zwangsläufige oder vorübergehende Zwischenstufe im Prozeß der technischen Realisation, sondern als eine rationale Zweckschöpfung betrachtet, womit auch der Vorgang der Staatsgründung und -bewahrung individualitätsbezogen gedeutet wird[35]. Der rationalistischen Staatszweckbetrachtung liegt die Anerkennung und Achtung des Individuums als vernunftgesteuertes, selbstverantwortliches Wesen zugrunde. Diese Konzeption des begrenzten Staates begünstigte im 19. Jahrhundert die Entwicklung der bürgerlichen Gesellschaft[36]. Mit der Vorstellung des Staates als Selbstzweck im 19. Jh. tritt nicht nur die instrumentale Staatsauffassung in den Hintergrund[37],

---

nicht auf irgendeinen Sozialinstinkt zurückgeführt, sondern läßt den Staat seine Entstehung dem vernunftgesteuerten, also rationalen Konsens seiner Gründer verdanken (vgl. *Schiedermair, Hartmut:* Das Phänomen der Macht und die Idee des Rechts bei Gottfried Wilhelm Leibniz, 1970, S. 11 ff.; 116 ff.).

[34] Der moderne Staat konstituiert sich als Friedens-, Entscheidungs- und Machteinheit zusammen mit diesen vernunftrechtlichen Vorstellungen über die Staatszwecke, welche die einheitliche Staatsgewalt (die innere Souveränität) gleichzeitig binden und begrenzen sollen (vgl. *Böckenförde, Ernst-Wolfgang:* Der Staat als sittlicher Staat, 1978, S. 12 ff.). Sie geben Umfang und Reichweite des Staatlichen an, jenseits dessen dem einzelnen eine spezifische Staatsfreiheit verbleibt. In ihrem limitativ-finalen Charakter sollen sie gleichzeitig die sich herausbildende einheitliche Herrschaft über den Menschen rechtfertigen. Wenn Haverkate aus der Aufnahme des Sozialstaatsprinzips in die Verfassung auf die Aufhebung der Zwecklimitierung i. S. der Beschränkung möglicher legitimer Zwecke des Staatshandelns schließt (vgl. *Haverkate, Görg:* Rechtsfragen des Leistungsstaates, 1983, S. 59, 116), dann vermengt er nicht bloß Staatszweck-bezogene und Zweck-Mittel-bezogene Betrachtungen, sondern übersieht auch die Beschränkung, die der Wohlfahrtszweck durch die übrigen Staatszwecke im Konfliktfall erfährt.

[35] Deutlich *Böckenförde, Ernst-Wolfgang*, a.a.O. (Anm. 34), S. 19 ff. (21) mit der an Hegel (*G. W. F. Hegel:* Grundlinien der Philosophie des Rechts [Ausgabe Glockner], Stuttgart 1952, § 260 mit Zusatz S. 338) anknüpfenden Bemerkung, daß das Wesen des Staates darin liege, daß „das Allgemeine von den Individuen nicht getrennt, sondern verbunden ist mit der vollen Freiheit und Besonderheit der Individuen"; zur technischen Realisation und der zwangsläufigen Umbildung des Staates vgl. allgemein *Stollberg-Rilinger, Barbara:* Der Staat als Maschine, 1986, S. 101 ff.

[36] Vgl. *Böckenförde, Ernst-Wolfgang:* Die verfassungstheoretische Unterscheidung von Staat und Gesellschaft als Bedingung der individuellen Freiheit, 1973, S. 17 f.; *Isensee, Josef:* Staat und Verfassung, in: ders. / Kirchhof, Paul (Hg.): Handbuch des Staatsrechts, Bd. I, 1987, § 13, Rdn. 50 f.; *Rupp, Hans Heinrich:* Die Unterscheidung von Staat und Gesellschaft, in: a. a. O., § 28, Rdn. 3.

[37] Scharfer Kritiker der instrumentalen Staatsauffassung ist *Herbert Krüger* (Allgemeine Staatslehre, 2. Aufl. 1966, S. 196).

sondern es geht die Anknüpfung an den rationalen Vorgang der Staatsbildung und Staatsrechtfertigung verloren. Die Staatszweckbetrachtung erschöpft sich in der Klassifikation von Staatsaufgaben als notwendige und akzidentielle[38]. Für den Positivismus kann das Recht beliebigen Inhalt und daher auch der Staat beliebige Zwecke haben[39]. Für *Kelsen*[40] fällt die Frage, welche Zwecke mit dem sozialtechnischen Mittel ‚Staat' verfolgt werden sollen, als politisch außerhalb des Bereichs der allgemeinen Staatslehre. Sie postuliert nicht, daß der Staat keinen Zweck habe, sondern nur, daß sie nach seinem Zweck nicht mehr frage. Der Staat erscheint als konkrete staatliche Zwangsordnung, als ein in sich geschlossenes logisch-autarkes System, das keiner weiteren Begründung oder Rechtfertigung durch ein außerhalb der Ordnung liegendes Moment bedürftig ist. Dabei wird nicht nur der Zweck im Recht übersehen, sondern auch, daß der moderne Verfassungsstaat auf den Voraussetzungen der Staatlichkeit beruht, welche die Verfassung aufnehmen und gestalten, aber ihrerseits — von hier nicht interessierenden Ausnahmen abgesehen — nicht schaffen kann[41]. Für die völkerrechtliche Betrachtung der Staaten als Völkerrechtssubjekte ist es selbstverständlich, daß Verfassungen kommen und gehen, die Staaten aber in ihrer Staatlichkeit fortbestehen[42].

---

[38] Vgl. *Hespe*, a.a.O. (Anm. 1), S. 26; *Jellinek*, a.a.O. (Anm. 28), S. 249 ff.

[39] Nachweise und Kritik zu dieser Position bei *Böckenförde, Ernst-Wolfgang:* Gesetz und gesetzgebende Gewalt, 2. Aufl. 1981, S. 211 ff.

[40] Vgl. *Kelsen, Hans:* Allgemeine Staatslehre, 1925, S. 39. Bei *Kelsen* führt der Verzicht auf diese Frage im Rekursus zur hypothetischen Grundnorm, die keinen Staatszweck und keine Staatsrechtfertigung vermittelt. Hinter der Grundnorm, die kein Bestandteil des geltenden Rechts ist, kann aber ein „zweckbestimmtes, sollensgerichtetes effektives Wollen (stehen), das dem höchsten rechtlichen Sollen der Verfassung Geltung verleiht" (*Winkler, Günther:* Rechtstheorie und Rechtserkenntnis, 1990, S. 107). „Wer den Schleier hebt und sein Auge nicht schließt" — so sagte Kelsen auf der Staatsrechtslehrertagung 1926 — „dem starrt das Gorgonenhaupt der Macht entgegen" (VVDStRL 3 [1927], S. 55).

[41] Vgl. *Isensee, Josef/Kirchhof, Paul:* Vorwort, in: dies. (Hg.): Handbuch des Staatsrechts, Bd. I, 1987, S. VII; *Isensee, Josef,* a.a.O. (Anm. 36), Rdn. 24, 40. Auch Kelsen räumt in seiner „Reinen Rechtslehre" (2. Aufl., S. 289 f.) ein, daß allein das Bestehen einer Rechtsordnung für einen Staat noch nicht konstitutiv ist, vielmehr Voraussetzung für dessen Existenz die von der traditionellen Staatslehre geforderten drei Elemente Staatsvolk, Staatsgebiet und Staatsgewalt sind; vgl. dazu *Ermacora, Felix:* Staat als Rechtsordnung, in: Beiträge zum Verfassungs- und Wirtschaftsrecht. Festschrift für Günther Winkler, 1989, S. 3 ff. (8 f.).

[42] Im modernen westeuropäischen Verfassungsstaat treffen die beiden geistigen Entstehungslinien des modernen Staates — zum einen die vernunftrechtliche Lehre vom Gesellschafts- und Herrschaftsvertrag und zum anderen die englischen ‚liber-

4. Zur Antwort auf das mit der Frage nach den Staatszwecken verbundene Legitimationsproblem bietet das Grundgesetz durch das Bekenntnis zu unverletzlichen und unveräußerlichen Menschenrechten „als Grundlage jeder menschlichen Gemeinschaft" (Art. 1 Abs. 2 GG) und durch die Anerkennung der Freiheit und Selbstentfaltung des einzelnen eine Antwort[43]. Mit dieser der Verfassung vorausliegenden Idee der Freiheit des Menschen ist auch die mit dem — wie Kant sagt — „natürlichen Rechte der Menschen zusammenstimmende Konstitution (verbunden), daß nämlich die dem Gesetz Gehorchenden auch zugleich, vereinigt, gesetzgebend tätig sein sollen"[44]. Menschen- und freiheitsrechtliche und demokratische Legitimation fügen sich zusammen. Auch zur Rechtfertigung des modernen demokratischen Staates bietet sich der Rückgriff auf die mit der Idee der Freiheit des Menschen verbundene freiwillige Unterwerfung unter die selbstgewählte Herrschaft unter Verzicht auf Privatgewalt an[45]. Der Staat

ties' und die nordamerikanische vorstaatliche Menschenrechtskonzeption, auf der aufbauend die Lehre vom just government bzw. government as trust entwickelt wurde — zusammen (vgl. dazu *Brugger, Winfried:* Grundrechte und Verfassungsgerichtsbarkeit in den Vereinigten Staaten von Amerika, 1987, S. 408 ff. und *Steinberger, Helmut:* Konzeption und Grenzen freiheitlicher Demokratie, 1974, 42 ff., 62 ff.). Auf der einen Seite steht die in der Verfassung verankerte rechtsstaatliche, durch das demokratisch zustande gekommene Gesetz begrenzte, durch Gewaltenteilung gebändigte Herrschaft, die durch das staatliche Gewaltmonopol inneren und äußeren Frieden sichert, auf der anderen Seite der durch die Staatszwecke in spezifischer Weise als vorstaatlich belassene Wirkungsbereich des Menschen und Bürgers, der durch die Anerkennung der Menschen- und Grundrechte strukturiert wird. Die Subjektivierung erreicht mit diesen gegen den Staat gerichteten Rechten ihren vorläufigen Abschluß, die Staatszweckbetrachtung tritt in ihrer Funktion der Sicherung eines vorstaatlichen Freiheitsraums zurück, die Staatszwecke werden in den Menschen- und Grundrechten „aufgehoben" — ein Vorgang, der die Frage provoziert, ob damit eine Staatszweckbetrachtung überflüssig wird.

[43] Vgl. *Böckenförde, Ernst-Wolfgang,* a. a. O. (Anm. 43), S. 19 f.; *Maihofer, Werner:* Die Legitimation des Staates aus der Funktion des Rechts, ARSP Beiheft 15, 1981, S. 15 ff. (21); zur daneben bestehenden demokratischen Legitimation vgl. *Scheuner, Ulrich:* Die Legitimationsgrundlage des modernen Staates, ibidem, S. 1 ff.

[44] *Kant, Immanuel:* Streit der Fakultäten, A 155, 156, in: Werke (hrsg. v. W. Weischedel), 1966, Bd. 6, S. 364; vgl. auch *Steinberger, Helmut,* a. a. O. (Anm. 42), S. 256 Fn. 1047.

[45] Dieser vertragstheoretische Ansatz darf nicht mit einem realen Vertrag verwechselt werden; der Ansatz verweist vielmehr auf die konsensuale Basis der Staatsgewalt, und dem Konsensgedanken korrespondiert die „apriorische *Idee* der Freiheit (im Sinne der Selbstbestimmung des Einzelnen)"; *Steinberger, Helmut,* a. a. O. (Anm. 42), S. 262 Fn. 1060.

schuldet im Verfassungsstaat dafür Sicherung des äußeren und inneren Friedens, Gewährleistung der Menschenwürde und der Grundfreiheiten. Zwischen dem Rechtsgehorsam und dem staatlichen Schutz besteht ein *unauflöslicher* Zusammenhang[46]. Der Satz „subiectio trahit protectionem" gehört seit dem berühmten *Calvin-Case*[47] aus dem Jahr 1608 nicht nur zum ungeschriebenen Bestandteil des britischen Verfassungsrechts, sondern zum Grundbestand des modernen Staates. Er hat in zahlreichen Staaten zur Begründung von Ansprüchen (subjektiven Rechten) gegen den Staat gedient. *Doehring*[48] hält dieses *Grundverhältnis* aufgrund rechtsvergleichender Untersuchungen für ein *principe général des nations civilisées.* Dieses Prinzip ist nicht nur ein Satz der Staatstheorie, sondern des der Verfassung vorausliegenden, aber von ihr aufgegriffenen und in bezug genommenen Staatsrechts und dabei Strukturelement des modernen Staates[49].

III. Staatszwecke im Verfassungsstaat

5. Dem demokratischen Verfassungsstaat westeuropäischer Prägung, wie er der Europäischen Menschenrechtskonvention und den Mitgliedsvoraussetzungen der EG zugrundeliegt, eignen alle notwendigen Elemente des modernen Staates. Der Schutz der Menschenwürde, des inneren und äußeren Friedens sowie der Selbstschutz des Staates sind notwendige, aber für den modernen Staat nicht mehr hinreichende Staatszwecke. Für den Typus des modernen demokratischen Staates ist außerdem charakteristisch, daß er die Grund- und Menschenrechte sowie ein Mindestmaß an sozialer Sicherheit und an geistig-sittlicher Integration seiner Bürger gewährleisten soll. Er

---

[46] *Isensee, Josef,* a. a. O. (Anm. 20), S. 18 ff.; *Murswiek, Dietrich,* a. a. O. (Anm. 24), S. 102 ff. m. w. N.

[47] Calvin's Case, 7 Co Rep. 1 a (5 a); vgl. hierzu z. B. *Holdsworth, Sir William:* A History of English Law, Vo. IX, 3. Aufl. Reprint 1966, S. 81 ff.; Halsbury's Laws of England, 4. Aufl. Vo. 8, 1974, S. 569, Rdn. 861 Fn. 1.

[48] *Doehring, Karl:* Die Pflicht des Staates zur Gewährung diplomatischen Schutzes, 1959, S. 89.

[49] Vgl. *Murswiek, Dietrich,* a. a. O. (Anm. 24), S. 103; *Isensee, Josef,* a. a. O. (Anm. 24), Rdn. 41 f.; in den frühen amerikanischen Verfassungen tritt es uns noch ganz unvermittelt entgegen: vgl. die Formulierung in Art. III der Verfassung von New Hampshire v. 31. 10. 1783: "When men enter into a state of society, they surrender up some of their natural rights to that society, in order to insure the protection of others; and without such an equivalent, the surrender is void."

beruht zwar wie alle Staaten auf geistigen Voraussetzungen, die er selbst insgesamt nicht schaffen kann[50]. Er darf aber in seinen Institutionen jenen Geist und jenes gemeinsame Erbe an geistigen Gütern pflegen, von deren Aufrechterhaltung die Präambel der Menschenrechtskonvention ausgeht[51].

6. Im demokratischen Verfassungsstaat spricht eine Vermutung dafür, daß die Verfassung das Staatsbild abschließend fixiert hat und eine Erweiterung der verfassungsrechtlichen Legalität daher nur durch Rückgriff auf zweifelsfreie Elemente moderner Staatlichkeit möglich ist[52]. Die formale Verfassung kennt in den Begriffen des demokratischen und sozialen Rechtsstaats und der Menschen- und Grundrechte aber genügend über sie selbst hinausführende Bezugnahmen auf materiale Werte[53]. Das BVerfG läßt in seinem Rekurs auf „die Sicherheit des Staates als verfaßter Friedens- und Ordnungsmacht und die von ihm zu gewährleistende Sicherheit... (als) ... Verfassungswerte, ... (von denen) ... die Institution Staat die eigentliche und letzte Rechtfertigung herleitet"[54], das beschriebene Grundverhältnis aufleuchten, auch wenn es die eigentliche Zwischenstufe, die von der Staatsrechtfertigung über die Staatszwecke zu den Verfassungszwecken führt, überspringt. In dem dargelegten Grundverhältnis hat der Staatszweck „Sicherheit" in all seinen modernen Ausfächerungen seine Wurzel. Ansonsten ist Vorsicht bei Bezugnahmen über den Verfassungstext auf den dahinterliegenden Staat geboten, da politische Selbstverständlichkeiten an den Randzonen alles andere als selbstverständlich zu sein pflegen. Deshalb kann verfassungsabhängige Staatsraison nicht zum Gegenspieler des Rechts werden[55].

---

[50] Vgl. *Böckenförde, Ernst-Wolfgang:* Die Entstehung des Staates als Vorgang der Säkularisation, in: ders.: Staat, Gesellschaft, Freiheit, 1976, S. 42 ff. (60 f.).

[51] Zum Problem siehe *Burmeister, Joachim:* Praktische Jurisprudenz und rechtsethischer Konsens in der Gesellschaft, in: Verfassungsrecht und Völkerrecht. Gedächtnisschrift für Wilhelm Karl Geck, 1989, S. 97 ff. (110 ff.).

[52] Mit leicht anderer Nuancierung *Isensee, Josef,* a. a. O. (Anm. 36), Rdn. 174.

[53] *Von Arnim* spricht von der „mitschwingenden Ideenwelt", die das Grundgesetz geprägt hat (*von Arnim, Hans Herbert:* Staatslehre der Bundesrepublik Deutschland, 1984, S. 11); vgl. ferner *Benda, Ernst:* Der soziale Rechtsstaat, in: ders. et al. (Hg.): Handbuch des Verfassungsrechts, 1983, S. 477 ff. (478 ff.); *Stern, Klaus,* a. a. O. (Anm. 1), S. 221.

[54] BVerfGE 46, 24 (56 f.); ebenso BVerwGE 49, 202 (209).

[55] Vgl. *Klein, Eckart,* a. a. O. (Anm. 6), S. 477. Viel spricht dafür, daß den staatlichen Organen ausdrückliche und ausreichende Möglichkeiten an die Hand gegeben werden, einen funktionsfähigen Staat aufrechtzuerhalten und ihrer Frei-

7. Über das Bild des modernen Staates hinausgehende Anhaltspunkte für positive und negative Staatszwecke lassen sich aus dem Völkerrecht gewinnen. Der noch im 19. Jh. klassische Staatszweck der Machterweiterung[56] ist den Staaten heute durch das völkergewohnheitsrechtlich geltende Gewalt- und Interventionsverbot verwehrt — ein Verbot, dessen Einhaltung nur unter Wahrung auch des innerstaatlichen Gewaltverbots möglich ist[57]. Die häufig anzutreffende Feststellung, daß der verfassungsneutrale Staatsbegriff des Völkerrechts sich in dem Selbstzweck (Erhaltungsfunktion) erschöpfe und das Völkerrecht die Frage, wozu Staaten gegründet worden sind und wie sie ihre Herrschaftsstruktur ordnen, nicht stelle, greift zu kurz. Das Völkerrecht gebietet dem Staat zwar nicht die Selbsterhaltung, wohl aber die Gewährleistung eines fremden- und menschenrechtlichen Mindeststandards — auch unabhängig von den beiden UN-Pakten[58]. Dazu gehört auch die Anerkennung der Personalität (Subjektstellung) und der Gleichheit jedes Menschen[59]. Diese fortschreitenden rechtlichen Verengungen der domaine réservé setzen einen funktionsfähigen Staat voraus. Die Strukturelemente des modernen Staates mit dem Sicherheitszweck sind daher Voraussetzungen für den völkerrechtlichen Staatsbegriff, zu dem positive Staatszwecke mit der Idee einer Verfassung der Völkerrechtsgemeinschaft[60], dem interna-

---

heitsschutzfunktion gerecht zu werden. Nur in einem menschenbedrohenden Extremfall erscheint es zulässig, in einer Notstandslage auf ein mit dem Bild des modernen Staates einhergehendes Notrecht, das in die Verfassung nicht ausdrücklich aufgenommen wurde, zu schließen. Die Regelung in Art. 15 EMRK über die Einschränkbarkeit im Notstandsfall gibt dafür einen für solche Situationen notwendigen Mindestgehalt. „Wer in solcher Situation handelt, steht jedenfalls unter dem Risiko des Verfassungsbruchs"; *Klein, Eckart*, ibidem.

[56] Noch 1922 hatte *Georg Jellinek* „ein solches offensives Vorgehen nicht überall als dem Staatszweck widersprechend" bezeichnet (vgl. *Jellinek, Georg*, a. a. O. [Anm. 28], S. 255).

[57] Vgl. *Heintzen, Markus:* Das staatliche Gewaltmonopol als Strukturelement des Völkerrechts, Der Staat 1986, S. 17 ff.

[58] Internationaler Pakt über bürgerliche und politische Rechte v. 19. 12. 1966, BGBl. 1973 II S. 1534; Internationaler Pakt über wirtschaftliche, soziale und kulturelle Rechte v. 19. 12. 1966, BGBl. 1973 II S. 1570; zur völkergewohnheitsrechtlichen Verankerung der Mindeststandards vgl. *Verdross, Alfred / Simma, Bruno:* Universelles Völkerrecht. Theorie und Praxis, 3. Aufl. 1984, §§ 1209, 1212 f., 1235.

[59] Vgl. *Doehring, Karl:* Die allgemeinen Regeln des völkerrechtlichen Fremdenrechts und das deutsche Verfassungsrecht, 1963, S. 9 ff., 70 ff.; *Schindler, Dietrich:* Gleichberechtigung von Individuen als Problem des Völkerrechts, 1957, S. 28 ff.

[60] *Verdross, Alfred:* Die Quellen des universellen Völkerrechts, 1973, S. 20 ff.; *Mosler, Hermann:* The International Society as a Legal Community, 1980, S. 15 ff.

tionalen ordre public und mit den Beitrittsvoraussetzungen für die Vereinten Nationen, namentlich dem friedliebenden Charakter, hinzutreten[61].

8. Die Staatszwecke des modernen Staates können auch im Verfassungsstaat den Charakter von Staatsbegrenzungen, Gewährleistungspflichten und Staatszielen haben. Ausgehend von der Verfassung stellt sich die Grundfrage, welche zusätzlichen Erkenntnisse aus einer Staatszweckbetrachtung gewonnen werden können. Drei Bereiche — die Gemeinwohlermittlung, die Staatsaufgabenlehre und die Grundrechtstheorie — zeigen ihre Verbindung zu Staatszwecken.

9. Das BVerfG geht in ständiger Rechtsprechung davon aus, daß das Grundgesetz — u. a. um der Würde und Freiheit des Menschen willen — nicht eine „virtuell umfassende Staatsgewalt verfaßt (hat), sondern den Zweck des Staates materialiter auf die Wahrung des Gemeinwohls beschränkt, in dessen Mitte Freiheit und soziale Gerechtigkeit stehen“[62]. Die Ablehnung der virtuellen Allkompetenz ist zumindest mißverständlich[63]. Ob der genannte Staatszweck des Gemeinwohls[64] sich lediglich aus der Summe der Partikularinteressen prozedural mit all den rechtsstaatlichen Sicherungen des demokratisch-parlamentarischen Staatswesens bildet[65] oder zusätzlich an allge-

---

[61] Vgl. *Jaenicke, Günther:* Zur Frage des internationalen ordre public, Berichte der Deutschen Gesellschaft für Völkerrecht , Heft 7, 1967, S. 77 ff.; *Frowein, Jochen Abr.:* Das Staatengemeinschaftsinteresse — Probleme bei Formulierung und Durchsetzung, in: Staat und Völkerrechtsordnung. Festschrift für Karl Doehring, 1989, S. 219 ff.

[62] BVerfGE 42, 312, (332).

[63] Sicherlich besteht — auch im Zeichen der Sozialstaatlichkeit — keine tatsächliche Allkompetenz (so aber *Krüger, Herbert,* a. a. O. [Anm. 37], S. 760, 830 f.), von der sie jedoch zu unterscheiden ist (vgl. *Haverkate,* a. a. O. [Anm. 34], S. 44 f.). Für eine virtuelle Allkompetenz z. B. *Isensee, Josef,* a. a. O. (Anm. 24), Rdn. 158 ff.; *Kirchhof, Paul,* a. a. O. (Anm. 30), Rdn. 2 f.; kritisch: *Eichenberger, Kurt:* Der geforderte Staat: Zur Problematik der Staatsaufgaben, in: Hennis, Wilhelm (Hg.): Regierbarkeit. Studie zu ihrer Problematisierung, 1977, S. 103 ff. (104 ff.).

[64] Zu den Auswirkungen der unterschiedlichen Gemeinwohlkonzeptionen auf die Staatszwecklehre siehe *Bleckmann, Albert:* Die Entwicklung der Allgemeininteressen aus den Grundrechten der Verfassung. Zur Staatszwecklehre des Grundgesetzes, 1990.

[65] *Häberle, Peter:* Öffentliches Interesse als juristisches Problem, 1970, S. 54 ff.; *Stettner, Rupert:* Grundfragen einer Kompetenzlehre, 1983, S. 202 ff. Dabei ist die von *Häberle* und *Stettner* vertretene aposteriorische Gemeinwohlkonzeption, die gesellschaftliche Interessenheterogenität fordert, wiederum von einer apriorischen Gemeinwohlidee, die gesellschaftliche Interessenhomogenität voraussetzt, zu unterscheiden (vgl. *Vorländer, Hans:* Verfassung und Konsens, 1981, S. 223 ff., 335 ff.).

meinen Grundwerten wie der menschlichen Würde, Freiheit und sozialen Gerechtigkeit ausgerichtet ist, hat für den modernen Staat westeuropäischer Prägung in der Präambel der Europäischen Menschenrechtskonvention eine Antwort zugunsten einer materialen Zielvorstellung erhalten[66]. Da Gerechtigkeit jedoch nicht positiv, sondern allenfalls punktuell und im Wege negativer Evidenz feststellbar bleiben wird, ist das Substrat dieser Zweckvorstellung außerordentlich vage. Die instrumentale Hinwendung zur Freiheit und Selbstbestimmung des einzelnen bietet demgegenüber einen Ansatz zur Zurückdrängung rein kollektivistischer Gemeinwohlvorstellungen. Diese Ausrichtung an der Würde und Freiheit des Menschen führt zu einer nach der Gewichtigkeit gestuften Rechtfertigungslast für jedes öffentliche Interesse, das zur Einschränkung individueller Freiheit herangezogen wird[67].

10. In eine vergleichbare Richtung weist die Staatszweckbetrachtung für eine Staatsaufgabenlehre[68]. Den Staatszwecken als Staatsbegrenzungen liegt ursprünglich die Unterscheidung zwischen Staat und Gesellschaft voraus. Diese Unterscheidung läßt sich auch unter dem Grundgesetz als Funktionentrennung und „Bedingung der individuellen Freiheit" aufrechterhalten. Der Staat hat gegenüber der freien Gesellschaft als zweiter „Wirkeinheit" eine Garantenfunktion für den freien gesellschaftlichen Ablauf[69].

---

[66] *Bleckmann, Albert:* Vom subjektiven zum objektiven Rechtsstaatsprinzip, JöR 36 (1987), S. 1 ff. (19 f.); *Isensee, Josef,* a. a. O. (Anm. 56), Rdn. 44 f.; *von Arnim, Hans Herbert:* Staatslehre der Bundesrepublik Deutschland, 1984, S. 124 ff.

[67] Vgl. *Bleckmann, Albert:* Staatsrecht II — Die Grundrechte, 3. Aufl. 1989, S. 368 ff.; *Grabitz, Eberhard:* Freiheit und Verfassungsrecht, 1976, S. 84 ff.

[68] Vgl. hierzu *Bull, Hans Peter:* Die Staatsaufgaben nach dem Grundgesetz, 2. Aufl. 1977, insbes. S. 17 ff., 43 ff.; *Del Vecchio, Giorgio:* Über die Aufgaben und Zwecke des Staates, AöR 88 (1963), S. 249 ff.; *Häberle, Peter:* Verfassungsstaatliche Staatsaufgabenlehre, AöR 111 (1986), S. 595 ff.; zur Staatsaufgabenlehre aus der Sicht der politischen Ökonomie vgl. *Hesse, Günter:* Staatsaufgaben. Zur Theorie der Legitimation und Identifikation staatlicher Aufgaben, 1979.

[69] *Böckenförde, Ernst-Wolfgang,* a. a. O. (Anm. 34), S. 12 ff. Es ist nicht von ungefähr, daß *Böckenförde* in diesem Zusammenhang von den „grundlegenden Staatszwecken und der ursprünglichen Verteilung der Zuständigkeiten zwischen Staat und Gesellschaft" spricht, die den Staat dazu verpflichtet, der gesellschaftlichen Ungleichheit entgegenzuwirken und sie durch sozialen Ausgleich und soziale Leistungen zu relativieren, um dadurch individuelle Freiheit und rechtliche Gleichheit für alle real zu erhalten (*ders.,* Die Bedeutung der Unterscheidung von Staat und Gesellschaft im demokratischen Sozialstaat der Gegenwart, in: ders.: Staat, Gesellschaft, Freiheit, 1976, S. 185 ff. [205]).

Die Staatszwecke in ihrer klassischen Staatsbegrenzungsfunktion könnten sich unter dem Grundgesetz in der Lehre vom Verfassungsvorbehalt wiederfinden, wonach die Organe des Staates nur handeln dürfen, wenn und soweit die Verfassung zu diesem Handeln ermächtigt. Solche Handlungsermächtigungen werden nicht nur im Sozialstaatsziel, das eine umfassende Gestaltung der Wirtschafts- und Finanzverfassung nach den Vorstellungen des Gesetzgebers erlaubt[70], sondern auch in der objektiv-rechtlichen Seite der Grundrechte gesehen[71]. Der Staat ist nicht notwendig verpflichtet, aber doch ermächtigt, die Voraussetzungen für eine generelle Ausübung der Grundrechte zu schaffen. Eine solche Sicht, die den Staat und insbesondere den Gesetzgeber über die Kompetenzbestimmungen hinaus auf die Verwirklichung von Staatszwecken und Staatszielen zurückdrängt, läßt sich aus der Verfassung nicht zwingend entnehmen[72]. Der Verfassung nach besteht im Prinzip eine Allkompetenz, die der demokratische Gesetzgeber im Rahmen der entweder dem Bund oder den Ländern insgesamt zustehenden Befugnis ausfüllen darf. Eine andere Auffassung würde auch zu eigentümlichen Verzerrungen führen, weil die Sozialstaatsklausel dann zwingend zu einer umfassenden Generalermächtigung zur Gestaltung der Wirtschafts- und Sozialverfassung wird und — wie mit Recht gesagt worden ist[73] — „alle Staatszwecke sich durch die Grundrechte legitimieren" lassen.

Gleichwohl kann auf einer zweiten Ebene der Reflexion die Staatszweckbetrachtung für die Unterscheidung zwischen ausschließlichen und konkurrierenden, obligatorischen und fakultativen Staatsaufgaben von Bedeutung sein. Welche Aufgaben — neben den konkreten

---

[70] Das Sozialstaatsziel als Verfassungsnorm über Staatsaufgaben führt in die Nähe der politischen Gestaltungsfreiheit des Gesetzgebers, denn die Staatsaufgaben sind unbestimmt, unbestimmbar und an veränderlichen Gegebenheiten und Einflüssen orientiert (vgl. *Badura,* a. a. O. [Anm. 18], S. 494).

[71] Vgl. *Scheuner, Ulrich:* Die Funktion der Grundrechte im Sozialstaat. Die Grundrechte als Richtlinie und Rahmen der Staatstätigkeit, DÖV 1971, S. 505 ff.; *Stern, Klaus,* a. a. O. (Anm. 17), S. 890 ff.

[72] Dies folgt aus dem Fehlen klarer und systematischer Aussagen im Grundgesetz über Aufgaben und Zwecke des vom Grundgesetz verfaßten Staates (vgl. *Herzog, Roman:* Ziele, Vorbehalte und Grenzen der Staatstätigkeit, in: Isensee, Josef / Kirchhof, Paul [Hg.]: Handbuch des Staatsrechts, Bd. III, 1988, § 58, Rdn. 28). Eine solche Sicht würde zudem der Wirkung von Staatszwecken, die direktiv, nicht determinativ ist (vgl. *Brugger, Winfried,* a. a. O. [Anm. 1], S. 2431), widersprechen.

[73] *Bleckmann, Albert,* a. a. O. (Anm. 67), S. 269.

im Grundgesetz enthaltenen Gesetzgebungsaufträgen[74] — im modernen Staat als notwendig angesehen werden, läßt sich im Sinne eines auch innerstaatlich bedeutsamen Indizes aus der völkerrechtlichen Unterscheidung zwischen acta iure imperii und acta iure gestionis ablesen, einer Unterscheidung, die auch dann aussagekräftig ist, wenn nach der lex fori auf die Tätigkeit Privatrecht anzuwenden ist[75]. Der gesamte kommerzielle Sektor fällt aus dem staatlichen Kernbereich heraus. Hier liegen dem modernen Staat völkerrechtliche Leitbilder voraus, die innerstaatlich zwar nicht zwingend sind, aber doch eine Indizwirkung dafür haben, was dem Staat zugerechnet wird und worauf er sich zur Inanspruchnahme staatlicher Immunität berufen darf. Einen zusätzlichen Anhaltspunkt bietet die Rechtsprechung zur EMRK bei der Frage, was in einer demokratischen Gesellschaft notwendig ist. Im *James*-Fall[76] findet sich insofern der bemerkenswerte Satz:

> „Die Beseitigung sozialer Ungerechtigkeiten ist eine der Funktionen des demokratischen Gesetzgebers. Insbesondere stellt die Wohnungspolitik für die Bevölkerung ein erstrangiges soziales Bedürfnis dar, dessen Regelung nicht völlig dem Spiel der freien Marktkräfte überlassen werden darf."

Als weiterer völkerrechtlicher Anknüpfungspunkt nicht für ausschließliche, wohl aber für obligatorische Staatsaufgaben kann die völkerrechtliche Verantwortlichkeit herangezogen werden, also jene Fälle, in denen dem Staat eine Garantenstellung auch für das Handeln Privater zugerechnet wird[77]. Darüber hinaus darf der Staat, auch wenn er im Prinzip über eine Allkompetenz verfügt, nur jene Aufgaben wahrnehmen, für die ein öffentliches Interesse besteht[78]. So darf er als Steuerstaat nicht rein erwerbswirtschaftliche Unternehmenstätigkeit — über den beim Erlaß des Grundgesetzes vorgefundenen Grundbe-

---

[74] Zu erwähnen sind hier die Aufträge zur Gleichstellung der ehelichen mit den nichtehelichen Kindern (Art. 6 Abs. 5 GG) und zur Neugliederung des Bundesgebietes (Art. 29 GG). Vgl. *Scheuner, Ulrich:* Staatszielbestimmungen, in: Festschrift für Ernst Forsthoff, 1972, S. 325 ff. (333 ff.).

[75] Vgl. hierzu *Ress, Georg:* Entwicklungstendenzen der Immunität ausländischer Staaten, ZaöRV 40 (1980), S. 217 ff.

[76] Europäischer Gerichtshof für Menschenrechte (EGMR), Urt. v. 21. 2. 1986, Nr. 3/1984/75/119, James u. a. / Vereinigtes Königreich, EuGRZ 1988, 341 (344).

[77] Vgl. *Murswiek, Dietrich:* Die Pflicht des Staates zum Schutz vor Eingriffen Dritter nach der Europäischen Menschenrechtskonvention, in: Konrad, Hans-Joachim: Grundrechtsschutz und Verwaltungsverfahren. Internationaler Menschenrechtsschutz, 1985, S. 213 ff.; *Verdross/Simma,* a. a. O. (Anm. 58), §§ 1270 ff., 1281 ff.

[78] Vgl. *Isensee, Josef:* Subsidiaritätsprinzip und Verfassungsrecht, 1968, S. 208 f.

stand hinaus – entfalten[79]. Ein Rückgriff auf eine vorverfassungsrechtliche Staatszweckkonzeption bringt über die in den Grundrechten enthaltenen Regelungsbegrenzungen hinaus keine zusätzliche Erkenntnis, aber Bestätigung. Auch aus einem Vorverständnis von Staatszwekken, das im Wege der Rechtsvergleichung ermittelt wird, lassen sich nur grobe Schlüsse auf eine Art gemeineuropäischer Aufgabenlehre des modernen Verfassungsstaates ziehen. Die Idee eines limited government als gemeineuropäischer Rechtssatz tritt in der Rechtsprechung des Straßburger Gerichtshofs – trotz des den Mitgliedstaaten eingeräumten Beurteilungsspielraums (marge d'appréciation)[80] – deutlich bei der Frage des Gesundheitsschutzes, der Verstaatlichung, der Eingriffe in die Privatsphäre durch Abhörmaßnahmen usw. hervor[81].

Gleichwohl wird die Frage, wieviel an innerer und sozialer Sicherheit gewährleistet werden muß, in den westeuropäischen Staaten trotz Rechtsharmonisierung in Teilgebieten immer noch höchst unterschiedlich beantwortet. Die Ausrichtung an der menschlichen Freiheit spricht für einen Rückgriff auf das Subsidiaritätsprinzip, welches in Art. 130 r EWGV durch die EEA für den Umweltbereich eine partielle, wenn auch unvollkommene Aufnahme gefunden hat[82].

---

[79] *Vogel, Klaus:* Der Finanz- und Steuerstaat, in: Isensee, Josef / Kirchhof, Paul (Hg.): Handbuch des Staatsrechts, Bd. I, 1987, § 27 Rdn. 52 f.; *Isensee,* ibidem, S. 288 f.; *Ress, Georg:* Regierungskontrolle von öffentlichen (staatlichen und halbstaatlichen) Industrieunternehmen, in: Liber Amicorum B. C. H. Aubin, 1979, S. 129 ff. (133 f., 138 f.); *Grupp, Klaus:* Wirtschaftliche Betätigung der öffentlichen Hand unter dem Grundgesetz, ZHR 140 (1976), 367 (392); a. A. *Klein, Hans H.:* Die Teilnahme des Staates am wirtschaftlichen Wettbewerb, 1968, S. 179 f.

[80] Vgl. EGMR, Fall Handyside, Urt. v. 7. 12. 1976, EuGRZ 1977, 38 (42); Fall Sunday Times, Urt. v. 26. 4. 1979, EuGRZ 1979, 386 (388 f.); Fall James, a. a. O. (Anm. 68), S. 344.

[81] Vgl. *Merrills, J. G.:* The development of international law by the European Court of Human Rights, 1988, S. 146 ff.

[82] Zum Subsidiaritätsprinzip vgl. *Everling, Ulrich:* Gestaltungsbedarf des Europäischen Rechts, EuR 1987, 214 (220); *Isensee, Josef:* Subsidiaritätsprinzip und Verfassungsrecht, 1968; *ders.,* a. a. O. (Anm. 24), Rdn. 79, 165 ff.; kritisch z. B. *Schmidt-Jortzig, Edzard / Schink, Alexander:* Subsidiaritätsprinzip und Kommunalordnung, 1982, S. 7 ff.; *Herzog, Roman:* Subsidiaritätsprinzip und Staatsverfassung, Der Staat 2 (1963), S. 339 ff. Sowohl dem externen Subsidiaritätsprinzip im Verhältnis zwischen Staat und Individuum bzw. Gesellschaft mit dem Regelungsmechanismus der Selbststeuerung als auch dem internen Subsidiaritätsprinzip innerhalb der verfaßten Staatlichkeit mit dem Regelungsmechanismus der Selbstverwaltung kommt staatsentlastende Funktion zu (vgl. *Schuppert, Gunnar Folke:* Selbstverwaltung, Selbststeuerung, Selbstorganisation – zur Begrifflichkeit einer Wiederbelebung des Subsidiaritätsprinzips, AöR 114 (1989), S. 127 ff. (139 ff., 143 ff.).

Für eine funktionale Scheidung von Staat und Gesellschaft und eine daran anknüpfende Staatsaufgabenlehre geben die Staatszwecke demnach nicht mehr Aufschluß, als sich ohnedies aus den Handlungsermächtigungen des Grundgesetzes, insbesondere der objektiv-rechtlichen Seite der Grundrechte, ergibt. Hinter der notwendigen Rechtfertigung des Aufgreifens einer Aufgabe durch öffentliches Interesse steht jedoch eine am Menschen- und Staatsbild orientierte Staatszweckbetrachtung. Die rein ökonomische Theorie, die seit Hayek und Milton Friedman z.B. das Interesse an der öffentlichen Wahrnehmung des Postwesens, der Information und der Bildung und sogar des Währungswesens in Zweifel gezogen hat, ist nur am Wert möglichst effizienter und kostengünstiger, aber nicht allseitiger und sozialer Güterversorgung ausgerichtet. Das spezifische Optimierungsproblem, welches sich für die Staatszweckbetrachtung aus dem zugrundeliegenden Menschen- und Staatsbild ergibt, vermag die „reine" ökonomische Theorie nicht zu lösen. Der homo oeconomicus ist nicht der Mensch im Grundgesetz.

11. Bei der Grundrechtsinterpretation zeigt sich die Verlagerung der objektiven Zwecksetzung des Staates. Je mehr die Freiheit in den Grundrechten und nicht in einer inhaltlichen Zweckbindung der Staatsgewalt und damit deren Begrenzung auf bestimmte Aufgaben gesehen wird, um so intensiver verlagert sich das Problem der Zweckbindung der Staatsgewalt in die Grundrechtsinterpretation, namentlich in die Schranken der Grundrechte[83]. Der gesamte Abgrenzungsstreit über das „bürgerliche Zuteilungssystem" tritt in der Frage auf, welche nach Dringlichkeit gestuften Gemeinwohlzwecke der Staat zur Einschränkung von Grundrechten legitimerweise verfolgen darf. Diese Frage beherrscht spätestens seit dem Apothekenurteil[84] über das

---

[83] Vgl. *Stern, Klaus,* a.a.O. (Anm. 17), S. 104. An einem konkreten Zweck (Gesundheitsschutz) zeigt dies *Seewald, Ottfried:* Zum Verfassungsrecht auf Gesundheit, 1981, S. 83 ff.; 139 ff. Dabei zeigt sich ein methodisches Problem. Wenn die konkreten Zwecke, die der Staat zu verfolgen hat und die ihn „begrenzen", d.h. inhaltlich binden, nunmehr aus den Grundrechten entnommen werden, werden davon separierte eigene Staatszwecke überflüssig oder überdeckt; denn dann sind die Grenzen aus den Grundrechten die „Staatszwecke", und das Verfahren wäre ein fragwürdiger Austausch der einen Kategorie gegen die andere, wobei sich die Frage stellt, was die Grundrechte dabei gewinnen, anders gewendet, ob die „Aufladung" der Grundrechte durch die Dimension der Staatszwecke diese nicht überlastet, so daß eine Wiederherstellung der Staatszwecke als eigene separate Erscheinung die Grundrechte von der Legitimationsfunktion entlasten könnte.

[84] BVerfGE 7, 377 (399 ff.).

Verhältnismäßigkeitsprinzip die Judikatur des Verfassungsgerichts. Vergleichbar werden die Staatszwecke in der Europäischen Menschenrechtskonvention bei der Frage relevant, welche Einschränkungen zum Schutz bestimmter Rechtsgüter in einer demokratischen Gesellschaft „notwendig" sind[85]. Dabei kann die Staatszweckbetrachtung die bei der Grundrechtsinterpretation bestehende Unsicherheit schon deshalb nicht beheben, weil auch der Staatszweckbetrachtung die Anknüpfung an ein notwendigerweise vages Menschen- und Staatsbild zugrundeliegt. Die Probleme zeigen sich bei der Frage, ob der Staat auch den Zweck hat, die Voraussetzungen des Gebrauchs der Freiheitsrechte zu ermöglichen oder gar zu sichern (wie in der DDR)[86].

Die Rückbesinnung auf die Staatszwecke des modernen Staates kann zwar nicht zu einer Rückverlagerung und juristischen Entlastung der Interpretation der Grundrechte von den Problemen der „richtigen" Grundrechtstheorie führen[87], wohl aber zu einer Orientierungsentlastung, indem deutlich wird, daß der rechtliche Sitz der Probleme nicht vordergründig bei der Interpretation der Grundrechtsschranken liegt, sondern grundsätzlicher in den Grenzen der Staatsgewalt und damit in dem funktionalen Verständnis von Staat und Gesellschaft — als zwei auch in der EMRK als getrennt definier-

---

[85] Zum Streit um diese Voraussetzung siehe EGMR, Sunday Times-Fall, EuGRZ 1979, 386 (388); EGMR, Fall Handyside, EuGRZ 1977, 38 (40ff.); vgl. dazu *van Dijk, P./van Hoof, G.J.H.:* Theory and Practice of the European Convention on Human Rights, 1984, S. 314ff.; *Ermacora, Felix:* Richtungsweisendes Handyside-Urteil?, EuGRZ 1977, 363f.; *Fawcett, J.E.S.:* The Application of the European Convention on Human Rights, 1987, S. 270ff.; *Hailbronner, Kay:* Die Einschränkung von Grundrechten in einer demokratischen Gesellschaft, in: Völkerrecht als Rechtsordnung — Internationale Gerichtsbarkeit — Menschenrechte. Festschrift für Hermann Mosler, 1983, S. 359ff. (362ff.).

[86] Eine solche Sicherungspflicht besteht in der DDR zumindest theoretisch; vgl. *Brunner, Georg:* Das Staatsrecht der Deutschen Demokratischen Republik, in: Isensee, Josef/Kirchhof, Paul (Hg.): Handbuch des Staatsrechts, Bd. I, 1987, § 10, Rdn. 81; *Roggemann, Herwig:* Die DDR-Verfassungen, 4. Aufl. 1989, S. 47f., 261ff.; kritisch zu solchen Entwicklungen *Ress, Georg:* Demonstration und Freiheit — Bemerkungen zur Einleitung, in: Demonstration und Straßenverkehr, 1970, S. IXff. (XXVIf.).

[87] Von einer solchen Entlastung scheint *Häberle* (vgl. *ders.*, a.a.O. [Anm. 68], S. 608) auszugehen, wenn er von einer Staatsaufgabenlehre inhaltlich und prozessual erwartet, daß „die Grundrechte bzw. die Grundrechtsdogmatik und ‚Grundrechtspolitik' von manchen Funktionen entlastet werden, die sie wegen des Fehlens einer verfassungsrechtlichen Staatsaufgabenlehre im Rahmen des GG seit Jahrzehnten mit übernommen hat".

ten Wirkeinheiten – verankert ist. Die Orientierungswirkung darf andererseits nicht überschätzt werden. Denn bei der Konkretisierung der Zweckbindung läßt die EMRK den Mitgliedstaaten eine weite marge d'appréciation (Beurteilungsspielraum)[88]. Sie gibt Auskünfte darüber, welche Maßnahmen zulässig, weniger aber darüber, welche Maßnahmen geboten sind. Die Überprüfung auf die innere Verfassungstreue ist demnach sowohl nach europäischem Gemeinschaftsrecht als auch nach der Europäischen Menschenrechtskonvention zulässig[89], was aber nicht bedeutet, daß alle europäischen Staaten so verfahren müßten. Die schon genannte Entscheidung des Straßburger Gerichtshofs im *James*-Fall macht deutlich, daß die Konvention von der Unterscheidung zwischen Staat und Gesellschaft als einer Konstitutionsform des modernen Staates ausgeht[90] und daß ein recht allgemeines Verständnis des Zwecks sozialer Gerechtigkeit die Abgrenzung zu den Grundrechten, insbesondere die Bedeutung des Eigentums für das Individuum, steuert[91]. Der gemeineuropäische Standard,

---

[88] Vgl. oben, Anm. 80 sowie *Ganshof van der Meersch, Walter J.:* Le caractère „autonome" des termes et la „marge d'appréciation" des gouvernements dans l'interprétation de la Convention européenne des Droits de l'Homme, in: Protecting Human Rights: The European Dimension. Studies in honour of Gérard J. Wiarda, 1988, S. 201 ff.; *Hailbronner, Kay,* a. a. O. (Anm. 85), S. 381 ff.; *Merrills, J. G.,* a. a. O. (Anm. 81), S. 136 ff.; *Nedjati, Zaim M.:* Human Rights under the European Convention, 1978, S. 183 ff.; *Waldock, Sir Humphrey:* Die Wirksamkeit der Europäischen Menschenrechtskonvention, EuGRZ 1979,. S. 599 ff. (600 ff.); *Weidmann, Klaus W.:* Der Europäische Gerichtshof für Menschenrechte auf dem Weg zu einem europäischen Verfassungsgerichtshof, 1985, S. 245 ff.

[89] Vgl. EGMR Urt. Nr. 4/1984/76/120 v. 28. 8. 1986 im Fall Glasenapp gegen Bundesrepublik Deutschland, EuGRZ 1986, 497 (503 ff.); Urt. Nr. 5/1984/77/121 v. 28. 8. 1986 im Fall Kosiek gegen Bundesrepublik Deutschland, EuGRZ 1986, 509 (514 ff.); *Doehring, Karl:* Abwehr verfassungsfeindlicher Bestrebungen im öffentlichen Dienst aus der Sicht der Rechtsvergleichung und des internationalen Rechts, in: Der freiheitliche Rechtsstaat und seine Gegner – Mittel und Grenzen der Abwehr, 1979, S. 107 ff. (118 f., 120 f.); *ders.:* Gesamtbericht, in: Verfassungstreue im öffentlichen Dienst europäischer Staaten, 1980, S. 11 ff. (37 ff., 40 f.).

[90] Die Trennung wird dergestalt aufgegriffen, daß in der EMRK der Begriff Gesellschaft (societé, society) als der Bezugspunkt für die Zulässigkeit von staatlichen Regelungen gewählt wird. Zur staatstheoretischen und verfassungsrechtlichen Bedeutung siehe *Böckenförde, Ernst Wolfgang,* a. a. O. (Anm. 36), S. 10 ff.; *ders.:* Die Bedeutung der Unterscheidung von Staat und Gesellschaft im demokratischen Sozialstaat der Gegenwart, in: Rechtsfragen der Gegenwart. Festschrift für Wolfgang Hefermehl, 1972, S. 11 ff.

[91] Zum Eigentumsschutz in der Rechtsprechung des EGMR vgl. neben dem genannten James-Fall (Anm. 68) den Fall Lithgow u. a. / Vereinigtes Königreich, EuGRZ 1988, S. 350 ff. sowie den Fall Sporrong u. Lönnroth / Schweden, EuGRZ

der als fortlaufende Konkretisierung der Zwecke des modernen westeuropäischen Staatstypus angesehen werden kann, bietet für die grundsätzliche Zweckbindung des Staates nur wenige über das deutsche Verfassungsverständnis hinausgehende Anhaltspunkte.

12. Die Möglichkeit, den Staat mit seinen Zwecken in der Verfassung normativ zu verdeutlichen, läßt sich auch durch eine aus der Zusammenschau einzelner Grundrechtsbestimmungen in Verbindung mit verfassungsrechtlichen Grundentscheidungen gewonnenen Gesamtschau gewinnen. Derartige Grundentscheidungen, wie sie z. B. für den Steuerstaat oder für ein Kulturstaatsziel vertreten werden[92], hat das BVerfG früher noch deutlicher gepflegt, als es ausführte, daß sich „aus dem Gesamtinhalt der Verfassung gewisse verfassungsrechtliche Grundsätze und Grundentscheidungen ergeben, denen die einzelnen Verfassungsbestimmungen untergeordnet sind" und daß „jede Verfassungsbestimmung... so ausgelegt werden (müsse), daß sie mit jenen elementaren Verfassungsgrundsätzen und Grundentscheidungen des Verfassungsgesetzgebers vereinbar ist"[93]. Dieser Feststellung liegt die richtige Erwägung zugrunde, daß eine einzelne Verfassungsbestimmung nicht isoliert betrachtet und allein aus sich heraus ausgelegt werden kann. Sie steht in einem Sinnzusammenhang mit den übrigen Vorschriften der Verfassung, die eine innere Einheit darstellen. So hat das BVerfG[94] z. B. den Verfassungsgrundsatz der militärischen Landesverteidigung aus Art. 12 a, 73 Nr. 1, 87 a und 115 GG als mögliche immanente Grundrechtsschranke aus Kompetenzvorschriften, Ermächtigungsnormen und Organisationsregeln abgeleitet. Die Verbindung zwischen Grundentscheidungen und Staatszwecken wird deutlich. Gehört die Sicherung des äußeren Friedens zu den Staatszwecken des modernen Staates, dann ist sie auch als ungeschriebenes

---

1983, S. 523 ff.; zur Rechtsprechung des EuGH zum Eigentumsschutz vgl. EuGH Rs. 44/79, Liselotte Hauer / Land Rheinland Pfalz, Slg. 1979, 3727 (3745 ff.); Rs. 41/79, Testa, Slg. 1980, 1979 (1998 f.); Rs. 59/83, Biovilac/EWG, Slg. 1984, 4057 (4079); Rs. 116/82, Kommission/Deutschland, Slg. 1986, 2519 (2545).

[92] Vgl. z. B. *Häberle, Peter:* Vom Kulturstaat zum Kulturverfassungsrecht, in: *ders.* (Hg.): Kulturstaatlichkeit und Kulturverfassungsrecht, 1982, S. 1 ff. (37 f.); *Isensee, Josef:* Steuerstaat als Staatsform, in: Hamburg – Deutschland – Europa. Festschrift für Hans Peter Ipsen, 1977, S. 409 ff. (420 f.).

[93] BVerfGE 1, 14 (32 f.).

[94] BVerfGE 69, 1 (21); ähnlich bereits BVerfGE 28, 243 (261 f.); 32, 40 (46); 48, 127 (159); Kritik im Sondervotum von *Böckenförde* und *Mahrenholz*, BVerfGE 69, 57 (59 ff.) sowie bezüglich der Begründung auch bei *Isensee, Josef,* a. a. O. (Anm. 56), Rdn. 126.

Element in der Verfassungsordnung präsent[95]. Damit wird jedoch eine staatszweckoptimierende Umdeutung von Verfassungsnormen, die grammatikalisch und systematisch eine bestimmte Aussage, wie in Art. 12a Abs. 2, enthalten, nicht zulässig. Nur wenn die Interpretation der Verfassungsbestimmung selbst mehrere Möglichkeiten offenläßt, ist zur Lösung des Auslegungsproblemes der Rückgriff auf den Staatszweck des modernen Staates möglich[96].

IV. Internationalisierung und Europäisierung von Staatszwecken

13. Der moderne Staat nimmt viele seiner Zwecke nicht mehr selbst, zumindest nicht autonom wahr. Die Neubelebung der Diskussion über die Staatszwecke beruht auf der fortschreitenden Internationalisierung und Europäisierung der Verwaltung. Die Internationalisierung – schon im 19. Jh. auf dem Gebiet des Eisenbahn- und Postverkehrs, derzeit in zahlreichen internationalen Organisationen – ist die Antwort auf das Defizit des modernen Territorialstaates zur Bewältigung der Daseinsvorsorge mittels der nationalen Verwaltung. Neben die nationale Zweckverfolgung tritt auf typischen Gebieten der Leistungsverwaltung daher die internationale. Gleiches gilt in neuerer

---

[95] Daraus kann zwar nicht geschlossen werden, daß eine Landesverteidigung auch ohne ausdrückliche verfassungsrechtliche Regelung vom Gesetzgeber aufgegriffen und organisiert werden könnte. Es gehört aber zu dem Grundverhältnis, daß der einzelne auch Schutz vor Angriffen von außen beanspruchen kann. Dieser Sicht steht nicht entgegen, daß das Völkerrecht eine Landesverteidigung nicht zwingend gebietet („Aus dem Begriff des Staates, nämlich der Staatsgewalt oder der Souveränität, die vom Grundgesetz als selbstverständliche Voraussetzung der Staatlichkeit akzeptiert wurde, läßt sich keine grundsätzliche Verpflichtung zur Aufstellung von Streitkräften herleiten, sondern allenfalls ein Recht dazu." [*Kirchhof, Ferdinand:* Bundeswehr, in Isensee, Josef / Kirchhof, Paul [Hg.]: Handbuch des Staatsrechts, Bd. III, 1988, § 78 Rdn. 8]). Die Gewährleistung des äußeren Friedens gehört zu den Wesensmerkmalen des modernen Staates. Eine Entscheidung zugunsten der Landesverteidigung kann daher als Ausdruck der den modernen Staat prägenden Zielsetzung angesehen werden, so daß gegen die Auslegung als verfassungsrechtliche Grundentscheidung vor diesem Hintergrund im Prinzip nichts einzuwenden ist.

[96] Zur daher berechtigten Kritik am Urteil des BVerfG zum Kriegsdienstverweigerungs-Neuordnungsgesetz (BVerfG NJW 1985, 1519) vgl. z. B. *Becker, Hans-Joachim:* Das Recht der Kriegsdienstverweigerung im Lichte des Urteils des Bundesverfassungsgerichts vom 24. April 1985, RiA 1986, S. 30 ff. (35); *Eckertz, Rainer:* Verfassungsgerichtliche Determinanten des Kriegsdienstverweigerungs-Neuordnungsgesetzes, JuS 1985, S. 683 ff. (684 ff.).

Zeit mehr und mehr auch für Aufgaben der Gefahrenabwehr, wie die Bekämpfung des internationalen Terrorismus, des Drogenhandels oder der grenzüberschreitenden Umweltbelastung. Die Staatszwecke verändern durch die Auslagerung einzelner Sachbereiche zur Zweckverfolgung auf internationale Organisationen nicht nur ihre sachlich-räumliche Reichweite, sondern erfahren durch die Akte unter fremder Zweckverfolgung eine Ergänzung durch multilaterale Gemeinwohlvorstellungen. Dieser Wandel wirkt auf das Staatsbild, namentlich auf das Verhältnis des Bürgers zur Verwaltung zurück. Durch die Internationalisierung und Vergemeinschaftung verliert der Staat nicht nur rechtlich an Verwaltungsautonomie, sondern u. U. auch für den Bürger an identifikationsfähiger Substanz[97].

---

[97] *Delbrück, Jost:* Internationale und nationale Verwaltung – Inhaltliche und institutionelle Aspekte –, in: Jeserich, Kurt G. A. / Pohl, Hans / von Unruh, Georg Christoph (Hg.): Deutsche Verwaltungsgeschichte, Bd. 5: Die Bundesrepublik Deutschland, 1987, S. 386 ff. (390). Bei internationalen Organisationen ist die Zweckbindung im Rahmen der Satzung und die daran anknüpfende objektive Auslegung (ähnlich einer innerstaatlichen Verfassung) eine seit der Entscheidung des Ständigen Internationalen Gerichtshofs zur Donau-Kommission (Publications de la Cour Permanente de Justice Internationale, Série No. 14, Recueil des Avis consultatifs. Compétence de la Commission Européenne du Danube, S. 1 ff. [22 ff.]) feststehende Rechtslage. Entsprechend der Theorie sind internationale Organisationen zwar in ihrer Rechtsfähigkeit funktional begrenzt, wobei die Möglichkeit des ultra-vires-Handelns die in den Zwecksetzungen fixierte Abgrenzung und damit den staatlichen (Freiheits-) Bereich verdeutlicht. Die Theorie stößt aber auf besondere methodische Probleme, weil eine gleichzeitige Weiterentwicklung des Gründungsvertrages der Internationalen Organisation durch organ- und mitgliedstaatliche Praxis nicht ausgeschlossen ist (Nachweise in: Bieber, Roland / Ress, Georg (Hg.): Die Dynamik des Europäischen Gemeinschaftsrechts, 1987, S. 17 ff.; 69 ff.; 92 ff.; 101 ff.). Bei den Europäischen Gemeinschaften hätte man argumentieren können, daß in der Zwecksetzung und Umschreibung der Aufgaben in Art. 2 und 3 EWGV ausreichende funktionale Begrenzungen vorliegen. Diese sind indessen so weit formuliert, daß sie vor dem Hintergrund der lückenschließenden Kompetenzregel des Art. 235 EWGV einer Auslagerung der Zweckverfolgung wenige substantiell faßbare Schranken zu setzen vermögen (vgl. *Everling, Ulrich:* Zur föderalen Struktur der Europäischen Gemeinschaft, in: Staat und Völkerrechtsordnung. Festschrift für Karl Doehring, 1989, S. 179 ff. [184 f.]). Noch nie ist vom EuGH ein auf Art. 235 EWGV allein gestützter Rechtsakt wegen Kompetenzüberschreitung aufgehoben worden (zu Problemfeldern der Mißachtung der Subsidiarität von Art. 235 gegenüber Einzelermächtigungen vgl. *Grabitz, Eberhard,* in: ders. [Hg.]: Kommentar zum EWG-Vertrag, 1989, Art. 235 Rdn. 45).

Die mit der EG verbundene Zweckverflechtung und Überlagerung zwischen europäischer und nationaler Entscheidungsgewalt erstreckt sich auf alle maßgeblichen Staatszwecke, einschließlich in jüngster Zeit die Kultur[98].

Das in der Präambel (neben dem Wiedervereinigungsgebot) verankerte Ziel der Bundesrepublik, als gleichberechtigtes Glied in einem vereinten Europa dem Frieden der Welt zu dienen, ist auch in Anknüpfung an Art. 24 Abs. 1 GG verfassungsgebunden; die Verfassung ist ihrerseits aber europaoffen[99]. Daraus ergeben sich Schlußfolgerungen: Erstens: Nicht nur ein Nebeneinander zweier Rechtsordnungen[100], sondern eine Verschränkung und Einbeziehung des europäischen Gemeinwohls in die Auslegung und Anwendung der Grundrechte, also eine spezifische europarechtliche Grundrechtsinterpretation[101]. Zweitens: Die Mitgliedschaft der Bundesrepublik Deutschland in den Europäischen Gemeinschaften hat das Ziel eines vereinten Europas, das nicht auf Westeuropa beschränkt ist, nicht konsumiert[102]. Die Vereinigung Europas darf verfassungsrechtlich in Phasen verwirklicht werden, auch wenn die Fortentwicklung, Ausdehnung und Veränderung zu einem vereinten Europa vom Vertragsänderungs- und Ergänzungswillen aller Mitgliedstaaten abhängig gemacht wird. Verfassungsrechtlich besteht keine Herstellungs- oder Auswei-

---

[98] Vgl. *Ipsen, Hans Peter:* Der „Kulturbereich" im Zugriff der Europäischen Gemeinschaft, in: Verfassungsrecht und Völkerrecht. Gedächtnisschrift für Wilhelm Karl Geck, 1989, S. 339 ff.

[99] Zur Entscheidung für eine offene Staatlichkeit vgl. *Vogel, Klaus:* Die Verfassungsentscheidung des Grundgesetzes für eine internationale Zusammenarbeit, 1964.

[100] *Kirchhof, Paul:* Gegenwartsfragen an das Grundgesetz, JZ 1989, S. 453 ff. (454).

[101] BVerfGE 73, 339 (386): „Auch die vom Grundgesetz verbürgten Grundrechte stehen im Gefüge der Verfassung als einer normativen Sinneinheit und sind demgemäß im Einklang und in Abstimmung mit anderen von der Verfassung normierten und von ihr anerkannten Rechtsgütern auszulegen und anzuwenden. Dazu gehört auch das Bekenntnis in der Präambel des Grundgesetzes zu einem vereinten Europa und zu den über Art. 24 Abs. 1 GG ermöglichten besonderen Formen supranationaler Zusammenarbeit." Vgl. dazu *Streinz, Rudolf:* Bundesverfassungsgerichtlicher Grundrechtsschutz und Europäisches Gemeinschaftsrecht, 1989, S. 260 ff.

[102] Vgl. z. B. *Ress, Georg,* a. a. O. (Anm. 6), Rdn. 109; *Schweisfurth, Theodor:* Europabekenntnis und Wiedervereinigungsgebot des Grundgesetzes, in: Völkerrecht als Rechtsordnung — Internationale Gerichtsbarkeit — Menschenrechte. Festschrift für Hermann Mosler, 1983, S. 857 ff. (860 ff.); a. A. *Doehring, Karl,* a. a. O. (Anm. 16), S. 634.

tungspflicht. Die gegenteilige Ansicht hätte zur Folge, daß die Bundesrepublik schon aus Verfassungsgründen gehalten wäre, Aufnahmeanträge neuer Staaten in die Europäischen Gemeinschaften zu unterstützen oder ihnen zuzustimmen[103]. Drittens: Die Wahrung der Verfassungsidentität nach Art. 79 Abs. 3 reserviert auch die Staatlichkeit der Bundesrepublik (einschließlich des Staatsvolkes)[104] im Sinne von Art. 20 Abs. 1 GG. Art. 24 Abs. 1 gestattet demnach nicht die Eingliederung in einen Bundesstaat, der nicht mehr als zwischenstaatliche Einrichtung begriffen werden könnte, wohl aber die Eingliederung in eine Europäische Union (short of a federal state)[105].

Die Entwicklung der europäischen Integration hat zwar zur Zurücknahme der Kontrollnorm durch das BVerfG geführt[106], nicht jedoch eine rechtliche Minderung der Funktionsnorm (der Verfassungsidentität) bewirkt. Die Gerichte der Bundesrepublik haben Auslegungsspielräume des Gemeinschaftsrechts zu nutzen, um eine Verletzung des verfassungsrechtlichen Kernbestands zu vermeiden. Dieser These liegt die kollisionsrechtliche Sicht zugrunde, daß die Pflicht zur gegenseitigen Rücksichtnahme gebietet, sich um eine Konkordanz von nationaler und Gemeinschaftsrechtsordnung zu bemühen[107]. Sofern das Gemeinschaftsrecht Entscheidungsspielräume über Art. 100 a Abs. 4 EWGV eröffnet, sind diese nicht nur zur Wahrung der Verfassungsidentität, sondern zur Wahrung der Normalverfas-

---

[103] Die in der Präambel verankerte Integrationsbereitschaft stellt lediglich eines von mehreren Momenten dar, die das politische Ermessen der zuständigen Behörden bei ihrer Prüfung von Beitrittsanträgen lenken (vgl. z. B. AK-GG-Zuleeg, 2. Aufl. 1989, Art. 21 Abs. 1 Rdn. 4); im übrigen ist nicht ersichtlich, daß die verfassungsrechtliche Verpflichtung weiter gehen soll als diejenige im Rahmen des jeweiligen Integrationsverbands.

[104] Vgl. *Quaritsch, Helmut:* Einbürgerungspolitik als Ausländerpolitik?, Der Staat 27 (1988), S. 481 ff. (496); a. A. *Gramlich, Ludwig:* Wahlrecht für nichtdeutsche Inländer, ZAR 1989, S. 51 ff.

[105] Vgl. *Maunz,* in Maunz/Dürig/Herzog/Scholz, Komm. z. GG, Art. 24 Rdn. 20; *Ress, Georg:* Souveränitätsverständnis in den Europäischen Gemeinschaften als Rechtsproblem, in: ders. (Hg.): Souveränitätsverständnis in den Europäischen Gemeinschaften, 1980, S. 11 ff. (16 ff.); *ders.:* Über die Notwendigkeit der parlamentarischen Legitimierung der Rechtsetzung der Europäischen Gemeinschaften, in: Verfassungsrecht und Völkerrecht. Gedächtnisschrift für Wilhelm Karl Geck, 1989, S. 625 ff. (668).

[106] BVerfGE 73, 339 (378 ff.).

[107] Vgl. *Streinz,* a. a. O. (Anm. 101), S. 329 ff.; *Ress, Georg:* Wechselwirkungen zwischen Völkerrecht und Verfassung bei der Auslegung völkerrechtlicher Verträge, in: Berichte der Deutschen Gesellschaft für Völkerrecht, Heft 23, 1982, S. 7 ff. (18 f.).

sung zu nutzen. Im übrigen läßt sich die Auswirkung dieser Zweckverlagerung bei den einzelnen Staatszwecken und -zielen nur für jedes einzelne Sachgebiet gesondert feststellen[108].

V. Der Staatszweck „Sicherheit"

14. Nach 40 Jahren Grundgesetz besteht angesichts einer Reihe von Vorgängen Anlaß, sich der Bedeutung der Sicherheit als historisch primärem Staatszweck[109] zu erinnern. Ein Beispiel wie die Hamburger Hafenstraße schafft ein paktiertes Ausnahmerecht; der Besuch von Amtsträgern bei Straßenblockaden untergräbt ebenso wie zahlreiche Phänomene der von der Verwaltung geduldeten Nichtbefolgung von Gesetzen – nicht generell, aber punktuell – den Rechtsgehorsam des Bürgers; Rechtsgehorsam wird moralisch desavouiert. Das Grundgesetz setzt die Gewährleistung der inneren Sicherheit als selbstverständliches Element des Rechtsstaats voraus. Streitigkeiten und Konflikte zwischen den einzelnen oder Gruppen innerhalb des Staates müssen friedlich, d. h. ohne Anwendung physischer Gewalt und in geordneten rechtlichen Verfahren ausgetragen werden. Dem modernen Staat steht als Element der inneren Souveränität das rechtsstaatlich gebundene Gewaltmonopol der demokratisch legitimierten Staatsgewalt zu[110]. Das parallele Verbot der Anwendung physischer Gewalt im Verhältnis zwischen den seiner Personal- und Territorialhoheit unterworfenen Personen kommt im Strafrecht, namentlich im Nötigungstatbestand, und im Vollstreckungsrecht zum Ausdruck. Friedenseinheit des Staates ohne Gewaltmonopol ist nicht denkbar; günstigstenfalls Friedenspluralismus, schlechtestenfalls und wahrscheinlicher: Anarchie. Der Monismus staatlicher Gewalt beruht als

---

[108] Deutlicher noch, da vordergründiger, tritt diese Verlagerung bei bestimmten Staatsaufgaben hervor (vgl. z. B. für die Ausländerpolizei: *Randelzhofer, Albrecht:* Der Einfluß des Völker- und Europarechts auf das deutsche Ausländerrecht, 1980, S. 19 ff.; für den Umweltschutz: *Klöpfer, Michael:* Umweltrecht, 1989, S. 289 ff.; zur Einordnung des Umweltschutzes vgl. z. B. *Klöpfer, Michael:* Umweltschutz und Verfassungsrecht, DVBl. 1988, 305; *Murswiek, Dietrich:* Umweltschutz – Staatszielbestimmung oder Grundsatznorm?, ZRP 1988, 14).

[109] Vgl. *Herzog, Roman:* Staaten der Frühzeit, 1988, S. 75 f.; *Isensee, Josef,* a. a. O. (Anm. 28), S. 3.

[110] Vgl. z. B. *Merten, Detlef:* Rechtsstaat und Gewaltmonopol, 1975, S. 62; *Böckenförde, Ernst Wolfgang,* a. a. O. (Anm. 34), S. 14; *Kriele, Martin:* Freiheit und Gleichheit, in: Benda, Ernst et al. (Hg.): Handbuch des Verfassungsrechts, 1983, S. 129 ff. (136 f.).

Teil des Rechtsstaats auf der Vorherrschaft des Rechts. Verfassungsrechtlich hat er seinen Ort in Art. 20 Abs. 1, 28 Abs. 1 S. 1 GG, in der Rechtsweggarantie des Art. 19 Abs. 4 S. 1 GG (mit der analogen Erstreckung auf die Zivilgerichtsbarkeit) und in Art. 93 Abs. 1 Nr. 4 a GG[111].

15. Auch das — durch den Einbruch der Arbeitnehmerfreizügigkeit in die nationalen „öffentlichen" Verwaltungen nach Art. 48 Abs. 4 EWGV reduzierte[112] — Beamtenprivileg des Art. 33 Abs. 4 GG läßt sich als indizierender Beleg für das grundgesetzlich vorausgesetzte Gewaltmonopol anführen. Die partielle Öffnung des Bereichs der öffentlichen Verwaltung für EG-Ausländer kann nicht durch eine rein nationale Interpretation dieses europarechtlichen Begriffs abgewehrt werden. Der Beamtenstatus ist entweder in Zukunft teilweise für EG-Ausländer zu öffnen oder auf bestimmte staatliche Funktionen (außerhalb des Leistungsbereichs) zu reduzieren[113].

Dem staatlichen Gewaltmonopol korrespondiert die Pflicht des Bürgers zur friedlichen Rechtausübung; ihm ist Privatgewalt grundsätzlich untersagt: Selbsthilfe, Notwehr und Nothilfe stehen ihm nur bei Ausbleiben staatlichen Eingreifens zur Verfügung. Die in Art. 8 Abs. 1 GG beim Versammlungsrecht erwähnte Friedlichkeit ist für die Ausübung aller Grundrechte maßgebend[114]. Zwar darf die Interpretation der verfassungsrechtlich gebotenen Friedlichkeit den Gesetzes-

---

111 Vgl. *Merten, Detlef:* Konstruktionsprinzipien staatlicher Gewalt im Verfassungsstaat der Bundesrepublik, in: Randelzhofer, Albrecht / Süß, Werner (Hg.): Konsens und Konflikt, 1986, S. 324 ff. (325); *Herzog, Roman,* a. a. O. (Anm. 72), Rdn. 39 ff.

112 Deutlich wird diese Reduktion durch die neuere Rechtsprechung des EuGH in den Urteilen in der Rs. 66/85, Lawrie-Blum / Land Baden-Württemberg, Slg. 1986, 2121 (2146 f.) sowie der Rs. 225/85, Kommission/Italien, Slg. 1987, 2625 (2638 f.).

113 Vgl. zur Reduktionsmöglichkeit *Lecheler, Helmut:* Der öffentliche Dienst, in: Isensee, Josef / Kirchhof, Paul (Hg.): Handbuch des Staatsrechts, Bd. III, 1988, § 72, Rdn. 34 ff. Der Ausweg des rein innerstaatlichen Verständnisses der „öffentlichen Verwaltung" besteht nicht. So aber *Lecheler, Helmut:* Öffentliche Verwaltung in den Mitgliedstaaten nach Maßgabe der „Dynamik der Europäischen Integration", Der Staat 22 (1989), S. 137 ff.

114 Vgl. *Bethge, Herbert:* Gewissensfreiheit, in: Isensee, Josef / Kirchhof, Paul (Hg.): Handbuch des Staatsrechts, Bd. VI, 1989, § 137 Rdn. 39; *Isensee, Josef:* Die Friedenspflicht der Bürger und das Gewaltmonopol des Staates, in: Staatsorganisationen und Staatsfunktionen im Wandel. Festschrift für Kurt Eichenberger, 1982, S. 23 ff. (26 ff.).

vorbehalt des Art. 8 Abs. 2 GG nicht funktionslos machen[115], jedoch geht Friedlichkeit dem Wortverständnis nach über die Abwesenheit physischer Gewalt hinaus (und kann auch Fälle passiver Resistenz erfassen)[116].

Der Einsatz des eigenen Körpers zu Blockadezwecken ist immer ein physisches Ereignis. Von einer „Vergeistigung des Gewaltbegriffs" kann jedenfalls bei derartigen Handfestigkeiten keine Rede sein[117]. Um noch einmal im Bild von Hobbes und der klassischen Gesellschaftsvertragslehre zu bleiben: Der Gewaltverzicht des einzelnen zugunsten des Gewaltmonopols des Staates setzt voraus, daß der Staat auch garantiert, daß der für den demokratischen Meinungsbildungsprozeß unerläßliche Diskurs auch wirklich herrschaftsfrei, d. h. frei von Gewalt Dritter, sich vollzieht. Konsequenterweise wird unfriedlichen Versammlungsteilnehmern die Berufung auf Art. 2 Abs. 1 GG versagt, weil es eine Art „Naturrecht" zum unfriedlichen Versammeln ebensowenig gibt wie zum Morden oder Stehlen (selbst wenn derartige Strafbestimmungen gestrichen wären)[118].

Die nationale Rechtslage erfährt durch Art. 11 EMRK Bestätigung. Unfriedlich sind Blockadeversammlungen, bei denen durch den Einsatz der Versammelten der Verkehr blockiert und bestimmte Gebäude abgeriegelt werden. Es genügt aber nicht, daß Extremisten die Versammlung unterlaufen könnten, um sie dem Schutzbereich des Art. 11 EMRK zu entziehen[119].

Auch der Staat darf den Bürger nicht – auch nicht augenzwinkernd – vom Rechtsgehorsam als – einziger – Grundpflicht freistellen[120].

---

[115] Vgl. *Herzog, Roman,* in: Maunz/Dürig/Herzog/Scholz: Grundgesetz. Kommentar, 1989, Art. 8, Rdn. 71.

[116] A. A. *Frank, Götz:* Das Gewaltmonopol des Staates und das Versammlungsrecht, in: Festschrift für Helmut Ridder, 1989, S. 37 ff. (47), der z. B. „Lächerlichmachungen durch das Werfen von Farbbeuteln oder faulen Früchten" noch nicht als unfriedlich ansehen möchte.

[117] Zutreffend die Beurteilung bei *Christian Starck,* Anmerkung zu BVerfG Urt. v. 11. 11. 1986 (E 73, 206), JZ 1987, S. 145 ff. (146).

[118] Vgl. *Götz, Volkmar:* Versammlungsfreiheit und Versammlungsrecht im Brokdorf-Beschluß des Bundesverfassungsgerichts, DVBl. 1985, 1347 (1352); *Kröger, Klaus:* Forum: Die vernachlässigte Friedenspflicht, JuS 1984, 172; *Murswiek, Dietrich,* a. a. O. (Anm. 24), S. 104.

[119] Vgl. EKMR Beschwerde Nr. 8440/78 (Christians against Racism and Fascism gegen Vereinigtes Königreich) – Entscheidung v. 16. 7. 1980, EuGRZ 1981, 216 (217).

[120] Vgl. zu dieser Grundpflicht Diskussionsbeitrag *Doehring* in der Aussprache zu „Grundpflichten als verfassungsrechtliche Dimension", VVDStRL 41 (1983), S. 100; *ders.:* Das Staatsrecht der Bundesrepublik Deutschland, 3. Aufl. 1984,

Das privilegienfeindliche demokratische Gesetz verkörpert als das Allgemeine auch die demokratische Gleichheit. Als Machteinheit muß der Staat sicherstellen, daß geltende Normen und getroffene Entscheidungen befolgt werden. Der gedankliche Zusammenhang zum klassischen Gesellschaftsvertrag wird hier besonders deutlich[121]. Dem einzelnen steht zwar kein allgemeiner Gesetzesvollziehungsanspruch zu[122], wohl aber darf er als Kehrseite der Unterwerfung unter die staatliche Herrschaftsgewalt erwarten, daß Gleichheit und Allgemeinheit des Gesetzes beachtet werden. Die insgesamt desintegrierende Wirkung für den Staat als Friedenseinheit bei der Bildung von angeblich außerstaatlichen herrschaftsfreien Räumen, die realiter alles andere als herrschaftsfrei sind, vielmehr Ausprägungen eines Gewaltenpluralismus darstellen, ist evident. Der in der Rechtsordnung kraft des Gewaltmonopols gezähmte Leviathan tritt bei Gewaltenpluralismus diffus und ungezügelt seinen verheerenden Gang an[123].

16. Die Gewissensfreiheit vermag im demokratischen Rechtsstaat zwar nach Art. 4 Abs. 1 und 3 GG und Art. 9 EMRK im Fall einer ernsthaften existentiellen Entscheidung für den einzelnen vom Rechtsgehorsam zu entbinden. Grenzen der Gewissensfreiheit sind indessen nicht nur der Bestand des Staates und die Möglichkeiten seiner Sicherung nach außen, sondern gerade auch der innerstaatliche Friedenszustand und der Schutz von Leben und Freiheit der Person. Das Grundrecht der Gewissensfreiheit stellt kein Privileg dar, das den Grundrechtsträger außerhalb des demokratischen Rechtsstaats stellt[124].

17. Die im letzten Jahrzehnt erneut aufgebrochene Gegenüberstellung von Legalität und Legitimität des Rechts mit der daraus gezoge-

---

S. 278; vgl. ferner: *Stern, Klaus:* Idee und Herkunft des Grundpflichtdenkens, in: Staat und Völkerrechtsordnung. Festschrift für Karl Doehring, 1989, S. 969 ff.

[121] Vgl. *Böckenförde, Ernst-Wolfgang,* a. a. O. (Anm. 34), S. 14 f.

[122] Vgl. *Ress, Georg:* Das subjektive öffentliche Recht, in: Ermacora, Felix et al. (Hg.): Allgemeines Verwaltungsrecht, 1979, S. 105 ff. (109).

[123] Vgl. zu einzelnen Problemfeldern derartiger Entwicklungen *Sendler, Horst:* Der Rechtsstaat im Bewußtsein seiner Bürger, NJW 1989, 1761.

[124] Vgl. *Böckenförde, Ernst-Wolfgang:* Das Grundrecht auf Gewissensfreiheit, VVDStRL 28 (1970), S. 33 ff. (60, 61 Fn. 84); *Herdegen, Matthias:* Gewissensfreiheit und Normativität des positiven Rechts, 1989, S. 198 ff.; *Klein, Hans H.:* Gewissensfreiheit und Rechtsgehorsam, in: Staat und Völkerrechtsordnung. Festschrift für Karl Doehring, 1989, S. 479 ff. (497); weitergehend *Franke, Dietrich:* Gewissensfreiheit und Demokratie. Aktuelle Probleme der Gewissensfreiheit, AöR 114 (1989), S. 7 ff. (40 ff.).

nen Konsequenz der rechtlichen Zulässigkeit sog. „begrenzter Regelverletzung" vermag in einem demokratischen Rechtsstaat Gehorsamsverweigerung des Bürgers nicht zu rechtfertigen. Die von Habermas und einer Reihe anderer Autoren aufgestellte These, daß auch im demokratischen Rechtsstaat legale Regelungen illegitim sein können, ist durchaus nicht sensationell. Wenn freilich daran die Konsequenz geknüpft wird, daß eine derartige Illegitimität gemessen an den „für alle einsichtigen moralischen Prinzipien"[125] zur Gehorsamsverweigerung berechtige, dann geht diese Einsicht an dem natürlichen Spannungsverhältnis zwischen privaten Moralvorstellungen und staatlicher Rechtsordnung gerade in einer normalen Situation vorbei. Der Lösungsversuch, der die staatliche Rechtsordnung zu einem akzidentiellen Faktor der Moralordnung macht, kann nicht gelingen. Die Konfliktsituation zwischen moralischen Normen, die für verpflichtend angesehen werden, und staatlicher Rechtsordnung ist ein klassisches Paradigma — auch jenseits des Unrechtsstaats — und eine Situation, in die jeder geraten kann. Aber keine positive Rechtsordnung, so liberal und freiheitsverbunden sie sein mag, ist je in der Lage, solche Konfliktsfälle auszuschließen. Sie lassen sich von seiten der Rechtsordnung auch nicht dadurch lösen, daß die moralisch legitimierte Verweisung oder der Widerstand vorweg durch eine Art Legitimationsklausel in das normative Konzept hineingedacht werden. Auch wenn Habermas nur demjenigen, der die demokratischen Grundsätze anerkennt, das Recht auf zivilen Ungehorsam zuspricht, so läßt sich gerade im demokratischen Rechtsstaat die Autorität des Rechts und der Verfassung nicht allein auf die Gewalt des besseren Arguments zurückführen[126]. Die Bindung demokratischer Herrschaftsakte an die jeweilige konkrete Akzeptanz der Regierten ist keine Regelung des geltenden Rechts; die generelle Akzeptanz ist eine außerrechtliche Bedingung der tatsächlichen Rechtsgeltung[127]; sie steht aber gerade in der Normallage nicht in Frage. Die parlamentari-

---

[125] *Habermas, Jürgen:* Ziviler Ungehorsam — Testfall für den demokratischen Rechtsstaat. Wider den autoritären Legalismus in der Bundesrepublik Deutschland, in: Glotz, Peter (Hg.): Ziviler Ungehorsam im Rechtsstaat, 1983, S. 29 ff. (39); vgl. dazu *Starck, Christian:* Der Frieden im Dreieck der Staatsziele, FAZ Nr. 64 v. 15. 3. 1984, S. 11.

[126] Siehe dazu *Ress, Georg:* Die Autorität des Verfassungsrechts, in: Stein, Torsten (Hg.): Die Autorität des Rechts. Verfassungsrecht, Völkerrecht, Europarecht, 1985, S. 5 ff. (13).

[127] Vgl. *Doehring, Karl:* Der Autoritätsverlust des Rechts, in: Festschrift für Ernst Forsthoff, 1972, S. 103 ff. (106).

sche Demokratie verweist derartige Anliegen auf das Verfahren der Gesetzesänderung.

18. Sicherheit als Staatszweck umfaßt auch den Selbstschutz des Staates, da ohne ihn die innere und äußere Sicherheit nicht gewährleistet werden können. Nicht nur Vorkehrungen zum Schutz der freiheitlich-demokratischen Grundordnung, wie dies in den Bestimmungen der Art. 9 Abs. 2, 18, 21 Abs. 2 und 91 GG umschrieben ist, gehören dazu, sondern auch der Bestand und die Funktionsfähigkeit des Staates und seiner Einrichtung schlechthin[128]. Die Funktionsfähigkeit staatlicher Organe trat als Grundrechtsschranke erst spät, aber als ein dem Grundgesetz selbstverständlich[129] zugrundeliegendes Schutzgut hervor. Die Funktionsfähigkeit in ihrer rechtlichen Bedeutung wird erst als Kehrseite des vom Bürger im Rahmen des Grundverhältnisses geleisteten Gewaltverzichts als Garant des inneren Friedens verständlich[130].

Der Schutz staatlicher Funktionen als Teil des Schutzes der Rechtsordnung gehört im Rahmen der EMRK zu den in einer demokratischen Gesellschaft notwendigen Maßnahmen, wobei die zu schützende Staatsfunktion ihrerseits daraufhin überprüft werden muß, ob sie den Konventionszielen genügt[131]. Insofern bilden sich europäische Standards heraus, die auch für die Auslegung des nationalen Rechts (in der Bundesrepublik über das Rechtsstaatsprinzip, in Österreich über die Verfassung selbst) mittelbare Relevanz haben. Wird Funktionenschutz (wie der Schutz der Funktionsfähigkeit der Gerichte anhand der contempt of court-Regel, die das Ansehen und die Unparteilichkeit der Rechtsprechung gewährleisten soll) wie im Sunday-Times-Fall[132] des Straßburger Gerichtshofs als in einer demokratischen Gesellschaft (im Einzelfall) nicht notwendig angesehen, weil es an einem konkreten sozialen Bedürfnis fehle, die Freiheit der Gerichts-

[128] Zur Funktionsfähigkeit vgl. BVerfGE 32, 40 (46); 49, 24 (56 f.); BVerwGE 43, 353 (355 f.); 73, 237 (242 ff.); *Isensee, Josef,* a. a. O. (Anm. 56), Rdn. 118; *Götz, Volkmar,* a. a. O. (Anm. 21), Rdn. 22 (m. w. N.)

[129] BVerfGE 38, 105 (115 f.); 38, 312 (321); kritisch insoweit *Denninger, Erhard:* Verfassungsrechtliche Schlüsselbegriffe, in: Festschrift für Rudolf Wassermann, 1985, S. 279 ff. (292).

[130] Dies wird besonders bei der Frage der Funktionstüchtigkeit der Strafrechtspflege deutlich (vgl. *Götz, Volkmar,* a. a. O. [Anm. 21], Rdn. 22).

[131] Vgl. *Weidmann, Klaus W.,* a. a. O. (Anm. 88), S. 269 ff.

[132] EGMR, Urt. v. 26. 4. 1979 – Times Newspaper Ltd. u. a. gegen Vereinigtes Königreich, EuGRZ 1979, 386 (389).

berichterstattung einzuschränken, so verliert bei einer Berücksichtigung konkreter sozialer Bedürfnisse die tieferliegende Dimension der staatlichen Ordnungsfunktion gerade zum Schutz der Individualrechte und des inneren Friedens an Gewicht[133].

Der moderne Staat ist vom Sicherheitsbewahrungs- zum Risikovorsorgestaat geworden[134], wobei die Risikovorsorge im Begriff steht, sich bei einem sehr weiten Verständnis zu einem neuen Staatszweck der Zukunftsvorsorge auszudehnen[135]. Es sind nicht nur Gefahren abzuwehren, sondern es ist bestimmten, nicht zumutbaren Risiken vorzubeugen. Die Zumutbarkeit ist vom technisch-zivilisatorischen Entwicklungsstand abhängig, von der Art und dem Ausmaß des Schadens und der Wahrscheinlichkeit des Schadenseintritts[136]. Absolute Sicherheit kann es nicht geben. Jede Risikovorsorge muß deshalb mit dem Mangel an individueller Beherrschbarkeit, mit der Erheblichkeit der Gefahr und dem wahrscheinlichen Schadenseintritt gerechtfertigt werden. Hier gibt es eine Bandbreite vertretbarer Entscheidungen, die dem Gesetzgeber obliegen[137]. Ein sensibler Bereich, weil die Selbstverantwortung berührt wird, ist z. B. die Anschnallpflicht, durch die ein wohlfahrtsstaatlicher Zwang zum Selbstschutz ausgeübt wird[138].

---

[133] Zur Kritik am Sunday-Times-Urteil vgl. z. B. *Frowein, Jochen Abr.*, in: ders. / Peukert, Wolfgang: EMRK-Kommentar, 1985, Art. 10 Rdn. 16; *Fawcett, J. E. S.*, a. a. O. (Anm. 85), S. 270 ff.

[134] Vgl. *Breuer, Rüdiger:* Gefahrenabwehr und Risikovorsorge im Atomrecht, DVBl. 1978, S. 829 ff.; *Bender, Bernd:* Gefahrenabwehr und Risikovorsorge als Gegenstand nukleartechnischen Sicherheitsrechts, NJW 1979, S. 1425 ff.; *Murswiek, Dietrich*, a. a. O. (Anm. 24), S. 127 ff.; kritisch zu dieser Entwicklung wie ihrer rechtswissenschaftlichen Durchdringung *Denninger, Erhard:* Der Präventions-Staat, Kritische Justiz 1988, S. 1 ff.

[135] Vgl. *Henseler, Paul:* Verfassungsrechtliche Aspekte zukunftsbelastender Parlamentsentscheidungen, AöR 108 (1983), S. 489 ff. (539 ff.; 547 ff.); *Hofmann, Hasso:* Nachweltschutz als Verfassungsfrage, ZRP 1986, S. 87 ff.; *Saladin, Peter:* Verantwortung als Staatsprinzip, 1984, S. 118 ff.; *ders. / Zenger, Christoph Andreas:* Rechte künftiger Generationen, 1988, S. 15 ff.; *von Hippel, Eike:* Der Schutz des Schwächeren, 1982, S. 140 ff.

[136] Vgl. zur Frage der Zumutbarkeit z. B. BVerwG DÖV 1970, 713 (715); OVG Lüneburg DÖV 1978, 294 (296).

[137] Vgl. *Murswiek, Dietrich*, a. a. O. (Anm. 24), S. 145.

[138] Vgl. zur Anschnallpflicht BVerfG NJW 1977, 301; NJW 1987, 180; OLG Hamm, NJW 1985, 1790 sowie zur Schutzhelmpflicht BVerfGE 59, 275; vgl. dazu *von Münch, Ingo:* Grundrechtsschutz gegen sich selbst?, in: Hamburg – Deutschland – Europa. Festschrift für Hans Peter Ipsen, 1977, S. 113 ff.

19. Der Staatszweck Sicherheit verbürgt zwar keine Freiheit vor Furcht und Angst, wohl aber Schutzpflichten des Staates für Leben, Gesundheit und andere grundrechtliche Schutzgüter. Die Schutzpflicht als Gewährleistungspflicht folgt aus dem Zweck des Staates – oder verfassungsrechtlich gewendet: aus dem Grundverhältnis in Verbindung mit der objektivrechtlichen Seite der Grundrechte[139]. Die Gewährleistungspflicht besteht auch gegenüber dem werdenden Leben und hängt nicht davon ab, ob wenigstens theoretisch die Möglichkeit besteht, bei Versagen staatlichen Schutzes Selbsthilfe zu üben[140]. Der Schutzzweck konkretisiert sich in einzelnen Grundrechten. Der staatstheoretischen Ableitung entspricht die verfassungsrechtliche Einordnung. Sie entlastet die Grundrechte in ihrer Begründungsfunktion[141]. Die zweckbedingten objektiven Schutzpflichten des Staates, für die die Grundrechte Maßstab sind, umfassen die Pflicht, effektiven und dem Rechtsgut angemessenen Schutz zu gewährleisten. Der strafrechtliche Schutz stellt ein Höchstmaß dar; der Gegenschluß, daß ein Verhalten, welches nicht unter Strafe gestellt ist, als rechtmä-

---

[139] Das BVerfG (E 77, 170 [214] m.w.N.) rekurriert nur auf die Grundrechte. Theoretisch richtiger ist der Ansatz bei *Eckart Klein* (*ders.:* Grundrechtliche Schutzpflichten des Staates, NJW 1989, S. 1633 ff.).

[140] *Klein, Eckart,* a.a.O. (Anm. 139), S. 1635 f.; *Robbers, Gerhard:* Sicherheit als Menschenrecht, 1987, S. 127.

[141] Die Anknüpfung an die objektiv-rechtliche Funktion der Grundrechte (insbesondere Art. 2 Abs. 2 GG) als wertentscheidende Grundsatznorm wird dadurch nicht überflüssig oder sinnlos. Die Aussage des BVerfG, daß das „Gesetz (man muß hinzufügen: insbesondere die Grundrechte) bleibender Ausdruck sozialethischer – und ihr folgend – rechtlicher Bewertung menschlicher Handlungen ist" (BVerfGE 39, 1 [59]), bleibt gültig. Staatszweck und Wertbetrachtung könnten in der Rechtsordnung der Bundesrepublik als austauschbar oder völlig komplementär begriffen werden, was mit der Konstruktion des Art. 2 Abs. 1 GG als allgemeine Handlungsfreiheit zusammenhängt, womit ein geschlossener Grundrechtsschutz (und parallel: ein geschlossenes Wertesystem) ermöglicht wird. Im europäischen Kontext verfügen viele Verfassungen nicht über ein derartig lückenloses Grundrechtssystem. Der Zweck des Staates, gegenüber Dritten zu schützen, ist von der Existenz eines solchen Systems auch nicht abhängig. Es mag bezeichnend sein, daß sich gerade in Großbritannien (nicht erst seit *Dicey*'s Auslegung der rule of law als Bindung an das Recht, als Gleichbehandlung unter dem Recht und als Schutz [vgl. *Dicey, A. V.:* Introduction to the Study of the Law of the Constitution, 10. Aufl. 1960, S. 188 ff.]) als Element der rule of law die "principles of private law" als "rights of individuals" als der Verfassung vorausgehende Rechtsgrundlagen entwickelt haben (the law of the constitution is not the source but the consequence of the right of the individuals [vgl. a.a.O., S. 203]) und daß der Staat durch common law remedies diese Rechte zu schützen hat.

ßig und erlaubt zu gelten habe, verbietet sich schon deshalb, weil der strafrechtliche Schutz nur in Ausnahmefällen erforderlich ist. Der Rechtsgüterschutz kann zusätzlich in einer zivil- oder verwaltungsrechtlichen Norm Ausdruck finden und muß dies, wenn sich herausstellt, daß der strafrechtliche Schutz unzureichend ist — ein Problem, das sich z. B. bei der Frage der Zulässigkeit von Sozialversicherungsleistungen für nichtstrafbare Abtreibungen deutlich zeigt[142]. Als Grundregulativ, aber auch nur als solches, genügt eine allgemeine Schadensersatzgeneralklausel, die jedoch für einen differenzierteren, dem Gewicht des einzelnen Rechtsguts angemessenen Schutz nicht ausreicht[143].

Aus diesen Erwägungen ergeben sich für die Regelung des sog. gezielten (oder finalen) Todes- oder Rettungsschusses Anhaltspunkte. Der Staat hat den Schutz des Lebens von Geiseln durch klare gesetzliche Regelungen sicherzustellen und darf den eigenen Vollzugsbeamten nicht auf die für Bürger geltenden strafrechtlichen Rechtfertigungsgründe verweisen. Die Einsicht, daß es sich um die Pflicht des Staates zur Abwehr der Höchstform von Privatgewalt, nämlich der rechtswidrigen Bedrohung des Lebens, handelt, ist in der öffentlichen Diskussion zugunsten einer Äquivalenzbetrachtung mit der direkten Lebensbedrohung des Täters zurückgetreten. Eine solche Betrachtung verkennt die dem Staatszweck Sicherheit innewohnende Verpflichtung zum Lebensschutz vor rechtswidriger Gewaltanwendung. Eine Regelung über die Zulässigkeit des gezielten Todesschusses ist mit Art. 2 Abs. 2 a EMRK vereinbar, der — zum Teil enger als die privaten strafrechtlichen Rechtfertigungsgründe — auch sicherstellt, daß eine polizeirechtliche Regelung den Rahmen des ordre public européen nicht verläßt[144].

Die Ableitung der Pflicht des Staates zum ausreichenden Rechtsgüterschutz aus den Grundrechten ist im Begriff, zum Bestandteil der

---

142 Vgl. hierzu *Isensee, Josef:* Abtreibung als Leistungstatbestand der Sozialversicherung und der grundrechtliche Schutz des ungeborenen Lebens, NJW 1986, 1645 (1646 ff.); *Geiger, Willi:* Abtreibung und Rechtsordnung, JURA 1987, 60 (65).

143 Denn dieses Grundregulativ wird schon dem *präventiv* gestellten Schutzauftrag nicht gerecht (vgl. *Robbers, Gerhard,* a. a. O. [Anm. 140], S. 127).

144 Vgl. *Doehring, Karl:* Zum „Recht auf Leben" aus nationaler und internationaler Sicht, in: Völkerrecht als Rechtsordnung — Internationale Gerichtsbarkeit — Menschenrechte. Festschrift für Hermann Mosler, 1983, S. 145 ff.; *Frowein, Jochen Abr.:* in: ders. / Peukert, Wolfgang: EMRK-Kommentar, 1985, Art. 2, Rdn. 10 f.; *Merten, Detlef:* Zum Streit um den Todesschuß, in: Staat und Völkerrechtsordnung. Festschrift für Karl Doehring, 1989, S. 579 ff. (584, 595 f.)

gemeineuropäischen Rechtskultur zu werden[145]. Der französische Conseil Constitutionnel hat aus den *objectifs de valeur constitutionnels* Regelungspflichten des Gesetzgebers zur Wahrung der Pluralität im Rundfunk-, Fernsehen- und Pressebereich, einschließlich deren finanzieller Transparenz hergeleitet[146]. Ebenso hat der Straßburger Gerichtshof aus Art. 8 EMRK die Verpflichtung des Staates zum positiven Schutz des Privatlebens durch Gesetzgebung hergeleitet und den Staat zum Erlaß von Strafrechtsnormen für verpflichtet angesehen[147].

20. Aus dem Staatszweck „Sicherheit" allein ergibt sich noch kein Grundrecht[148] oder Menschenrecht auf Sicherheit[149]. Ein Menschenrecht ließe sich allenfalls bei einer extensiven Interpretation aus Art. 5 Abs. 1 EMRK entnehmen, auch wenn es von den Konventionsorganen bisher nicht i. S. einer positiven Handlungspflicht des Staates gedeutet wurde[150]. Es liegt nahe, ein solches Recht aus dem Grundverhältnis in Verbindung mit der objektiv-rechtlichen Seite der Grundrechte herzuleiten. Die Grundrechte geben dem allgemeinen Schutzanspruch des Bürgers auf diese Weise inhaltliche Konturen und dogmatische Fundierung[151].

21. Der Staat muß zur Friedensgewährleistung angemessene und effektive Verwaltungs- und Gerichtsverfahren zur Verfügung stellen. Ein Justizgewährungsanspruch folgt aus den Grundrechten und dem Rechtsstaatsprinzip, deutlicher noch aus Art. 6 EMRK, der insgesamt

---

145 Vgl. *Classen, Claus Dieter:* Die Ableitung von Schutzpflichten des Gesetzgebers aus Freiheitsrechten — ein Vergleich von deutschem und französischem Verfassungsrecht sowie der Europäischen Menschenrechtskonvention, JöR 36 (1987), S. 29 ff.

146 Vgl. Conseil Constitutionnel, Urt. Nr. 86—210 DC v. 29. 7. 1986, J. O. 1986, S. 9393 (9393); Nr. 84—181 DC v. 10. u. 11. 10. 1984, J. O. S. 3200 (3201); *Genevois, Bruno:* La jurisprudence du Conseil Constitutionnel, 1988, S. 204 ff.

147 Vgl. EGMR, Urt. v. 9. 10. 1979, Airey gegen Irland, EuGRZ 1979, 626 (629); Urt. Nr. 16/1983/72/110 v. 26. 3. 1985 — X und Y gegen Niederlande, EuGRZ 1985, 297 (299), sowie *Frowein,* in: Frowein/Peukert, a. a. O. (Anm. 144), Art. 8, Rdn. 8 f.

148 So aber *Isensee,* a. a. O. (Anm. 20), S. 33 f.

149 So aber *Robbers,* a. a. O. (Anm. 140), S. 13 ff.

150 Nachweise bei *Peukert,* in: Frowein/Peukert, a. a. O. (Anm. 133), Art. 5 Rdn. 4 ff. *Robbers* (a. a. O. [Anm. 140], S. 23) lehnt eine solche Interpretation ebenfalls ab. Der Wortlaut spricht aber dafür.

151 In diesem Sinne deutlich *Murswiek, Dietrich,* a. a. O. (Anm. 24), S. 102 ff. und andeutungsweise auch *Klein, Eckart,* a. a. O. (Anm. 139), S. 1636.

als Bestandteil des Rechtsstaatsprinzips anzusehen ist. Art. 19 Abs. 4 GG, der umfassenden und effektiven Rechtsschutz gegen die Exekutive gewährt, bildet nur einen Teilaspekt des Justizgewährungsanspruchs. Ebenso wie Art. 19 Abs. 4 verbürgt Art. 13 EMRK keinen Rechtsschutz gegen die Legislative[152]. Die überlange Verfahrensdauer, die schon mehrfach zu Verurteilungen durch den Straßburger Gerichtshof geführt hat, kann sich zur Rechtsstaatsverweigerung auswachsen, wenn die friedensstiftende Funktion der letztinstanzlichen Entscheidung über Jahre, ja bis ein Jahrzehnt, hinausgezögert wird[153]. Der verfassungsrechtlich zumindest prinzipiell gebotene Suspensiveffekt von Rechtsbehelfen und Anfechtungsklagen nach Art. 80 VwGO zeigt das Gegenbild zu Frankreich, wo ein solcher Effekt jeweils erst gerichtlich ausgesprochen werden muß — was relativ selten geschieht. Dieser bescheiden anmutende Unterschied zeigt mehr an fundamentaler Grundkonzeption des Staat-Bürger-Verhältnisses, als es durch feierliche Erklärungen möglich ist[154].

22. Die Europäisierung der Entscheidungen über Sicherheitsstandards führt zu einem Auseinanderfallen von Rechtssetzungsbefugnis und Durchsetzungsbefugnis[155]. Da sich die Befugnis zur Definition und Festlegung von Sicherheitsstandards — insbesondere im Bereich

---

[152] Vgl. EGMR, Beschwerden Nr. 7106/76, I. Mc. L. Young u. N. H. James gg. Vereinigtes Königreich u. 7806/77, R. R. Webster gg. Vereinigtes Königreich, EuGRZ 1980, 450 (454).

[153] Vgl. EGMR, Urt. v. 28. 6. 1978, Fall König, EuGRZ 1978, 406 (415 ff.); Urt. v. 15. 7. 1982, Hans und Marianne Eckle gegen die Bundesrepublik Deutschland, EuGRZ 1983, 371 (379 ff.) sowie *Peukert*, a. a. O. (Anm. 144), Art. 6 Rdn. 104 ff.; *Ulsamer, Gerhard:* Europäische Menschenrechtskonvention und deutsche Strafverfolgungspraxis, in: Festschrift für Wolfgang Zeidler, Bd. 2, 1987, S. 1799 ff. (1804 f., 1807 f.)

[154] Nachweise bei *Ress, Georg* (Hg.): Grenzüberschreitende Verfahrensbeteiligung im Umweltrecht der Mitgliedstaaten der Europäischen Gemeinschaften, 1985, S. 15, 152; vgl. auch *Bullinger, Martin:* Der Gerichtsschutz gegenüber der vollziehenden Gewalt in rechtsvergleichender Sicht, in: Gerichtsschutz gegen die Exekutive, Bd. 3, 1971, S. 199 ff. (209); *Debbasch, Charles / Ricci, Jean-Claude:* Contentieux administratif, 1985, Rdn. 462 ff.; *Woehrling, Jean-Marie:* Verwaltungsgerichtlicher Rechtsschutz in Frankreich auf dem Gebiet des Umweltrechts — unter Einschluß der Probleme grenzüberschreitender Verfahrensbeteiligung — (Vorträge, Reden und Berichte aus dem Europa-Institut der Universität des Saarlandes, Nr. 70), 1986, S. 15 f.

[155] Letztere fehlt den Gemeinschaften, vgl. *Stein, Torsten:* Die Autorität des Europäischen Gemeinschaftsrechts, in: ders. (Hg.): Die Autorität des Rechts. Verfassungsrecht, Völkerrecht, Europarecht, 1985, S. 53 ff. (54).

der Produktsicherheit — in einem erheblichen Umfang auf die Organe der EG verlagert hat[156] — die EG hat erst kürzlich einen Vorschlag für eine allgemeine Produktsicherheitsrichtlinie vorgelegt[157] —, verbleibt den Mitgliedstaaten lediglich die — angesichts der unmittelbaren Wirkung zahlreicher Richtlinienbestimmungen häufig auf automatischen Nachvollzug beschränkte — Rechtsdurchsetzung. Die Entwicklung tendiert zur Zulassung der Sicherheitsstandards nach dem jeweiligen Herkunftsland[158], was nicht nur die nationalen Gerichte mit der Anwendung ausländischen Verwaltungsrechts als Vorfragen[159] in ungeahntem Ausmaß konfrontieren, sondern auch für den Bürger einen schwer durchschaubaren Sicherheitspluralismus zur Folge haben wird[160]. Als Etappe auf dem Weg zu einer Rechtsharmonisierung ist eine derartige Zwischenlösung wohl unvermeidlich[161].

VI. Insbesondere: äußere Sicherheit

23. Das ius defensionis — die Wahrung der äußeren Sicherheit — wird zu den klassischen Staatszwecken gerechnet. Der Staat muß

---

[156] Vgl. *Langeheine, Bernd,* in: Grabitz, Eberhard (Hg.): Kommentar zum EWG-Vertrag, 1989, Art. 100, Rdn. 63 ff. Begünstigt wird diese Verlagerung durch die mit der EEA erfolgte Einführung des Art. 100 a EWGV als Rechtsangleichungsregelung.

[157] ABl EG C 193 v. 31. 7. 1989, S. 1.

[158] Zu dem zugrundeliegenden Äquivalenzgrundsatz vgl. z. B. *Müller-Graff, Peter-Christian:* Die Rechtsangleichung zur Verwirklichung des Binnenmarktes, EuR 1989, S. 107 ff. (111); *Bruha, Thomas:* Rechtsangleichung in der Europäischen Gemeinschaft. Deregulierung durch „Neue Strategie"?, ZaöRV 1986, 1 (6 ff.).

[159] Über die Art und die Grenzen der Anwendbarkeit ausländischen öffentlichen Rechts herrscht in den Mitgliedstaaten der EG alles andere als Einigkeit. Vgl. dazu den Bericht von *P. B. Carter:* Transnational Recognition and Enforcement of Foreign Public Laws, in: International Law Association, 63rd Conference Warsaw 1988, S. 719 ff.

[160] Diese Entwicklung erschwert den nationalen Verbraucherschutz. Die Bedenken sind im Anschluß an die Entscheidungen des EuGH zum Reinheitsgebot für Bier (EuGH, Rs. 178/84, Kommission/Deutschland, Slg. 1987, 1227 ff.) und zu Zusatzstoffen in der „Deutschen Wurst" (EuGH, Rs. 274/87, Kommission/ Deutschland, Urt. v. 2. 2. 1989, [1989] 2 Common Market Law Reports 733) erhoben worden (vgl. dazu *Rabe, Hans-Jürgen:* Freier Warenverkehr für Lebensmittel nach dem Bier-Urteil des EuGH, EuR 22 (1987), 253 (259); *van Rijn, Thomas:* A Review of the Case Law of the Court of Justice on Articles 30 to 36 EEC in 1986 and 1987, Common Market Law Review 25 (1988), 593 (609 ff.).

[161] Vgl. *Langeheine, Bernd:* Rechtsangleichung unter Art. 100 a EWGV — Harmonisierung vs. nationale Schutzinteressen —, EuR 1988, 235 (255 f.); *Müller-Graff, Peter Christian,* a. a. O. (Anm. 158), S. 151.

Sicherheit nicht nur im Inneren, sondern auch gegenüber dem äußeren Feind gewährleisten[162]. Dieser Staatszweck ist davon unabhängig, ob eine völkerrechtliche Verpflichtung zur Unterhaltung von Streitkräften und zur Selbstverteidigung für den Staat besteht. Da sich aus dem Völkerrecht keine grundsätzliche Verpflichtung, sondern nur das Recht zur Aufstellung von Streitkräften und zur Selbstverteidigung herleiten läßt, stellt die Regelung in Art. 87a Abs. 1 GG, wonach der Bund Streitkräfte zur Verteidigung aufstellt, einen originären Verfassungsauftrag dar, der den latent dahinter liegenden Staatszweck aufgreift[163]. In der Bundesrepublik Deutschland besteht nach wie vor eine doppelte Wehrverfassung: die des Grundgesetzes in Verbindung mit dem NATO-Vertrag und dem NATO-Truppenstatut und daneben die von den Alliierten durch die Erklärung vom 5. Juni 1945 formalisierte, auf Deutschland als Ganzes und insbesondere auf Berlin bezogene Befugnis zur besatzungsrechtlichen Truppenstationierung. Mögen diese originären, d. h. bündnisunabhängigen Stationierungsrechte, wie sie in Art. 4 Abs. 2 S. 1 des Deutschland-Vertrages angesprochen und vom Bundesverfassungsgericht im Pershing-II-Urteil[164] erwähnt worden sind, bislang auch keine Rolle gespielt haben, weil die originär stationierten mit den NATO-assignierten Truppen identisch sind und dem NATO-Truppenstatut nebst Zusatzabkommen unterliegen, so träten diese originären Stationierungsrechte doch bei Kündigung des NATO-Vertrages und des NATO-Truppenstatuts unvermindert hervor[165].

Die Einrichtung und Funktionsfähigkeit der Bundeswehr haben verfassungsrechtlichen Rang. Das grundgesetzliche Gebot der militärischen Funktionsfähigkeit erfordert einen Versorgungs- und Ausrüstungsstand, mit dem die ständige effektive Einsatzbereitschaft der

---

[162] Vgl. *Bluntschli, J. C.:* Lehre vom modernen Staat, Erster Teil: Allgemeine Staatslehre, 6. Aufl. 1886, S. 362 ff.; *Jellinek, Georg,* a. a. O. (Anm. 26), S. 255 f.; *von Humboldt, Wilhelm:* Werke, 1. Bd. (1785–1795), 1903, S. 97 ff. (134); *Herzog, Roman,* a. a. O. (Anm. 109), S. 75 f.

[163] Vgl. *Kirchhof, Ferdinand,* a. a. O. (Anm. 95) Rdn. 7 ff.; *Hernekamp, Karl-Andreas,* in: v. Münch, Ingo: GG-Kommentar, Bd. 3, 2. Aufl. 1983, Art. 87a, Rdn. 7; eine völkerrechtliche Pflicht zur Aufstellung von Streitkräften und zur Selbstverteidigung besteht nur für dauernd neutrale Staaten (vgl. *Verdross/Simma,* a. a. O. [Anm. 58], § 401).

[164] BVerfGE 68, 1 (110).

[165] Vgl. hierzu z. B. *Frowein, Jochen Abr.:* Die Rechtslage Deutschlands und der Status Berlins, in: Benda, Ernst et al. (Hg.): Handbuch des Verfassungsrechts, 1983, S. 29 ff. (42 ff.); *Ress, Georg,* a. a. O. (Anm. 7), S. 38 f.; *Schweisfurth, Theodor:* Deutschland — immer noch ein besetztes Land, in: Völkerrecht — Recht der

Streitkräfte aufrechterhalten werden kann[166]. Die Würdigung des weiten Beurteilungsspielraums insbesondere des Haushaltsgesetzgebers, dessen Grenzen nur bei offensichtlicher Willkür überschritten werden, hat sich an dieser Funktionsfähigkeit zu orientieren[167].

24. Darüber hinaus ist die äußere Friedenssicherung nicht nur über Art. 25 GG an dem Völkerrecht, sondern durch Art. 26 GG positiv an der Verpflichtung ausgerichtet, das friedliche Zusammenleben der Völker nicht zu stören. In Verbindung mit dem Bekenntnis zu Menschenrechten als Grundlage des Friedens und der Gerechtigkeit in der Welt verpflichtet das Grundgesetz damit die Bundesrepublik Deutschland auf eine menschenrechtsbewußte Außenpolitik, verbietet demnach auf jeden Fall eine in dieser Hinsicht völlig indifferente Haltung[168].

Gegen die These, daß die Kriegswaffenherstellung als solche schon ein potentieller Störungsfaktor des friedlichen Zusammenlebens ist, spricht Art. 26 Abs. 2, der von der prinzipiellen Zulässigkeit ausgeht. Der Staatszweck der äußeren Sicherheit wird unter den heutigen Bedingungen auch im Rahmen von kollektiven Sicherheitssystemen (Art. 24 Abs. 2 GG) wahrgenommen.

Zu einem für das ius defensionis maßgeblichen Diskussionspunkt ist der Einsatz der Streitkräfte der UN-Peace-Keeping-Forces geworden. Die Verfassung verbietet einen derartigen Einsatz nicht, regelt ihn aber auch nicht ausdrücklich. Die verfassungsrechtliche Schranke des Art. 87 a Abs. 2 bestimmt, daß die Streitkräfte „außer zur Verteidigung ... nur eingesetzt werden (dürfen), soweit dieses Grundgesetz es

---

Internationalen Organisationen — Weltwirtschaftsrecht. Festschrift für Ignaz Seidl-Hohenveldern, 1988, S. 537 ff. (549 ff., 566 ff.); *Stein, Torsten:* Landesverteidigung und Streitkräfte im 40. Jahr des Grundgesetzes, in: Staat und Völkerrechtsordnung. Festschrift für Karl Doehring, 1989, S. 935 ff. (938 Fn. 14).

166 Vgl. st. Rspr. des BVerfG (E 28, 36 [47]; 32, 40 [46]; 48, 127 [159]) und des BVerwG (E 55, 217 [219]; 63, 37 [38]; 63, 99 [101]) sowie *Brunkow, Wolfgang:* Rechtliche Probleme des Einsatzes der Bundeswehr auf dem Territorium der Bundesrepublik Deutschland nach Art. 87 a GG, 1971, S. 30; *Dürig,* in: Maunz/Dürig/Herzog/Scholz: Grundgesetz. Kommentar, 1989, Art. 87 a, Rdn. 19; *Kirchhof, Ferdinand:* Bundeswehr, a. a. O. (Anm. 95), Rdn. 9; a. A.: *Lutz, Dieter S./Rittberger, Volker:* Abrüstungspolitik und Grundgesetz, 1976, S. 42 f.

167 Letztere darf niemals isoliert, sondern stets nur in Zusammenhang mit einer in einem bestimmten Zeitpunkt gegebenen sicherheitspolitisch-strategischen Lage beurteilt werden. Es gibt kein absolutes, starres Niveau der Sicherheit, sondern nur eine Spannbreite, unterhalb derer von einer Verletzung des Verteidigungsauftrages gesprochen werden kann. Vgl. *Stein, Torsten,* a. a. O. (Anm. 165), S. 938.

168 Vgl. auch *Bleckmann, Albert:* Grundgesetz und Völkerrecht, 1975, S. 238 f.

ausdrücklich zuläßt". Diese Schranke ist deshalb nicht berührt, weil es sich bei einer UN-Truppenbeteiligung um einen durch Art. 24 Abs. 2 im Rahmen des kollektiven Sicherheitssystems zugelassenen Einsatz handelt. Der Begriff Verteidigung schließt selbstverständlich den Einsatz im Rahmen normaler Bündnisverpflichtungen und auch in einem System kollektiver Sicherheit ein. Schutz des Friedens zwischen verfeindeten Staaten oder Sicherung des Unabhängigkeitsprozesses (in Namibia)[169] lassen sich dem völkerrechtlichen Begriff der Verteidigung nicht einordnen, wohl aber dem der internationalen Sicherheit (Art. 11 UN-Charta)[170].

Zum Staatszweck Sicherheit gehört auch der diplomatische Schutz Deutscher im Ausland, auf den der Bürger am Maßstab der Grundrechte Anspruch hat. Diesen Anspruch kann jeder Deutsche — einschließlich der Bewohner der DDR — in Anspruch nehmen[171]. Drittstaaten haben bei konkurrierenden Staatsangehörigkeiten (wie zwischen der deutschen Staatsangehörigkeit und der Staatsbürgerschaft der DDR) im Prinzip ein Auswahlermessen, welchem Heimatstaat des Betroffenen sie den Schutz gestatten wollen. Dabei ist nicht nur die nähere Bindung (genuine link) entscheidend, sondern aufgrund der Anerkennung der Menschenrechte dem Willen des Betroffenen der Vorrang einzuräumen[172].

---

169 Vgl. *Stein, Torsten,* a. a. O. (Anm. 165), S. 938, 940 f.

170 So auch *Coridaß, Alexander:* Der Auslandseinsatz von Bundeswehr und Nationaler Volksarmee, 1985, S. 87 f.; *Kersting, Klaus:* Kollektive Sicherheit durch peace keeping operations. Insbesondere: Zur Beteiligung der Bundeswehr an UN-Aktionen, NZWehrr 1983, 64 (72); *Mössner, Jörg Manfred:* Bundeswehr in blauen Helmen, in: Staatsrecht — Völkerrecht — Europarecht. Festschrift für Hans-Jürgen Schlochauer, 1981, S. 97 ff. (110 f.); *Speth, Wolfgang:* Rechtsfragen des Einsatzes der Bundeswehr unter besonderer Berücksichtigung sekundärer Verwendungen, 1985, S. 162 ff.; a. A. *Klein, Eckart:* Rechtsprobleme einer deutschen Beteiligung an der Aufstellung von Streitkräften der Vereinten Nationen, ZaöRV 34 (1974), 429 (442 f.); *Riedel, Norbert Karl:* Der Einsatz deutscher Streitkräfte im Ausland, 1989, S. 195 f.; *von Bülow, Christoph:* Der Einsatz der Streitkräfte zur Verteidigung, 1984, S. 198 ff.

171 Vgl. *Doehring, Karl:* Die Pflicht des Staates zur Gewährung diplomatischen Schutzes, 1959, S. 14 ff., 89 ff.; *Geck, Wilhelm Karl:* Diplomatic Protection, in: R. Bernhardt (ed.), Encyclopedia of Public International Law, Instalment 10 (1987), S. 99 ff. (105); *Klein, Eckart:* Diplomatischer Schutz und grundrechtliche Schutzpflicht, DÖV 1977, 704 ff.; *Ress, Georg:* Diplomatischer Schutz, in: Seidl-Hohenveldern, Ignaz (Hg.): Lexikon des Rechts. Völkerrecht, 1985, S. 54 ff.

172 Vgl. *Hailbronner, Kay:* Deutsche Staatsangehörigkeit und diplomatischer Schutz durch die Bundesrepublik Deutschland, JZ 1975, 596 (598 f.); *Ress, Georg,*

VII. Zum Staatszweck „Freiheit"

25. Der Staatszweck Freiheit ist am Bild des zu freier Selbstbestimmung und selbstverantwortlicher Lebensführung berufenen Menschen ausgerichtet. Zum Staatszweck Freiheit gehören die im demokratischen Rechtsstaat zur Freiheitssicherung notwendigen Vorkehrungen, u. a. – neben der Zweckbindung des staatlichen Handelns am Gemeinwohl – die Gewaltenteilung, der Gesetzesvorbehalt, die Menschen- und Grundrechte, das demokratische Wahlverfahren, die Sicherung der Gründungsfreiheit und Artikulationsfähigkeit für die politischen Parteien, die Kontrolle der Exekutive, die Verantwortlichkeit der Regierung und schließlich die Kontrolle aller staatlichen Gewalten durch das BVerfG[173].

26. Als Herzstück des modernen Verfassungsstaates gilt nicht nur die Gewährleistung vorstaatlicher Menschenrechte, sondern auch die Verbürgung verfassungsrechtlicher Grundfreiheiten, wie sie in Art. 1 Abs. 3 GG verankert ist und durch die Verfassungsbeschwerde ihre prozessuale Krönung erfahren hat. Für dieses „unaufgebbare Essentiale"[174], wie es im 1. Solange-Beschluß des BVerfG hieß, ist nach 40 Jahren Grundgesetz die Ergänzungs- und Verdrängungsfunktion der europäischen Rechtsordnung höchst bemerkenswert. In der Bundesrepublik Deutschland verfügt jeder über eine völkerrechtlich gesicherte (freilich von der Verlängerung der Unterwerfungserklärung abhängige) Beschwerdebefugnis vor der Menschenrechtskommission gegen den Staat. Der einzelne wird damit zum Träger völkerrechtlicher Rechtspositionen – die auch bestehen, wenn, wie in anderen Staaten häufig, die Europäische Menschenrechtskonvention nicht in innerstaatliches Recht umgesetzt worden ist[175]. Darüber hinaus hat in der Bundesrepublik Deutschland jeder EG-Angehörige einen eigen-

---

a. a. O. (Anm. 171), S. 55; kritisch *Kammann, Karin:* Probleme mehrfacher Staatsangehörigkeit, 1984, S. 61 f.

[173] Da der Freiheitszweck auch auf die persönliche Teilnahme des Bürgers am politischen Entscheidungsprozeß ausgerichtet ist, kann auch die Demokratie als die organisatorische Seite der persönlichen Freiheit als Staatszweck betrachtet werden (vgl. *Bethge*, a. a. O. [Anm. 1], S. 849).

[174] BVerfGE 37, 271 (280).

[175] Wozu die Vertragsstaaten m. E. aus Art. 13 EMRK aber verpflichtet sind. Vgl. *Ress, Georg:* Die Europäische Menschenrechtskonvention und die Vertragsstaaten: Die Wirkungen der Urteile des Europäischen Gerichtshofes für Menschenrechte im innerstaatlichen Recht und vor innerstaatlichen Gerichten, in: Maier, Irene (Hg.): Europäischer Menschenrechtsschutz, 1982, S. 227 ff. (244 f.).

ständigen europarechtlichen Rechtsstatus, den er im Klagewege vor den nationalen Gerichten und in beschränktem Umfang direkt vor dem EuGH geltend machen kann[176].

Die Komplementarität zwischen Grundrechtsgewährleistung und effektivem verfahrensrechtlichem Schutz wird durch Art. 24 Abs. 1 dahin modifiziert, daß Grundrechtsschutz gegen Akte des sekundären Gemeinschaftsrechts in letztverbindlicher Auslegungskompetenz vom EuGH anhand des Standards allgemeiner Rechtsgrundsätze gewährt wird – von einem prinzipiellen Souveränitätsvorbehalt abgesehen[177]. Dem System der konzentrierten nationalen Verfassungsgerichtsbarkeit tritt parallel zu dieser Entwicklung ein System diffuser Kontrolle am Maßstab des EG-Rechts mit Verwerfungsbefugnis durch jeden deutschen Richter zur Seite. Eine Ergänzungsfunktion für den Grundrechtsschutz kommt auch der EMRK zu, deren Garantien in der Bundesrepublik – wie im Pakelli-Beschluß des Bundesverfassungsgerichts angedeutet – über das Rechtsstaatsprinzip in einem bisher noch nicht ermittelten Ausmaß materieller Bestandteil der Verfassungsordnung und damit verfassungsbeschwerdefähig geworden sind[178].

Mit dieser Entwicklung tritt für die Bundesrepublik die schon aus Österreich und der Schweiz bekannte rechtliche Situation ein, daß nicht nur der gleiche Fall, sondern die identische Rechtsfrage vom nationalen Verfassungsgericht (bzw. Bundesgericht) und dem Straßburger Gerichtshof nacheinander überprüft werden können. Zugleich gewinnen damit die Urteile des Straßburger Gerichtshofs für die Auslegung des Grundgesetzes wenn auch keine Bindungswirkung, so doch eine Orientierungswirkung[179].

---

176 Zum europarechtlichen Rechtsstatus vgl. *Wenig*, in: Grabitz, Eberhard (Hg.): Kommentar zum EWG-Vertrag, 1989, Art. 173 Rdn. 52 ff.

177 Vgl. *Ress, Georg:* Wichtige Vorlagen deutscher Verwaltungsgerichte an den Gerichtshof der Europäischen Gemeinschaften, Die Verwaltung 1987, S. 177 ff.; *Steinberger, Helmut:* Entwicklungslinien in der neueren Rechtsprechung des Bundesverfassungsgerichts zu völkerrechtlichen Fragen, ZaöRV 48 (1988), 1 (11); zur Verfahrenseffektivierung von Grundrechten im deutschen Recht vgl. *Stern, Klaus*, a. a. O. (Anm. 17), S. 970 ff.

178 Vgl. BVerfG, Beschluß v. 11. 10. 1985, ZaöRV 46 (1986), S. 289 ff. mit Anmerkung von *Jochen Abr. Frowein*, ibidem, S. 286 ff.; BVerfGE 74, 358 (370). Vgl. ferner *Ress, Georg:* Verfassungsrechtliche Auswirkungen der Fortentwicklung völkerrechtlicher Verträge, in: Festschrift für Wolfgang Zeidler, Bd. 2, 1987, S. 1775 ff. (1790 ff.).

179 Deutlich in: BVerfGE 74, 358 (370); *Hesse, Konrad:* Grundzüge des Verfassungsrechts der Bundesrepublik Deutschland, 16. Aufl. 1988, Rdn. 278.

Die Rechtsstellung des einzelnen verändert sich durch die Verdrängung des Grundrechtsschutzes in der Substanz nicht. Zwar kann der einzelne den EuGH nur im Rahmen von Art. 173 Abs. 2 EWGV bei unmittelbarer und individueller Betroffenheit durch eine Verordnung anrufen. Ihm steht jedoch die Verfassungsbeschwerde gegen die letztinstanzliche Nichtvorlage wegen Verletzung des Rechts auf den gesetzlichen Richter zur Verfügung. Die Anerkennung des EuGH als gesetzlicher Richter erweist sich im Lichte der Forderung nach einem effektiven Verfahrensschutz der Grundrechte als verfassungsrechtlich konsequent, ja geboten. Daß nur eine Willkürprüfung stattfindet, verengt den Grundrechtsschutz nicht gegenüber dem vergleichbaren gegen innerstaatliche Gerichtsentscheidungen. Die Verfassungsbeschwerde nach Art. 93 Abs. 1 Nr. 4 a GG ist daher nicht nur die verfahrensrechtliche Ergänzung des Art. 1 Abs. 3 GG, sondern gewährleistet auch eine prozessuale Innen- oder Binnenabsicherung des über Art. 24 Abs. 1 außenverlagerten Grundrechtsschutzes. Der einzelne verfügt nicht nur über einen status negativus, activus und processualis im innerstaatlichen Rechtsbereich, sondern auch über einen *status internationalis,* der ihm die Anrufung der Straßburger Kommission, und einen *status europaeus,* der ihm den Weg an den EuGH nach Luxemburg vermittelt.

Nicht die Grundrechtstheorie des introvertierten Verfassungsstaates, sondern des extrovertierten, auf völker- und europarechtliche Verfassungsergänzung angelegten Staates ergibt das mit dem Staatszweck Freiheit verbundene Gesamtbild. Die im Marckx-Fall[180] zutagegetretene evolutiv-dynamische Interpretation des Begriffs Familie unter Anknüpfung an die Staatenpraxis wäre als verfassungsrechtliche Interpretation methodisch verfehlt. Gleichwohl bindet sie die Bundesrepublik und könnte, sollte das BVerfG in Zukunft den Weg über Art. 2 Abs. 1 i. V. m. dem Rechtsstaatsprinzip gehen und die EMRK in den Prüfungsmaßstab einbeziehen, die Auslegung des Familienbegriffs in Art. 6 Abs. 1 mitbestimmen. Auch ein Kollisionsfall ist nicht auszuschließen. Die Grundrechtstheorie hat bisher diese verschiedenen Ebenen des in der Rechtsordnung der Bundesrepublik maßgeblichen Grundrechtsverständnisses nicht in einem Gesamtzusammenhang aufgearbeitet[181]. Auch die Rückwirkungen der nationalen

---

[180] EGMR, Urt. v. 13. 6. 1979, NJW 1979, 2449 (2451); vgl. hierzu *Weidmann,* a. a. O. (Anm. 88), S. 65 ff.

[181] Bezeichnend — aber auch erstaunlich — ist das Fehlen derartig internationaler normativer Einbindungen in der „Grundrechtstheorie" von Robert Alexy (*ders.:* Theorie der Grundrechte, 1985).

Grundrechtstheorie auf die europäische Ebene sind noch schwach ausgebildet[182].

VIII. Sozialstaatsziel

27. Im Vergleich zu totalen wohlfahrtstaatlichen Zwecksetzungen (bei Wolff und Justi)[183], für die der Endzweck des Staates die allgemeine Glückseligkeit der Menschen ist – eine Vorstellung, welche die marxistische Lehre mit dem Ideal, daß die Gesellschaft alle Bedürfnisse des einzelnen erfüllen und jedermann frei nach seinen Bedürfnissen soll leben können, aufgreift[184] –, hat das Grundgesetz nur einen limitierten Wohlfahrtszweck – als Modifikation und Ergänzung des Freiheits- und Autonomiegedankens des Liberalismus, aber nicht unter dessen Aufgabe – in die Verfassung aufgenommen. Damit

---

182 So entspricht z. B. der Schutzpflicht der EG-Organe für die Gemeinschaftsgüter eine Handlungspflicht zur Änderung des Gemeinschaftsrechts, falls dies im Interesse dieser Güter (ordre public) zwingend erforderlich ist (vgl. *Ress, Georg:* Luftreinhaltung als Problem des Verhältnisses zwischen europäischem Gemeinschaftsrecht und nationalem Recht, in: Festschrift 150 Jahre Landgericht Saarbrükken, 1985, S. 355 ff. [371 f.]). Die EuGH-Rechtsprechung hat leider nicht erkannt, daß der EG, sofern sie die Kompetenz zur sekundären Rechtsetzung in Anspruch nimmt (und damit die Mitgliedstaaten von der Regelungsbefugnis ausschließt), auch Schutzpflichten gegenüber den Mitgliedstaaten erwachsen, deren Inhalt sich an Art. 36 EWGV und der Cassis-de-Dijon-Rechtsprechung orientieren kann. Die Kompetenz zum nationalen Alleingang in Art. 100 a EWGV hat dieses Problem nicht gelöst (*Hailbronner, Kay:* Der „nationale Alleingang" im Gemeinschaftsrecht am Beispiel der Abgasstandards für PKW, EuGRZ 1989, S. 101 ff.; *Ress, Georg:* Löst Art. 100 a EWGV die Probleme der Rechtsangleichung des einheitlichen Binnenmarktes?, in: ders. [Hg.]: Rechtsprobleme der Rechtsangleichung [Vorträge, Reden und Berichte des Europa-Instituts der Universität des Saarlandes, Nr. 137], 1988, S. 9 ff. [16 ff.]).

183 Vgl. *Wolff, Christian:* Vernünftige Gedanken vom gesellschaftlichen Leben des Menschen und insonderheit vom gemeinen Wesen, 4. Aufl. 1736; *ders.:* Vernünftige Gedanken von der Menschen Tun und Lassen, 1752; *Justi, Johann Heinrich Gottlieb:* Grundsätze der Polizeiwissenschaft, 1756; vgl. ferner *Hug, Hans,* a. a. O. (Anm. 1), S. 82 ff.; *Jellinek,* a. a. O. (Anm. 28), S. 243 f.; *Thomann, Marcel / Wolff, Christian,* in: Staatsdenker im 17. und 18. Jahrhundert, 2. Aufl. 1987, S. 257 ff.

184 Erinnert sei an die berühmte Formel von Karl Marx in seiner „Kritik des Gothaer Programms" (1985) „Jeder nach seinen Fähigkeiten, jedem nach seinen Bedürfnissen" (Marx/Engels: Werke, Bd. 19, S. 21); vgl. z. B. auch *Fetscher, Iring:* Von Marx zur Sowjetideologie, 20. Aufl. 1977, S. 22 ff.

wurde „an das der historischen sozialen Bewegung Gemeinsame“ angeknüpft[185].

Der moderne Staat, an den diese Regelung anknüpft, hatte die Lösung der sozialen Frage zu seiner eigenen gemacht. Die 1919 gegründete ILO sollte nicht nur einen arbeitsrechtlichen, sondern auch einen sozialrechtlichen Mindeststandard in den Mitgliedstaaten verwirklichen. Soziale Rechte griffen der Vertrag von Versailles, die UNO-Charta und die Menschenrechtserklärung von 1948 mit dem Recht auf soziale Sicherheit, Arbeit, angemessenen und gleichen Lohn, Koalitionsfreiheit, Erholung und Freizeit, eine Lebenshaltung, die Gesundheit und Wohlbefinden gewährleistet, Schutz der Mütter und Kinder, Bildung und kulturelle Teilhabe auf. Dies war das international vorformulierte sozialstaatliche Zielgut, welches das Grundgesetz vorfand[186].

Eine soziale Ausrichtung und Vorsorge ist ein Wesenselement des modernen westeuropäischen Staates[187]. Für den modernen Industriestaat ist Daseinsvorsorge aus der sozialen Dimension mehr und mehr in die wirtschafts- und finanzpolitische hinübergewachsen. Schon Lorenz von Stein hatte gesehen, daß eine „Freiheit ... eine wirkliche erst in dem (ist), der die Bedingungen derselben, die materiellen und geistigen Güter, als die Voraussetzung der Selbstbestimmung besitzt“[188]. Das Sozialstaatsziel soll dazu die Chance eröffnen. Es kann nicht in einer expansiven Freiheitsvorsorge i. S. der gleichen Güter- und Rechtszuteilung seinen Ausdruck finden, sondern nur in den unerläßlichen sozialen Voraussetzungen der Realisierung der Freiheit für alle — also im sozialen Ausgleich und sozialer Umverteilung zur Gewährleistung eines Mindeststandards an den Lebensgütern[189].

---

[185] *Zacher, Hans F.:* Das soziale Staatsziel, in: Isensee, Josef / Kirchhof, Paul (Hg.): Handbuch des Staatsrechts, Bd. I, 1987, § 25, Rdn. 21.

[186] Vgl. a. a. O., Rdn. 11 ff.; *Perrin, Guy:* Die Ursprünge des internationalen Rechts der sozialen Sicherheit, 1983.

[187] Es verwundert nicht, daß soziale Ziele auch in der Wirtschafts- und Finanzpolitik selbst von solchen westeuropäischen Staaten verfolgt werden, in deren Verfassung sich keine — wie man rechtsvergleichend feststellen kann — Sozialstaatsbestimmung findet. Besonders auffällig ist dieser Sachverhalt in Schweden.

[188] *Von Stein, Lorenz:* Geschichte der sozialen Bewegung in Frankreich von 1789 bis auf unsere Tage. Ausg. Salomon, 1921, Bd. 3, S. 104.

[189] Vgl. *Grimm, Dieter:* Grundrechte und soziale Wirklichkeit, in: Hassemer, Wilfried (Hg.): Grundrechte und soziale Wirklichkeit, 1982, S. 39 f.

„Unerläßlich" meint das gleiche wie das, was nach der EMRK in einer demokratischen Gesellschaft notwendig ist. Die Eigentumsgewährleistung bestimmt — neben der nur verhältnismäßigen Einschränkung grundrechtlicher Freiheiten — Inhalt und Grenze derartigen staatlichen Handelns[190]. Diese charakteristische Verbindung findet sich in der europarechtlichen Nebenverfassung der Bundesrepublik wieder. Neben den vielfältigen Befugnissen der Wirtschaftspolitik steht der sozialpolitische Auftrag der EG mit der Abstimmung der Sozialordnungen[191]. Der in Art. 119 EWGV festgelegte Grundsatz des gleichen Entgelts für Mann und Frau hat sich seit den Defrenne-Entscheidungen des EuGH[192] in allen Mitgliedstaaten durch Richtlinie[193] durchgesetzt. Die EEA hat mit Art. 130a EWGV eine EG-Politik zur Stärkung des sozialen Zusammenhalts neben dem wirtschaftlichen eingeführt. Unterschiede im sozialen Niveau, der Vollständigkeit der Sozialleistungen und des Interventionszeitpunktes bestehen fort. Sie allein lösen einen Teil der Wanderungsbewegung im Rahmen der Arbeitnehmerfreizügigkeit nach Art. 48 EWGV aus, der sich zu einem weitgefaßten Anspruchstitel auf Sozialleistungen und Bildung entfaltet hat. Die Gleichstellung in den Arbeitsbedingungen erfaßt mittlerweile den gesamten sozio-kulturellen Bereich einschließlich

---

190 Vgl. EGMR Urt. v. 23.9.1982 — Fall Sporrong und Lönneroth gegen das Königreich Schweden — EuGRZ 1983, 523 (526f.); zu den damit verbundenen Grenzen der Tätigkeit des Staates vgl. *Bieback, Karl Jürgen:* Sozialstaatsprinzip und Grundrechte, EuGRZ 1985, 657 (661 f.); *Kirchhof, Paul:* Die Finanzierung des Leistungsstaates, Jura 1983, 505; *Leisner, Walter:* Eigentum, in: Isensee, Josef/Kirchhof, Paul (Hg.): Handbuch des Staatsrechts, Bd. VI, 1989, § 149 Rdn. 133 ff. Das Sozialstaatsprinzip ist aber keine „normative Einbahnstraße", sondern läßt innerhalb des eisernen Rahmens des Unerläßlichen andere politische Gewichtungen und damit sozialen „Rückschritt" zu (so auch *Badura, Peter,* a. a. O. (Anm. 18), S. 496; *Schlenker, Rolf Ulrich:* Soziales Rückschrittsverbot und Grundgesetz, 1986, S. 130ff).

191 Art. 117 Abs. 2 EWGV; vgl. dazu z. B. *Lichtenberg, Hagen* (Hg.): Sozialpolitik in der EG, 1986, S. 9ff., 81 ff.; *Däubler, Wolfgang:* Sozialstaat EG? Die andere Dimension des Binnenmarktes, 1989, S. 35 ff., 175 ff. Eine problematische Entwicklung nimmt die Rechtsprechung des EuGH zur sozialpolitischen Dimension der Arbeitnehmer-Freizügigkeit (vgl. dazu *Randelzhofer,* in: Grabitz, Eberhard [Hg.]: Kommentar zum EWG-Vertrag, 1989, Art. 48 Rdn. 31).

192 EuGH, Rs. 80/70, *Defrenne/Sabena,* Slg. 1971, S. 445 ff.; Rs. 43/75, *Defrenne/Sabena,* Slg. 1976, S. 455 ff.

193 Richtlinie des Rates vom 10. Februar 1975 zur Angleichung der Rechtsvorschriften der Mitgliedstaaten über die Anwendung des Grundsatzes des gleichen Entgelts für Männer und Frauen (75/117/EWG), ABl EG 1975 L 45/19).

der Zulassung zum Studium[194]. Die wirtschaftliche Seite des Staatszwecks der allgemeinen Wohlfahrt kehrt als deutliche Zweckrichtung des gesamten EWG-Vertrages in der Präambel mit dem Ziel der Verbesserung der Lebens- und Beschäftigungsbedingungen und mit der Aufgabenbeschreibung in Art. 2 wieder. Sie stimmt mit den im Stabilitätsgesetz von 1967 vereinigten Zielvorstellungen nahezu wörtlich überein. Hier liegen Zweckausrichtungs- und Zielverfolgungsidentität vor[195].

Die gegenseitige Bedingtheit von Freiheit und Sozialgestaltungsziel, ihre Spannung und ihr ständiger vom Gesetzgeber – und auch vom BVerfG – zu leistender Ausgleich sind ebenfalls Wesensmerkmale des modernen demokratischen Industriestaates. Dieser ist längst aus allgemeinen Ordnungsaufgaben herausgewachsen, um Aufgaben der allgemeinen Gestaltung der Wirtschafts- und Sozialpolitik zu übernehmen. Da es sich um einen limitierten und nicht totalen Staatszweck handelt, gilt das Primat der Selbstbestimmung und Selbstverantwortung[196]. Die staatliche Förderungspflicht ist wegen der im GG angelegten Eigenverantwortung des Bürgers zur freien Lebensgestaltung subsidiär. Die Entwicklung des Sozialstaatsziels im GG zeigt die Typik eines Staatszwecks: Keine Gewährung unmittelbar subjektiv-öffentlicher Rechte – von einer extremen existenzgefährdenden Situation abgesehen[197] – wohl aber in einem Kernbereich positive Leistungsverpflichtungen des Staates zum sozialen Ausgleich (durch Leistungsgesetze). Konsequenterweise hat das BVerfG daher selbständige Rechtsansprüche aus dem Sozialstaatsprinzip als verfassungsrechtlicher Verankerung des Wohlfahrtszwecks in ständiger Rechtsprechung grundsätzlich abgelehnt[198]. Im Gegensatz zu totalen Wohl-

---

[194] Der Kreis ist seit dem Gravier-Urteil des EuGH (Rs. 293/83, Gravier/Stadt Lüttich, Slg. 1985, S. 593 ff.) auf alle rechtmäßig im Ausland wohnenden EG-Angehörigen auszudehnen, wenngleich nur für die Zulassung zu und Ausbildungsförderung in einem berufsqualifizierenden Ausbildungsgang (vgl. hierzu *Oppermann, Thomas:* Von der Freizügigkeit zur gemeinsamen Ausbildungspolitik? Die „Gravier"-Doktrin des Gerichtshofs der Europäischen Gemeinschaften, 1988).

[195] Vgl. *Grabitz, Eberhard,* in: ders. (Hg.): Kommentar zum EWG-Vertrag, 1988, Art. 2 Rdn. 2.

[196] Vgl. *Zacher, Hans F.,* a. a. O. (Anm. 185), Rdn. 28 ff.; *Schuppert, Gunnar Folke,* a. a. O. (Anm. 82).

[197] *Stern, Klaus:* Das Staatsrecht der Bundesrepublik Deutschland, Bd. I, 2. Aufl. 1984, S. 895.

[198] Vgl. BVerfGE 65, 182 (193); 69, 272 (314 f.) m. w. N. Die einzige, nicht überzeugende Abweichung von dieser Linie bildet das erste Numerus Clausus – Urteil mit einem eigenständigen Leistungsanspruch auf staatliche Bildungsgüter aus Art. 12 GG i. V. m. dem Sozialstaatsprinzip (BVerfGE 33, 303 [331 f.]). Die liberal

fahrtszwecken ist das Sozialstaatsziel an einer marktwirtschaftlichen Ordnung orientiert. Die Behauptung, daß das Verfassungsrecht keine bestimmte Wirtschaftsordnung festgelegt und gewährleistet habe, gehört ebenso zu den Standardaussagen wie die, daß die soziale Marktwirtschaft von der EG nicht übernommen wurde[199]. Die Grundrechte des Eigentums, der Berufsfreiheit, der Freizügigkeit und der allgemeinen Vertrags- und wirtschaftlichen Handlungsfreiheit mit dem Recht zur freien Vermögensdisposition und der unternehmerischen Wettbewerbsfreiheit fügen sich indessen zu einem deutlichen Ordnungsbild[200], dem die planwirtschaftliche Wirtschaftsverfassung der DDR als Gegenbild kraß gegenübersteht.

---

konzipierten Grundrechte stehen einer Umdeutung in soziale Grundrechte nicht offen. Denn sie ließe die Dignität der individuellen, „negativen" Freiheit fraglich werden und würde den Richter zur sozialgestalterisch tätigen politischen Verteilungsinstanz machen, womit die grundgesetzliche Kompetenzordnung verletzt würde (vgl. *Haverkate,* a.a.O. [Anm. 34], S. 75 f.; kritisch auch *Lücke, Jörg:* Soziale Grundrechte als Staatszielbestimmungen und Gesetzgebungsaufträge, AöR 107 [1982], 15).

[199] Vgl. zur These von der wirtschaftspolitischen Neutralität des Grundgesetzes BVerfGE 4, 7 (17 f.); 50, 290 (338); *Krüger, Herbert:* Staatsverfassung und Wirtschaftsverfassung, DVBl. 1951, 361 ff.; *Schlaich, Klaus:* Neutralität als verfassungsrechtliches Prinzip, 1972, S. 105 ff.; zur entsprechenden These für das Gemeinschaftsrecht vgl. *VerLoren van Themaat, Pieter:* Die Aufgabenverteilung zwischen dem Gesetzgeber und dem Europäischen Gerichtshof bei der Gestaltung der Wirtschaftsverfassung der Europäischen Gemeinschaften, in: Eine Ordnungspolitik für Europa, Festschrift für Hans von der Groeben, 1987, S. 425 ff. (429 f.); kritisch: *Mestmäcker, Ernst-Joachim:* Auf dem Weg zu einer Ordnungspolitik in Europa, ibidem, S. 9 ff. (13 ff.); *Götz, Volkmar:* Verfassungsschranken interventionistischer Regulierung nach europäischem Gemeinschaftsrecht im Vergleich mit dem Grundgesetz, JZ 1989, 1021 (1023 f.).

[200] So z.B. auch *Herzog,* in: Maunz/Dürig/Herzog/Scholz, Komm. z. GG, Art. 20 VIII, Rdn. 60 f.; *Karpen, Ulrich:* Wirtschaftsverfassung und Grundgesetz, 4. Aufl. 1986, S. 41 ff. Auch wenn im Mitbestimmungsurteil des BVerfG (E 50, 290 [336]) ein „Ordnungs- und Schutzzusammenhang der Grundrechte" und ein „institutioneller Zusammenhang der Wirtschaftsverfassung" als Kontrollmaßstab verworfen wurde, muß schon anhand der Einzelgrundrechte mit ihrer primären Schutzrichtung von einer privatwirtschaftlichen Ordnung ausgegangen werden. Hier kann und muß der Gesetzgeber zur Sicherung des Sozialstaates Zielschranken setzen, insbesondere auch durch Aufrechterhaltung des Konkurrenzprinzips. Dieses ist ein grundrechtlich gesicherter Bestandteil der „Wirtschaftsverfassung" der Bundesrepublik (vgl. *Lübbe-Wolff, Gertrude:* Die Grundrechte als Eingriffsabwehrrechte, 1988, S. 293 ff.). Dort, wo auf der Grundlage konkurrierender Ausübung der wirtschaftsrelevanten Grundrechte der Art. 2 Abs. 1, 12 und 14 GG eine Wettbewerbsordnung konstituiert ist, wird die Integrität dieser Ordnung vom

Je mehr wirtschafts- und damit verbunden sozialpolitische Regelungsbefugnisse von der EG aufgegriffen werden, um so wichtiger wird die zur nationalen Wirtschaftsverfassung parallel laufende Frage, an welchen Kontrollmaßstäben die Wirtschaftsverfassung der Gemeinschaft[201] gemessen wird. Der EuGH rekurriert zur Prüfung der Zulässigkeit von Zulassungssystemen und Verwertungsbeschränkungen in Richtung auf jene Allgemeinbegriffe, die das BVerfG in seiner Prüfung zu vermeiden versucht hat, nämlich auf die „Grundsätze des freien Warenverkehrs und des freien Wettbewerbs sowie die grundrechtliche Handelsfreiheit" als allgemeine Rechtsgrundsätze[202]. Wie selbstverständlich wird dabei der zu jener Zeit noch nicht im EWG-Vertrag verfaßte Umweltschutz als ein im Gemeininteresse liegendes Ziel zur Rechtfertigung von Einschränkungen herangezogen, d. h. als ein selbstverständlicher Bestandteil des Gemeinwohls, der keiner Erwähnung in der Präambel bedarf. Beide Rechtsordnungen, die der EWG und des Grundgesetzes, gehen vom Primat der Wirtschaftsfreiheit vor der staatlichen Intervention aus. Der EuGH hat allerdings die für den zwischenstaatlichen Verkehr strengen Maßstäbe, die er am Verbot für Maßnahmen mit gleicher Wirkung entwikkelt hat, nicht durchgängig auf die Prüfung gemeinschaftsrechtlicher Regulierungen selbst übertragen, d. h. der Gemeinschaftsgesetzgeber stellt sich interventionistisch selbst freier, als dies im zwischenstaat-

---

Schutzzweck der Grundrechte selbst umfaßt. Die soziale Komponente der Marktwirtschaft als ordnungspolitische Umsetzung der wirtschaftsverfassungsrechtlichen Rahmenbedingungen gebietet, daß der Staat Vorsorge für Entstehung und Bestand der Konkurrenz trifft.

[201] Vgl. zur Gemeinschaftswirtschaftsverfassung *Oppermann, Thomas:* Europäische Wirtschaftsverfassung nach der Einheitlichen Europäischen Akte, in: Müller-Graff, Peter-Christian / Zuleeg, Manfred (Hg.): Staat und Wirtschaft in der EG, 1987, S. 53 ff.; *Scherer, Josef:* Die Wirtschaftsverfassung der EWG, 1970; *Stober, Rolf:* Handbuch des Wirtschaftsverwaltungs- und Umweltrechts, 1989, S. 151 ff.; *Zuleeg, Manfred:* Demokratie und Wirtschaftsverfassung in der Rechtsprechung des Europäischen Gerichtshofes, EuR 1982, S. 21 ff. (26 ff.); *ders.:* Die Wirtschaftsverfassung der Europäischen Gemeinschaften, in: Arbeitskreis Europäische Integration (Hg.): Wirtschafts- und gesellschaftspolitische Ordnungsprobleme der Europäischen Gemeinschaften, Bd. 1, 1978, S. 73 ff.

[202] EuGH, Rs. 240/83, Procureur de la République/ADBHU, Slg. 1985, 531 (548 f.); vgl. dazu *Götz, Volkmar:* Verfassungsschranken interventionistischer Regulierung nach europäischem Gemeinschaftsrecht im Vergleich mit dem Grundgesetz, in: Ress, Georg (Hg.): Wissenschaftliches Kolloquium zum Völkerrecht, Europarecht und Verfassungsrecht anläßlich des 70. Geburtstages von Günther Jaenicke (Europa-Institut, H. 166), 1989, S. 27 ff. (36 f.).

lichen Handel gestattet ist[203]. Dafür gibt es zwar Gründe, weil der grenzüberschreitende Verkehr sich mit Zunahme des Binnenmarktes in seiner Regulatorik erschöpfen wird, während allgemeine gemeinschaftsrechtliche Marktregulierungen zunehmen werden. Dann ist es aber um so eher geboten, von einer Homogenität der Maßstäbe für zwischenstaatliche und für gesamtgemeinschaftliche Regelungen auszugehen. Nimmt man das genannte Urteil des EuGH mit der Anerkennung des freien Warenverkehrs, Wettbewerbs und der Handelsfreiheit ernst, dann dürfte die in der Literatur vertretene These von der Neutralität der Gemeinschaftsverfassung als Gleichwertigkeit von Wirtschaftsfreiheit und Intervention nicht zutreffen.

IX. Integrationszweck

28. Es gehört zu den Eigentümlichkeiten, die Georg Jellinek am modernen Staat völlig zutreffend konstatierte, daß er die Voraussetzungen in geistig-sittlicher Hinsicht, auf denen er ruht, nicht selbst schaffen kann[204]. Wenn in der Präambel der Europäischen Menschenrechtskonvention von dem gemeinsamen Erbe an geistigen Gütern und von dem Geist, von dem die Regierungen der europäischen Staaten beseelt sind, ausgegangen wird, dann wird damit auch an die Verfassungswerte angeknüpft, die den Mitgliedstaaten gemeinsam sind. Für diese darf auch der moderne Staat sich werbend einsetzen[205]. Ihm kommt insofern auch eine geistige Selbsterhaltungsaufgabe zu, die – anders als die réligion civile Rousseaus – gegenüber dem Bürger nicht eine Ausrichtung an einer bestimmten gemeinsamen Gesinnung annehmen darf. Dem Frieden in der Welt, von dem Art. 1 und 26 des Grundgesetzes als Staatsziel ausgehen, vermag nur ein Staat zu dienen, der unter seinen Beamten und Bürgern auf eine entsprechende ethisch fundierte Hinwendung trifft[206].

---

[203] Vgl. EuGH, Rs. 46/76, Bauhuis/Niederlande, Slg. 1977, 5 (17 f.); kritisch: *Timmermans, Christian W. A.:* Der freie Warenverkehr, in: Dreißig Jahre Gemeinschaftsrecht, 1983, S. 259 ff. (291); *Ress, Georg:* Wirtschaftslenkung in der Europäischen Gemeinschaft (erscheint 1990).

[204] *Jellinek, Georg,* a. a. O. (Anm. 28), S. 252.

[205] Zur Kontroverse um ein dynamisches oder ethisches, im gesellschaftlichen oder staatlichen Raum angesiedeltes Konsensverständnis vgl. *Vorländer, Hans* a. a. O. (Anm. 65), S. 136 ff.; vgl. auch *Burmeister, Joachim,* a. a. O. (Anm. 51), S. 104 ff.

[206] Vgl. *Böckenförde, Ernst-Wolfgang,* a. a. O. (Anm. 34), S. 26 ff.; *Burmeister,* a. a. O. (Anm. 51), S. 120 ff. Der Staat darf diese Hinwendung (z. B. durch entspre-

Staatliches Werben zur Integration des Volkes auf der Grundlage der Verfassungswerte der Toleranz, des Pluralismus, der Ideenoffenheit sowie der europäischen Zielgebundenheit umfaßt auch die Pflege des Nationalbewußtseins. Der Staat darf um am Gemeinwohl orientierte ethische Grundhaltungen im Rahmen der zulässigen Selbstdarstellung einer Regierung[207] und des Staates werben. Er darf kulturelle Gestaltungsmöglichkeiten eröffnen, aber nicht selbst vorschreiben. Aus dem Wiedervereinigungsgebot hat der Staat den Auftrag, auf den nationalen Zusammenhalt, die Wahrung der nationalen Einheit hinzuwirken. Die Zulässigkeit einer derartigen wertorientierten Informationspolitik findet in der Rechtsprechung des Straßburger Gerichtshofes[208] zu den zur Erhaltung einer demokratischen Gesellschaft notwendigen Maßnahmen (z. B. im Erziehungswesen) ihre Stütze.

X. Konkretisierung und Konkurrenz

29. Die Staatszwecke wenden sich ebenso wie die zusätzlichen verfassungsrechtlichen Zielnormen an alle staatlichen Organe. Der Gesetzgeber ist in erster Linie zur Konkretisierung der Staatszwecke und -ziele berufen[209].

Die Einschränkung grundrechtlich verbürgter Freiheiten durch Ziele und Zwecke bedarf der gesetzlichen Grundlage. Im Gesetzesvorbehalt liegt die Sicherung gegen den direkten Zugriff der Ziele und Zwecke auf den einzelnen, aber auch die Ermächtigung zu deren Konkretisierung im grundrechtlichen Freiheitsraum und ein Ansatzpunkt zur zweck- und zielbezogenen Auslegung.

---

chende Schulbuchempfehlungen) fördern. Der Bürger ist im Denken allemal und im Handeln im Rahmen der Gesetze frei. Daß von den Amtsträgern, die in einem Dienst- und Treueverhältnis stehen, die Erfüllung des Amtsethos, des uneigennützigen Dienstes und eine innere Loyalität — nicht nur eine Ergebnis- oder Verhaltensloyalität — verlangt werden darf, bildet gerade die Ausnahme zur normalen Bürgerstellung (in diesem Sinne *Klein, Hans Hugo:* Verfassungstreue und Schutz der Verfassung, VVDStRL 37 [1979], S. 53 ff. [80 ff.]).

[207] Dieser Aspekt schwingt bei den Entscheidungen zur Zulässigkeit der Öffentlichkeitsarbeit der Regierung mit (BVerfGE 44, 125 [147 ff.]; 63, 230 [243 ff.]).

[208] Vgl. EGMR — Fall Kjelsen, Busk Madsen und Pedersen, Urt. v. 7. 12. 1976 —, EuGRZ 1976, 478 (485).

[209] Es ist aber eine verfehlte Sicht zu behaupten, daß die Staatszwecke nur über die Gesetze wirken: denn z. B. hat die Regierung ihren Gestaltungsspielraum zur Gesetzesinitiative zweckorientiert im Rahmen des politischen Ermessens zu nutzen, die Verwaltung bei der Anwendung und Auslegung der Gesetze die Zwecke und Ziele zu beachten.

Den rechtsstaatlichen Gesetzesvorbehalt hat das BVerfG um den parlamentarischen Wesentlichkeitsvorbehalt erweitert[210]. Wesentliche Entscheidungen für die Verwirklichung und auch Abgrenzung kollidierender Grundrechte – und damit Abwägungen bei der Zweckverwirklichung – sind vom Gesetzgeber zu treffen. Die damit für die Bewältigung von Gefahren und Risiken im Sicherheitsbereich, von sozialer und wirtschaftlicher Planung und zum Schutz von Grundrechten zu treffenden gesetzgeberischen Entscheidungen sind deshalb wesentlich, weil sie in aller Regel der Grundrechtsabgrenzung dienen[211]. Die Entscheidung, ob und wie der Staat öffentliche Interessen aufgreift, ist eine politische, wenn nicht ausnahmsweise eine Verpflichtung aus der Verfassung abzuleiten ist. Der Gesetzgeber darf die Entscheidung im Rahmen unbestimmter Rechtsbegriffe dann der Exekutive überlassen, sofern es sich nicht um die wesentliche Zielbestimmung überhaupt handelt[212].

Staatszwecke sind pflichtenaktivierend, aber im Prinzip anspruchsresistent[213]. Einen unmittelbaren Anspruch gewährt weder das Wiedervereinigungsziel noch das Europaziel oder das Sozialstaatsziel. Allein aus der Pflicht zur Gewährleistung des inneren Friedens und aus Art. 1 Abs. 1 S. 1 GG lassen sich Schutzansprüche (nach Maßgabe der Grundrechte) herleiten. Ein bestimmtes Handeln des Gesetzgebers kann nicht verlangt werden. Es ist an der Zeit, die im deutschen

---

[210] Vgl. BVerfGE 33, 1 (10f.); 47, 46 (78ff.); 49, 89 (126ff.); 57, 295 (320f.); 58, 257 (268ff.); *Böckenförde, Ernst-Wolfgang,* a.a.O. (Anm. 38), S. 388ff.; *Hesse, Konrad,* a.a.O. (Anm. 179), Rdn. 508f. (m.w.N.); *Kisker, Gunter:* Neue Aspekte im Streit um den Vorbehalt des Gesetzes, NJW 1977, 1313; *Umbach, Dieter C.:* Das Wesentliche an der Wesentlichkeitstheorie, in: Festschrift für Hans Joachim Faller, 1984, S. 111ff.

[211] Vgl. *Hesse, Konrad,* a.a.O. (Anm. 179), Rdn. 509.

[212] Vgl. BVerfGE 34, 165 (192); 40, 237 (249); 41, 251 (260); 57, 295 (320). Die seit dem Kalkar-Beschluß des BVerfG (E 49, 69 [144f.]) erörterte Abgrenzungsfrage zwischen legislativem Hausgut und Exekutiventscheidungsbefugnis ist durch die Theorie des Versagungsermessens (vgl. *Murswiek, Dietrich,* a.a.O. [Anm. 24], S. 284f.) auf eine neue – freilich nicht unproblematische – Grundlage gestellt worden. Soweit der Gesetzgeber bestimmte Tätigkeiten – wie die Verursachung von Risiken – ohne Verstoß gegen Grundrechte ganz verbieten dürfte, darf er nach dieser Auffassung als Minus ein repressives Verbot mit Befreiungsvorbehalt erlassen, also der Genehmigungsbehörde ein pflichtgemäßes Versagungsermessen einräumen.

[213] Vgl. *Bethge,* a.a.O. (Anm. 1), S. 847; zur Ausnahme eines Anspruchs auf Gewährung des Existenzminimums vgl. z.B. *Badura, Peter,* a.a.O. (Anm. 18), S. 494.

Verfassungsrecht entwickelte Wesentlichkeitstheorie auf die europäische Ebene zu übertragen, weil bei fortschreitender Auslagerung von Sachmaterien eine entsprechende demokratische Legitimation der Entscheidungen zur Wahrung der Verfassungsidentität erforderlich wird[214].

Kennzeichnend bei den Staatszwecken ist die Zurücknahme der Kontrollnorm gegenüber der Funktionsnorm, wobei unter der Funktionsnorm die materielle Verfassungs- bzw. staatsrechtliche Norm, welche das staatliche Handeln bindet, zu verstehen ist, während die Kontrollnorm den Umfang der gerichtlichen Überprüfbarkeit des staatlichen Handelns angibt. Eine gerichtliche Feststellung einer Staatszweckverfehlung ist wegen dieser „Justitiabilitätsschwäche"[215], die auch im Europäischen Gemeinschaftsrecht wiederzufinden ist, nur im Fall eines schweren und evidenten Verstoßes gegen den Staatszweck möglich[216]. Bei der Frage nach der gerichtlichen Kontrolle der Einhaltung der Zwecke und Ziele zeigt sich im übrigen ein deutlicher Unterschied zwischen der Kontrolle der Verwaltung und der des Gesetzgebers. Angesichts des außerordentlich großen Gestaltungsspielraums des Gesetzgebers sind die Fälle, in denen er den Sicherheits- oder sozialstaatlichen Anforderungen nicht genügt, außerordentlich selten. Die Gerichte scheuen sich mit Recht, der Einschätzungsprärogative des Gesetzgebers Zügel anzulegen. Nur in Ausnahmefällen, wie der Entscheidung zu § 218 StGB[217], wird eine gesetzliche Regelung (oder: Nicht-Regelung) von gerichtlicher Seite für nicht ausreichend erachtet. Diese Zurückhaltung entspricht einer gemeineuropäischen Tendenz, die bisher nur einmal vom Straßburger Gerichtshof 1985[218] durchbrochen — oder besser: in einem Extremfall bestätigt — wurde.

30. Konflikte zwischen Staatszwecken und -zielen müssen durch eine Konkordanz behoben werden. Eine Rangfolge zwischen den

---

[214] Vgl. *Ress, Georg:* Über die Notwendigkeit der parlamentarischen Legitimierung der Rechtsetzung der Europäischen Gemeinschaften, in: Verfassungsrecht und Völkerrecht. Gedächtnisschrift für Wilhelm Karl Geck, 1989, S. 625 ff.

[215] *Stern, Klaus,* a. a. O. (Anm. 197), S. 912.

[216] Vgl. *Forsthoff, Ernst:* Über Maßnahmegesetze, in: ders.: Rechtsstaat im Wandel, 2. Aufl. 1976, S. 105 ff. (117 f.); *Murswiek, Dietrich:* Der Umfang der verfassungsgerichtlichen Kontrolle staatlicher Öffentlichkeitsarbeit, DÖV 1982, 529 (534 ff.); *Ress, Georg,* a. a. O. (Anm. 126), S. 29 f.

[217] BVerfGE 39, 1 (42 ff.).

[218] Vgl. EGMR, Urt. Nr. 16/1983/72/110 v. 26. 3. 1985, X und Y gegen Niederlande, EuGRZ 1985, 297 (298 f.).

Zwecken Sicherheit und Freiheit und Verfassungszielen wie Sozialstaatlichkeit, europäische Einigung und Wiedervereinigung besteht nicht. Insbesondere ist zu der in der Vergangenheit mit Vehemenz geführten Diskussion über die Vereinbarkeit der Wiedervereinigung und der europäischen Einigung zu sagen, daß beide sich ohne Schwierigkeiten kompatibel gestalten lassen[219]. Ziele dürfen nie absolut gesetzt werden, da zwischen allen eine Spannung besteht. Die Europäische Union kann ebenso wie schon 1957 die EWG mit einem Vorbehalt zugunsten der Veränderungsmöglichkeiten der Rechtslage Deutschlands verknüpft werden.

31. Für Georg Jellinek[220] rechtfertigt sich der Staat als Zweckeinheit durch die zur Erfüllung dieser Zwecke erbrachten Leistungen – gerade für die Schwachen – nicht anders als bei Platon[221]. Daran hat sich bis heute nichts geändert.

---

[219] Vgl. allgemein *Brugger, Winfried,* a.a.O. (Anm. 1), S. 2428; zum speziellen Verhältnis vgl. *Bücking, Hans-Jörg:* Wiedervereinigung Deutschlands und die Einigung Westeuropas – Ein Widerspruch?, in: Hacker, Jens / Mampel, Siegried: Europäische Integration und deutsche Frage, 1989, S. 65 ff.; *Fiedler, Wilfried:* Europäische Integration und deutschlandpolitische Optionen – Eine Alternative?, in: a.a.O., S. 115 ff. (125 ff.); skeptisch z.B. *Geiger, Wilhelm:* Die Entstehung der Präambel des Grundgesetzes und deren Bindungswirkung, in: Haack, Dieter et al. (Hg.): Das Wiedervereinigungsgebot des Grundgesetzes, 1989, S. 255 ff. (265 f.).

[220] Vgl. *Jellinek, Georg,* a.a.O. (Anm. 28), S. 229; nach *Jellinek* hat der Staat neben dem Macht-, Sicherheits- und Rechtszweck vor allem die „Verwaltung der Solidarinteressen" zu besorgen, aber nur, „soweit die freie individuelle oder genossenschaftliche Tat unvermögend ist" (a.a.O., S. 259).

[221] „Wohlan, sprach ich, laß uns also in Gedanken eine Stadt von Anfang an gründen. Es gründet sie aber, wie sich zeigte, unser Bedürfnis. – Was wohl sonst! – Aber das erste und größte aller Bedürfnisse ist die Herbeischaffung der Nahrung des Bestehens und Lebens wegen. – Auf alle Weise. – Das zweite aber die Wohnung; das dritte Bekleidung und dergleichen. – So ist es. –" (Platon, Politeia, in: Sämtliche Werke, Bd. 3, 1958, 369 c, d). Bei Platon steht der sittliche, auf die Vollendung der Gerechtigkeit gerichtete Staatszweck zwar deutlich im Vordergrund. Der Solidaraspekt tritt aber stets mittelbar hervor, so in der Rede des Glaukon (Politeia, Nr. 359 a): „Wenn demnach die Menschen einander Unrecht tun und voneinander Unrecht leiden und sie somit beides auskosten, so dünkt es diejenigen, die diesem nicht entgehen, aber auch nicht jenes wählen können, von Vorteil, sich miteinander dahin zu verständigen, daß sie weder Unrecht tun noch Unrecht leiden. Und daher habe man dann angefangen, Gesetze zu geben und miteinander Verträge zu schließen, und was das Gesetz bestimmt, habe man als gesetzlich und gerecht bezeichnet."

Leitsätze des 2. Berichterstatters über:

Staatszwecke im Verfassungsstaat — nach 40 Jahren Grundgesetz

I. Vorbemerkung: das Gründungsverständnis

1. Der Staatszweck der Bundesrepublik Deutschland wird auch nach 40 Jahren maßgeblich durch ihr Gründungsverständnis bestimmt: eine freiheitliche, rechtsstaatliche und demokratische Ordnung „für eine Übergangszeit" zu errichten, in deren Mitte der Mensch mit seiner Würde und seinen Freiheitsrechten steht. Gründungszweck und Zweck der fortbestehenden alliierten (Besatzungs-) Rechte und Verantwortlichkeiten sind durch Art. 7 des Deutschlandvertrages auf Ausübung des Selbstbestimmungsrechts der Deutschen, Wiedervereinigung und Abschluß eines Friedensvertrages gerichtet. Der dem Grundgesetz zugrundeliegende Staat (Deutschland) weist durch den nicht abgeschlossenen Separierungsprozeß neben völkerrechtlichen auch noch staatsrechtliche Bindungen zu den anderen Teilen Deutschlands auf.

II. Staatsbegriffe und Staatszwecke

2. Staatszwecke gehören zum Staat. Sie sind keine Gesellschaftszwecke und — jedenfalls in sprachlicher Sonderung — auch keine Verfassungszwecke. Das Thema zielt auf den Staat in — oder hinter — der Verfassung. Staatszwecke, Staatsziele und Staatsaufgaben stehen in Zusammenhang, sind aber zu unterscheiden. Der „Staatszweck" fragt nach der Finalität des Staates (sein „Um-Willen") und einzelner staatlicher Funktionen, aber auch nach dessen Umfang und damit nach seiner Begrenzung. Das „Staatsziel" kann einen einzelnen Aspekt aus den Staatszwecken besonders hervorheben oder eingrenzen oder eine der Verfassung eigentümliche Direktive hinzufügen (z. B. Wiedervereinigungsgebot). Die Staatsaufgabe kann in der jeweiligen konkreteren Umschreibung ein Mittel sein, um dem Staatszweck oder Staatsziel näherzukommen.

3. Staatszwecke sind historisch gesehen Staatsrechtfertigungs-, Ermächtigungs- und Begrenzungsideen. Sie sind idealtypisch an einem bestimmten Menschen- und Staatsbild orientiert und haben im Laufe der Entwicklung des modernen Staates die vielfältigsten Ausprägungen erfahren. In ihrem vernunftrechtlichen Gehalt sollten sie für den Bürger vornehmlich Sicherheit (inneren und äußeren Frieden) und Freiheit verbürgen sowie Kultur und soziale Wohlfahrt ermöglichen. Mit der Vorstellung des Staates als „Selbstzweck" im 19. Jh. tritt die „instrumentale" Staatsbetrachtung in den Hintergrund.

4. Auch zur Rechtfertigung des modernen demokratischen Verfassungsstaates bietet sich der Rückgriff auf die mit der Idee der Freiheit des Menschen verbundene freiwillige Unterwerfung unter die selbstgewählte Herrschaft unter Verzicht auf Privatgewalt an. Der Staat schuldet dafür Sicherung des äußeren und inneren Friedens sowie Gewährleistung der Menschenwürde und der Grundfreiheiten. Zwischen dem Rechtsgehorsam und dem staatlichen Schutz besteht ein unauflöslicher Zusammenhang. Der Satz: „Subiectio trahit protectionem" gehört zum Grundbestand des modernen Staates (Grundverhältnis).

III. Staatszwecke im Verfassungsstaat

5. Der demokratische Verfassungsstaat stellt eine rationale Zweckschöpfung (keine zwangsläufige Erscheinung eines automatisch verlaufenden Entwicklungsprozesses) dar. Ihm eignen alle notwendigen Elemente des modernen Staates. Der Schutz der Menschenwürde, des inneren und äußeren Friedens sowie der Selbstschutz des Staates sind notwendige, aber für den modernen Staat nicht mehr hinreichende Staatszwecke. Für den Typus des modernen demokratischen Staates ist außerdem charakteristisch, daß er die Grund- und Menschenrechte sowie ein Mindestmaß an sozialer Sicherheit und an geistig-sittlicher Integration seiner Bürger gewährleisten soll.

6. In der Regel hat der Verfassungsstaat diese Staatszwecke des modernen Staates in seinem positiven Verfassungsrecht verankert und normativ näher ausgestaltet. Im demokratischen Verfassungsstaat spricht die Vermutung dafür, daß die Verfassung das „Staatsbild" normativ abschließend fixiert hat. Eine Erweiterung der verfassungsrechtlichen Legalität ist daher nur durch Rückgriff auf zweifelsfreie Elemente moderner Staatlichkeit zulässig.

7. Das Völkerrecht ist für die Ermittlung von positiven Staatszwekken derzeit noch relativ unergiebig, jedoch ist die Beliebigkeit staatlicher Zwecksetzungen durch die Bindung an einen Mindeststandard der Fremden- und Menschenrechte begrenzt. Dazu gehört auch die Anerkennung der Personalität (Subjektstellung) jedes Menschen. Ansätze zu einer Ausrichtung des Staates an bestimmten Zwecken sind auch mit der Idee einer Verfassung der Völkerrechtsgemeinschaft (internationaler ordre public) verbunden (Friedenspflicht/peace loving). Gewalt- und Interventionsverbot können als negative „Staatszwecke" (Verbot des Macht-Expansionszwecks) gedeutet werden.

8. Staatszwecke haben im Verfassungsstaat weitgehend den Rechtscharakter von Staatsbegrenzungen, Gewährleistungspflichten oder Staatszielen angenommen.

9. Die vom Volk ausgehende Staatsgewalt ist prinzipiell allumfassend. Ihre Ausübung ist am Staatszweck „Wahrung des Gemeinwohls" ausgerichtet. Das sachliche Substrat des Gemeinwohls ist — von Fällen negativer Evidenz abgesehen — nicht näher präzisierbar. Konkreter ist die Ausrichtung an der Würde und Freiheit des Menschen. Diese Ausrichtung führt zu einer nach der Gewichtigkeit gestuften Rechtfertigungslast für jedes öffentliche Interesse, das zur Einschränkung individueller Freiheit herangezogen wird.

10. Für die funktionale Scheidung von Staat und Gesellschaft und eine daran anknüpfende Staatsaufgabenlehre geben die Staatszwecke nicht mehr Aufschluß, als sich ohnedies aus den Handlungsermächtigungen des Grundgesetzes, insbesondere der objektiv-rechtlichen Seite der Grundrechte, ergibt.

11. Die Staatszweckbetrachtung findet heute weitgehend ihren Ort in der Interpretation der Grundrechte, namentlich bei der Legitimation von Grundrechtseinschränkungen. Vergleichbar werden die „Staatszwecke" in der Europäischen Menschenrechts-Konvention bei der Frage relevant, welche Einschränkungen zum Schutze bestimmter Rechtsgüter in einer demokratischen Gesellschaft „notwendig" sind.

12. Grundentscheidungen auf der Verfassungsebene (z. B. militärische Landesverteidigung) können durch die dahinterliegenden Zwecke (Sicherung des äußeren Friedens) verdeutlicht und interpretatorisch „aufgehellt" werden. Eine Staatszweck-optimierende „Umdeutung" von Verfassungsnormen ist jedoch nicht zulässig.

IV. Internationalisierung und Europäisierung von Staatszwecken

13. Staatszwecke verändern durch die Auslagerung einzelner Sachbereiche zur Zweckverfolgung auf internationale Organisationen

(Internationalisierung, Europäisierung) nicht nur ihre sachlich-räumliche Reichweite, sondern erfahren durch die Akte unter fremder Zweckverfolgung eine Ergänzung durch multilaterale Gemeinwohlvorstellungen. Der Staat als Einrichtung der Daseinsvorsorge und Schutz- und Friedensordnung kann dadurch für den Bürger an identifikationsfähigen Grundlagen verlieren. Der Staat muß gewährleisten, daß Schutz und Rechtsgehorsam sich entsprechen.

V. Der Staatszweck „Sicherheit"

14. Der (primäre) Staatszweck „Sicherheit" verpflichtet den Staat zum Verbot von Privatgewalt, den Bürger zur friedlichen Rechtsausübung. Die Auslegung des Nötigungstatbestandes (Gewaltbegriff) muß an diesem Elementartatbestand orientiert werden. Eine Lockerung des staatlichen Gewaltmonopols führt aller Erfahrung nach nicht zu herrschaftsfreien Räumen, sondern zur Anarchie der Privatgewalt.

15. Der Staatszweck „Sicherheit" wird u. a. durch den öffentlichen Dienst — insbesondere durch den Funktionsvorbehalt nach Art. 33 Abs. 5 GG — gewährleistet. Der Einbruch der Arbeitnehmerfreizügigkeit in die nationalen „öffentlichen Verwaltungen" (Art. 48 Abs. 4 EWGV) kann nicht durch eine rein nationale Interpretation dieses — europarechtlichen — Begriffs abgewehrt werden.

16. Die Gewissensfreiheit durchbricht den Rechtsgehorsam, stellt aber den Grundrechtsträger nicht außerhalb des Rechtsstaates.

17. Sog. „begrenzte Regelverletzungen" lassen sich im demokratischen Rechtsstaat nicht unter Berufung auf deren angebliche Legitimität als legal rechtfertigen. Derartige Privatgewalt schafft Privilegien. Die parlamentarische Demokratie verweist die damit verknüpften Anliegen auf das Verfahren der Gesetzesänderung.

18. Der moderne Staat ist vom Sicherheitsbewahrungs- zum Risikovorsorgestaat geworden. Risikovorsorge muß mit der Art der Gefahr (Mangel der individuellen Beherrschbarkeit), ihrem Ausmaß (erheblich) und dem wahrscheinlichen Eintritt eines Schadens gerechtfertigt werden.

19. Als Garant des Bürgerfriedens schuldet der Staat seinen Bürgern Schutz nach Maßgabe der Rechtsgüterordnung der Grundrechte. In der Regel wird dieser Schutz durch straf- und zivilrechtliche Normen besorgt werden können. Als Grund-Regulativ genügt eine Generalklausel (neminem laedere). Die Ableitung der Pflicht des Staates zu effektivem Rechtsgüterschutz aus der objektiv-rechtlichen Seite der Grundrechte ist im Begriff, Bestandteil der europäischen Rechtskultur zu werden.

20. Ein Grundrecht auf Sicherheit läßt sich nicht aus dem Staatszweck „Sicherheit“, sondern nur aus dem Grundverhältnis i. V. mit der objektiv-rechtlichen Seite der Grundrechte ableiten.

21. Der Staat muß zur Friedensgewährleistung angemessene und effektive Verwaltungs- und Gerichtsverfahren zur Verfügung stellen. Ein Justizgewährungsanspruch folgt aus den Grundrechten und dem Rechtsstaatsprinzip (ebenso Art. 6 EMRK; Art. 19 Abs. 4 GG).

22. Die Europäisierung der Entscheidungen über Sicherheitsstandards führt zu einem Auseinanderfallen von Rechtsetzungsbefugnis (potestas) und Durchsetzungsbefugnis (vis). Unterschiedliche Sicherheitsstandards nach dem Herkunftslandsprinzip haben einen für den Bürger schwer durchschaubaren Sicherheitspluralismus zur Folge.

IV. Insbesondere: äußere Sicherheit

23. Die Wahrung der äußeren Sicherheit als hergebrachter Staatszweck des modernen Staates liegt der verfassungsrechtlichen Grundentscheidung für eine militärische Landesverteidigung voraus und zugrunde. In der Bundesrepublik Deutschland besteht auch nach 40 Jahren GG eine doppelte Wehrverfassung: die des Grundgesetzes in Verbindung mit dem Nato-Vertrag; daneben die von den drei Westmächten im Hinblick auf Deutschland als Ganzes, einschließlich Berlin, vorbehaltenen originären Truppen-Stationierungsrechte.

24. Art. 26 Abs. 1 i. V. mit Art. 1 Abs. 2 GG verpflichtet die Bundesrepublik Deutschland auf eine menschenrechtsbewußte Außenpolitik. Der Staatszweck der „äußeren Sicherheit“ wird unter den heutigen Bedingungen auch im Rahmen von kollektiven Sicherheitssystemen (Art. 24 Abs. 2 GG) wahrgenommen. Die Befugnis zum Einsatz von deutschen Streitkräften in den UN-Peace keeping forces läßt sich unter Berücksichtigung der völkerrechtsfreundlichen Haltung des GG aus Art. 87 a Abs. 2 i. V. mit Art. 24 Abs. 2 und Art. 11 und 29 UN-Charta herleiten. Zum Staatszweck „Sicherheit“ gehört auch der diplomatische Schutz Deutscher im Ausland. Der Bürger hat aus dem Grundverhältnis einen Anspruch auf ermessensfehlerfreie Entscheidung über den Schutz der in den Grundrechten enthaltenen Schutzgüter.

VII. Zum Staatszweck „Freiheit“

25. Der Staatszweck Freiheit ist am Bild des zu freier Selbstbestimmung und selbstverantwortlicher Lebensführung berufenen Men-

schen ausgerichtet. Zum Staatszweck Freiheit gehören die im demokratischen Rechtsstaat zur Freiheitssicherung notwendigen Vorkehrungen, u. a. neben der Zweckbindung des staatlichen Handelns am Gemeinwohl die Gewaltenteilung, der Gesetzesvorbehalt, die Menschen- und Grundrechte, das demokratische Wahlverfahren, die Sicherung der Gründungsfreiheit und Artikulationsfähigkeit für die politischen Parteien, Kontrolle der Exekutive, Verantwortlichkeit der Regierung, schließlich Kontrolle aller staatlichen Gewalten durch das Bundesverfassungsgericht.

26. In der Bundesrepublik Deutschland verfügt jeder über einen status internationalis (Art. 25 EMRK) und jeder EG-Angehörige über einen status europaeus (Art. 173 Abs. 2, 175 Abs. 2; Art. 177 EWGV i. V. mit Art. 101 Abs. 1 Satz 2 und 93 Abs. 4 a GG). Der Grundrechtsschutz im Grundgesetz wird mit fortschreitender Rechtsharmonisierung in der EG durch einen parallelen, am Maßstab allgemeiner europarechtlicher Rechtsgrundsätze orientierten Schutz (unter Einschluß der EMRK) ergänzt und partiell ersetzt. Dem System der konzentrierten nationalen Verfassungsgerichtsbarkeit tritt parallel zu dieser Entwicklung ein System diffuser Kontrolle am Maßstab des EG-Rechts mit Verwerfungsbefugnis durch jeden deutschen Richter zur Seite. Die Einbindung der (wesentlichen Teile der) EMRK in das Rechtsstaatsprinzip führt in der Bundesrepublik Deutschland zu einer der Rechtslage in der Schweiz und Österreich vergleichbaren Kontrolle der Gesetze am Maßstab der EMRK. Zugleich gewinnen damit die Urteile des EGMR für die Auslegung des Grundgesetzes, wenn auch keine Bindungswirkung, so doch eine Orientierungswirkung.

VIII. Sozialstaatsziel

27. Das Grundgesetz hat nur einen limitierten Wohlfahrtszweck als Sozialstaatsziel unter Wahrung des Primats der Selbstverantwortung des einzelnen aufgegriffen; aus dieser an den Gesetzgeber gerichteten Direktive können unmittelbare Ansprüche des einzelnen — von einer extremen existenzgefährdenden Situation abgesehen — nicht abgeleitet werden. Die Berücksichtigung des sozialen Zwecks (Daseinsvorsorge) des modernen Staates wäre auch ohne ausdrückliche Verankerung des sozialen Staatsziels im Grundgesetz zulässig gewesen. Die Pflicht erfaßt nur einen engen Kernbereich, demgegenüber die gegenwärtige expansive Praxis an die Grenzen der moralischen Belastbarkeit (Phänomen der Schattenwirtschaft) stößt. Die „Wirtschaftsverfassung" des Grundgesetzes geht ebenso wie die der EWG von dem Primat der Wirtschaftsfreiheit vor staatlicher Intervention aus.

IX. Integrationszweck

28. Dem Staat kommt auch der Zweck zu, sich für „Integration" der Bürger, ihren geistig-ethischen Zusammenhalt auf der Grundlage der Verfassungswerte, werbend einzusetzen. Zu diesem gehören u. a. Toleranz, Ideenoffenheit, freiheitlich-demokratische Grundordnung, Pluralismus im Erziehungswesen, aber auch europäische Zielgebundenheit und nationale Zusammengehörigkeit.

X. Konkretisierung und Konkurrenz

29. Die Staatszwecke binden alle Staatsfunktionen. Der Gesetzgeber ist in erster Linie zur Konkretisierung der Staatszwecke (-ziele) berufen. Staatszwecke (-ziele) sind pflichtenaktivierend, aber im Prinzip anspruchsresistent. Einen unmittelbaren Anspruch gewähre weder das Wiedervereinigungsziel noch das Europa-Ziel noch das Sozialstaatsziel. Allein aus der Pflicht zur Gewährleistung des inneren Friedens und aus Art. 1 I 1 GG lassen sich Schutzansprüche (nach Maßgabe der Grundrechte) herleiten: Ein bestimmtes Handeln des Gesetzgebers kann nicht verlangt werden. Es ist an der Zeit, die im deutschen Verfassungsrecht entwickelte Wesentlichkeitstheorie auf die europäische Ebene zu übertragen. Kennzeichnend ist die Zurücknahme der Kontrollnorm gegenüber der Funktionsnorm.

30. Konflikte zwischen den Staatszwecken (-zielen) müssen durch eine Konkordanz behoben werden. Eine Rangfolge zwischen den Zwecken: „Sicherheit" und „Freiheit" und Verfassungszielen wie Sozialstaatlichkeit, Kultur, Europäische Einigung und Wiedervereinigung besteht nicht. Insbesondere: Wiedervereinigung und Selbstbestimmung der Deutschen und Europäischen Einigung lassen sich kompatibel gestalten.

3. Aussprache und Schlußworte

Staatszwecke im Verfassungsstaat – nach 40 Jahren Grundgesetz

Vorsitzender (Denninger): Meine sehr verehrten Damen und Herren! Ich begrüße Sie zur Aussprache und möchte zunächst einige technische Dinge ansagen. Es stehen Saalmikrofone zur Verfügung, die jeweils dem Redner gegeben werden. Sie mögen bitte an diesen Mikrofonen nichts verstellen, sondern möglichst nah in die Geräte hineinsprechen – sie bleiben angeschaltet. Nach Gebrauch bitte das Mikrofon in der Reihe wieder nach außen an die Damen und Herren, die Sie hier sehen, zurückgeben. Dann habe ich generell auch ein paar Dinge zur Sache zu bemerken. Sie sehen an der Tafel – ich möchte sagen – nicht den Versuch einer Gliederung, sondern nur einige Stichworte, die Sie anregen mögen. Sie können aber natürlich auch ganz andere Stichworte bringen; eine Öffnung dieser Gliederung finden Sie unter IV., da habe ich mit Absicht überall dazugeschrieben „z. B.". Da kann also ganz anderes gesagt werden. Ich nehme noch Wortmeldungen dankbar entgegen. Für die Redezeit möchte ich jetzt noch keine Limitierung vorgeben, obwohl ich mir vorgestellt habe, daß wir so ungefähr mit 4–5 Minuten pro Redner auskommen müßten. Die Glocke, um die ich gebeten hatte, ist noch nicht da. Ich habe also noch keine Waffe, um Kollegen, die das Maß überziehen, abzubremsen, aber ich möchte hier, indem ich Herrn *Link* in diesem einen Punkt entgegentrete, sagen, daß hier und heute nachmittag jedenfalls nicht die Freiheit besteht, sich auch *nicht* gemeinwohlorientiert zu verhalten. So sehr mir das sonst aus dem Herzen gesprochen war, aber hier, heute nachmittag, gilt das nicht. Sie haben sich also bitte gemeinwohlorientiert und das heißt: redezeitdiszipliniert zu verhalten, nur das ist gemeint, nichts anderes. Ein zweites noch: Ich möchte ausdrücklich die zahlreichen jüngeren Kollegen ermuntern, sich auch hier zu Wort zu melden und vorzustellen. Man hört ja manchmal so ein Gemunkel, nicht wahr, in der Diskussion redeten immer dieselben alten Herren. Das ist nicht der Fall und ist auch keineswegs gewünscht – also bitte machen Sie von der Möglichkeit Gebrauch, hier frank und frei Ihren Beitrag beizusteuern. (Zwischenruf) Das war eine Bitte.

Damit bin ich auch schon am Ende. Vielleicht sollte ich ganz kurz noch ein paar Bemerkungen zu den Stichworten an der Tafel anfügen: Zu III. wäre nur zu sagen: Gemeint ist das Problem: Inwieweit ist eigentlich die staatliche Ebene noch die geeignete Ebene für bestimmte Problembewältigungen? Das stellt sich sowohl in Richtung auf Internationalisierung, Europäisierung wie auch in bezug auf Privatisierung — also Stichwort „Subsidiaritätsprinzip". Zu VI. hatte ich bereits gesagt, daß das nur beispielhaft gedacht ist. Man kann natürlich diese Stichworte auch angesichts der Masse des Stoffes, der uns heute morgen vorgetragen worden ist — verlängern und erweitern. Aber ich glaube, daß mit diesen Stichworten einige wichtige Punkte eingefangen worden sind. Dann darf ich gleich die beiden ersten Diskussionsredner bitten, das Wort zu ergreifen. Zuerst wird Herr Ralf *Dreier*, sodann Herr *Alexy* sprechen.

Ralf Dreier: Ich möchte mich zunächst bei beiden Referenten sehr herzlich für ihre hochinteressanten und spannenden Vorträge bedanken. Sie werfen so viele Probleme auf, daß sie in dieser Diskussion nicht annähernd ausgeschöpft werden können. Ich beschränke mich daher auf drei kurze Bemerkungen. Erstens: Eine normative Staatszwecklehre ist nach meiner Auffassung auf eine normative Gerechtigkeitstheorie verwiesen. Ich hätte mir gewünscht, daß beide Referenten diesen Bezug etwas deutlicher gemacht hätten, obwohl ich natürlich weiß, daß man in 45 Minuten nicht alle Aspekte des weit gespannten Themas ansprechen kann. Es wäre z. B. interessant, vor dem Hintergrund der Staatszwecklehre die Gerechtigkeitstheorie von John *Rawls,* als eine eher wohlfahrtsstaatliche, mit der von Robert *Nozick,* als eine entschieden liberale oder besser: libertäre, zu vergleichen. Das ist ein weites Feld, das aber in der weiteren Staatszweckdiskussion vielleicht nützlich zu erörtern wäre. Zweitens: Mir ist der Begriff des Staatszwecks noch immer nicht ganz deutlich geworden. Herr *Link* hat eine interessante Sequenz vorgeschlagen — nach dem Abstraktionsgrad, wenn ich recht verstanden habe. Er hat zwischen Staatszwecken, Staatszielen, Staatsaufgaben und Verfassungsaufträgen unterschieden. Vielleicht wäre es zweckmäßig, deutlicher zwischen der Staatszwecklehre der Allgemeinen Staatslehre (sei sie als philosophische, juristische oder soziologische betrieben) und der Staatszwecklehre der Staatsrechtsdogmatik zu unterscheiden. In der Allgemeinen Staatslehre könnte nach dem Abstraktionsgrad zwischen Staatszwecken und Staatsaufgaben differenziert werdne, während die Staatsrechtsdogmatik wohl mit den verfassungsrechtlichen Staatszielbestimmungen zu beginnen hätte, die dann zu Staatsaufgaben zu konkretisieren wären bzw. durch spezielle Verfassungsaufträge konkretisiert sind. Ein Thema für sich wäre sodann die Frage, welches Verhältnis zwischen den Zwecklehren beider Disziplinen besteht. Drittens: Ziviler Ungehorsam. Beide Referenten haben dieses Problem angesprochen. Sie haben sich dazu im Sinne der in dieser Vereinigung — vorbehaltlich einiger „Ketzer" — weithin herrschenden Meinung geäußert. Ich möchte dem einige kritische Anmerkungen hinzufügen. Zunächst darf ich daran erinnern, daß Carlo *Schmid*, immerhin einer der „Väter" unseres Grundgesetzes, 1945 gesprächsweise geäußert hat: „Man muß die deutsche Jugend zum Ungehorsam erziehen." Das war natürlich in eine bestimmte politische Situation hineingesprochen. Aber die Erfahrungen dieser Situation sind doch, glaube ich, gewichtig genug, um jenes Wort auch heute noch auf seine Aktualität zu überprüfen. In diesem Zusammenhang erschiene es mir sinnvoll, zunächst einmal nach den Ursachen zu fragen, aus denen sich die gestiegene Bereitschaft zum Gesetzesungehorsam erklärt. Es könnte ja sein, daß eine wesentliche Ursache darin liegt, daß der Staat seine Zwecke, Ziele und Aufgaben nicht zur Befriedigung der Bürger erfüllt. Auf der Basis einer solchen Ursachenprüfung wäre dann nicht in erster Linie zu fragen, ob und inwieweit sich ziviler Ungehorsam rechtlich rechtfertigen läßt — das kommt ohnehin nur ganz marginal in Betracht —, sondern ob und inwieweit er politisch-moralisch rechtfertigungsfähig ist. Die Erörterung dieser Frage macht nach meiner Erkenntnis 90–95 % der Diskussion aus. Jürgen *Habermas*, der in einem der Referate angesprochen wurde, betont ausdrücklich, daß er eine rechtliche Rechtfertigung zivilen Ungehorsams nicht für sinnvoll hält, wohl aber eine politisch-moralische, zu der dann auch die Bereitschaft gehört, die Sanktionen, die auf dem Ungehorsam liegen, zu tragen. Und ich habe in vielen Diskussionen mit Betroffenen festgestellt, daß sie an einer rechtlichen Rechtfertigung viel weniger interessiert sind als an den politisch-moralischen Problemen dieser Form des provokativen Protestes. Vielleicht wäre es auch in dieser Vereinigung zweckmäßig, das Problem des zivilen Ungehorsams etwas differenzierter zu behandeln, als es in den Randbemerkungen der beiden Referenten hierzu nach meinem Eindruck der Fall war.

Vorsitzender: Vielen Dank, Herr *Dreier*. Ich darf dann Herrn *Alexy* das Wort geben.

Alexy: Meine Bemerkungen zielen auf zwei Punkte. Der erste betrifft die Struktur einer Staatszwecklehre, der zweite das Problem einer Rangordnung der Staatszwecke. Wenn ich von der Struktur einer Staatszwecklehre spreche, dann möchte ich mich nicht auf eine allgemeine Staatszwecklehre beziehen, sondern auf eine Staatszwecklehre des demokratischen Verfassungsstaates und näherhin der Bundesrepublik Deutschland. Des weiteren möchte ich unter Staatszwekken nur solche Zwecke verstehen, die in rechtlich bindenden Entscheidungen als Gründe oder Argumente verwendet werden können. Diese beiden Eingrenzungen sind notwendig, wenn die Diskussion über die Staatszwecklehre nicht in allgemeines Gerede ausufern soll. Das Problem besteht nun darin: Wie ist es möglich, im Bereich des Staatszwecklehre mehr zu erhalten als einen bloßen Topoikatalog, den man in der juristischen Argumentation und auch in der politischen Rhetorik zu allen Zwecken einsetzen kann?

Ein erster wesentlicher Schritt ist, daß der Zweckbegriff einer Analyse unterzogen wird. Es gibt einige Anhaltspunkte dafür, daß der im Rahmen der Staatszwecklehre zumeist unbefangen verwendete Begriff des Zwecks Probleme bereitet. Ein Beispiel bietet der Begriff des negativen Zwecks. Negative Zwecke sind Zwecke, die der Staat nicht verfolgen darf. Schaut man näher hin, so stellt man fest, daß negative Zwecke schlichte Verbote sind. Also haben wir es in der Staatszwecklehre u. a. mit Verboten zu tun. Auf der Seite der positiven Zwecke stößt man schnell auf Gebote. Bereits dies zeigt, daß eine über den Begriff des Zwecks hinausgehende Konzeptualisierung erforderlich ist. An dieser Stelle möchte ich an das anknüpfen, was Herr *Dreier* gesagt hat. Er erwähnte neuere Theorien des Wohlfahrtsstaats und des liberalen Staates und nannte dabei Autoren wie Rawls und Nozick. Man könnte etwa Buchanan hinzufügen. Nun wäre es nicht gut, wenn die Staatsrechtslehrervereinigung anfangen würde, allgemeine politische Philosophie zu betreiben. Es ist aber eine Aufgabe der Staatsrechtslehre, das alte Projekt der Staatszwecklehre dadurch fortzuführen, daß sie versucht, auf der Basis der institutionellen Realität der Bundesrepublik Deutschland eine allgemeine normative Theorie dieses Staates zu entwickeln. Dabei können Schriften wie die von Rawls, Nozick und Buchanan sehr hilfreich sein. Es geht darum, sich von der simplen Frage nach Staatszwecken zu lösen und zu der Frage überzugehen: „Was ist die richtige allgemeine normative Theorie des Staates Bundesrepublik Deutschland?“

Zu meinem zweiten Punkt: Wenn die Antwort auf die eben formulierte Frage einen Sinn haben soll, wenn also mehr herauskommen soll als Topoikatalog, dessen man sich beliebig bedienen kann, dann muß es eine Rangordnung zwischen Staatszwecken geben. Herr *Ress* vertritt in seinem Leitsatz 30 die These, es gäbe keine Rangordnung. Es heißt dort: „Eine Rangfolge zwischen den Zwecken: ‚Sicherheit‘ und ‚Freiheit‘ und Verfassungszielen wie Sozialstaatlichkeit, Kultur, Europäische Einigung und Wiedervereinigung besteht nicht." Ich möchte behaupten, daß eine adäquate Theorie der Staatszwecke der Bundesrepublik Deutschland Rangordnungsverhältnisse enthalten muß. Dabei geht es nicht um strikte Vorränge, die alle Kollisionen vorab und in diesem Sinne abstrakt lösen, sondern um prima facie-Vorränge, die Vermutungen begründen, die im konkreten Fall widerlegt werden können. Ich will zwei Beispiele nennen. Das erste betrifft das Verhältnis der negativen gegenüber der positiven Freiheit. In der institutionellen Realität des Rechtssystems der Bundesrepublik Deutschland existiert ein prima facie-Vorrang der ersteren vor der letzteren. Das zweite Beispiel betrifft das Verhältnis von individuellen Rechten und kollektiven Gütern. Ich behaupte, daß eine kritische Rekonstruktion des Rechtssystems der Bundesrepublik Deutschland zu einem prima facie-Vorrang individueller Rechte gegenüber kollektiven Gütern führt. Nach derartigen Vorrangrelationen zu suchen, scheint mir eine wesentliche Aufgabe der Staatszwecklehre zu sein. Wenn überhaupt keine Vorrangrelationen feststellbar oder begründbar sein sollten, könnte man das Projekt einer Staatszwecklehre aufgeben, denn dann wäre nichts anderes als eine Rhapsodie möglich, eine Rhapsodie von schönen Wörtern, deren wir uns in allerlei Begründungen bedienen könnten.

Vorsitzender: Vielen Dank, Herr *Alexy*. Ich habe jetzt für die erste Rubrik „Begriffliches" noch zwei Wortmeldungen. Zunächst Herr *Stettner* und dann Herr *Mantl*. Herr *Stettner*, bitte.

Stettner: Herr Vorsitzender, meine Damen und Herren! Die Frage nach Staatszwecken, meine ich, ist vorrangig eine begriffliche Frage nach dem Staat selbst. Das Problem, was in den Staatsbegriff hineinzulegen ist, ist identisch mit der Frage nach dem Zweck des Staates. Denn ich denke, wenn wir verschiedene Gemeinwesen der Vergangenheit und der Gegenwart gleichermaßen als Staaten bezeichnen wollen, müssen wir hier wie dort identische oder gleichartige Merkmale vorfinden, die uns erlauben, diese zwischenmenschlichen Organisationen wie Perlen an einer Schnur aufzufädeln. Was aber ist es, was diese als Staaten auszeichnet? Das kann m. E. nicht die Herrschaft sein. Die Herrschaft ist eine Erscheinung, die wir in anderen menschlichen Organisationsformen auch vorfinden, und ich denke etwa an die Familie, die durchaus auch von Herrschaft geprägt ist, auch wenn das Bürgerliche Gesetzbuch heute vom Recht der elterlichen Sorge spricht. Es ist m. E. der Zweck, und zwar der obligatorische Zweck des Staates, der den Begriff des Staates ausfüllt; ich spreche nicht von fakultativen, auf der Verfassungs- oder Gesetzesebene normierten

Zwecken. Nun, was mag dieser Zweck sein? Hobbes hat ihn als den Frieden definiert, aber es ist sicher nicht erst zu Zeiten Hobbes', daß wir Gemeinwesen mit diesem Friedenszweck vorfinden. Trotzdem naheliegende Anachronismen bei der Verwendung des Staatsbegriffes werden aber vermieden, wenn wir uns über die Zwecke, die obligatorischen Zwecke des Staates einig werden. Nun gibt es allerdings diese Lehre von der Selbstzweckhaftigkeit des Staates, wonach diese Gebilde in sich ruht und nicht unter irgendwelche Zwecke gebeugt werden darf und soll. Und natürlich, *wenn das richtig ist, dann versagt dieses Identifizierungsmerkmal „Staatszweck" = obligatorischer Staatszweck"*. Es sei denn, wir definierten alle die Gebilde, die sich zwecklos im Raume befinden, als Staaten. Nun, meine Damen und Herren, ist das nun eine Erscheinung, die, wie ich glaube, bei Großorganisationen durchaus häufig auftritt, daß sie ihre eigentlichen Zwecke aus den Augen verlieren, daß diese gegenüber dem Bestandsinteresse in den Hintergrund treten – eine Erscheinung, die der Organisationssoziologie durchaus bekannt ist. Wir können etwa an die Parteien denken, auch bei den Kirchen fragen, ob sie nicht in gewissen Epochen ihrer Geschichte das Bestandsinteresse durchaus akzentuiert haben entgegen ihren eigentlichen Zwecksetzungen, oder an die Gewerkschaften denken, die sich etwa in der Rolle als Arbeitgeber doch von ihren eigentlichen Orientierungen hin und wieder etwas hinwegbewegen. Die Selbstzweckhaftigkeit ist also keineswegs eine Erscheinung, der wir beim Staat allein begegnen. Ich glaube, daß diese Lehre an sich verwechselt eine empirische Erkenntnis mit einer normativen Aussage, d. h. wir finden hier die Erscheinung der Normativität des Faktischen vor, daß nämlich *Tatsachen,* die wir in der Gegenwart wie auch in der Vergangenheit beobachten können, in den Rang eines *Postulats* erhoben werden und davon, würde ich meinen, sollte man Abstand nehmen. Vielen Dank.

Vorsitzender: Danke sehr, Herr *Stettner.* Ich muß mich etwas korrigieren. Ich hatte Sie, Herr *Leisner,* unter der Rubrik II. eingeordnet, sehe aber, daß Sie doch zu I. sprechen wollen. Dann bitte sehr. Zunächst aber Herr *Mantl* aus Graz, bitte, und dann Herr *Leisner.*

Mantl: Ich bin angesichts des heutigen Themas mit gewisser Sorge hierhergefahren und möchte den Referenten danken, daß sie ihre Aufgabe nicht in festrednerischer Vollmundigkeit abgehandelt haben, sondern bemüht waren, den Gegenstand detailreich zu analysieren. Meine Zweifel, daß es eine *geschlossene, normative* Staatszwecklehre geben könne, laufen dem entgegen, was Herr Kollege Robert *Alexy* gesagt hat. Anders als er bin ich der Ansicht, daß Ergebnis unserer

Bemühungen um die Staatszwecke kein System, sondern „nur" ein Katalog von *Topoi* der Argumentation sein wird. Dieser Topoikatalog hat jedoch seinen Wert, gerade für die politische Diskussion vor dem eigentlich juristischen Bereich, ist aber auch für ihn von Bedeutung.

Schwierigkeiten, die sich einer Staatszwecklehre entgegenstellen, bestehen vor allem darin, daß es dem heutigen Lebensgefühl große Probleme bereitet, überhaupt *individuelle* Zwecke zu begreifen. Die starke Individualisierung und Pluralisierung des Lebens denkt Zwecke fast nur mehr als Ziele und Präferenzen des Individuums (eine der Wurzeln für die Wichtigkeit der individuell gewährleisteten Grund- und Freiheitsrechte für das zeitgenössische Bewußtsein). Die Verknüpfung individueller Ziele und Präferenzen zu *Systemzwecken* und *Institutionen* ist durchaus prekär. Das zeigt sich ja auch an der Infragestellung großer Institutionen wie Staat, Kirche, Großpartei und Großverband. Dieser Prozeß gewinnt freilich noch an Dramatik, wenn man sich vor Augen hält, daß es heute überdies sogar eine Infragestellung selbst des neuzeitlichen *Subjekts* gibt, das einer strukturalistischen und postmodernen Erosion unterworfen ist. Es droht also auch das verlorenzugehen, was in christlicher, aber auch kantianischer Tradition zumindest als kleinster gemeinsamer Nenner philosophischer, politischer und rechtlicher Reflexion gilt.

Wenn wir in Österreich auch dazu neigen, die Grenzen des juristischen Denkens enger zu ziehen als in der Bundesrepublik Deutschland, so meine ich dennoch, daß die heute angestellten Erwägungen überall dort auch von *juristischer* Bedeutung sind, wo es um das „Abwägen" und die Suche nach „guten Gründen" im Bereich des *Ermessens* oder um vor allem teleologische Interpretation im Bereich der *Gebundenheit* geht. Im *politischen* Diskurs impliziert z. B. die *Privatisierung* öffentlicher Tätigkeit einen Begriff dessen, was Zweck und Aufgabe des Staates ist, sein sollte. Oder wenn in Österreich oder der Schweiz die *Positionierung* dieser beiden Staaten in Europa (das Pro und das Contra eines EG-Beitritts, Mitteleuropadiskussion, Brückenfunktion etc.) erörtert wird, dann handelt es sich — neben allen rechtlichen Fragen (Neutralität, Gesamtänderung der Bundesverfassung mit obligatorischer Volksabstimmung) — doch wesentlich um eine politische Auseinandersetzung um den Zweck eines konkreten Staates.

Daß Staatszwecke zum Bildungskanon einer *historisch-deskriptiven* Staatslehre zählen, bereitet uns kaum Kopfzerbrechen. Der harte Kern *aktueller* Diskussion von Staatszwecken — auch in den Ausführungen der beiden Referenten — ist jedoch die *Legitimitätsfrage,* die Anerkennung und die Anerkennungswürdigkeit als Rechtfertigung des

Staates überhaupt gegen anarchische Sehnsüchte oder eines bestimmten Staates. Diese Staatszweckdebatte als Legitimitätsdebatte schließt die Frage des staatlichen Gewaltmonopols, der Gehorsamspflicht der Bürger und der Schutzpflicht des Staates ein. Ich teile Ralf *Dreiers* Ruf nach Gerechtigkeitserwägungen und bin davon überzeugt, daß die Juristen wieder stärker an der allgemeinen Diskussion dieser Probleme teilnehmen sollten. Die Legitimitätsdiskussion etwa erreichte 1975 auf der Duisburger Jahrestagung der Deutschen Vereinigung für Politische Wissenschaft mit den Referaten von Jürgen *Habermas* und Wilhelm *Hennis,* der ja „gelernter" Jurist ist, einen Höhepunkt, dem wir nicht sub titulo „Staatszwecklehre" eine marginale Reprise nachsetzen sollten, indem wir in diesen Fragen trotzig ein juristisches proprium in Anspruch nehmen. Ich fürchte eine *Selbstisolierung* und *Abschottung* des juristischen Räsonnements in einem hortus conclusus. Wir müssen uns vielmehr der allgemeinen philosophischen, sozialwissenschaftlichen und politischen Diskussion stellen und in ihr unseren wichtigen, ja unverzichtbaren Beitrag mit unseren juristischen Topoi leisten.

Vorsitzender: Recht vielen Dank, Herr *Mantl.* Jetzt wäre Herr *Leisner* auf der Liste, auch noch zum Thema des ersten Blockes, aber ich sehe schon, daß sich die Trennung von I und II hier sowieso nicht so streng durchhalten läßt. Die nächsten Redner wären zunächst Herr *Häberle,* vielleicht geben Sie ein kleines Handzeichen, und Herr *Schuppert.* Danke sehr. Dann darf ich Sie, Herr *Leisner,* bitten.

Leisner: „Der Zweck im Recht" ist ein berühmter juristischer Titel gewesen. Ich nehme an, daß der Vorstand beabsichtigte, daß hier ein ebenso bedeutender neuer Titel entstehen soll: „Der Zweck in der Verfassung" oder „Der Zweck im Staatsrecht".

Ein Wort voraus: Selbstverständlich meine ich, daß wir alle, als Mitglieder der Vereinigung der Deutschen Staatsrechtslehrer, Staatsphilosophen sind. Wer anders als wir sollte denn Staatsphilosophie gekonnt betreiben? (Beifall)

Die Referenten hatten es heute nicht leicht. Mit dem Begriff des Staatszweckes waren sie in ein weites Feld hinausgeworfen, das auch begrifflich seine Tücken hat. Da hörten wir nun vieles von den Staatszwecken im eigentlichen Sinne des Wortes — einem Begriff insbesondere der Staatsrechtfertigungslehre, der allgemeinen Staatslehre, mit Bedeutung sicher auch für das Staatsrecht. Dann aber war auch die Rede von Staatsaufgaben; dies ist ein primär staatsrechtlicher Begriff. Wie bringen wir diese beiden Begriffe zusammen? Herr *Link* hat dazu schon Wesentliches gesagt, was wir aufgreifen können. Was die Staatsaufgaben anlangt, so können wir in unserem Verfassungsstaat nicht mehr sagen, daß alles zu Gold – oder eben doch zu Unfreiheit – wird, was der Staat berührt. Hier stößt er an freiheitssichernde Grenzen, wenn er neue Aufgaben anfassen will, und der Staat muß sich diesen Schranken gegenüber aus seinen Staatszwecken legitimieren; dies scheint mir das Verhältnis der beiden Begriffe zueinander zu sein.

Dann begegnen wir noch den „Staatszielen" – wiederum ein Begriff sowohl der allgemeinen Staatslehre als auch des Staatsrechts, der mir besonders am Herzen läge, weil wir ihn ja in unserer Dogmatik immer wieder antreffen. Bezeichnet er das zu Erreichende und doch nie ganz Verwirklichbare, von dem die Rede war? Meint er das Optimale, bei dem es genügt, daß man ihm näher kommt, auch wenn man es nicht ganz erreichen kann? Gibt es einen besonderen dogmatischen, normativen Gehalt eines solchen Staatszieles, etwa im Sinne der Wiedervereinigung oder auch der Sozialstaatlichkeit?

Und eine zweite grundsätzliche Bemerkung: Unser Thema wirft das Grundproblem auf, das dem eingangs erwähnten Buch seine Berühmtheit gebracht hat: Was bedeutet die Teleologie im Recht, im Staatsrecht? Was verleiht sie dem Staat, der Verwaltung an Befugnissen, können wir allein aus der Aufgabe, aus dem Ziel auch schon Kompetenzen, Befugnisse ableiten – was den Spezialisten des Polizeirechts unter uns eine Gotteslästerung bedeuten würde? Dürfen wir das, was dort nicht möglich ist, nun im Staat ganz allgemein praktizieren; und eine weitere Frage: Freiheit – ein „Zweck" oder ein „normativer Inhalt"? Wenn wir schon Freiheitsbeschaffung und -bewahrung als einen Staatszweck fassen – kommt da nicht die ganz große Gefahr auf uns zu, daß im Namen dieser Freiheitsherstellung die Freiheit geschlagen wird?

Eine letzte Bemerkung zum Rechtsstaat: Wird nicht gerade hier diese Staatszwecklehre zur großen Gefahr, wenn sie nicht von uns – und deswegen sind wir wohl zusammengekommen – domestiziert wird? Befugnisse aus Zwecken, der Zweck, der die Mittel rechtfertigen könnte? Da sei Gott vor und das Grundgesetz und die Vereinigung der Deutschen Staatsrechtslehrer!

Vorsitzender: Vielen Dank, Herr *Leisner*. Ich glaube, sagen zu dürfen, daß Sie wahrlich als Staatsphilosoph gesprochen haben. Das haben Sie auch für diese Vereinigung als Profession reklamiert, in der Weise, daß Sie lauter Fragen gestellt haben.

Damit haben wir Block I gewissermaßen abgearbeitet, und ich darf jetzt zum zweiten Themenbereich „Staatszwecke", „Verfassungszwecke" die Herren bitten — Damen haben sich noch nicht gemeldet — zunächst Herrn *Häberle*, dann Herrn *Schuppert*, dann Herrn *Steiger* und als vierten Herrn *Grimm*.

Häberle: Herr Vorsitzender, verehrte Kolleginnen und Kollegen! Erlauben Sie mir eine Vorbemerkung und drei Grundsatzfragen zunächst zu II. der Diskussionsgliederung: 1) zum Zusammenhang von auf den Menschen bezogenen Staatszwecken und Grundrechten, Stichwort *instrumentales* Staatsverständnis, zu Ende zu gehen mit Art. 1 Verfassungsentwurf Herrenchiemsee und Art. 2 der Menschenrechtserklärung von 1789 sowie neueren Verfassungstexten. 2) Große Unterstützung der Referenten in bezug auf ihr prozessuales, pluralistisches Gemeinwohlverständnis, wobei ich Herrn *Links* Rekonstruktion des Begriffs „Gemeinwohl" besonders begrüße. 3) Ein den beiden Vorrednern folgender Vorgriff auf Punkt IV. der Diskussionsgliederung in Gestalt eines Wortes zu *Rawls'* Gerechtigkeitslehre bzw. der „civil disobedience", Stichwort „Robin Wood" und „Green Peace", begrenzte Regelverletzung. — Zunächst zur Vorbemerkung: Ohne unserem designierten Vorsitzenden, Herrn *Vogel*, und seinem gestrigen Reformvorhaben nahetreten zu wollen: Heute hat sich wieder einmal bestätigt, daß diese Vereinigung alle Referenten im *Plenum* hören muß, daß sie hier mit ihnen diskutieren sollte. Auch heute haben sich beide Referate fast ideal ergänzt, auch bei gewissen Gegensätzlichkeiten. Die große geistes- und verfassungshistorische Klassikerperspektive von Ihnen, Herr *Link*, und die aufregenden europarechtlichen und internationalen Fragen von Ihnen, Herr *Ress*, etwa in LS 13, müssen wir doch *gleichzeitig* im Plenum behandeln, nicht in Arbeitsgruppen. —

Jetzt zu Punkt 1: Stichwort „instrumentales Staatsverständnis". Es besteht ein enger Zusammenhang zwischen Staats- und Grundrechtsverständnis sowie den Staatsaufgaben. Ihn haben zwei verfassungsstaatliche Klassikertexte am besten auf den Begriff gebracht, nämlich Art. 2 der Erklärung von 1789, der schlicht lapidar sagt: „Der Endzweck jeder politischen Vereinigung ist die Erhaltung der natürlichen und unveräußerlichen Menschenrechte. Diese Rechte sind Freiheit, Sicherheit, Eigentum" und — ich bin nicht ganz sicher — sogar „Widerstand gegen die Staatsgewalt". Herr *Denninger*, unser großer Vorsitzender, möge mich bitte korrigieren. Diese instrumentale Sicht, kein Eigenwert des Staates, steht hinter allen Staatsaufgaben, zugespitzt, letztlich sind es immer Grundrechtsaspekte, differenzierte Grundrechtsaufgaben im Grundrechtsstaat. Art. 1 Verfassungsentwurf Herrenchiemsee spricht ebenfalls für sich und uns: „Der Staat ist um des Menschen willen da, nicht der Mensch um des Staates willen." Diese anthropologische Prämisse des Verfassungsstaates müssen wir bis in die Staatsaufgabendogmatik hinein entwickeln, beide Referenten haben hier Vorarbeit geleistet, wobei ich einen kleinen Widerspruch wage zum Europarechtler *Ress* (Leitsatz 2): „Das Thema zielt auf den Staat in und hinter der Verfassung." Dazu ein Fragezeichen. Ich glaube nicht, daß wir im Rahmen einer verfassungsstaatlichen Aufgabenlehre so den „Staat" hinter dem Kompendium von europäisch-atlantischen Prinzipien des Verfassungsstaates stehen lassen dürfen. Wir sollten hier *Rudolf Smend* folgen: „Es gibt nur so viel Staat, wie die Verfassung konstituiert", oder dem großen *Adolf Arndt:* „Es gibt in der Demokratie keine ‚Staatsräson', es gibt nur ‚Verfassungsräson'". — Der zweite Punkt: verfassungsstaatliches Gemeinwohlverständnis vom Verfahren her. Gewiß, wir finden in den historisch und kontemporär miteinander verglichenen Verfassungstexten auch wichtige inhaltliche Direktiven in Sachen Gemeinwohl, etwa die Menschenwürde und Grundrechte, aber vieles muß ins Offene gehalten werden, Stichwort „Offenheit des Verfassungsstaates" und seines ex post zu ermittelnden Gemeinwohls, dieses als Verfahrens- und Kompetenzproblem verstanden. Hier nur eine winzige Fußnotenkritik an beiden Referenten, die mit Recht von beiden Vorrednern schon über die Maßen — nein, mit richtigen Maßen — gelobt worden sind. Herr *Oppermann* fehlt heute leider, obwohl er es ist, der diese Rolle in unserer Vereinigung eingangs zu spielen pflegt. Wir sollten die modernen Texte der neuen Verfassungen von Griechenland 1975 über die Schweizer Kantonsverfassungen bis Guatemala 1985 vergleichend durchgehen, denn hier finden wir höchst aufschlußreiche Textstufen allgemeiner und sehr spezieller Staatsaufgabenkataloge. Wir finden eine Expandierung, Differenzierung der Staatsaufgaben und eine Verschränkung von Grundrechts- und Staatsaufgaben zu „Grundrechtsaufgaben". Eines Tages müssen wir im Blick auf die Einheit Europas die verfassungspolitische Frage stellen, wo und wie wir die nationalstaatlich bleibenden Staatsaufgabenkataloge in den Verfassungen systematisch plazieren, etwa sehr grundsätzliche schon in den Präambeln, im Grundrechtsteil oder erst im Kompetenzteil? Die neuen Verfassungen bieten eine anregende Fülle möglicher Problemlösungen, wobei ich mich entschieden gegen das „Modell Portugal" wende, es hat in seiner Verfassung von 1976/82 die Staatsaufgabenkataloge sehr dynamisch über alle Maßen überladen und damit tendenziell entwertet. Man muß hier wohl einen dritten Weg der Mitte gehen. —

Letzter Punkt: Schon jetzt springe ich im Anschluß an die Herren *Dreier* und *Alexy* auf Ziff. IV. der Vorgabe des Vorsitzenden: „Ziviler

Ungehorsam". Große Namen, auch der von *Rawls,* sind schon gefallen. Beide Referenten haben uns mit vollem Recht das staatliche Gewaltmonopol in seiner Bedeutung für den Frieden vorgeführt. Aber darum müssen wir uns mit aller Konsequenz der Herausforderung der Lehre von der „civil disobedience" von *Thoreau,* früher einem Außenseiter und Einzelgänger, heute einem Klassiker mit Wirkung bis zu *Rawls* stellen. Ich kann hier nicht die strengen Voraussetzungen dieser Lehre im einzelnen schildern — Sie kennen sie —, die *Rawls* in seinem Gerechtigkeits-Buch verlangt, etwa Verhältnismäßigkeit, Einstehung für die Folgen etc. Uns fordert das Problem des zivilen Ungehorsams als moralische, als philosophische Frage. Hier gleich ein praktisches Beispiel: Selbst der Typus des demokratischen Verfassungsstaates, der in unseren offenen Gesellschaften in der Prämisse der Menschenwürde und ihrer organisatorischen Konsequenz, der freiheitlichen Demokratie, relativ optimal ausgebildet ist, hat offenbar nicht für alle aktuellen Gerechtigkeits- und Gemeinwohlprobleme immer genügend sensible „Frühwarnsysteme". Ich jedenfalls brauchte die begrenzten Regelverletzungen und Aktionen von Greenpeace und Robin Wood, um „wach" zu werden. Ich brauchte sie, um die dahinter stehenden Fragen des Umweltschutzes etwa in ihrem vollen Ausmaß zu erkennen. Dies bedeutet kein Plädoyer für „civil disobedience" als juristischen Rechtfertigungsgrund, es ist ein Votum dafür, daß auch die Staatsrechtslehre bzw. der Typus Verfassungsstaat philosophischen Fragen gegenüber im Vorfeld ihrer Probleme genügend sensibel zu bleiben haben. Vielen Dank.

Vorsitzender: Vielen Dank, Herr *Häberle.* Der Vorstand freut sich, daß dieses Thema Sie in Ihren verfassungsrechtsvergleichenden Untersuchungen, die wir ja alle sehr schätzen, bestärkt und ermuntert, und wir hoffen, da noch mehr von Ihnen zu hören und zu lesen. Im übrigen haben Sie, glaube ich, den Art. 2 der Menschen- und Bürgerrechtserklärung vollkommen korrekt wiedergegeben. Es heißt dort nur am Ende: „et la résistance à l'oppression" und das ist das Widerstandsrecht. Es wäre natürlich hier an der Tafel auch noch das Wort „Widerstandsrecht" angebracht, was ja nicht dasselbe ist wie Ziviler Ungehorsam. Das nur als Anregung, auch für die Diskussion. Vielen Dank nochmals, Herr *Häberle,* und jetzt darf ich dann Herrn *Schuppert* bitten.

Schuppert: Herr Vorsitzender, meine Damen und Herren! Nach diesen beiden, weit ausladenden staatsphilosophischen und verfassungsphilosophischen Beiträgen zögere ich etwas, überhaupt das Wort zu ergreifen, denn ich habe nur zwei winzige Punkte anzusprechen. Einmal das Verhältnis von Staatszwecken und Staatsaufgaben; zum andern möchte ich kurz auf den Untertitel des heutigen Themas eingehen. Die Erwähnung von „40 Jahre Grundgesetz" scheint mir doch darauf hinzudeuten, daß in der Diskussion über Staatszwecke auch eine dynamische Komponente zu berücksichtigen gewesen wäre.

Zu dem ersten Punkt: Nach meinem Geschmack — und dies bitte ich nicht als Kritik, sondern als Anregung zu verstehen — ist in beiden Referaten die Wechselbezüglichkeit von Staatszwecken und Staatsaufgaben zu kurz gekommen. Denn beides hängt doch sehr eng miteinander zusammen, zumindest — und dies hat Herr *Ress* uns ja sehr schön vorgeführt — bei einer Betrachtungsweise von oben nach unten. So hat Herr *Ress* ausgeführt, bestimmte Staatszwecke führten zu bestimmten — fakultativen oder sogar notwendigen Staatsaufgaben und bestimmte Staatszwecke bedingten eine bestimmte Art ihrer Erledigung, der Staatszweck der Sicherheit z. B. führe zum Verbot privater Sicherheitskräfte und privater Gewalt, die Wahrnehmung von Hoheitsaufgaben zur Konsequenz eines Berufsbeamtentums als Institution. Nun meine ich, daß diese Denkweise vielleicht ein wenig zu einlinig ist und daß man auch in die andere Richtung denken müßte, nämlich zu fragen, ob nicht aus einer beobachtbaren Veränderung von Staatsaufgaben eine Redefinition oder Revergewisserung der Staatszwecke notwendig werden könnte. Wenn wir also eine Veränderung von Staatsaufgaben beoabchten, etwa im Zuge der ökologischen Herausforderung des Staates, dann führt das — um nur ein Beispiel zu nennen — zu einer notwendig stärkeren Betonung des Staatszweckes der Zukunftsvorsorge, eines Staatszweckes, der ja normalerweise in der Quadriga oder der Troika der klassischen Staatszwecke so nicht vorkommt. Auf einen anderen Punkt hat Herr *Dreier* soeben hingewiesen: wenn etwas schief läuft bei der Erledigung von Staatszwekken, wenn z. B. der Ungehorsam der Bürger zunimmt, muß man dies möglicherweise zum Anlaß nehmen, darüber nachzudenken, ob das Verhältnis der Staatszwecke zueinander immer richtig gewichtet ist. Ich sehe ferner einen engen Zusammenhang — und dazu wird vielleicht Herr *Grimm* noch etwas sagen — zwischen dem ersten Tagungsthema und dem des zweiten Tages. Herr *Grimm* hat diesen Zusammenhang auf einer Bielefelder Tagung der Forschungsgruppe „Staatsaufgaben" thematisiert, und zwar unter dem Titel „Wachsende Staatsaufgaben — abnehmende Steuerungsfähigkeit des Rechts" also zum Nachdenken darüber aufgefordert, ob nicht ein Zusammenhang besteht zwischen der Überfülle von Staatsaufgaben und der zunehmenden Unfähigkeit des Staates, ihrer steuernd Herr zu werden. So käme man möglicherweise zu dem Befund eines „overload" von

Staatsaufgaben mit der Folge, daß man über eine veränderte Arbeitsteilung zwischen Staat und Gesellschaft, zwischen staatlichen und nichtstaatlichen Entscheidungsträgern nachdenken müßte. Lassen Sie mich dies — was sich zum Abschluß eines Gedankens immer hübsch macht — als Paradox formulieren: Staatsentlastung als ein zentraler Staatszweck.

Jetzt komme ich zu dem zweiten Punkt, zu 40 Jahren Grundgesetz. Ich vermisse in den Referaten die in diesem Untertitel angelegte dynamische Komponente. Wir haben Staatszwecke vorgeführt bekommen, die seit der Gründung des neuzeitlichen Staates unverändert sind: Freiheit, Sicherheit, Wohlfahrt und dergleichen. Daß hier jedes Moment von Bewegung und Fortentwicklung fehlt, liegt wahrscheinlich daran, daß die Staatszwecke von den Referenten auf einer so hohen Abstraktionsebene angesiedelt worden sind, daß man den Prozeß des Wandels in der Wahrnehmung von Staatsaufgaben nicht in den Blick bekommt. Deswegen mein Plädoyer, doch von dieser hohen Abstraktionsebene herabzusteigen und die Frage zu stellen, ob es nicht Entwicklungen gibt, die man unter dem Stichwort „Aufgabenwandel" zusammenfassen könnte: gibt es — so könnte man fragen — neue, hinzugekommene Aufgaben und gibt es abgestorbene oder im Absterben begriffene Aufgaben und wodurch könnten solche Wandlungsprozesse bewirkt worden sein. Meine These dazu lautet, daß es gar nicht so sehr viel an dramatischen Veränderungen in dem Bestand der Aufgaben gibt, sondern was wir konstatieren können, ist eher eine Veränderung in den Instrumenten und Organisationsformen der Aufgabenerledigung, so daß — dies wäre meine Schlußfolgerung — wir über die Befindlichkeit des modernen Staates mehr erfahren, wenn wir nicht auf hohem Abstraktionsniveau über Staatszwecke sprechen, sondern vielmehr über den Zusammenhang von Staatszwecken, Staatsaufgaben, Staatsinstrumenten und Organisationsformen ihrer Erledigung. Vielen Dank.

Vorsitzender: Vielen Dank, Herr *Schuppert,* Sie haben eine Anzahl von wichtigen Stichworten hier in Erinnerung gerufen, und ich bin Ihnen auch dankbar, daß Sie den sogenannten „Untertitel" dieses Tagungsthemas zum Anlaß genommen haben, darüber zu reflektieren. Die Reihenfolge ist: Zunächst Herr *Steiger* und dann Herr *Grimm* und dann wollte ich Herrn *Isensee* fragen, ob er in diesem Zusammenhang sprechen möchte. Ja? Gut, dann können wir so verfahren. Bitte, Herr *Steiger.*

Steiger: Herr Vorsitzender, meine Damen und Herren! Die Frage, die ich mir im Hinblick auf das Referat von Herrn *Ress* gestellt habe, in dem das besonders deutlich geworden ist, aber auch bei Ihnen, Herr *Link*, ist das angeklungen: Ist das, von dem wir heute geredet haben, eigentlich Staatszwecke, d. h. Zwecke, die spezifisch noch dem Staat als politischer Organisation zugeordnet sind? Sind das nicht in Wirklichkeit Zwecke, jedenfalls die allgemeinen wie Zukunftsvorsorge, Gemeinwohlsicherung, Sicherheit nach innen und außen und auch gerade Freiheitssicherung, Freiheitsgewährleistung, sind das nicht inzwischen längst Zwecke, die nicht mehr spezifisch dem Staat, sondern generell politischen Organisationen, auch auf über den Staat hinausgehende Ebenen, nämlich der europäischen und der internationalen Ebene zugehören. Ich kann bei diesen Zwecken keinen spezifischen Unterschied entdecken, warum sie nur staatlich sein sollen und nicht etwa europäisch oder global. Denn wir können all diese Zwecke ohne das Zusammenwirken der Staaten kaum noch bewältigen; und es gibt einige, bei denen dieses notwendige Bedingung ihrer Lösung ist, etwa die ökologischen Fragen. So frage ich mich, ob nicht der Begriff „Staat" in Wirklichkeit nur noch ein Kürzel für politische Organisationen ist und nicht mehr etwas Spezifisches. „Europäisierung", die als Staatszweck der Bundesrepublik von Ihnen genannt worden ist, ist sogar gerade ein solcher, der die Staatlichkeit der Zwecke aufhebt, sie bewußt und gezielt auf die Ebene des Europäischen hebt. In dieser Richtung könnte man den Art. 24 evtl. interpretieren. Was bliebe noch für den Staat als Staat: allenfalls der Kulturstaat und etwas, was natürlich im Augenblick bei uns in der Bundesrepublik sehr aktuell ist, die „Wiedervereinigung". Wenn man es auf der allgemeinen Ebene diskutiert, ist es die Wahrung der nationalen Identität, das heißt also das, was den alten Nationalstaat ausmacht. Ist es nicht im Grunde nur noch dieses, was auch heute noch spezifisch staatlich sein könnte? Das mag zu Mißverständnissen, auch in der Bundesrepublik, Anlaß geben. Aber dieser Zweck bzw. seine Verwirklichung ist mit allen Konsequenzen in Beziehung zu setzen mit den anderen Zwecken. Das bedeutet u. a., daß nicht mehr staatliche Ausschließlichkeit, nicht mehr Souveränität staatlicher Existenz besteht, sondern die Notwendigkeit, auch gerade dieses nationale Ziel einzubetten in die Verwirklichung der Zwecke auf den anderen genannten Ebenen. Was wir dann aber tun müßten, wäre ja wohl den Versuch zu unternehmen, die Zuordnung der Zwecke zu den verschiedenen Ebenen politischer Organisation weiter voranzutreiben. Da scheint mir noch ein gewaltiges Defizit zu bestehen, – nicht in den Referaten bitte, damit das kein Mißverständnis gibt –, sondern generell in unseren Überlegungen. Ich glaube nicht, daß wir das vom Zweckbegriff her machen können, weil es eben die Zwecke aller drei Ebenen sind, sondern man kann es nur über Aufgabenzuweisung und Kompetenzzuweisung machen. Herr *Häberle* hat das ja eben auch schon angesprochen. Die Frage kommt dann natürlich auf: Wie ist es mit der Subsidiarität? Herr *Link*, da würde ich Ihnen etwas zu widersprechen wagen. Ich glaube, wir müssen diesen Versuch doch noch einmal wiederaufnehmen, wenn er auch vielfach gescheitert zu sein scheint, um die Subsidiarität auch als Rechtsprinzip etwas deutlicher zu machen. Wenn ich etwa an den Art. 130 r Abs. 4 des EWG-Vertrages denke, wie er durch die Einheitliche Europäische Akte eingefügt worden ist, wo es heißt, daß die EWG tätig wird im Bereich des Umweltschutzes, wenn es besser ist, das auf gemeinschaftlicher Ebene zu tun, dann ist das sehr wenig, gerade aber im Hinblick auf die Verteilung der Aufgaben, der Zuständigkeiten und auch der Zwecke m. E. unbedingt konkretisierungsbedürftig, und zwar auch theoretisch. Ein Wort bitte ich noch zu genehmigen, im Hinblick auf Neutralität. Die Frage ist für mich — ich stimme Ihnen, Herr *Link*, in all diesem, was Sie gesagt haben, zu, das werden Sie nicht anders erwarten — aber die Frage ist: Können wir diesen Begriff von Neutralität, wie wir ihn in der Bundesrepublik entwickelt haben, wie Herr *Schlaich* ihn dargelegt hat, wie Sie ihn heute dargelegt haben, noch so aufrecht erhalten, im Angesicht von Bewegungen religiöser Überzeugungen, die auf einem anderen Boden stehen als die bei uns bisher vorhandenen, — ich nenne den „Islam" als Stichwort mit seinen fundamentalistischen Ansprüchen.

Vorsitzender: Ja, vielen Dank. Ich sehe, Herr *Steiger*, daß Sie, das hatten Sie auch angekündigt, zu II. und praktisch zu III. schon gesprochen haben; das geht etwas ineinander über. Ich darf aber trotzdem vielleicht in der Reihenfolge fortfahren und jetzt Herrn *Grimm* das Wort geben.

Grimm: Meine Damen und Herren, ich will nicht wie Herr *Alexy* einen Angriff gegen die Fragestellung richten. Ich fand die Fragestellung fruchtbar. Ich will aber einen Einwand gegen die Behandlung des Themas formulieren und glaube, daß ich mich dabei auf den Spuren von Herrn *Schuppert* und Herrn *Steiger* bewege. Der Einwand ist der eines gewissen Modernitätsdefizits der Referate, was nicht dasselbe wie Aktualitätsdefizit bedeutet — auf die DDR-Flüchtlinge ist oft genug angespielt worden. Der Einwand könnte etwa folgendermaßen lauten: Beide Referenten sind bei der Frage nach den Staatszwecken vom Staat ausgegangen, haben ihn als gegebene Größe unterstellt und dann das Gewaltmonopol sozusagen als harten Kern der Staatlichkeit ausgemacht, das dem Staat seine Identität verleiht und ihn von der Gesellschaft unterscheidet. Herr *Ress* sagt ausdrücklich: „Staatszwecke sind nicht Gesellschaftszwecke." Vom Staat ausgehend, haben sie dann die Staatszwecke zu bestimmen versucht und sind dabei zu klassischen Triaden oder Quadrigen gelangt. Ich möchte demgegenüber behaupten: Staatszwecke lassen sich nur von den Bedürfnissen der Gesellschaft her definieren, und veränderte Bedürfnisse der Gesellschaft wandeln die Staatszwecke, und gewandelte Staatszwecke verändern ihrerseits wiederum den Staat. Wenn man auf diesen Prozeß nun mit der Knappheit, die hier geboten ist, eingeht, dann kann man sicherlich, wie es in beiden Referaten der Fall war, beim Sicherheitszweck des Staates Kontinuität feststellen und auch sagen, daß er ohne Gewaltmonopol nicht erfüllbar ist. Aber nachdem der Liberalismus die Staatszwecke vorübergehend auf den Sicherheitszweck reduziert hatte, können wir seit dem letzten Viertel des 19. Jahrhunderts eine fortgesetzte Ausweitung der Staatsaufgaben beobachten, die durchweg beim Staatszweck Wohlfahrt zu Buche schlägt. Dabei handelt es sich um eine beispiellose und bis heute nicht gebremste Ausweitung, die sich zunächst als sozialstaatliche Bearbeitung der Folgekosten von Liberalisierung und Industrialisierung und heute vor allem als wohlfahrtsstaatliche Bearbeitung der Folgekosten des wissenschaftlich-technischen Fortschritts mit dem Ziel der Zukunftssicherung beschreiben läßt. Das hat nun aber Weiterungen. Zunächst geht das, was beide Referenten als Funktion des Staatszwecks herausgestellt haben, nämlich seine begrenzende Wirkung für die Staatstätigkeit, verloren. Die gesellschaftliche Wohlfahrt trägt in sich keinerlei Grenze und kann sich daher auch auf den Staat nicht begrenzend auswirken. Das gilt zumindest für die Aufgabenebene. Es gibt heute keinen Bereich privaten oder öffentlichen Lebens mehr, der frei von staatlicher Intervention wäre. Es bleibt allerdings eine gewisse Begrenzung auf der Mittelebene erhalten. Die Grundrechte sichern dem Einzelnen trotz gewachsener Staatsverantwortung weiterhin Freiheit und garantieren den verschiedenen gesellschaftlichen Subsystemen relative Autonomie. Das führt aber in ein neues Dilemma. Es zwingt den Staat nämlich dazu, seine umfassenden Zwecke in den ausgegrenzten Bereichen ohne Einsatz des Gewaltmonopols zu erfüllen. Er tritt dann den gesellschaftlichen Kräften freilich auf der gleichen Ebene entgegen. Das hat in wachsendem Umfang Aushandlungssysteme zur Folge, in denen öffentliche und private Akteure staatliche Entscheidungen im Vereinbarungswege festlegen. Die Staatszwecke werden auf diese Weise zunehmend von verhandlungsmächtigen gesellschaftlichen Gruppen ausgefüllt, und der Staat gerät in Gefahr, von ihnen instrumentalisiert zu werden. Angesichts dieser Entwicklung stellt sich die Frage: Ist das noch der Staat, von dem wir als

Juristen gewohnt sind zu sprechen, und kann man diesen mit klassischen Staatszwecklehren und traditionellem Verfassungsrecht noch in den Griff bekommen? Das sind einige der modernen Probleme, von denen mir in den Referaten zu wenig die Rede war.

Vorsitzender: Vielen Dank, Herr *Grimm*. Sie haben es auf Ihre vornehme Art, darf ich sagen, fertiggebracht, hier nun doch das kritische Moment zu betonen und eine allzugroße und allzufrühe Harmonie im Saal zu zerstören. Ich freue mich darüber. Ich darf dann Herrn *Isensee* das Wort geben.

Isensee: Das Thema des heutigen Tages hat schon Erfolg gezeitigt. Es hat das ausgelöst, was man im heutigen Kulturjargon einen Paradigmenwechsel nennt. Das neue Paradigma heißt „Staat". In den vielen Tagungen der Vereinigung Deutscher Staatsrechtslehrer, an denen ich bisher teilgenommen habe, ist durchwegs nur die Rede gewesen von „Verfassung". Heute aber ist der „Staat" in den Mittelpunkt gerückt. Kein Diskussionsteilnehmer, der nicht wesentlich und zuvörderst, wenngleich nicht immer in gleich affirmativer Sicht, das Thema „Staat" aufgenommen hat. In der Tat, das Thema zwingt dazu, über den Horizont der Verfassung hinauszublicken auf den Staat. Er ist nun einmal das Subjekt der Staatszwecke und der Staatsziele. (Dabei kann ich die möglichen Unterschiede zwischen „Zwecken" und „Zielen" hier vernachlässigen.)

Eine begriffliche Zwischenbemerkung: Im Gespräch über „Staat" und über „Verfassung" zeigt sich ein mehrfacher Dissens, weil jedes der beiden Wörter seine Bedeutung wechselt und (mindestens) je zwei Staats- und zwei Verfassungsbegriffen kursieren. „Staat" ist einmal — im engeren Sinne — die Staatsorganisation, die „öffentliche Gewalt", wie das Grundgesetz sie versteht; „Staat" also als das Gegenüber der Grundrechtsträger, der Gegenbegriff zur „Gesellschaft". Daneben aber steht der weitere Begriff: „Staat" als das Gemeinwesen, die Nation, die res publica, das Ganze von „Staat" (im engeren Sinn) und „Gesellschaft" (ebenfalls im engeren Verständnis der Staatstheorie). Im ersten Verständnis ist „Staat" der Adressat der Grundrechte, im zweiten bildet er das Umfassende der grundrechtsberechtigten Bürger und der grundrechtsverpflichteten Organisation. „Staat" im umfassenden Sinne von Gemeinwesen ist der Grund der Staatszwecke und -ziele. „Staat" im Sinne der Organisation ist das Instrument zu ihrer Verwirklichung. Auch die Bedeutung von „Verfassung" wechselt: hier die formelle, dort die materielle Verfassung; hier das Grundgesetz, dort die rechtliche Grundordnung des Staates.

Es mag heute schockieren, an einen Satz zu erinnern, den Reichspräsident Friedrich Ebert gesagt haben soll: Vor die Notwendigkeit gestellt, zwischen Deutschland zu wählen und der Verfassung, werde er sich für Deutschland entscheiden. Die Wahl, die in der Not nach 1945 von allen verfassungsstaats-tragenden Kräften getätigt wurde, war, sich für die Verfassung zu entscheiden, den Staat zu vergessen und zu verdrängen: das schwierige, das geteilte, das sich halb nationalstaatlich formierende, sich halb europäisch integrierende Deutschland. Aufschlußreich sind die schlichten Antithesen, die sich auch im verfassungsrechtlichen Schrifttum zuweilen finden, die Antithesen von Verfassungsraison statt Staatsraison, von Verfassungspatriotismus statt Patriotismus. „Verfassungspatriotismus", die erfolgreiche Wortgeburt Dolf Sternbergers, symbolisiert einen Dissens. Entweder geht es um die Zuwendung zum Gemeinwesen in seiner verfassungsstaatlichen Form, also um Einheit von Staat und Verfassung, oder aber es geht um den Ersatz des Patriotismus, um Zuwendung zu einer Verfassung, die nicht im Boden des deutschen Volkes gründet, sondern im Reich kosmopolitischer Ideale schwebt, im „Reich der Luft", jenem Reich, das schon früh Jean Paul den Deutschen als ihre politische Bestimmung zugewiesen hat, weil Land und Meer an die anderen Nationen vergeben seien.

Die juristische Bedeutung des Staatsverständnisses für die Verfassungsinterpretation zeigt das Beispiel der vorbehaltlosen Grundrechte. Sie sollen, so meint das Bundesverfassungsgericht, ihre Grenzen nur in der Verfassung selber finden, und zwar in der geschriebenen, „formellen" Verfassung. Doch das Grundgesetz ist nicht als Kanon der Ziele, Zwecke, Aufgaben des Staates entworfen. Wenn das Bundesverfassungsgericht dennoch Grenzen aufdeckt, wo sie die praktische Vernunft vermutet, bemüht es sich jeweils um Anknüpfung im Text des Grundgesetzes und kommt nicht um gequälte, gekünstelte, weit hergeholte Deduktionen herum, wie die Topoi der Funktionstüchtigkeit der Bundeswehr oder der Funktionstüchtigkeit der Rechtspflege bezeugen. Die Prozedur ergibt nur Sinn, wenn man sie nicht lediglich auf die formelle Verfassung bezieht, sondern auch und wesentlich auf die materielle und das sich in ihr verkörpernde Staatsverständnis. Auf dieser Ebene hat das Thema „Staatszwecke" seinen Platz. Hier haben beide Referenten es auch behandelt.

Ein Stichwort der klassischen Staatszwecklehre ist heute noch nicht gefallen, nämlich „Selbstbehauptung" des Staates. Dieser Zweck bezieht sich nicht auf den Staat im engeren Sinn. Die Staatsorganisation ist Mittel, nicht Zweck; sie wird nicht um ihrer selbst willen erhalten. Das aber ist der Fall für das Gemeinwesen, den Staat im weiteren Sinne. Seine Selbstbehauptung ist gemeint, wenn die Präambel davon spricht, die „nationale und staatliche Einheit zu wahren". Die nationale und staatliche Einheit — in anderer Terminologie: die politische Einheit — ist, solange der nationale und politische Wille zur Einheit lebendig ist, Fundament auch des Verfassungsstaates, zumal in seiner demokratischen Dimension, und als solches zu pflegen, zu schützen und gegebenenfalls (wieder-)herzustellen. Just mit diesem Ziel tun sich die Deutschen schwer. Sie leiden an ihrer historisch belasteten und staatlich geteilten Nation. Sie neigen dazu, aus ihr und damit aus sich selbst zu emigrieren. Sie haben Grund dazu, weil ihr Selbstbild so unsympathisch ist. Eine Ursache der Verdrängungen und Neurosen liegt darin, daß die Deutschen zur Annahme ihrer selbst nicht willens oder nicht fähig sind. Am Anfang einer praktischen Staatszwecklehre steht der Wille einer politischen Einheit, zu sich selbst zu finden und sich selbst zu erhalten.

Sicher zielen die Ideen der Menschenwürde und der Menschenrechte höher. Aber in ihrer grundrechtlichen Gestalt sind sie auf den Staat als ihren Garanten bezogen, insoweit bedingt und begrenzt. Der menschenrechtliche Impetus des Grundgesetzes hebt nicht ab zu reinem Kosmopolitismus. Wenn das Grundgesetz sich zu den Menschenrechten „als Grundlage jeder menschlichen Gemeinschaft, des Friedens und der Gerechtigkeit in der Welt" bekennt, so sichert es nicht den Menschen aus aller Welt zu, daß sie ihre Menschenrechte im Gebiet der Bundesrepublik verwirklichen können. Probleme, die mit der Staatsverdrängung zusammenhängen, treten auf im Ausländerrecht, ebenso im Feld der militärischen Sicherheit oder dem der Bevölkerungspolitik; auf dem letzteren werden die Probleme heute nicht erörtert als Frage der Selbstbehauptung des deutschen Volkes, sondern als Frage der künftigen Funktionsfähigkeit der Sozialsicherung oder der Umweltvorsorge für künftige Generationen.

Ein letztes exemplarisches Problem: Wie löst der Verfassungsstaat das Dilemma zwischen der nationalen Einheit, die zu wahren bzw. deren volle Herstellung anzustreben ist, und dem Ziel der europäischen Einigung? Eines jedenfalls ist klar: Von der bundesrepublikanischen Verfassung bleibt nur soviel in Europa übrig, wie Europa an bundesrepublikanischer Staatlichkeit übrig läßt. Mit dem Aufgehen des Staates in den europäischen Staatenverein endet auch die Verfassung, die nicht weiter reichen kann als der Staat. — Wie soll das künftige Europa aussehen: ein integraler Schmelztiegel oder eine Föderation, in der die staatlichen Mitglieder ihre Besonderheit bewahren? Für die meisten Mitglieder der Europäischen Gemeinschaft ist das kein Problem, weil sich für sie nationale Selbstbehauptung und staatliche Selbstbestimmung von selbst verstehen. Wenn aber die Bundesrepublik als einziges Mitglied in vorauseilendem Integrationsgehorsam ihre staatliche Verbandsstrukturen öffnet und sich um ihre politische Identität bringt — Stichwort: Ausländerwahlrecht —, bewährt sie weniger europäische Tugend, als daß sie europäische Inhomogenität schafft und europäische Irritation stiftet.

Vorsitzender: Vielen Dank, Herr *Isensee*. Ich könnte mir vorstellen, daß viele hier im Saal Ihrer Analyse sehr gerne folgen, daß aber über die conclusiones — ich darf auch mal ein Wörtchen Latein sprechen — hier doch erhebliche Differenzen bestehen. Ich habe in dieser zweiten Gruppe nun nur noch Herrn *Burmeister* und würde dann die beiden Herren Referenten zu einem Zwischenwort einladen, denn ich glaube, es haben sich so viele Fragezeichen angesammelt, daß wir auf Antworten gespannt sein dürfen. Herr *Burmeister*, bitte.

Burmeister: Vielen Dank, Herr Vorsitzender. Es trifft sich gut, daß ich nach Herrn *Grimm* und nach Herrn *Isensee* Gelegenheit habe zu einer kurzen Bemerkung über Begriff und Wesen von Staatszwecken und -aufgaben. Wenn man den Staat ganz schlicht begreift als die Organisation bestmöglicher Verwirklichung des Gemeinwohles und weiterhin das Gemeinwohl — diesen rechtlich schwer faßbaren Begriff — begreift als den Auftrag zur Schaffung und Gewährleistung menschenwürdiger Lebensbedingungen, so ergeben sich daraus zwei fundamentale Einsichten für die Staatszwecklehre: Erstens, daß Staatszweck nur sein kann, was einen Bezug zum Individuum aufweist, ja der Individualbezug für jeden Staatszweck begriffs- und wesensprägend ist. Ich kann in aller Welt keine andere Sinnerfüllung des Gemeinwohlbegriffes erkennen als die Verpflichtung des Gemeinwesens, Bedingungen zu schaffen, die es dem Menschen ermöglichen, in Würde zu leben. Letztlich dient das Gemeinwohl nichts anderem als der Gewährleistung optimaler Bedingungen menschenwürdiger Existenz. Für den als Rechtsstaat verfaßten Hoheitsverband ist die Abwesenheit jeglichen staatlichen Selbstzwecks wesensprägend. Der Staat und seine verselbständigten organisatorischen Untergliederungen verfügen nicht über die Spur einer Befugnis, die diesen um ihrer selbst willen zustünde. Für staatliche Zwecke ist der Gemeinwohltatbestand, für die Wahrnehmung einer staatlichen Handlungsbefugnis die Gemeinwohlverwirklichung schlechthin konstituierend. Der Rechtsstaat ist die Institution zur Verwirklichung des Gemeinwohls, seine Aufgaben erschöpfen sich darin; das so verfaßte Gemeinwesen kennt keine Befugnis, die auf Durchsetzung eines nicht den Interessen der Allgemeinheit dienenden staatlichen Selbstzwecks ausgerichtet sein könnte. Nichts anderes besagt letztlich der Gemeinplatz: Der Staat ist um des Menschen willen da, nicht der Mensch um des Staates willen.

Da es mithin im Staat keinen Zweck geben kann, der um des Staates selbst willen bestehen könnte, wird – wie Herr *Grimm* zutreffend gesagt hat – die Rechtfertigung für die Wahrnehmung einer Aufgabe als Staatsaufgabe von den konkreten Bedürfnissen und Bedingungen definiert, damit der einzelne in Würde leben kann. So gibt es unter der Voraussetzung, daß in einer Gesellschaft ein Konsens über bestimmte moralische Verhaltensmaximen besteht, kein Bedürfnis für eine Staatsaufgabe zur Sicherung der inneren Ordnung, denn die Ordnung wird ohne den Staat gewährleistet. Desgleichen braucht ein Staat, der keine militärische Bedrohung von außen kennt, keine Vorkehrungen zur Sicherheit gegenüber militärischer Aggression zu treffen. Da die legitimen Zwecke und Aufgaben eines Staates aus konkreten Bedingungen und Bedürfnissen entstehen, gibt es auch keinen Katalog vorgegebener, apriorischer jedem Staat zukommender Zwecke; es gibt keinen Katalog wesensmäßiger Staatszwecke und – daraus folgend – notwendiger Staatsaufgaben. Staatszwecke lassen sich nicht – und dies gilt es als zweite wichtige Einsicht festzuhalten – als vorgegebene Attribute des Hoheitsverbandes begreifen, sondern nur als sich ständig wandelnde Verwirklichungsaufträge. Nur auf der Grundlage dieses Wesensverständnisses wird im übrigen erklärlich, daß neue Ziele und Zwecke, wie beispielsweise die des Umweltschutzes, die gestern nicht als staatliche Verwirklichungsaufträge existent und erkannt waren, heute oder morgen zu dominanten Staatsaufgaben werden, wie umgekehrt ein Staatszweck von heute morgen seine Relevanz verlieren und damit die Legitimation des Staates, sich der zur Verwirklichung dieses Zwecks notwendigen Aufgaben anzunehmen, entfallen kann. Kurz gesagt: Die Staatszwecke unterliegen einer ständigen Wandlung, und ich meine, daß Richtung und Impulse dieses Wandlungsprozesses letztlich von nichts anderem als dem Auftrag zur Gewährleistung der Würde des Menschen bzw. menschenwürdiger Lebensbedingungen bestimmt werden. Darin ist alles eingeschlossen, was legitimer Staatszweck sein kann, umgekehrt aber auch alles ausgeschlossen, was nicht Staatszweck und konkreter Verwirklichungsauftrag des Staates sein kann. Vielen Dank.

Vorsitzender: Danke sehr, Herr *Burmeister.* Herr *Ress,* bitte sehr.

Ress: Schönen Dank, Herr Vorsitzender. Ich möchte in aller Kürze einige Bemerkungen zu den ersten Diskussionsbeiträgen machen, in denen die mehr theoretische Frage, ob man nicht besser statt der

Staatszwecktheorie eine Gerechtigkeitstheorie entwickelt oder ausgebreitet hätte, aufgeworfen wurde. Ich habe mir diese Frage zwar gestellt, habe sie aber verworfen. Angesichts der *staatsrechtlichen* Problemstellung sah ich es nicht als meine Aufgabe an, eine philosophische Theorie zu kritisieren oder zu entwickeln, sondern im wesentlichen anhand der Verfassung zu versuchen —, allerdings orientiert an einem bestimmten Typus des modernen Staates, insbesondere des westeuropäischen Staates —, Zwecke zu erkennen und darzustellen. Aus den Thesen dürfte klar geworden sein, daß es hierbei um die Erkenntnis vielfältiger normativer Orientierungswirkungen dieser Zwecke in der konkreten Verfassung geht. Es geht nicht darum, aus einer abstrakten philosophischen Sicht des Staates irgendwelche Konklusionen für die Verfassung zu ziehen, sondern es geht darum, an einem sehr deutlichen konkreten Staatsbild — ermittelt durch Rechtsvergleichung, z. B. anhand jener Staaten, die unter der Europäischen Menschenrechtskonvention verfaßt sind und die sich auch einem gemeinsamen Regelungsschema unterworfen haben — zu erkennen, welche Zweckausrichtung für diese Staaten faßbar und welche Zwecke folglich für ihre eigene Verfassungsordnung maßgeblich sind.

Der Begriff „negative Zwecke" ist in der Tat ein Unikum, ich habe ihn deshalb in den Thesen auch in Anführungszeichen gesetzt, wie Sie gesehen haben. Natürlich handelt es sich dabei um Verbote. Positive Zwecke können direkt als Gebote, also auch in anderer sprachlicher Form, normativ gewendet, ausgedrückt werden. Das eine schließt meiner Ansicht nach aber das andere nicht aus. Der Zweck etwa der Machterweiterung, der Expansion, wird gerade durch die Entwicklung der völkerrechtlichen Verbote begrenzt, und insofern ist dies durchaus ein Teil der Staatszwecklehre.

Die Frage nach der Rangordnung von Staatszwecken ist in der Tat schwierig. Man könnte etwa sagen: „Es gibt keine Freiheit ohne ein gewisses Maß an Sicherheit", oder: „Es gibt keine wirkliche Freiheit ohne ein gewisses Minimum an sozialer Wohlfahrt", oder: „Es gibt keine Sicherheit ohne die anderen beiden Komponenten der Freiheit und Wohlfahrt", um nur die drei zu nennen. Sie stehen also alle in einem unmittelbaren Zusammenhang, und es läßt sich schwerlich, obwohl es in der Literatur eine Fülle von Versuchen zur Hierarchisierung gibt, sagen, ein bestimmter Wert wie z. B. das Leben sei ein Höchstwert und müsse deshalb als Höchstwert allen anderen Werten vorrangig sein. Solche Versuche hat das Bundesverfassungsgericht vielfach unternommen. Wenn Sie die Judikatur durchsehen, werden Sie bei einer Reihe von Entscheidungen die Aussage finden, dieser oder jener Grundrechtswert sei fundamental, grundlegend. Es findet sich aber kein erkennbarer Rangfolgekatalog. Ich halte es auch für schwierig, wenn nicht gar unmöglich, sofern wir uns nicht auf Setzung, sondern Erkenntnis als Grundlage einigen, eine solche Reihenfolge aus einer „Werte-Erkenntnis" abzuleiten. Ich glaube, daß man über die Aussage des optimalen Ausgleichs der größtmöglichen Verwirklichung nicht hinauskommt.

Die Steuerungsfähigkeit des Staates, ein Problem, das Herr *Schuppert* angeschnitten hat, also die Frage, in welchem Umfang und welcher Form die Staatsaufgaben oder die Staatszweckverfolgung heute von Staatswesen wirklich noch geleistet werden können, bedarf anderer Antworten als vor 50 Jahren. Ich habe, weil man nicht alles bringen konnte, dieses Kapitel weggelassen. Es ist notwendig, bei der Staatszweckverfolgung oder Aufgabenwahrnehmung die mittlere Ebene viel stärker zur Entfaltung zu bringen. Der Staat ist heute ohne Rückgriff auf Verbände, Selbsthilfeorganisationen und die verschiedensten vereinsmäßigen Engagements der Bürger überhaupt nicht mehr in der Lage, vielfältige Aufgaben wahrzunehmen. Das führt mich zu der Frage, die Herr *Grimm* aufgeworfen hat, ob nicht die Staatszwecke in Wirklichkeit in einer ununterbrochenen Wechselbeziehung zu den Gesellschaftszwekken stehen und von dort aus ihre Bereicherung bekommen. Das ist sicher eine zutreffende Beobachtung. Man muß nur um des Staates willen und auch um der Freiheit in der Gesellschaft willen zwischen diesen beiden Zweckverfolgungen unterscheiden. Sie haben gesagt, die den Staat begrenzende Wirkung geht verloren. Ich meine, daß gerade die begrenzende Wirkung durch die Freiheitsrechte — insofern haben Sie es auch ausgedrückt —, nicht verloren geht. Es gibt die Staatszweckbetrachtung in ihrer Legitimationsfunktion heute im wesentlichen in den Grundrechten. Bei jeder Grundrechtseinschränkung ist zu fragen: Darf der Staat dies? Hat er ein entsprechendes Interesse? Ist dieses Interesse entsprechend wichtig genug, um eine Grundrechtseinschränkung zu rechtfertigen? Und bei der ganzen Abfolge dieser im Grunde legitimatorischen Fragen tauchen nicht in erster Linie Gesellschaftszwecke auf, sondern es sind die Zwecke der staatlichen Organsation mit der Frage, ob sie diese Zwecke wahrnehmen darf. Insofern besteht hier nach wie vor eine deutliche Trennung. Ich teile Ihre Auffassung, die ich im Referat und in der These (Nr. 10) zur Aufgabenwahrnehmung unterstrichen habe, daß der Staat aus dem gesellschaftlichen Bereich eben Anregungen über die Parteien, die Verbände, die Kirchen usw. darüber bekommt, welche Aufgaben er aufgreifen und wahrnehmen soll, freilich immer vor dem Hintergrund, daß es einer entsprechenden Legitimation durch ein öffentliches Interesse bedarf. Es herrscht *nicht,* jedenfalls vor dem Hintergrund der Grundrechte, Beliebigkeit.

Herr *Steiger* hat die Frage aufgeworfen, ob es wirklich nur Zwecke des „Staates“ sind und ob es eigentlich noch sinnvoll sei, zwischen Staat und internationalen Organisationen zu unterscheiden. Ich glaube, wir müssen uns davor hüten, die Steuerungsfähigkeit internationaler Organisationen, selbst wenn sie so verfaßt sind wie die Europäischen Gemeinschaften, derjenigen der Staaten gleichzusetzen. Der wirkliche Schutz kann nach wie vor nur durch den Staat gewährleistet werden. Keine internationale Organisation ist wirklich in der Lage, den Bürgern diese unmittelbare Verbindung zwischen Schutz und Gehorsam sicherzustellen. Zwar hat sich ein Teil der Herrschaftsfunktionen verlagert, aber gerade die Durchsetzungsfunktion, das bedeutet: dort, wo das Gewaltmonopol und der Gewaltverzicht des Bürgers maßgeblich wird, liegt nach wie vor beim Staat. Die diplomatische Protektion wird — auch in Angelegenheiten der EG, selbst in ihrem Kompetenzbereich in den Drittstaaten, — nicht etwa von der EG, sondern von dem Heimatstaat des Betreffenden wahrgenommen. Hier ist der Staat nach wie vor noch die „Heimstatt“ des Bürgers, und die internationalen Organisatonen haben noch nicht — und es wird erhebliche Zeit dauern, bis sie, wenn überhaupt, dazu fähig sind — jenen Grad an Schutzfähigkeit erlangt, der es erlauben würde, Staat und internationale Organisation gleichzusetzen.

Vorsitzender: Vielen Dank, Herr *Ress*, für dieses Zwischenwort. Ich darf jetzt das Mikrofon Herrn *Link* geben.

Link: Auch ich habe für viele Anregungen und auch für Kritik zu danken. Daß sie kommen würde, war mir klar — und Herrn *Ress* wahrscheinlich auch. Das uns gestellte Thema reizt, aber zwingt auch mehr zu persönlichen Bekenntnissen, als dies bei anderen hier verhandelten Gegenständen der Fall ist. Ich würde also sagen, wenn ich mich zunächst an Herrn *Dreier* und Herrn *Alexy* wenden darf, daß ein gewisser Bekenntnischarakter in der methodischen Entscheidung liegt, sich dem Thema nicht von einer normativen Gerechtigkeitstheorie her zu nähern, sondern von der Geschichte des Staatsdenkens her — dies nicht im Sinne eines bloßen Historismus, sondern im Sinne einer erlebten Staatserfahrung durch mehrere Jahrhunderte. Ich möchte trotz Ihres Einspruchs daran festhalten. — Ich gebe Ihnen völlig recht, daß das Problem des zivilen Ungehorsams von mir verkürzt behandelt worden ist. Dies ist zum einen der Fluch der einen Stunde, an die wir gebunden sind. Mir ging es zum anderen nicht um das moralische Problem, sondern um die rechtlichen Konsequenzen. Es ging m. a. W. um die Frage der Sanktionierung solchen zivilen Ungehorsams — und damit auch um die Bereitschft, derartige Sanktionen in Kauf zu nehmen. Mit Herrn *Häberle* habe auch ich manchen „Aha-Effekt" bei solchen Aktionen gehabt, die auf Probleme hinwiesen, die mir so nicht deutlich oder jedenfalls nicht in ihrer Schärfe bewußt waren. Das Eindrucksvolle solcher Aktionen liegt dann aber gerade im Hinnehmen der Sanktion, und ich meine, daß eben dies in einem sehr viel größeren Umfang Gegenstand der Diskussion ist, als die von Ihnen genannten 5 % — ich denke etwa an den Streit um die Mutlangen-Prozesse. Zu Herrn *Alexy:* Es war weder unsere Aufgabe noch stand es in unserer Möglichkeit, hier eine neue normative Theorie der Bundesrepublik zu entwickeln. Sie haben diese Frage auch an den Vorstand gestellt, an dessen Themenwahl wir gebunden waren. Daß eine solche neue normative Theorie Konsequenzen für die Staatszweckproblematik hätte, gestehe ich Ihnen gern zu. Ich zweifle aber trotzdem daran, daß ohne eine derartige Theorie die Staatszweckfrage nur einen Topoikatalog zur beliebigen Verwendung, eine „Rhapsodie von schönen Worten" zu bieten hat. Darauf komme ich noch zurück. — Zu Herrn *Stettner:* Ich stimme Ihnen voll zu — und dies hat ja auch Herr *Isensee* sehr nachdrücklich und sehr eindrucksvoll hervorgehoben —, daß die Staatszwecke die Frage nach dem Staat selbst stellen, nicht nur nach der Verfassung; und auch darin, daß — wenn man den Staat nicht primär durch die Herrschaft, sondern durch seine Zwecke konstituiert sieht — die Gefahr der Zweckverfehlung um der Selbsterhaltung willen besteht. Dies ist nicht nur eine dogmatische Konsequenz, sondern auch erlittene historische Erfahrung. Ich glaube aber, daß gerade hier eine Staatszwecklehre gefordert ist, die den Staat nicht als Selbstzweck mißversteht. Zu Herrn *Mantl* möchte ich sagen, daß natürlich auch die Großorganisationszwecke von Bedeutung sind und nicht einfach den Individualzwecken nachgeordnet werden können. Ich weiß nicht, ob Sie es so gemeint haben. Jede einfache Rangordnung zwischen Individual- und Organisationszwekken würde ich mit einem großen Fragezeichen versehen. — Zu Herrn *Leisners* Beitrag brauche ich nicht eigens zu betonen, daß ich mir mit ihm darin einig bin, daß eine Staatszwecklehre nicht eine Freiheitsgewährleistung, ja die Freiheit selbst beschränken darf. Ich habe versucht, in meinen Referat hervorzuheben, daß die Gewährleistung des Staatszweckes „Freiheit" einen legitimen Standpunkt außerhalb des Leviathan voraussetzt, daß also der Staatszweck „Freiheitsgewährleistung" nicht selbst zum Hebel einer Freiheitsbeschränkung werden darf, daß Staatszwecke nur mit verfassungsmäßigen Mitteln verfolgt werden dürfen und daß aus solchen Zwecken keine konkreten Eingriffsermächtigungen folgen. Ebensowenig wie das Polizeirecht läßt auch eine Staatszwecklehre einen Schluß von der Aufgabe auf die

Befugnis zu. Ich meine, daß sowohl Herr *Ress* wie ich hinreichend deutlich gemacht haben, daß es uns nicht darum ging, in den Staatszwecken sozusagen eine neue Normenschicht über der Verfassung zu entwickeln, sondern daß den Staatszwecken ein normativer Charakter nur im Rahmen der verfassungsrechtlichen Positivierung zukommt — ebenso wie die polizeiliche Aufgabe sich eben erst in der polizeilichen Befugnis konkretisiert. — Zu Herrn *Häberle:* Ich glaube nicht, daß zwischen uns im prozessualen Gemeinwohlverständnis eine wirkliche Differenz besteht. Ich habe das hervorgehoben, möchte aber doch auf die nichtprozessualen Voraussetzungen nachdrücklich Gewicht legen. Nicht alles ist im Prozeß offen, sondern es gibt Konstanten des Gemeinwohlverständnisses, die typusprägend für den freiheitlichen Verfassungsstaat sind. Aber ich vermute, daß wir uns darin einig sind. Der Hinweis auf die Staatsaufgabenkataloge anderer Verfassungen ist der notwendigen Kürzung des Referats zum Opfer gefallen; einige erscheinen in den Fußnoten. — Die Antwort auf Herrn *Schuppert* und Herrn *Grimm* möchte ich zusammenziehen: Wenn ich beide recht verstanden habe, hielten sie es für sinnlos, abstrakte Staatszwecklehren zu entwerfen, da der Staat als Funktion der Gesellschaft alle gesellschaftlichen Bedürfnisse auch in Staatszwecke verwandele. Ich würde dem so nicht zustimmen — oder doch nur mit der Maßgabe, daß jedenfalls bestimmte Zwecksetzungen den Typus derjenigen Staatsform verändern, über die wir zu referieren hatten, nämlich den des demokratischen Verfassungsstaats. Sicherlich kann es konkrete gesellschaftliche Trends geben, die den Staat von diesem Typus wegdriften lassen und damit auch seine typusprägenden Zwecke in Frage stellen. Verzeihen Sie, wenn ich wieder auf die Geschichte zurückkomme, sie hat vieles vorgedacht und damit eine Argumentationsreserve angelegt: es ist die alte Frage, ob das Volk so frei ist, sich auch in die Knechtschaft zu begeben, sich einem imperium herile zu unterwerfen, das ganz andere Zwecke verfolgt. Natürlich kann es das, so sagt die ältere Staatsrechtslehre, aber es verändert eben den Staatstypus von Grund auf. Heute entspricht dem der Weg der Verfassungsrevision; es bedürfte einer neuen Verfassung, wie sie Art. 146 GG vorsieht. Ob sie kommt und wie sie aussieht — wir wissen es nicht. Wir aber hatten über den demokratischen Verfassungsstaat zu referieren, der von Konstanten seines Selbstverständnisses und seiner Zwecke geprägt ist, die nicht beliebig variierbar sind, sich aber natürlich in der Verfassung konkretisieren. Sie haben das als Modernitätsdefizit bezeichnet mit der Bemerkung, daß wir den Staat als eine vorgegebene Größe mit klassischen Staatszwecken und dem Gewaltmonopol als Kernstück betrachteten. Unsere Fragestellung — und ich glaube, ich kann hier auch für Herrn *Ress* sprechen — war dagegen eine andere, nämlich die, ob einerseits die zunehmende Steuerung gesellschaftlicher Prozesse durch den Staat, andererseits die Erosion von Kernfunktionen an Grenzen stößt, die dem modernen Verfassungsstaat seinem Wesen nach gezogen sind. Und noch eines: Sie haben uns ein Modernitätsdefizit wegen des Hinweises auf die uns in diesen Tagen bedrängende Flüchtlingsfrage, aber nicht ein Aktualitätsdefizit bescheinigt. Hier möchte ich doch mit einem gewissen Nachdruck betonen, daß dies für mich nicht nur eine Aktualitätsfrage, sondern eine Modernitätsfrage ist. Der Flüchtlingsstrom aus der DDR steht am Ende der Entwicklung einer Staatsvorstellung, die von der demokratisch-verfassungsstaatlichen grundverschieden ist, und er zeigt uns mit erschreckender Deutlichkeit, wohin solche andere Konzeptionen führen. Hier geht es um das Staatsverständnis selbst und ich meine, daß dieses jeweils mit Zwecksetzungen verbunden ist, die nicht so einfach dem jeweiligen Meinungswechsel unterliegen. Das zu zeigen war unser Anliegen. Ich verstehe Ihre Auffassung sehr gut, möchte aber deutlich machen, daß unsere Vorstellungen vom Staat hier möglicherweise grundlegend voneinander abweichen. — In diesem Zusammenhang gleich zu Herrn *Isensee:* Hier bitte ich mein Schweigen als Zustimmung zu werten. Lediglich zum Problem der Selbsterhaltung des Staates: Der ursprüngliche Abschnitt über die wehrhafte Demokratie in meinem Manuskript ist der Streichung zum Opfer gefallen. Hier haben Sie zu Recht auf ein Desiderat hingewiesen. Zuletzt noch zu Herrn *Burmeister:* Ich bin mit Ihnen ganz einig darin, daß der Staat als Organisation der bestmöglichen Verwirklichung des Gemeinwohls, der Schaffung menschenwürdiger Lebensbedingungen zu dienen hat und daß dies in Ausrichtung auf die Menschenwürde zu geschehen hat. Nur bleibt eben die Frage, welcher Mensch hier gemeint ist, wie die Menschenwürde zu definieren ist. Definieren wir sie im Sinne eines optimistischen Menschenbildes, dessen Gefahren ich aufzuzeigen versucht habe, oder im Sinne jenes gemäßigt pessimistischen, das für mich allein mit einer freiheitlichen Ordnung kompatibel ist? Insofern ist uns mit Recht gelegentlich vorgehalten worden, unsere Staatszwecklehre sei zu allgemein. In der Tat sind die Folgerungen, die sich aus einem solchen Menschenbild ergeben, noch konkreter zu bestimmen. Dies konnte im Rahmen eines solchen Referates nicht geleistet werden — aber gerade hier muß eine Staatszwecklehre konkret werden. Vielen Dank.

Vorsitzender: Vielen Dank, Herr *Link*. Meine sehr verehrten Damen und Herren, wir sind relativ günstig in der Zeit. Ich halte einen Moment inne, um dem Gelegenheit zu geben, den Saal möglichst geräuschlos zu verlassen, der das wünscht. Wir haben für die Blöcke III, IV, V und VI bis jetzt insgesamt nur sechs Wortmeldungen vorliegen, und ich habe den Eindruck, und das wird bestätigt durch zwei Wortmeldungen soeben, daß wir bei dieser Diskussion eben an einem ganz zentralen Punkt des Themas angelangt waren und deswegen möchte ich mir erlauben, von dem üblichen Usus der Diskussion hier ein bißchen abzuweichen, indem ich zwei Zwischenwortmeldungen zulassen möchte, die direkt zu diesem jetzigen Thema II sprechen möchten. Und ich möchte auch die Frage stellen, ob sonst noch zu diesem Thema, das in der Kontroverse zwischen *Grimm, Schuppert* und *Isensee* doch sehr prägnant herausgekommen ist, noch weiter das Wort gewünscht wird. (Ja, Herr *Rauschning*). Ich würde also dann bitten, daß der Reihenfolge nach Herr *Brohm,* dann Herr *Lecheler* und dann Herr *Rauschning* zu dem Komplex noch sprechen. Bitte, Herr *Brohm,* zunächst.

Brohm: Eine kurze Frage zur Kontroverse zwischen Herrn *Isensee* und Hern *Grimm.* Ich würde die Ansicht von Herrn *Link* teilen, daß man eine Kontinuität in den Staatszwecken „Sicherheit" und „Wohlfahrt" feststellen kann, wenn man diese Begriffe auf einer sehr hohen Abstraktionsebene ansiedelt – mit einer entsprechend geringen Aussagekraft. Fragt man aber nach den konkreten Funktionen, die wir mit diesen Begriffen erfassen, dann hat sich, um auf das Beispiel von Herrn *Grimm* zurückzugreifen, der Wohlfahrtszweck inhaltlich wesentlich gewandelt. Neben der individuellen Fürsorge etwa, die geblieben ist, aber vielleicht an Bedeutung zurückgeht, haben wir heute ganz andere Wohlfahrtsbelange ins Auge zu fassen, etwa die Zukunftsdimension für die Allgemeinheit, und nicht nur für die Gesamtheit einer Nation, sondern darüber weit hinausgehend. Ähnliche Veränderungen können sich auch im Hinblick auf die Sicherheitsfunktion ergeben. Daher frage ich mich: Kann man mit der Annahme einer Kontinuität der Staatszwecke arbeiten, wenn sich diese Begriffe inhaltlich völlig wandeln?

Vorsitzender: Danke schön, Herr *Brohm.* Dann als nächster bitte, Herr *Lecheler.*

Lecheler: Meine Damen und Herren, ich wollte mich eigentlich in dieser Debatte zurückhalten und sie Berufeneren überlassen, aber die Frage des „Modernisten" oder des „Nichtmodernisten" veranlaßt mich doch, einen Satz zu sagen, auch wenn ich nicht mit Herrn *Isensee* glaube, daß die Moderne durch die Postmoderne bereits überholt sei. Herr *Grimm,* Ihre verdienstvolle Wortmeldung hat mir in der Tat klar gemacht, welchen unverzichtbaren Wert für wissenschaftliche Betätigung die Fußnote hat. Denn, ob und inwieweit Herr Kollege *Link* „modern" oder „nichtmodern" war, das werden wir erst natürlich urkundlich nachprüfen können, wenn er seinen Fußnotenapparat vor uns ausgebreitet hat. Aber, Herr Kollege *Link,* erlauben Sie mir, daß ich das so deutlich sage, ich habe nicht ganz verstanden, warum Sie sich gegen den Vorwurf so gewehrt haben. Mich hätte er nicht getroffen. Die Frage der Begründung, ob „modern" oder nicht, hätte mich nicht so furchtbar interessiert. Das *Problem* ist ja alt. Und Herr *Grimm,* Ihre Antwort – die Begründungen haben Sie uns ja fußnotenmäßig auch nicht vorgelegt – Ihre Zentralthese ist auch nicht gerade modern. Was für mich nicht heißt, daß sie falsch sein muß, darüber kann man sich ja bekanntlich streiten und darüber ist ja auch gestritten worden und darüber soll auch ruhig weitergestritten werden. Sie haben das Verdienst durchaus, glaube ich, hier einen wichtigen Punkt markiert zu haben. Was für mich interessant war, das wäre es gar nicht so sehr gewesen, wenn Sie das in Ihrer Funktion in Bielefeld gesagt hätten. Ich kaute daran, als Sie es gesagt habe, weil Sie zumindest auch Vertreter eines Staatsorgans sind und da ist für mich die Frage: Haben Sie da in der Tat in dieser Funktion auch dieses Verständnis von Staatszweck und -umsetzung in der Staatspraxis? Das treibt mich jetzt, in der Tat, noch etwas um. Vielen Dank.

Vorsitzender: Danke sehr, Herr *Lecheler.* Weitere Wortmeldungen sind eingegangen. Ich gehe jetzt in der Reihenfolge vor.

Rauschning: Als Zwischenruf: Es wird die Frage diskutiert, ob es sich nur um staatliche Zwecke handelt oder ob wir diese Zwecke nicht anderen Akteuren wie internationalen Organisationen oder Gemeinschaften, gesellschaftlichen Kräften und der Wirtschaft oder im Grunde genommen uns allen zuordnen. Natürlich ist die innere Sicherheit und der innere Frieden eine zunächst uns einzeln gesetzte Aufgabe, die durch persönliches Verhalten zum Teil zu erfüllen ist; so ist auch die Versorgungssicherheit in der konkreten Gestalt, ob die Familie hungert, wenn am Montag die Geschäfte nicht öffnen, zunächst eine Aufgabe für den Privathaushalt selbst. Dennoch sollten wir nicht, Herr *Steiger,* schon von der Relativierung des Staates sprechen. Der Staat ist die Institution, die die Erfüllung dieser Zwecke garantiert. Wenn in unserer Gemeinde ein katholischer und ein evangelischer Kindergarten und noch ein kommunaler bestehen, dann ist eine Versorgung gegeben. Es muß aber für die Allgemeinheit diese Versorgung garantiert werden, und der Staat als der Sachwalter des

Allgemeinen im Sinne *Herbert Krügers* garantiert die Versorgung derart, daß der einzelne sich nicht mit einer Gruppe identifizieren muß, um an dieser Versorgung teilzuhaben. Ich glaube nicht — und ich schließe mich insoweit der Stellungnahme von Herrn *Ress* an —, daß wir bei einer Relativierung des Staatszwecks zur Garantie dieser Aufgabenerfüllung angekommen sind: Ohne den Staat und ohne die staatliche Garantie als die Garantie durch die Allgemeinheit kommen wir nicht aus.

Vorsitzender: Vielen Dank, Herr *Rauschning*. Herr *Grimm* direkt dazu? Gern. Ich habe jetzt in dieser Runde noch eine Reihe von Wortmeldungen, allmählich kommen die Herren aus dem Versteck, sozusagen: Herr *Bothe*, Herr *Wielinger*, Herr *Suhr*, Herr *Meyer* und das wäre dann wohl der Abschluß in dieser Runde. Dann können wir in dieser Weise verfahren, also Herr *Bothe*, bitte.

Bothe: Ich glaube, Herr Vorsitzender, auch nach dem, was Herr *Link* eben gesagt hat, wird er nicht leugnen wollen, daß der Staat ein „historisches Tier" ist, daß er das Produkt einer historischen Entwicklung ist und daß er weiterhin einem historischen Wandel unterliegt. Das darf nicht daran hindern, Momentaufnahmen zu machen und zu sehen, wie der Staat nun in dieser Situation verfaßt ist, was auch dauerhafte Elemente dieser Verfassung, und dazu gehören auch seine Aufgaben, sind. Wenn wir das historisch sehen, so ist schon mehrfach das Absterben des Staates prognostiziert worden, jedesmal zu Unrecht. Marx hat es prognostiziert, und was wurde daraus? Daraus wurde der Staatsmonopolkapitalismus. Am Ende des Zweiten Weltkrieges haben viele Utopisten den Staat absterben sehen. Was bekamen wir statt dessen? Wir bekamen in der Dritten Welt eine Renaissance des staatlichen Souveränitätsdenkens.

Das führt uns dazu, daß wir fragen, was in dieser historischen Entwicklung eigentlich das Besondere dieses „Tieres Staat" ist, was unterscheidet ihn in seinen Aufgaben und Funktionen von anderen Organisationsformen. Wir müssen ihn abgrenzen — das hat die Diskussion deutlich gemacht — einmal gegenüber gesellschaftlichen Organisationsformen (Verbänden, Unternehmen und dergleichen) und gegenüber anderen politischen Organisationsformen. Beide, oder alle drei, haben bestimmte Funktionen zur Lösung gesellschaftlicher Probleme — das ist unbestreitbar. Mir liegt daran, zunächst einmal zu zeigen, daß diese gesellschaftlichen Probleme über den staatlichen Rahmen hinausgreifen, über den Rahmen des nationalen Staates hinausgreifen, das ist hier schon mehrfach gesagt worden. Man sollte deutlich machen, daß sie dies in einer doppelten Weise tun: Einmal gibt es eine ganze Fülle von Problemen, die zweifelsohne als Aufgaben des Staates gesehen werden, die der einzelne Staat nicht mehr alleine lösen kann. Das Problem der äußeren Sicherheit bedarf der Kooperation. Der überzeugteste Abschreckungstheoretiker wird das nicht leugnen. Das Problem der Sorge für die Umwelt ist in weiten Bereichen sinnvoll nicht von einem Staat zu lösen, auch wenn es um die eigene Umwelt geht. Ähnliches gilt für die sozialen Bereiche. Angesichts der ungeheuren Migrationsvorgänge, die wir haben, ist auch soziale Sicherheit und Wohlfahrt im eigenen Land nicht ohne internationale Kooperation zu lösen. Darüber hinaus, und das ist die andere Komponente, gibt es viele Probleme, die sich eigentlich in anderen Teilen der Welt stellen, hinsichtlich derer aber auch unser eigener Staat gefordert ist. Ich nenne das Problem der Armut in der Dritten Welt. Der Sozialstaatsgedanke fordert unter anderem eine Umverteilung, auch einen Ausgleich zwischen unseren reichen und den armen Ländern auf weltweiter Ebene.

Dies ist ein komplexes Gewebe von Aufgaben, die zu bewältigen sind, von welchen Akteuren? Hier sehen wir, glaube ich, ganz deutlich, daß in der gegenwärtigen historischen Phase der Staat als Akteur zur Bewältigung dieser weltweiten Aufgaben unverzichtbar ist, daß er nach wie vor eine zentrale Rolle spielt. Das gilt auch und gerade in bezug auf internationale Organisationen, weil diese Organisationen eben zum großen Teil kein eigentliches Eigenleben haben, sondern eine Form der Kooperation von Staaten sind. Das gilt sogar, wenn auch geringer, für die EG, wo wir doch auch sehr weitgehend einen Prozeß der Problemlösung durch Konsens haben und damit eben in diesem Kooperationsmodell bleiben. Der heutige Staat ist, im Hinblick auf die Lösung weltweiter und eigener Aufgaben, der Staat der internationalen Kooperation. Das ist eine wesentliche Funktion, die er hier heute hat.

Daneben darf man ihn aber auch nicht überbewerten. Es gibt eine ganze Reihe weiterer Akteure, auch auf der internationalen Ebene, die wir im Blick behalten müssen: Das sind Verbände, „nongovernmental organisations“ wie amnesty international, das sind multinationale Unternehmen, das sind aber auch andere Untergruppierungen wie Minoritäten, von mir aus bis hin zu den Befreiungsbewegungen. Darf ich mir eine zweite Wortmeldung zu einem weiteren Themenbereich vorbehalten?

Wielinger: Erlauben Sie mir eine Frage, die vielleicht auch der Begriffsklärung dienen könnte, an die beiden Herren Referenten. Eine Frage im Zusammenhang mit einem historischen Rückblick auf ein vielleicht singuläres Phänomen: Es gab in diesem Jahrhundert einen Staat, der bei seiner Gründung erklärt hat, es sei sein höchstes Ziel, daß er nicht existieren wollte und der damit auch nicht hinter dem Berg gehalten hat. Das war die erste Republik Österreich. In der Geburtsstunde dieses Staates wurde die Erklärung abgegeben, daß man nicht als Staat existieren wollte. Würden die Herren Referenten eine solche Erklärung als die Fixierung eines Staatszweckes dieses konkreten historischen Staates ansehen? Ich möchte jetzt keineswegs die Begriffsdiskussion neu beleben, aber dennoch bitten, diese Frage zu beantworten. Erlauben Sie mir noch eine weitere Bemerkung, die in diesem Zusammenhang vielleicht nicht uninteressant ist. Wir können das verfassungshistorische Phänomen beobachten, daß sich ein Staat eine Verfassung in der erklärten Absicht gegeben hat, eine staatliche Ordnung nur für eine Übergangszeit zu schaffen, nämlich für die Zeit bis zur Erreichung des erklärten Zieles der Selbstauflösung dieses Staates durch den Anschluß. Der historische Nachfolger dieses Staates hat nun aber die im wesentlichen gleiche Verfassung, eine in ihren Grundzügen identische Verfassung und dies, obwohl dieser Staat nicht nur wegen völkerrechtlicher Verpflichtungen, sondern weil dies nunmehr seinem Selbstverständnis entspricht, keineswegs daran denkt, jemals seine Identität aufzugeben. Ich danke Ihnen.

Vorsitzender: Vielen Dank, Herr *Wielinger,* für diese wirklich schwierige Frage, die Sie den Referenten gestellt haben. Sie werden sie beantworten, aber vielleicht im Schlußwort, mit Ihrem Einverständnis. Dann bitte, Herr *Suhr,* jetzt.

Suhr: Meine kurze Bemerkung. Ich glaube, es hätte die Diskussion geklärt, wenn insgesamt schärfer unterschieden worden wäre zwischen dem, was man sich unter „Staat" vorstellt. Ich möchte nur zwei Pole herausstellen, nicht herausarbeiten: zum einen Staat als „politisches System": Das wäre ein modernes Verständnis als Organisation zur Produktion von Entscheidungen, womöglich mit Gewaltmonopol, also eine nüchterne „Maschinerie" ohne Identifizierungswert. Da hat man kein erhabenes Gefühl oder dergleichen, sondern das ist eben das nüchterne moderne Gebilde. Zum anderen Staat als „Heimstatt". Das ist, was viel mitschwingt und mitklingt, wenn hier von „Staat" die Rede ist, wobei dann noch zwei Nuancen zu unterscheiden sind: einmal „Staat" als seelische Heimstatt, die politische Nischen der Psyche besetzt oder, frei gesagt, wo man sich mit seiner politischen Psyche einnisten kann, die sich von der Religion vielleicht inzwischen nicht mehr ganz befriedigt findet, „Staat" als Heimstatt der Seele, wo man sich wohlfühlen kann in einem Gemeinschaftsgebilde. Zum anderen „Staat" als Heimstatt des materiellen Wohlstandes, wo man mit anderen zusammenlebt und ein verfaßtes Gemeinwesen darstellt, in dem man miteinander lebt. Dieses Gemeinwesen als verfaßtes Gemeinwesen existiert als Staat und gibt sich eine politische Maschinerie zur Produktion von politischen Entscheidungen.

Wenn man diese verschiedenen Figuren ein bißchen auseinanderhält, dann kann man den Klang, der bei einigen Diskussionsbeiträgen vorherrschte, einsortieren: Das gehört mehr in den seelischen Bereich; das betrifft mehr die Wohlfahrt; der hat es mit der politischen Maschinerie zu tun. Dann erklärt sich einiges.

Vorsitzender: Vielen Dank, Herr *Suhr*. In dieser Runde habe ich jetzt noch die Wortmeldung von Herrn *Meyer* und dann wollte Herr *Grimm* zum Schluß noch mal kurz erwidern und dann darf ich gleich ankündigen, ist in der Runde III. Herr *Doehring* angemeldet. Herr *Meyer*, bitte.

Meyer: Ich habe einiges nicht verstanden. In einem Punkt hätte ich aber gerne eine Aufklärung — bei den anderen bin ich sicher, daß es sich nicht lohnt, mich aufzuklären. Herr *Link*, Sie haben Herrn *Isensee* stillschweigend zugestimmt. Das verstehe ich nicht. Wenn ich Herrn *Isensee* richtig verstanden habe, hat er versucht, das Thema zu transzendieren. Er hat sich bemüht, von Staatszwecken oberhalb der Verfassung zu sprechen, von Zwecken des Staats jenseits der Verfassung, während Sie ja doch Wert darauf gelegt haben, sich an das Thema zu halten und von den Staatszwecken des Verfassungsstaates zu sprechen. Sie können ihm also eigentlich gar nicht zustimmen. Er hat so beifällig das große Wort von Ebert gebraucht, und ich hätte ihn — schade, daß er nicht da ist — gerne gefragt, ob er, da ihm ja der Nationalstaat unser eigentlicher Staatszweck ist, der Meinung ist, daß wirklich die Einheit der Freiheit vorgeht, was ja in unserem Kreise erstaunlich wäre zu hören. Das wäre aber immerhin die Konsequenz, wenn man diesen Staatszweck so betont. Das ist meine Aufklärungsfrage. Ob hier nicht „qui tacet, clamat" die richtige Haltung gewesen wäre?

Die zweite Bemerkung: Ich verstehe nicht, daß wir uns so große Sorgen mit den Staatszwecken machen. Dem Staat ist alles erlaubt, als Zweck zu setzen, was nicht verboten ist, und ich will Ihnen ein ganz einfaches Beispiel sagen, so läppisch es scheinen mag: Der Staat bemüht sich — ich glaube seit 1953 — um die sehr simple Aufgabe, für die Bundesrepublik Deutschland möglichst viele Goldmedaillen bei der Olympiade herauszuholen. Man hat dafür viel Geld ausgegeben. Früher hieß das der Goldene Plan, und es gab souverän ignorierte Kompetenzprobleme mit den Ländern. Wer wollte denn behaupten, daß dieser Staatszweck vom Staat nicht frei gesetzt oder auch gelassen werden kann. Und aus dieser Beliebigkeit der Staatszwecke ergibt sich das, worauf Herr *Schuppert* hingewiesen hat, daß viele andere dieselben Zwecke genauso verfolgen könnten. Jeder von uns verfolgt den Zweck seiner eigenen Wohlfahrt und der seiner Familie. Der eine schafft es besser und der andere weniger gut, und der Staat macht mehr oder weniger dasselbe.

Es gibt also über die Staatszwecke, wenn wir sie so fassen, wie sie hier gefaßt sind, keine sehr signifikanten Aussagen, weder für den Staat noch für die Verfassung.

Vorsitzender: Vielen Dank, Herr *Meyer*. Herr *Grimm*, Entschuldigung, Herr *Bartlsperger* hatte um einen Zwischenruf gebeten.

Bartlsperger: Ich möchte die Wortmeldung nutzen, um etwas aufzugreifen, was vorher Herr *Meyer* angesprochen hat. Bei beiden Referenten hat mir sehr eingeleuchtet, daß diese eine Staatszwecklehre aus den Grundrechten konstituiert haben, nämlich aus dem Grundrechtsstatus, aus den grundrechtlichen Schrankenregeln und, besonders wohl im Falle von Herrn *Ress*, aus der objektiven Wertordnung des Grundrechtskatalogs. Entgegen Herrn *Alexy* bin ich der Auffassung, daß die Referenten hinsichtlich der Staatszwecke nicht nur einen Topoi-Katalog aufgestellt, sondern daß sie eine sehr geschlossene Theorie von den Staatszwecken ausgehend von den Grundrechten entwickelt haben. In Anknüpfung an die vorhergegangene Frage von Herrn *Meyer* kann ich deshalb nicht verstehen, warum Herr *Link* bereit war, der Ansicht von Herrn *Isensee* zuzustimmen, die dieser ebenso literarisch vertritt, wonach der Staat auch hinsichtlich der Festlegung von Staatszwecken „vor der Verfassung" liege. Dies paßt mit einer Begründung der Staatszwecke aus den Grundrechten der Verfassung nicht mehr zusammen. Ich muß also feststellen, daß die Konstituierung einer geschlossenen Staatszwecktheorie aus den Grundrechten sehr einleuchtend ist, daß hiermit aber die Auffassung unvereinbar erscheint, die Staatszwecke seien vor der Verfassung vorhanden. Insofern wäre ich für eine Aufklärung dankbar. In dem Zusammenhang möchte ich, da ich nun einmal das Wort habe, auch noch eine Bemerkung machen zu Äußerungen, die am Anfang der Aussprache bei allgemeinen Fragen gefallen sind. Für mich ist es auch eine nichtjuristische moralische Frage, ob ein Bürger einer freiheitlich repräsentativen Demokratie sich an repräsentativ zustandegekommene Staatsentscheidungen hält und keinen Widerstnd leistet, vor allem, wenn die Entscheidungen in der Form von Mehrheitsbeschlüssen zustandegekommen sind. Dies will ich bei dieser Gelegenheit deshalb nochmals sagen, weil Herr *Link* in seiner Erwiderung auf Herrn *Dreier* insofern nach meiner Ansicht zu zurückhaltend war.

Vorsitzender: Vielen Dank, Herr *Bartlsperger.* Herr *Link* wird sicherlich Gelegenheit nehmen, im Schlußwort darauf einzugehen. Dann Herr *Grimm* bitte.

Grimm: Ich wollte eigentlich nicht replizieren, aber Herr *Lecheler* hat es nun doch nötig gemacht. Herr *Lecheler,* ich repräsentiere vor der Staatsrechtslehrervereinigung für mich und keine Institution. Wir haben es also gar nicht mit Repräsentation, sondern mit Identität zu tun. Jetzt aber ein Wort zur Sache, das sich auch an die Referenten und ihre Erwiderung richtet. Was ich in meinem ersten Beitrag beabsichtigt habe, war eine empirische Aussage über den gegenwärtigen Zustand des demokratischen Verfassungsstaates, nicht irgendeines Staates, und was ich beklagt habe, war, daß den Referenten ein Staatsverständnis zugrundelag, das nach meiner Auffassung dem gegenwärtigen Zustand des Verfassungsstaates nicht gerecht wird. Es waren substanzhafte Vorstellungen vom Staat, und diesem substanzhaft vorgestellten Staat wurden dann relativ konstante Zwecke zugeordnet. In Wirklichkeit ist der Staat überhaupt kein Realphänomen, sondern „Staat" ist eine ganz bestimmte, historisch entstandene Weise, System und Ordnung politischer Herrschaft zu begreifen, die ihrerseits freilich real ist und reale Folgen hat. Daß der Staat selber jedoch kein Realphänomen ist, kann man sehr gut daran ablesen, daß in den angelsächsischen Ländern und denen, die in ihrer Tradition stehen, der Begriff „Staat" nicht verbreitet ist. Das kann nur bedeuten, daß sich dort ein anderes Verständnis politischer Ordnungen und politischer Systeme ausgebildet hat als unser staatliches. Die Eigenart, das politische System als Staat zu verstehen, ist auf dem Kontinent unter den Bedingungen des modernen souveränen Staates entstanden, wie er sich im Gefolge der Glaubensspaltung ausgebildet und im Nationalstaat des 19. Jahrhunderts seinen Höhepunkt gefunden hat, und ich habe nur gesagt, daß diese dem Staatsbegriff zugrundeliegenden Realitäten sich so gründlich geändert haben, daß man ohne Rücksicht auf die Veränderungen keine kompetente Aussage über Staatszwecke machen kann.

Vorsitzender: Damit können wir, glaube ich, diese Runde II, die doch einen sehr grundsätzlichen Charakter gewonnen hat, abschließen, womit ich nicht gesagt haben will, daß das, was jetzt kommt, nebensächlich ist. In der Runde III liegt bis jetzt nur eine Wortmeldung von Herrn *Doehring* vor und dann habe ich in der Reihenfolge zum Problem „Gemeinwohl" – Komplex IV – Herrn *Schachtschneider* und Herrn *Bartlsperger*, und zur Runde VI dann Herrn *Mußgnug*, Herrn *Roellecke* und Herrn *Bothe*. Dann darf ich jetzt zunächst Herrn *Doehring* bitten.

Doehring: Vielen Dank, Herr Vorsitzender. Ich habe zwei ganz konkrete Fragen an meinen Freund und Kollegen *Ress*, möchte aber vorher noch sagen, daß ich den Staat durchaus als eine Realität begreife. Jetzt möchte ich deshalb konkreter werden, weil ich das Gefühl habe, man verliert sich hier zu sehr in allgemeinen Erwägungen. Die erste Frage betrifft das Folgende: Wir hatten schon in der Staatsrechtslehrertagung 1979 die Deutschlandfrage behandelt, und Herr *Bernhardt* hatte dort vorgetragen. Damals hatte ich gesagt – und vorher schon geschrieben –, es sei durchaus ein Problem, was nun Vorrang habe, die europäische Integration oder die Wiedervereinigung Deutschlands, denn eine in Europa majorisierte Regierung der Bundesrepublik kann dann allein nicht mehr die Verantwortung übernehmen für die Vereinigung der beiden deutschen Staaten. *Hans Peter Ipsen* hatte damals gesagt, diese Frage solle man gar nicht stellen, da sie nicht „tunlich" sei, und zwar aus politischen Gründen. Aber heute ist die Frage aktuell und wird immer härter gestellt werden. Jetzt zeigt sich das Problem der Rangordnung dieser beiden Staatszwecke. Die Wiedervereinigung ist bestimmt ein Staatszweck; ob die Integration Europas ein solcher ist, darüber kann man vielleicht streiten. Herr *Ress* hat gesagt: Beides müsse kein Gegensatz sein, wenn man, wie seinerzeit Herr *Hallstein* im Jahre 1957 bei Abschluß des EWG-Vertrages, einen entsprechenden Vorbehalt bei weiterer Integration mache. Nun zeigt aber die Notwendigkeit eines Vorbehalts allein schon den Vorrang der Wiedervereinigung, denn man bedürfte dessen nicht, wenn diese Wiedervereinigung nicht Vorrang hätte. Was aber soll geschehen, wenn die anderen Vertragspartner den Vorrang nicht akzeptieren? Dann müssen wir uns entscheiden, und schon deshalb ist unser Staat eine Realität, weil wir der Entscheidung nicht ausweichen können. Nun kommt die zweite Frage, die auch Europa betrifft. Wir übertragen Hoheitsrechte auf Europa. Das ist nicht unproblematisch hinsichtlich eines generellen Staatszwecks. Dieser liegt wesentlich vor der Verfassung, wie wohl auch Herr *Isensee* meinte. Man schwört nicht Treue zur Verfassung, sondern zum Staat. Der Staat ist zum Schutz der Bürger verpflichtet und der Bürger zur Staatstreue. Protectio und subjectio entsprechen sich. Wenn das richtig ist, dann hat der Staat die primäre Verpflichtung, auch sekundäre Staatszwecke zu schützen; diese kann man – mit

Herrn *Meyer* – sich aussuchen, aber danach müssen sie geschützt werden. Wenn aber der Staat die Staatszwecke schützen muß, dann kann er sie nicht abgeben, abtreten oder übertragen. D. h., wenn wir immer mehr Staatszwecke auf die EWG übertragen, selbst sie aber gar nicht mehr schützen können, kann der Staat auch nicht mehr die Totalverantwortung für die Staatsbürger tragen. Da bricht etwas auseinander, was die Staatszwecklehre zu beachten hätte. Um ein Beispiel zu geben: Europa hat keine Bundespolizei mit überregionalen Befugnissen wie die USA. Dabei wird die grenzüberschreitende Kriminalität in Europa eine große Rolle spielen. Was soll dann geschehen? Wir übertragen aus Staatszwecken entstehende Aufgaben an Europa, behalten aber dennoch die Totalverantwortung für die Staatsbürger. Europa soll die Aufgaben übernehmen, kann aber die Verantwortung nicht tragen und hat auch nicht diese Totalverantwortung. Nun die konkrete Frage: Können wir aufgrund des Art. 236 EWGV noch weitere Aufgaben duch Änderung der Verfassung der EWG übertragen? Können wir zustimmen, daß mit dem Mittel des Art. 235 EWGV weitere Aufgaben an Europa übertragen werden? Wir stehen vor der Tatsache, daß der Gerichtshof in Luxemburg progressiv entscheidet; er erklärte Richtlinien für im einzelnen verbindlich, obwohl sie nach dem EWGV hätten in das nationale Recht umgesetzt werden müssen. So müssen wir uns fragen, ob wir dann unter diesen Umständen die totale Verantwortung für den Schutz unserer Staatszwecke noch tragen können. Danke schön.

Vorsitzender: Vielen Dank, Herr *Doehring*. Darf ich fragen, ob es in dieser Runde noch Beiträge gibt spontaner Art, Herr *Meyer?*

Meyer: Ich sage Herrn *Doehring,* daß der Eid der Verfassungsorgane dem deutschen Volk geleistet wird, nicht dem Staat. Das kann man in Art. 56 GG nachlesen.

Vorsitzender: Vielen Dank, Herr *Meyer.* Wir kommen dann zur Runde „Gemeinwohl, Gemeinwohlproblematik". Ich habe die Wortmeldung von Herrn *Schachtschneider* und dann die von Herrn *Bartlsperger,* noch einmal. Herr *Schachtschneider,* bitte. Herr *Schachtschneider* scheint im Moment nicht anwesend zu sein, dann darf ich Sie, Herr *Bartlsperger,* gleich bitten.

Bartlsperger: Beiden Referenten möchte ich noch Fragen zum Gemeinwohlbegriff und zur Konkretisierung dieses Begriffes stellen, allerdings nicht in dem Sinnzusammenhang der drei Begriffe „Gemeinwohl – Neutralität – Amt", wie er für die Aussprache vorgeschlagen wurde, sondern hinsichtlich der Frage einer „Konkretisierung des Gemeinwohls durch den Gesetzgeber". Das ist aus der Sicht des Verwaltungsrechts, wo die Problematik der Staatszwecke sich schließlich abspielt und zum Schwur kommt, eine sehr wichtige Frage. Es ist selbstverständlich davon auszugehen, daß der Gesetzgeber die Kompetenz haben muß, das Gemeinwohl zu konkretisieren. Aber wie sind die Fälle zu beurteilen, in denen der Gesetzgeber die Gemeinwohlklausel einfach weitergibt, d.h. wie stellt sich aus der Sicht der Referenten die Rechtslage dar, wenn teils vorkonstitutionelle, teils nachkonstitutionelle Gesetze den Gemeinwohlbegriff verwenden, sei es bei allgemeinen Zulassungsregelungen für Vorhaben oder bei Zulassungsregelungen, nach denen die Inanspruchnahme der öffentlichen Infrastruktur einschließlich der Umwelt „bewirtschaftet" wird. Die Referenten haben auf der anderen Seite, wie schon erwähnt, sehr stark den Grundrechtsaspekt der Staatszwecke hervorgehoben, insbesondere die grundrechtlichen Schrankenregeln. Unter diesem Gesichtspunkt stellt sich natürlich, ohne das weiter ausführen zu müssen, die Frage, ob es in unserem Verfassungsstaat noch verfassungsrechtlich zulässig ist, in den Verwaltungsgesetzen ganz einfach Gemeinwohlklauseln zu verwenden und anzuwenden oder, soweit es sich um älteres, insbesondere vorkonstitutionelles Recht handelt, solche einfachen Gemeinwohlklauseln heute verfassungskonform zu interpretieren. Das scheint mir eine ganz wichtige Frage zu sein; denn es geht bei dem Thema nicht nur um die Staatszwecke, sondern um die Staatszwecke im Verfassungsstaat, und zwar im Verfassungsstaat des Grundgesetzes. Als problematisches Beispiel ist die Gemeinwohlklausel in §4 Abs. 2 S. 2 Energiewirtschaftsgesetz anzuführen, der eine sehr weitgehende Eingriffsermächtigung zur Investitionskontrolle bei Energieanlagen festlegt. Vielleicht ist auch eine Differenzierung dahin vorzunehmen, daß bei den schon angesprochenen „Bewirtschaftungsvorschriften", etwa für die Gewässerbenutzung, eine besondere Lösung für die legislative Verwendung und für den Verwaltungsvollzug des Gemeinwohlbegriffs gefunden wird. In diesen Fällen läßt sich eine Planifizierung der Zulassungsvorschriften annehmen, so daß es geboten und auch verfahrensrechtlich Vorsorge dafür getroffen ist, alle einschlägigen öffentlichen und privaten Belange bei der Konkretisierung der betreffenden gesetzlichen Gemeinwohlklauseln im Einzelfall zu berücksichtigen. Auch eine zweite Frage ist anzufügen, die sehr zukunftsträchtig zu sein scheint. Kann der Gesetzgeber, unter Umständen auch auf der Ebene der Verfassung, aber vor allem der einfache Gesetzgeber bei der Konkretisierung der Gemeinwohlklauseln auch Ranghierarchien aufstellen? Ist zum Beispiel die Festlegung eines Landesdenkmalschutzes möglich, daß Vorhaben nur dann unter

Zurücksetzung der Denkmalbelange zulässig sein sollen, wenn die Vorhabenbelange und andere öffentliche Belange zugunsten des Vorhabens von ganz besonderem Gewicht sind? Es ist in dem Zusammenhang auch noch kurz darauf hinzuweisen, daß in der rechtspolitischen Diskussion zum Umweltrecht gesetzliche Klauseln über Rechtfertigungslasten erörtert werden, wonach umweltbelastende Vorhaben nur noch bei entsprechender Rechtfertigung nach Maßgabe des betreffenden Verfahrensrechts zugelassen werden können. Darin scheinen zukunftsträchtige Fragen hinsichtlich der Staatszwecke in unserem Verfassungsstaat zu liegen. Vor allem glaube ich, daß sich vielleicht auch die vorhin erörterte Grundsatzfrage einer „alten" und „modernen" Bestimmung der Staatszwecke in diesem Verwaltungsrechtsbereich einigermaßen lösen wird, wenn der Gesetzgeber bei der Konkretisierung des Gemeinwohlbegriffs die Anforderungen der grundrechtlichen Schrankenregeln und des rechtsstaatlichen Bestimmtheitsgebots einhält.

Vorsitzender: Vielen Dank, Herr *Bartlsperger*, für diesen wichtigen Hinweis auf den Zusammenhang zwischen Staatszwecklehre und verwaltungsrechtlicher Gesetzgebungspolitik, wenn ich so sagen darf. Dann käme jetzt, nachdem Herr *Schachtschneider* den Saal wieder betreten hat, Herr *Schachtschneider* ans Mikrofon.

Schachtschneider: Ich bitte um Entschuldigung, Herr Vorsitzender, daß ich gerade draußen war. Mir macht die *Isensee*sche Unterscheidung zwischen Staat und Verfassung auch Schwierigkeiten. Wenn man einen Staatsbegriff sucht, bietet sich unter dem Grundgesetz der kantianische an, nämlich, daß der Staat die Vereinigung einer Menge von Menschen unter Rechtsgesetzen sei. Danach wäre die verfaßte Bürgerschaft der Staat, Verfaßtheit und Staatlichkeit wären zu identifizieren. Im Rahmen der Verfassung würde näherhin das Staatliche durch Gesetze verwirklicht. Staatlichkeit wäre Gesetzlichkeit. Ein solcher Staatsbegriff wäre die Logik dessen, daß der Staat, wie beide Referenten betont haben, ausschließlich auf der Freiheit gründet; denn Freiheit läßt sich nur durch Gesetze verwirklichen, jedenfalls, wenn man Freiheit als Autonomie versteht. Dieser Ansatzpunkt führt zu einer anderen Sprache, die einige Vokabeln vermeiden kann, die mir jedenfalls Schwierigkeiten machen, etwa die Vokabeln „Schutz" und „Gehorsam", insbesondere aber die Vokabel „Herrschaft", die immer wieder angesprochen worden ist. Ich meine, daß ein freiheitliches Gemeinwesen kein Herrschaftssystem ist. Daraus folgt, daß Staat und Gesellschaft nicht getrennt werden können, wenn man bürgerlich oder freiheitlich denkt. Im Begriff der Gesetzlichkeit wäre, weil das Gesetz zu vollziehen, zu verwirklichen ist, der Aspekt „Schutz", aber auch der Aspekt „Gehorsam" enthalten. Beide Worte weisen in andere Zeiten. Das Wort Herrschaft ist auch nicht definiert. Die Geschichte zeigt, daß die Herrschaftsformen sehr unterschiedlich sein können. Herrschaft kann Sklaverei sein, kann Leibeigenschaft sein und was auch immer. Mir erscheint auch der Begriff der Herrschaft des Gesetzes sehr problematisch. Der Begriff der Gesetzlichkeit genügt. Die Freiheitlichkeit des gemeinsamen Lebens legt es nahe, den Staatszweck formal, nicht offen, zu definieren, durchaus im Sinne der angesprochenen Quadriga der Staatszwecke, nämlich als das gemeinsame gute Leben aller in Freiheit. Diese Freiheit läßt sich nur durch Gesetzlichkeit verwirklichen. Also ist unsere Frage m. E. die nach den Zwecken des Gesetzes. Gibt es eine Möglichkeit, den Gesetzgeber durch einen Zweck des Staates zu begrenzen? Ich meine nein. Das liegt an der Formalität des Staatszwecks, den ich anzusprechen versucht habe. Wie die Menschen miteinander leben, wie sie, wenn man so will, glücklich sind, jeder einzelne, aber auch alle zusammen, ist die Frage, die alle angeht, also eine Frage des Gesetzes. Das führt zu einem für mich wesentlichen Punkt: Herr *Link* hat sich für das Mehrheitsprinzip ausgesprochen. Von seiner Begrifflichkeit her ist das richtig, von meiner eher fragwürdig. Es gibt eine Mehrheitsregel. In jedem Gremium entscheidet die Mehrheit, wenn nichts anderes geregelt ist. Das ist kein Mehrheitsprinzip, welches eine Mehrheitsherrschaft widerspiegelt. Verbindlich ist nicht die Regelung, welche die Mehrheit hinter sich hat. Herr *Link* hat die Rousseausche Irrtumslehre angegriffen, weil diese zu einem Totalitarismus führen könne. Das wäre überzeugend, wenn es eine materiale Richtigkeit gäbe. Ich vertrete keine materiale, sondern eine formale Richtigkeitslehre, die aber dennoch reklamiert, daß das Richtige in einem, wenn man so will, repräsentativ-konsensualen Verfahren zu erkennen ist. Dabei kann man sich irren, wie Rousseau lehrt. Das führt aber in keiner Weise dazu, daß nun diejenigen, die meinen, das Richtige erkennen zu können, die anderen totalitär beherrschen dürften. Ein Mehrheitsprinzip kann nur eine ideologische Wirkung entfalten; denn niemals hat die Mehrheit eines Volkes entschieden. Wir haben eine Amtsverfassung. Zu dieser gehört die Mehrheitsregel. Wir haben keine plebiszitären Entscheidungsverfahren. Selbst wenn wir sie hätten, würde realiter nicht die Mehrheit entscheiden. Das Mehrheitsprinzip ist ein Topos, der legitimieren soll, aber nicht legitimiert. Weitere Folgerungen aus diesen Ansätzen stelle ich zurück. Danke.

Vorsitzender: Vielen Dank, Herr *Schachtschneider*. Zu Punkt V. „Sicherheit" liegt hier keine besondere Wortmeldung vor. Das überrascht nicht, weil wesentliche Teilprobleme bereits zu Punkt I. und II. durch Herrn *Dreier* und andere Herren angesprochen worden sind. Herr *Suhr*, wollten Sie dazu noch kurz etwas sagen, dann darf ich Sie dazwischenschieben. Bitte sehr, Herr *Suhr*.

Suhr: In der Diskussion wurde der Zusammenhang zwischen Schutz und Gehorsam betont. Dann wurde auch darauf hingewiesen, daß man, wenn Bürger ihrem Staat den Gehorsam zu verweigern beginnen, sich nicht nur kritisch äußern, sondern auch über die Ursachen nachdenken solle. Und da meine ich, sollte man den Bogen zurückschlagen zu „Schutz und Gehorsam". Wenn nämlich irgendwelche Bürger meinen, sie seien nicht mehr genügend geschützt in diesem Staat, sei es vor Immissionen, sei es vor atomaren Risiken oder vor was auch immer, dann nagt in diesen Bürgern auch irgendetwas an ihrer Bereitschaft zum Gehorsam. Das wiederum müßte unseren Blick zurücklenken auf die Staatszwecke, die so verfolgt werden, daß Bürger sich als schutzlos empfinden. Bitte sehen Sie das nicht als eine Legitimierung von zivilem Ungehorsam, sondern als ein weiteres Nachbohren in der Richtung, die die Diskussion schon angezeigt hat. Nachzudenken wäre darüber: Genügt der Staat in seinen Zwecken, insbesondere bei Erfüllung seiner „Schutzpflichten", noch so sehr den Bedürfnissen seiner Bürger, die von Lärm und Dreck und ich weiß nicht was geplagt werden, daß diese Bürger bereit sind, den selbstverständlichen Gehorsam weiterhin zu geben?

Vorsitzender: Vielen Dank, Herr *Suhr*. Wir kennen ja aus Ihren früheren Werken die Aufforderung, als Staatslehrer auch Sozialpsychologie zu treiben. Ich komme zu Komplex VI. und habe hier zunächst zwei Wortmeldungen von Herrn *Mußgnug* und von Herrn *Roellecke*. Und dann hatten sich Herr *Bothe* und Herr *Meyer* noch einmal dazu gemeldet. Darf ich also zunächst Herr *Mußgnug* bitten.

Mußgnug: Wird in der Diskussion auf Staatszwecke hingewiesen, die in den beiden Referaten nicht angesprochen worden sind, so kann das leicht als Kritik mißverstanden werden. Deshalb bitte ich, es nicht als Beckmesserei aufzufassen, wenn ich zwei Punkte nenne, die m. E. im Zusammenhang mit unserem Thema ebenfalls Beachtung verdienen:

Als Erstes möchte ich auf die Sicherung des Geld- und Währungswesens aufmerksam machen, deren Gewicht als Staatszweck durch ihre Selbstverständlichkeit verschleiert, aber durch einen Rückblick in die Verfassungsgeschichte ins rechte Licht gerückt wird. Daß die

Einheit der Währung zentrale, ja sogar staatskonstituierende Bedeutung besitzt, macht das Schicksal des alten Deutschen Reichs klar. Seine Ohnmacht hat sich auch darin gezeigt, daß es ihm nicht gelungen ist, seine Geldordnung zentral zu steuern und für eine in allen seinen Territorien in gleicher Weise gültige „kurrente Münze" zu sorgen. Darum hat sich das Reich zwar bis zu seinem Ende redlich bemüht. Aber es war ihm in seiner Endphase kein rechter Erfolg mehr beschieden. Es gibt kaum einen drastischeren Beweis dafür, daß dem alten Reich die Qualität eines modernen Staates abging. Die ausschlaggebende Wichtigkeit der Geldordnung unterstreicht auch die Währungsreform von 1948. Mit ihr wurde sichtbar, daß Deutschland seine staatliche Einheit eingebüßt hat; will es sie wieder gewinnen, so wird es allem voran zu einer für den Osten und den Westen gemeinsamen Währung zurückfinden müssen. Das deckt wohl zur Genüge auf, daß die Vorsorge für ein funktionsfähiges Währungssystem bei der Auflistung der Staatszwecke nicht fehlen sollte.

Der zweite Punkt, für dessen Beachtung ich werben möchte, betrifft das Bildungs- und Erziehungswesen. Es ist bereits angedeutet worden, daß die Selbsterhaltung einer der vornehmsten Zwecke des Staates ist. Aber es liegt auf der Hand, daß der Staat seinen Fortbestand nicht nur mit den Methoden des Polizeirechts und mit dem Einsatz seiner Machtmittel garantieren kann. Auf Dauer kann der Staat nur bestehen, wenn er seine Bürger für sich gewinnt und sich bei ihnen durch eine staatsbürgerliche Erziehung in Erinnerung hält. Das verleiht den Schulen einen festen Platz im Katalog der Staatszwecke. Sie gehören in diesen Katalog nicht nur, weil sie Allgemeinbildung zu vermitteln haben, sondern auch deshalb, weil ihnen die Erziehung der nachwachsenden Generationen zu Staatsbürgern obliegt. Herr *Dreier* hat vom staatsbürgerlichen Ungehorsam gesprochen und ihm einen hohen Stellenwert beigemessen. Aber der staatsbürgerliche Ungehorsam spielt für mein Empfinden im Lehrprogramm unserer Schulen eine allzu dominante Rolle. Der nicht minder wichtige staatsbürgerliche Gehorsam kommt darüber zu kurz. Gewiß, er kennt Grenzen, und es gehört zur staatsbürgerlichen Bildung zu erfahren, wo diese Grenzen verlaufen. Aber darüber sollte nicht vernachlässigt werden, daß der Staat allein vom Ungehorsam seiner Bürger nicht leben kann. Deshalb zählt für mich zur raison d'être des Staates auch sein Auftrag, sich, seinen Institutionen und seiner Rechtsordnung Gehorsam nicht nur zu erzwingen, sondern zu diesem Gehorsam zu erziehen, also der Indifferenz nachhaltiger entgegenzutreten, die gegenwärtig insbesondere die junge Generation ihm gegenüber — angeleitet von der in den Medien, in der Jugendkultur und auch im Schulunterricht gepflegten Attitüde der Staatsverdrossenheit — an den Tag legt.

Vorsitzender: Danke sehr, Herr *Mußgnug*. Herr *Link* hatte Ihren zweiten Punkt angesprochen, wenn ich mich recht erinnere. Der erste Punkt veranlaßt mich zur scherzhaften Frage, ob wir im gesunden Geldsystem vielleicht den einzigen notwendig vorgegebenen vorverfassungsmäßigen Staatszweck haben, nervus rerum, oder nicht? Nun Herr *Roellecke* bitte.

Roellecke: Der erste Punkt: Ob der Staat Substanz, Realität oder Idee ist, ist eine Frage der Erkenntnistheorie. Die Antwort hängt davon ab, welchen Standpunkt man als Beobachter einnimmt. Wenn man dogmatisch argumentiert, meine ich, ist es richtig, den Staat ähnlich wie eine Substanz zu verstehen. Aber darüber müßte man erkenntnistheoretisch diskutieren.

Der zweite Punkt gehört eigentlich zu I. Ich habe mich nicht zu I. gemeldet, weil ich hoffte, der zweite Punkt würde sich im Laufe der Diskussion erledigen. Er hat sich aber nur zum Teil erledigt. — Es ist mehrfach darauf hingewiesen worden, daß eine Staatszwecklehre Legitimations- und Rechtfertigungsfragen des Staates betrifft. Man könnte sogar sagen: Wenn die beiden Referate unter der Überschrift „Legitimation des Verfassungsstaates" gehalten worden wären, hätte man sie nur unwesentlich zu ändern brauchen. Wenn das richtig ist, dann taucht die Frage auf: Warum ausgerechnet „Staatszweck" und nicht einfach „Legitimation" oder „Rechtfertigung"? Ich kann dazu nur Vermutungen äußern: Wenn wir nach der Rechtfertigung, nach dem Sinn des Staates fragten, müßten wir eine normative Antwort geben — deshalb hat Herr *Alexy* eine normative Theorie gefordert — und dann gerieten wir in die üblichen Begründungsschwierigkeiten. Wer die Diskussion über die Begründung von Normen in den letzten Jahren verfolgt hat, weiß, daß sie noch lange nicht zu Ende ist. Dieser Schwierigkeiten entschlägt man sich, wenn man von Staatszwecken spricht. Freilich hat die Rede von den Staatszwecken dann wohl auch die Funktion, die Schwierigkeiten mit der Begründung von Normen zu verdecken. Insofern ist sie ideologieverdächtig. Jedenfalls muß man fragen: Was heißt eigentlich „Zweck"? Offengestanden, die Antworten der Referenten haben mich nicht befriedigt.

Eher schon die Anregung von Herrn *Leisner*, der an Iherings „Zweck im Recht" erinnert hat. Bei Ihering weiß man, was mit Zweck gemeint ist. Ihm ging es um die Frage, ob die rechtsetzenden Staatsorgane an irgendetwas gebunden seien. Er antwortete: Ja, an die

Zwecke der Individuen und ihrer Gruppierungen. Mit „Zwecke" meinte Ihering also die Interessen in der Gesellschaft. Da er den Zweck als gesellschaftliche Realität betrachtete, hat Ihering noch in der Tradition des Naturrechtes argumentiert. Die Kritik, die in den 20er Jahren an der Theorie der Staatszwecke geübt wurde, richtete sich wohl auch gegen diese quasinaturrechtliche Konzeption des Zweckes, also: Zweck als Interesse, Zweck als Bedürfnis. Wenn jene Kritik berechtigt war — ich meine, sie war es —, dann ist zu fragen: Wie setzen wir heute an? Mir scheint, die Antwort müßte in einer Theorie liegen. Bloße Empirie genügt nicht, wie uns die Soziologen mit Recht sagen. Der erste Satz dieser Theorie müßte sein, daß man zwischen Staat und Gesellschaft differenziert und fragt: Welche der Bedürfnisse der Gesellschaft sind für den Staat überhaupt relevant? Wie selegiere ich die Bedürfnisse, die ich ja nicht alle gleichzeitig befriedigen kann? Außerdem scheinen die meisten Bedürfnisse gar keine echten Bedürfnisse zu sein, sondern nur öffentliche Themen oder öffentliche Meinungen. Auch zwischen Politik und gesellschaftlichen Bedürfnissen muß man unterscheiden. Dafür benötigt man ein unterscheidungskräftiges Konzept, das sowohl normativen wie kognitiven Ansprüchen genügt. Ich weiß allerdings nicht, ob das überhaupt zu leisten ist.

Vorsitzender: Vielen Dank, Herr *Roellecke,* für diesen eher doch grundsätzlichen Beitrag der Runden I. und II. Aber es war vielleicht doch gut, daß wir noch mal auf diese Thematik zurückgeführt wurden. Ich darf jetzt, da wir allmählich zum Ende kommen, Herrn *Bothe* und anschließend Herrn *Meyer* noch einmal bitten und dann, wenn sonst keine dringenden Wortmeldungen mehr sind, die beiden Referenten zum Schlußwort einladen. Herr *Bothe,* bitte.

Bothe: Noch ein Wort zum Wiedervereinigungsgebot, an dem man, glaube ich, sehr schön die rechtliche Problematik von Staatszwecken und Staatszielen zeigen kann. Herr *Ress* hat gesagt, und dem möchte ich voll zustimmen, daß es wohl nicht angemessen wäre, die Rechtsprechung des Bundesverfassungsgerichts zum Wiedervereinigungsgebot etwa auf die Europazielsetzung des Grundgesetzes zu übertragen. Ich würde vielleicht umgekehrt noch weiter gehen wollen und mir wünschen, daß die Nichtrechtsprechung des Bundesverfassungsgerichts zu bestimmten Staatszielen, wie z. B. zu dem Friedensgebot, vielleicht auf das Wiedervereinigungsgebot in einer zukünftigen Rechtsprechung übertragen werden sollte. Denn die Frage ist immer, in welcher Weise man denn eigentlich eine Staatszielbestimmung operationalisiert. Welche juristische Tragweite kann sie wirklich haben, wenn man die Dinge genauer nimmt. Herr *Häberle* hat hier zu Recht Rechtsvergleichung eingefordert. Es ist leider durchaus üblich bei uns, viele moderne Verfassungen, die Staatsziele, Staatsaufgaben sehr umfangreich, ja liebevoll zu formulieren, etwas als juristische Lyrik abzutun. Das verkennt m. E. die soziale Wirklichkeit in Staaten wie Portugal, wie Brasilien, wo das in extenso erfolgt ist, nämlich, daß dort diese oder jene Staatszielbestimmung in einer sehr konkreten politischen Auseinandersetzung als ein Instrument der Gestaltung der Gesellschaft gewollt ist; als ein Instrument, das vielleicht nicht so wirkt, daß man damit zum Kadi gehen kann und sagen: das ist die Lösung; aber immerhin als ein Instrument der politischen Gestaltung. Zugleich sieht man an diesem Beispiel auch die Grenzen der Leistungsfähigkeit von Staatszielbestimmungen.

Jetzt komme ich zurück zum Wiedervereinigungsgebot, nämlich, zu den Grenzen der Leistungsfähigkeit solcher Verfassungsvorgaben, gerade im internationalen Bereich. Die Tatsache, daß wir ein Staatsziel „Wiedervereinigung“ im Grundgesetz haben, kann an der faktischen Lage, auch an der völkerrechtlichen Lage Deutschlands nicht rütteln. Ob die DDR ein Staat ist, ob sie ein vom deutschen Reich erfolgreich sezedierter, separierter Staat ist, entscheidet nicht das Grundgesetz, sondern das Völkerrecht. Das Grundgesetz kann allenfalls deutschen Staatsorganen aufgeben, so zu tun, als sei die Separierung nicht erfolgt. Dann stellt sich eine rechtspolitische Frage oder auch eine solche vernünftiger Auslegung: Sollte das Grundgesetz die Staatsorgane der Bundesrepublik wirklich dazu zwingen, von Entwicklungen in der völkerrechtlichen Lage abzusehen und sie nicht zur Kenntnis zu nehmen?

Das führt mich zu einem letzten Punkt: Mit dem Wiedervereinigungsgebot (auch ein allgemeiner Punkt, der von Herrn *Ress* zu Recht angeschnitten wurde) stellt sich die Frage des Verhältnisses verschiedener Staatszielbestimmungen zueinander. Es gibt immer, wenn wir konfligierende Zielvorgaben in der Verfassung haben, die schöne Formel von der praktischen Konkordanz, die es wohl auch hier zu üben gilt. Allerdings ist es mit der Operationalisierung besonders schwierig. Versuchen wir die praktische Konkordanz zwischen den Staatszielbestimmungen „Wiedervereinigung“, „Frieden“ und „Europa“, so muß dies, jedenfalls in den voraussehbaren historischen Konstellationen, dazu führen, die Wiedervereinigungspolitik, die rechtlich vorgeschrieben sein soll, sehr vorsichtig zu führen. Dies schließt nicht nur das Streben nach Wiedervereinigung mit Gewalt aus, darüber sind sich ja alle einig, sondern es schließt auch aus ein Streben nach Wiedervereinigung in einer Konstellation, in der ein wiedervereinigtes Deutschland eine Destabilisierung in Europa zur Folge haben könnte, also in gewisser Weise friedensgefährdend wäre. Wir bewegen uns dabei allerdings in einem Bereich historischer Spekulation. Wenn man es mit der juristischen Operationalisierung der gesamten Staatszielbestimmungen ernst meint, dann muß man sich diese Schwierigkeiten, die man sich dann einhandelt, wirklich klar machen. Soll das dann noch justitiabel sein?

Vorsitzender: Vielen Dank, Herr *Bothe*. Als vorletzter Diskussionsredner Herr *Meyer*. Bitte um Kürze, da die Zeit voranschreitet und die Schlußworte noch zu sprechen sind.

Meyer: Unsere Rezeption der Präambel ist eine geschönte Rezeption. Sie entspricht weder dem, was der Parlamentarische Rat gewollt noch dem, was er niedergeschrieben hat. Daß die Wiedervereinigung ein an die Verfassungsorgane der Bundesrepublik gerichtetes verfassungsrechtliches Gebot ist, ist eine Erfindung des Bundesverfassungsgerichts und keine gute. Ich will das begründen: Erstens widerspricht es der deutschen Tradition, Sätze der Präambel wie normale Rechtssätze der Verfassung aufzufassen und auch der Parlamentarische Rat hat nicht im Traume daran gedacht, daß die Präambel Rechtssätze in diesem Sinne enthalten soll. Die Präambel ist vielmehr Ausdruck zum Teil seines außerordentlich schlechten Gewissens und zum Teil der Hoffnung, die er gehegt hat. Sie brauchen nur die Kommentierung von v. Mangoldt in der ersten Auflage seines Grundgesetzkommentars und die Starcksche Kommentierung in der 3. Auflage zu lesen, dann sehen Sie, wie die Schönung in diesem Punkte vorangeschritten ist. V. Mangoldt wußte Bescheid. Er war nämlich der Vorsitzende des Ausschusses, der die Präambel bis auf die letzte Fassung gemacht hat. Die letzte Fassung ist zwar weit über das hinausgegangen, was debattiert worden ist, aber in dem uns interessierenden Punkte nicht. Und v. Mangoldt hat natürlich nicht im Traume daran gedacht, daß der letzte Satz der Präambel ein Verfassungsrechtssatz im geläufigen Sinne ist.

Ich kann Ihnen auch nachweisen, daß es weder sein kann noch daß wir uns daran halten. Wenn es sich nämlich bei dem letzten Satz der Präambel um ein Verfassungsgebot handelte, wäre es auch ein Verfassungsgebot an die Verfassungsorgane, die Freiheit Deutschlands zu vollenden. Wenn ich meine Kollegen oder Studenten frage: Was heißt denn in diesem Kontext „Freiheit"? sagen alle: „Das meint unsere grundrechtliche oder demokratische Freiheit." Das ist keineswegs der Fall. Freiheit in diesem Text heißt Souveränität. In diesem letzten Satz der Präambel ist nichts anderes ausgesprochen als die Hoffnung des

Parlamentarischen Rates, das, was er nicht schaffen konnte, nämlich die Souveränität, würden die folgenden Generationen schaffen und das, was er vertiefen mußte, die Spaltung, würden diese aufheben. Wo ist aber der Verfassungsrechtler, der sagte, daß unsere Verfassungsorgane nach der Präambel immer schon die Verfassungspflicht traf, gefälligst dafür zu sorgen, daß wenigstens die mit uns verbündeten Alliierten uns unsere Souveränität, soweit das möglich ist, übertragen. Mit gutem Grund sind wir da vorsichtig.

Im übrigen wird der Text der Präambel offensichtlich nicht gelesen. Dort steht nämlich nicht: „Die Verfassungsorgane sind verpflichtet", vielmehr steht dort lediglich eine Erinnerung an eine quasi historische Pflicht, die also nicht vom Parlamentarischen Rat stammt, sondern als eine Pflicht der Deutschen offensichtlich schon immer bestanden haben soll. An diese Pflicht wird lediglich erinnert und nicht etwa eine solche Pflicht durch den Parlamentarischen Rat statuiert. Im übrigen wäre die Rechtslage, wenn wir weiterhin die These des Bundesverfassungsgerichts vertreten, viel schlimmer, als Herr *Doehring* sie dargestellt hat. Denn auch der erste Satz der Präambel wird falsch gelesen. Im Parlamentarischen Rat war man sich völlig einig: Man will zuerst die Einheit, dann die Souveränität — möglichst beides zusammen — und dann gibt man alles in die europäische Einigung ein, und zwar in die europäische Einigung im vollen Sinne des Wortes, nicht etwa nur in eine westeuropäische. Was wir jetzt tun in Westeuropa einschließlich möglicher Sicherheitspakte, wäre natürlich ein eklatanter Verfassungsverstoß, wenn wir diese Verfassungsrechtsprechung ernsthaft akzeptieren würden. Wir tun gut daran, das angebliche Verfassungsgebot als einen nicht nur zulässigen, sondern auch vernünftigen und historisch naheliegenden Staatszweck der Bundesrepublik Deutschland zu begreifen und möglichst zu vertreten. Aber wir tun nicht gut daran, etwas zu einer verfassungsrechtlichen Pflicht zu machen, das der Parlamentarische Rat nur als eine historische Aufgabe angesehen hat.

Vorsitzender: Vielen Dank, Herr *Meyer.* Ich sehe drei Meldungen. Ja, meine sehr verehrten Herrn, wir kommen in erhebliche zeitliche Bedrängnis. Zunächst hatte sich Herr *Rauschning* gemeldet, dann Herr *Häberle* und dann Herr *Isensee.* Also, ich bitte um Kürze.

Rauschning: Ich wende mich dagegen, von „der sogenannten Erfindung des Bundesverfassungsgerichts vom Wiedervereinigungsgebot" zu sprechen! Die Erkenntnis des Bundesverfassungsgerichts, daß das Wiedervereinigungsgebot im Grundgesetz enthalten ist, nimmt ihren Ausgang in dem Rechtsgespräch zwischen Konrad *Zwei-*

gert als Bundesverfassungsrichter und Herbert *Kröger* von der Akademie für Rechtswissenschaft Potsdam-Babelsberg als Vertreter der KPD; ich habe das in der Festschrift für Karl *Doehring* nachgezeichnet. Das Bundesverfassungsgericht hat seine richterliche Erkenntnis, daß diesem Gebot aktuelle Rechtssatzqualität zukommt, in vielen Entscheidungen beständig ausgesprochen und näher begründet. Wir bejahen auch sonst die Entwicklung unserer lebenden Verfassung und sind eigentlich nicht gewohnt, Inhaltskonkretisierungen, wie sie das Bundesverfassungsgericht etwa zu den Problemen einzelner Grundrechte entwickelt hat, mit dem Argument abzulehnen, eine solche Konkretisierung stehe diesem Verfassungsorgan nicht zu. Wir akzeptieren die Maßgeblichkeit von Entscheidungen des Bundesverfassungsgerichts und sollten auch zu dieser unserer Haltung stehen.

Ich meine auch nicht, daß der Rechtssatz wegen der begrenzten Justiziabilität in Frage zu stellen ist. Herr *Meyer* kritisiert Widersprüche im Wiedervereinigungsgebot. Nun, er sieht sie eben, und das ist eine Frage der Auslegung der Entscheidungen des Bundesverfassungsgerichts durch ihn. Eine weitere Bemerkung in diesem Zusammenhang: Ein Destabilisierungsverbot steht gewiß nicht im Grundgesetz. Und ich bezweifele, daß wir das, was wir gegenwärtig an Destabilem in Europa sehen, dadurch stabilisieren könnten, daß wir der Wiedervereinigung abschwören.

Vorsitzender: Danke, Herr *Rauschning*. Herr *Häberle*, bitte.

Häberle: Lieber Herr *Meyer*, ich gehöre zu denen, die sich, wie von Ihnen gewünscht, provoziert fühlen. Erlauben Sie, eine Gegenposition zur normativen Kraft der Präambel des Grundgesetzes in Sachen deutsche Einheit aufzubauen, aktuell wegen der Massenflucht aus der DDR: 1) Ich habe Zweifel, ob Ihre Interpretation allein von der Entstehungsgeschichte her und nicht auch geltungszeitlich einem solchen Schatzhaus, wie es die Verfassungspräambel sprachlich (Feiertagssprache) und juristisch (Grundsatzgehalte) ist, gerecht wird. 2) Die Rechtsvergleichung belehrt uns, daß auch in anderen Verfassungsstaaten aus den Präambeln Großes herausgeholt wird. Der französische Conseil Constitutionnel holt seit einigen Jahren aus der Präambel von 1958 die klassischen Menschenrechte heraus und nimmt sie normativ ernst. 3) Man muß in ganzheitlicher Interpretation zur Präambel den Art. 146 Grundgesetz hinzunehmen. 4) Ein Allerletztes: Die Väter und Mütter des Grundgesetzes sprechen in großer Klugheit für ihr Selbstverständnis nicht von „*Wieder*vereinigung", was oft unterstellt wird, sondern sie rufen auf, „die Einheit und Freiheit Deutschlands zu vollenden". Über das „Wie" ist nichts gesagt. Der Begriff „Einheit Deutschlands" läßt viele unterschiedliche Modellstrukturen und andere als bisher bekannte Formen einer Einheitsbildung zu, zumal wir, was bislang übersehen wurde, Art. 24 Grundgesetz beim Begriff „Einheit" im Sinne der Präambel von vornherein hinzunehmen sollten. Das Präambelelement „vereintes Europa" baut schon die Brücke zu Art. 24. Dieser — wohl neue — Versuch, den dynamischen, den Nationalstaat relativierenden Art. 24 *von vorneherein* in die für Gesamtdeutschland zu entwerfenden offeneren Modelle hineinwirken zu lassen, erschließt der schöpferischen Phantasie unserer Staatsrechtslehrervereinigung ungeahnte Betätigungsfelder.

Vorsitzender: Vielen Dank, Herr *Häberle.* Sie machen uns Mut für die weitere Arbeit. Herr *Isensee.*

Isensee: Herr *Meyer,* Sie haben eben das Muster eines Staatsrechts ohne Staat geliefert und den Text der Verfassung interpretiert ohne Blick auf den konkreten Staat, aus dem sie hervorgeht und für den sie Geltung beansprucht: eben die Bundesrepublik Deutschland als Teilstaat der Deutschen. Diese Staatsperspektive wird im Verfassungstext selbst formuliert mit der Präambel. Die Präambel (hier möchte ich Herrn *Häberle* zustimmen) macht den Sinnhorizont deutlich, in dem die positiv-rechtlichen Normen des Grundgesetzes stehen. Die Präambel enthält die Selbstreflexion des Verfassunggebers über sein Werk, über die konkrete politische Situation, in der die Verfassung entworfen, und die Ziele, auf die hin sie konzipiert wurde. Sie ist nicht als Aussage über historische Fakten erheblich, wohl aber als geschichtliches Dokument der Verfassungsentstehung und damit als Orientierung historischer wie teleologischer Interpretation. In ihr verkörpert sich ein normatives Zukunftsprogramm, am deutlichsten im Schlußsatz: „Das gesamte deutsche Volk bleibt aufgefordert, seine Einheit zu vollenden."

Diese Schlußsentenz enthält das Staats- und Verfassungsziel der Wiedervereinigung. Die rhetorische Formel, daß das Volk aufgefordert „bleibt", bedeutet natürlich nicht, daß das deutsche Volk immer auf dem Wege bleiben oder, faustisch verstanden, sich ewig strebend bemühen müsse, um am Ende Erlösung zu finden. Die Verfassung verheißt nicht Erlösung. Auch in seinen rhetorischen Passagen kann das Grundgesetz nur nach Maßgabe des politisch Möglichen interpretiert werden. Die Präambel markiert das Ziel, daß das deutsche Volk die staatliche Einheit, die es im Jahre 1949 nur zu einem Teil erlangt, als Ganzes wiederfindet. Die Verfassung schreibt keinen Weg vor. Sie gebietet aber, mögliche Wege offenzuhalten und tunlichst gangbare Wege zu bahnen und zu beschreiten.

Die Schlußbestimmung des Grundgesetzes (Art. 146) macht deutlich, wie die gesamtdeutsche Verfassung auszusehen hat, mit der das Grundgesetz selbst seine Geltung für beendet erklärt: Die künftige Verfassung muß vom deutschen Volke in freier Entscheidung beschlossen werden, also der Selbstbestimmung des deutschen Volkes entspringen, der gesamtdeutschen Demokratie. Es läge nahe, einen Widerspruch zu konstruieren zwischen dem Staatsziel der deutschen Einheit und der rechtsstaatlich-demokratischen Verfassungssubstanz des Grundgesetzes, die gerade die Besonderheit der Bundesrepublik darstellt und den Unterschied ihres Systems zu dem der DDR begründet. Man könnte fragen, ob denn etwa um der deutschen Einheit willen die verfassungsrechtliche Besonderheit des Grundgesetzes geopfert werden darf, ob Grundrechte und Demokratie, all das, was man unter dem Kürzel freiheitliche demokratische Grundordnung versteht oder als westlichen Verfassungsstaat bezeichnet, zur Disposition steht und Verhandlungsmasse ist im Wiedervereinigungsprozeß. Die Frage ist zu verneinen. Der Widerspruch, der sich scheinbar aus dem Grundgesetz ergibt, wird eindeutig gelöst im Deutschlandvertrag, den die Bundesrepublik, als sie in relative Selbstverantwortung und in relative Souveränität eintreten sollte, mit den drei Westmächten schloß. Auch der Deutschlandvertrag richtet das Wiedervereinigungsziel auf, bindet es aber ein in die verfassungsstaatliche Ordnung und in die europäische Integration. Die vier Vertragspartner wollen zusammenwirken, „um mit friedlichen Mitteln ihr gemeinsames Ziel zu verwirklichen: Ein wiedervereinigtes Deutschland, das eine freiheitlich-demokratische Verfassung, ähnlich wie die Bundesrepublik, besitzt und das in die europäische Gemeinschaft integriert ist" (Art. 7 Abs. 2).

Die Harmonie der Verfassungsziele und Verfassungsstrukturen ist bereits in der Präambel angelegt. Diese werden hier aufgewiesen in ihrer staatlichen Verortung, wenn das Verfassungsmotiv genannt wird, die nationale und staatliche Einheit zu wahren. Freilich vorerst nur für einen Teilbereich. Das Grundgesetz ist konzipiert für ein individuelles Staatswesen. Eine Verfassungsinterpretation, die diese Spezifizierung und Zurechnung der Verfassungsnormen nicht begreift, verflüchtigt sich in das Reich der Luft. Sie ist auch keine korrekte positiv-rechtliche Interpretation, weil sie die positiv-rechtlichen Vorgaben der Präambel ignoriert.

Vorsitzender: Vielen Dank, Herr *Isensee*. Die Realien zwingen uns leider, diese hochinteressanten Diskussionen hier abzubrechen. Ich darf die beiden Berichterstatter bitten, ihr Schlußwort zu sprechen. Zunächst Herr *Ress*, bitte.

Ress (Schlußwort): Es ist eine Fülle von Anregungen gekommen, für die ich mich bei Ihnen allen bedanken möchte. Sie werden verstehen, daß ich nicht auf alle in der Diskussion aufgeworfenen Probleme antworten kann und auch nicht auf alle eine Antwort habe.

Ich möchte mit dem Problem beginnen, das zuletzt diskutiert wurde. Für den Völkerrechtler ist es eine selbstverständliche Vorstellung, daß es Staat und Verfassung zu trennen gilt. Die Verfassungen werden dem Staat gegeben, aber der Staat als solcher, von den sehr seltenen Fällen des Staatsuntergangs abgesehen, bleibt als Völkerrechtssubjekt — und somit als Staat — bestehen. Es ist eine nur verfassungsrechtsintrovertiert zu verstehende Fragestellung, daß Staat und Verfassung immer das gleiche rechtliche Schicksal haben müßten. Großbritannien besteht — ohne jetzt ein historisches Datum zu nennen — ohne formale Verfassung, aber mit seiner Rechtsordnung. Der deutsche Staat besteht seit 1867 im Gewand vieler Verfassungen. Diese Trennung steht für die völkerrechtliche Betrachtung außer Frage. Nur die Anerkennung einer bestimmten Regierung oder einer durch eine bestimmte Verfassungsordnung legitimierten Regierung spielt dann eine Rolle und wirft Probleme auf, aber doch nicht die Frage der Staatlichkeit.

In der Situation Deutschlands kann man sich mit guten Gründen über die völkerrechtliche Lage streiten. Ich will hier nicht das ganze Pandaimonion der völkerrechtlichen Situation Deutschlands ausbreiten. Hinzuweisen ist jedoch darauf, daß wir nach wie vor einen fortbestehenden Vier-Mächte-Status mit Rechten und Verantwortlichkeiten für ganz Deutschland haben und daß diese Verantwortlichkeiten und Rechte auch ausgeübt werden und funktionieren. Die vier Mächte haben einen Vorbehalt anläßlich der Mitgliedschaft beider deutschen Staaten in den Vereinten Nationen eingelegt, einen Vorbehalt zugunsten der Ausübung dieser Vier-Mächte-Rechte und -Verantwortlichkeiten, der im Ergebnis dazu führt, daß die DDR und die Bundesrepublik Deutschland in einer Art „Sonderstatus" Mitglied in den Vereinten Nationen sind. Wir können alles dies, was sich an völkerrechtlichen Besonderheiten in bezug auf den Staat „Deutschland" nach 1945 entwickelt hat, doch nicht ohne weiteres abstreifen. Dies wird ein rechtlich — und politisch — schwieriger Vorgang.

In Berlin ist die Ausübung alliierter Befugnisse tägliche Realität, aber nicht nur dort. Daraus ergeben sich Konsequenzen, nämlich die Existenz eines Staatsrechts, das über den Staat Bundesrepublik Deutschland hinausreicht. Ich habe deshalb ausdrücklich gesagt: „Es gibt noch staatsrechtliche Verbindungen." Diese Elemente der Rechtslage müssen in den Griff genommen werden, um zu sehen, daß es nicht nur um „Verfassung" und „Staat" als eine Identität geht, sondern daß es hier auch einen Staat gibt, der in der Verfassung aufgegriffen und teilverfaßt wird, der aber eine ganz andere völkerrechtliche Qualität hat. Zu den einzelnen Punkten möchte ich nicht noch einmal ausführlich antworten, aber ich glaube, ich habe damit meine Haltung zu dieser Frage deutlich gemacht.

Die Frage, ob sich aus dem Grundgesetz ein Wiedervereinigungsgebot, das in der Tat *so* nicht im Grundgesetz steht, ergibt, ist eine Frage der Verfassungsinterpretation. Sie kann der Frage des Fortbestehens oder Nichtfortbestehens des Staates „Deutschland" als völkerrechtlicher Frage nichts hinzufügen, aber auch nichts nehmen. Ob der Staat fortbesteht, beantwortet sicher nicht die Präambel. Aber sie kann als Pflicht, als Direktive an die deutschen Staatsorgane natürlich eine gewisse Funktion ausüben zur Aufrechterhaltung nach wie vor wichtiger gesamtdeutscher staatlicher Funktionen. Daß wir aus diesem Grunde eine nach wie vor gesamtdeutsche Staatsangehörigkeit haben und aufrechterhalten müssen, ist nicht nur ein Verfassungsgebot, sondern ist auch auch in der politischen Sphäre eine heilsame Entscheidung gewesen.

Ich darf jetzt doch noch auf einzelne Punkte eingehen: Herr Suhr hat zwei Staatsbegriffe gegenübergestellt. Natürlich kann man beide Staatsbegriffe so sehen. Es bestehen meines Erachtens aber erhebliche Probleme, den Staat im Sinne einer Organisationstheorie nur als „Produktion von Entscheidungen" zu verstehen. Was ist damit an Erkenntnis über den Staat wirklich ausgesagt oder gewonnen? Sie haben diese beiden Begriffe auch nur modellartig gegenübergestellt. Der Staat läßt sich zwar — und das ist eine Erkenntnisfrage — mit den Mitteln der Organisationstheorie beschreiben. Erfassen läßt er sich damit nur in bestimmten Perspektiven. Er bleibt eben immer nur der Staat der Organisationstheorie, also eines ganz bestimmten Erkenntniszuganges, und es ist nicht der gesamte normative Staat, etwa des Völkerrechts oder des Staatsrechts, und es ist auch nicht der Staat als Phänomen der allgemeinen Staatslehre.

Zu der Grundfrage, die Herr *Meyer* aufgegriffen hat, und in der er sich von Herrn *Isensee* abgesetzt hat, möchte ich doch sagen, daß es ein *Bild* des modernen Staates und des Verfassungsstaates gibt, wie es uns hinter oder mitverfaßt in der Europäischen Menschenrechtskonvention, um nur ein Beispiel zu nennen, sichtbar wird. Sie werden vielleicht sagen, dieses Bild sei etwas Vorverfassungsrechtliches. Dies wäre eine höchst verkürzende Sichtweise, gerade auch vom normativen Standpunkt aus. Denn durch das Aufgreifen einer Art internationaler Verfassung, wenn wir die Menschenrechtskonvention einmal so benennen, kann ein Staatsbild greifbar gemacht werden, welches auch Rückschlüsse auf die eigene Staatlichkeit bzw. Verfaßtheit erlaubt. Der Typus des modernen westeuropäischen Verfassungsstaates ist durch bestimmte qualitative, materiale Wertvorstellungen gekennzeichnet. Damit soll nicht einer totalen Werthomogenität das Wort geredet werden, etwa in dem Sinne, daß es beliebig sei, aus Spanien oder Großbritannien etwas zu übernehmen oder auszutauschen. Aber es gibt eine Ebene der wertbezogenen Gemeinsamkeiten, die in dieser Ordnung vorausgesetzt worden ist, und diese kann ich deutlich machen, gerade auch im Rahmen der Grundrechtstheorie in ihrer Zweckhaftigkeit.

Herr *Doehring* hat mit Recht auf das Problem – auch eine alte Streitfrage – hingewiesen, ob denn nicht doch eine Rangfolge zwischen europäischer Integration und Wiedervereinigung besteht und ob wir nicht im Extremfall vor die Alternative gestellt werden zu wählen, was uns denn nun lieber sei bzw. was uns verfassungsrechtlich aufgegeben sei. Es werden in der Literatur natürlich die eine und die andere Alternative und Wahlpräferenz vertreten. Wenn man sich der Frage nüchtern zuwendet und sich fragt: ‚Was sagt denn die Verfassung selbst dazu?', dann stößt man auf die Frage: ‚Ist die Wiedervereinigung nicht vielleicht *der* Sonder-Gründungs*zweck* der Bundesrepublik und nicht nur irgendein untergeordnetes Ziel? Das greift dieselbe Frage auf, die unser österreichischer Kollege *Wielinger* im Grunde für die österreichische Verfassung des Jahres 1918 gestellt hat (die Republik Österreich sollte „Bestandteil" der Deutschen Republik sein, d. h. werden). Ist das Wiedervereinigungsgebot demnach eine Grundlage dieser Staatlichkeit, dieser Verfaßtheit überhaupt und steht damit auf einer ganz anderen Ebene als das Europaziel und andere Ziele, die in der Verfassung aufgegriffen sind? Ich sehe nicht, daß man die Zielvorstellung der Wahrung und der Wiederherstellung der Einheit als vorrangigen Gründungszweck so fundamental sehen kann. Die Vereinigung der beiden deutschen Staaten soll sich in einer Ordnung vollziehen, in welcher Deutschland als gleichberechtigtes Glied in einem vereinten Europa „dem Frieden der Welt" dienen kann.

Diese Zielsetzungen lassen sich nicht isolieren. Alle haben ihre spezifische verfassungsrechtliche Verankerung und Verästelung. Art. 79 Abs. 3 GG schreibt z. B. einen auf den Gesamtstaat „Deutschland" bezogenen Volksbegriff fest, was auch verfassungsrechtlich das Wiedervereinigungsgebot widerspiegelt und für die Staatsangehörigkeit eine ausreichende Grundlage bietet. Das „Europa"-Ziel findet in Art. 24 Abs. 1 GG seine verfassungsrechtliche Absicherung (mit weitgehender verfassungsdurchbrechender Wirkung). Das Wiedervereinigungsziel steht deshalb nach meiner Auffassung auf der gleichen Ebene wie etwa das Europaziel, und nichts anderes ist im übrigen auch in dem schon zitierten Art. 7 des Deutschland-Vertrages bestätigt worden. Das bedeutet: Es gibt ein Optimierungsgebot. Es gibt nicht das Gebot, Extrempositionen zu verfolgen, sondern den Ausgleich anzustreben. Wir müssen also sichern, daß wir die „Wiedervereinigung" oder welche Form der Annäherung sich immer bietet, im Einklang mit den anderen verfassungsrechtlich verfolgen.

Den Gedanken von Herrn *Häberle*, auf Art. 24 GG auch bei der institutionellen Verständigung zwischen den beiden deutschen Staaten zurückzugreifen, halte ich für richtig; es gibt viele Formen der zwischenstaatlichen Verständigung und der übergreifenden Organisationen, die man sich vorstellen kann, insbesondere, wenn man sich das Reservoir im Rahmen des Art. 24 an gewissen Zurücknahmen von Verfassungsgeboten vorstellt, die wir in Zukunft nutzen könnten. Wenn man die Verfassungslage so sieht, muß man zu dem Ergebnis kommen, daß beides (Wiedervereinigung und Europäische Integration) gleichermaßen verfolgt werden muß. Es kann nicht eine Lösung in dem Sinne geben, daß nur die Wiedervereinigung ohne die europäische Einigung verfolgt werden darf (oder umgekehrt), sondern beide Ziele sind zu optimieren.

Herr *Doehring* hat noch die Frage aufgeworfen, ob eine fortschreitende Integration überhaupt zulässig sei, weil die Bundesrepublik in eine Situation kommen könne, in der sie nicht mehr die staatliche Totalverantwortung innehabe oder ausüben könne, weil bestimmte Sachbereiche vollständig verlagert worden seien. Diese Gefahr besteht in der Tat, auch wenn bisher noch das Schema *‚subjectio trahit protectionem'* einigermaßen funktioniert. Wir sind uns darüber im klaren, daß der Art. 173 Abs. 2 und 175 Abs. 3 EWGV dem einzelnen nur einen beschränkten Zugang zum EuGH gibt. Wir sind uns auch darüber im klaren, daß der Art. 177 EWGV dem einzelnen kein prozessuales Recht auf Aufgreifen der europarechtlichen Fragestellung durch das nationale Gericht gibt. Es wird Rechtsgehorsam verlangt, aber Schutz nur in einer geminderten Form gewährt. Das ist deshalb noch erträglich, weil das BVerfG den EuGH als gesetzlichen Richter „eingesetzt" hat — mit der Folge, daß subjectio und protectio hier noch weitgehend übereinstimmen. Es kann aber sein — und das ist eine These, die nicht eingeführt habe, aber die ich gleichwohl vertrete — daß beim Fortschreiten der europäischen Integration eine solche Fülle von Materien auf die EG übertragen werden, daß wir in den Zustand einer Exekutivgesetzgebung durch den Ministerrat geraten, in dem bei uns die parlamentarische Gesetzgebung funktionslos wird, d. h. eine Entparlamentarisierung — von der Entföderalisierung ganz abgesehen — eintritt, die nicht mehr mit den Grundanforderungen des Art. 79 Abs. 3 GG übereinstimmt. Es ist theoretisch denkbar und möglich, daß ein völkerrechtlicher Vertrag (wie der EWGV) im Zuge seiner „Fortentwicklung" durch Praxis und Konsens der Mitgliedstaaten und Organe auch verfassungswidrig werden kann.

Ich komme zum Schluß. Bei meinen Vorarbeiten habe ich eine Fülle von Staatszwecken katalogartig anhand verschiedener Verfassungstexte aufgeschrieben und — ähnlich wie Herr Häberle — im Wege der Rechtsvergleichung die wunderschönsten Staatszwecke feststellen können. Im wesentlichen reduzieren sie sich aber auf die drei des klassischen Reservoirs. Es geht immer um die Sicherheit, die Freiheit und die Wohlfahrt mit all ihren Ausprägungen. Es ist zugegeben, daß der Wohlfahrtsbegriff eine Leerformel wird, wenn man alle möglichen Ausfächerungen darunter aufnehmen will. Aber es ist diese Trias, um deren Verhältnis es letztlich geht. Und um noch einmal auf Ihre Frage zurückzukommen. Herr Grimm: Es ist wegen der Grundrechte gerade doch die Scheidung zwischen Staat und Gesellschaft und damit verbunden die Sicherung dieses Freiheitsbereiches, die die Beliebigkeit des Aufgreifens und des Tätigwerdens des Staates begrenzt. Darin liegt eine wesentliche Funktion der Staatszwecke. Auf diesem Wege werden sie erkennbar und spielen in der Grundrechtsdiskussion nach wie vor ihre — auf einer höheren Ebene angesiedelte und interpretatorisch hilfreiche — begrenzende Rolle.

Vorsitzender: Vielen Dank, Herr *Ress.* Ich übergebe an Herrn *Link.*

Link: Vielen Dank. Im Grunde lassen sich die erhobenen Einwände auf zwei Problemkreise konzentrieren. Der eine ist die Frage der inhaltlichen Unbestimmtheit einer Staatszwecklehre (Herr *Brohm,* Herr *Bothe,* Herr *Meyer).* Es ist der Einwand, daß Staatsziele variabel sind, daß sich auch Staatszwecke wandeln und daß sie heute anders als in der Vergangenheit verfolgt werden müssen. Ich bestreite das nicht. Beide Referate haben aufzuzeigen versucht, welche Probleme sich heute auch in der Wahrnehmung der klassischen Staatszwecke stellen und daß dafür historische Lösungsmodelle keine überzeitlichen Rezepte liefern, daß sich etwa im Wohlfahrtszweck die Frage der Zukunftsdimension in ganz anderer Weise stellt, als etwa noch den Vätern des Grundgesetzes bewußt war. Natürlich kann sich auch der Staat andere Zwecke wählen, und er hat dies in der Vergangenheit oft genug getan (Machtzweck). Er kann — Herr *Meyer* — auch den Sport oder sonst etwas fördern: Nach der von mir verwendeten Terminologie handelt es sich dabei überhaupt nicht um Staatszwecke, sondern allenfalls — wenn überhaupt — um Staatsziele. Keiner von uns hat einen numerus clausus der Staatsziele behauptet. Die Frage ist nur, ob sich diese unbestimmte Vielzahl möglicher Staatsziele im demokratischen Verfassungsstaat jedenfalls dort reduziert, wo damit dasjenige beschränkt und gefährdet wird, was wir als elementare Staatszwecke bezeichnet haben. Nur das ist die Frage, nicht ob der Staat den Sport fördern kann oder soll. In diesem Zusammenhang zu Herrn *Mußgnug:* Den Kulturstaatszweck würde ich unter den Wohlfahrtszweck subsumieren und habe es im Referat auch getan; die Sorge um Geld- und Währungswesen scheint mir ein zentraler Bestandteil des staatlichen Schutzzwecks zu sein. Gerade die Älteren unter uns haben noch sehr deutliche Erinnerungen an die damit verbundene existentielle Bedrohung. Die Frage — und damit schlage ich die Brücke zu Herrn *Grimms* Votum — ist nicht die, ob die Modalitäten der Staatszweckwahrnehmung gleich bleiben — natürlich nicht! —, keiner von uns wollte dies behaupten. Die Frage ist vielmehr, ob hinter solchen Wahrnehmungsmodalitäten relativ konstante Zwecke stehen, die den Typus „Staat" und „demokratischer Verfassungsstaat" prägen. Ehe ich darauf eingehe, noch zu Herrn *Bartlsperger:* Die Konsequenzen einer Staatszwecklehre für das Verwaltungsrecht liegen nicht darin, die Kompetenz des demokratischen Gesetzgebers zur Gewichtung von Staatszielen und Staatsaufgaben, und um die geht es ja bei Denkmalschutz usw., zu beschränken. Mit Staatszwecken war hier etwas anderes gemeint, das vor solchen Konkretionen liegt. Gerade die Gemeinwahlkonkretisierungskompetenz ist eben im demokratischen Prozeß offen. Ich habe das so gesagt und Herr *Häberle* wird mir darin wohl zustimmen. Ich zweifle deshalb daran, daß eine Staatszwecklehre dieses Problem lösen kann.

Die Frage, die dahinter steht — und damit komme ich zum zweiten Problemkreis —, scheint mir die eigentliche und wirkliche Kontroverse zu sein, die Frage nämlich: Gibt es überhaupt einen Staat, der sich Zwecke setzen kann, oder ist es nur die Verfassung, die Staatsziele festlegt? Existiert „der Staat" als solcher oder gewinnt er Realität erst mit der und durch die Verfassung. In der Konsequenz *dieser* Auffassung läge es, Zwecke und Ziele allein der jeweiligen Verfassung zu entnehmen. Hier ist mir meine Zustimmung zu Herrn *Isensee* mehrfach vorgeworfen oder als Widerspruch zu meinem Referat angekreidet worden. Ich möchte mich trotzdem dazu bekennen. Ich meine, daß sich Staatszwecke aus dem Begriff des Staates und eines bestimmten Staatstypus ergeben, der nicht mit der Verfassung identisch ist. Herr *Ress* hat dafür eben — für mich sehr eindrucksvoll — das Völkerrecht als Beleg herangezogen. Ich würde dasselbe aus der Geschichte ableiten. Ich habe zwischen Staat und Verfassung unterschieden – ohne damit zu leugnen, daß das konkrete Erscheinungsbild des Staates durch die Verfassung konstituiert wird. In der Tat ist es so – Herr *Suhr* –, daß der Staatsbegriff vielschichtig ist. Ich würde allerdings die von Ihnen genannten Merkmale nicht als Alternativen oder gar als unterschiedliche Staatsdefinitionen ansehen wollen. Ein Staat, der etwas auf sich hält, muß allen diesen Anforderungen genügen. Dies mag, und diesen Vorwurf muß ich auf mir sitzen lassen, eine substanzhafte Vorstellung vom Staat sein. Ich sehe in der Tat den Staat als Realphänomen. Deshalb bin ich auch der Meinung – und insofern bin ich von Herrn *Bartlsperger* mißverstanden worden, daß sich die Staatszwecke nicht nur aus den Grundrechten erschließen. Der Staatszweck „Freiheitsgewährleistung" ist ein Essential des demokratischen Verfassungsstaats. Grundrechte sind Konkretisierungen dieses Freiheitsgewährleistungszwecks und daraus folgt, wie ich glaube, ihre primäre Abwehrfunktion. Aber ich vermag aus den verfassungsrechtlich positivierten Grundrechten nicht eine Staatszwecklehre abzuleiten. Die Staatszwecke – und hier hat Herr *Doehring* das gesagt, was ich meine – liegen vor der Verfassung, sie werden aber durch die Verfassung konkretisiert und ausgeformt. Normative Verbindlichkeit bekommen sie nur durch die Verfassung. Anderenfalls wäre in der Tat – Herr *Roellecke* – der Ideologieverdacht kaum auszuräumen.

Insgesamt geht es hier wohl darum, wie wir das Staatsschiff ansehen. Sehen wir es als ein auf den Wellen treibendes, von den Winden beliebig bewegtes Gefährt ohne feste Kursbestimmung? Ich würde eher dazu neigen, das Staatsschiff als ein (in diesem Sinn) Linienschiff zu sehen, das ein konkretes Ziel ansteuert. Seine Funktion ist es, die Bürger zum Ziel eines bestmöglich realisierten Gemeinwohls zu befördern, das sich letztlich in den anderen Staatszwecken verwirklicht. Das Staatsschiff kann von diesem Kurs abkommen und kann sich in beliebige andere Richtungen bewegen – dann hört es aber auf, ein solches Linienschiff zu sein. Vielen Dank.

(Beifall)

Vorsitzender: Meine sehr verehrten Damen und Herren, wir sind am Ende des ersten Arbeitstages angelagt. Ich darf den Herren Berichterstattern sehr herzlich danken. Ich darf Ihnen allen für diese lebhafte Diskussion danken, die m. E. gezeigt hat, daß es sinnvoll ist, daß in der Vereinigung Völkerrechtler mit Europarechtlern und Staatsrechtlern und Verfassungsrechtlern und sogar Verwaltungsrechtlern an einem Ort zusammen diskutieren.

Zweiter Beratungsgegenstand:

Die Bewältigung der wissenschaftlichen und technischen Entwicklungen durch das Verwaltungsrecht

1. Bericht von Prof. Dr. *Jörn Ipsen*, Osnabrück

Inhalt

I. Einleitung: Technikbewältigung als Staatsaufgabe

Man möchte das Thema[1] mit einem Fragezeichen versehen, scheint es doch von der Gewißheit auszugehen, daß das Verwaltungsrecht die wissenschaftlichen und technischen Entwicklungen unserer Zivilisation „bewältigen" *kann*. Ist es nicht vielmehr *ungewiß*, ob das Verwaltungsrecht eine derartige Leistung zu erbringen vermag, bestehen nicht berechtigte Zweifel an der rechtlichen Steuerbarkeit namentlich der Großtechnik?[2] Ist nicht auch deshalb ein skeptisches Fragezeichen angezeigt, weil Wissenschaft und Technik von einer solchen Eigengesetzlichkeit geprägt sind, daß das Recht sich *notwendig* auf eine ordnende, verfahrensregelnde, bestenfalls konsensbildende Funktion beschränken muß, während die eigentlichen Entscheidungen aufgrund spezialisierten Sachverstandes getroffen werden, der die juristischen Begriffshülsen — Gefahrenabwehr, Risikovorsorge und Restrisiko — autonom ausfüllt?[3] Bleibt der Jurist — auch der im Streitverfahren entscheidende Verwaltungsrichter — letztlich nicht ein halbgebildeter Laie, der sich zu den Definitionen, die er mit „großer Kraft" und „kühner Brust" gibt, vom Sachverständigen — wie Faust von Mephisto — sagen lassen muß:

> „Und wollt Ihr recht ins Innre gehen,
> Habt Ihr davon, Ihr müßt es grad' gestehen,
> So viel als von Herrn Schwerdtleins Tod gewußt!"

Die Bewältigung der wissenschaftlichen und technischen Entwicklungen ist indes unverrückbar eine *staatliche* Aufgabe[4]. Dieser Befund läßt sich nicht nur historisch-deskriptiv belegen — denn die Gefahren der Technik sind stets Gegenstand staatlicher Vorsorge gewesen[5] —,

---

[1] Vgl. dazu die Begleitaufsätze *R. Pitschas,* in: DÖV 1989, S. 785; *M. Ronellenfitsch,* in: DVBl. 1989, S. 851; *R. Streinz,* in: BayVBl. 1989, S. 550; *C. Degenhart,* in: NJW 1989, S. 2435.

[2] *R. Wolf,* Der Stand der Technik, 1986, S. 6, 265.

[3] *R. Wolf* (o. Anm. 2), S. 24 ff.; *ders.,* Zur Antiquiertheit des Rechts in der Risikogesellschaft, in: Leviathan 1987, S. 357.

[4] Vgl. grundlegend *D. Murswiek,* Die staatliche Verantwortung für die Risiken der Technik, 1985, insb. S. 101; *D. Rauschning,* Staatsaufgabe Umweltschutz, in: VVDStRL 38 (1980), S. 167, 181 ff.; *R. Wolf* (o. Anm. 2), S. 1; *P. Kirchhof,* Kontrolle der Technik als staatliche und private Aufgabe, in: NVwZ 1988, S. 97 ff. sowie *J. Kölble,* Staatsaufgabe Umweltschutz: Rechtsformen und Umrisse eines neuen Politikbereichs, in: DÖV 1979, S. 470.

[5] *R. Grawert,* Technischer Fortschritt in staatlicher Verantwortung, in: J. Listl / H. Schambeck (Hrsg.), Festschrift für J. Broermann, 1982, S. 478 f.; zur Entwicklung vgl. insb. *R. Wolf* (o. Anm. 2), S. 41 ff.; vgl. beispielhaft für Preußen die

er stellt unter dem Grundgesetz vor allem eine verfassungsrechtlich-normative Aussage dar[6]. Die Ausdeutung der Grundrechte als Elemente einer objektiven Wertordnung[7] und die daraus abgeleitete Schutzpflicht des Staates für grundrechtlich geschützte Rechtsgüter[8] schließen es aus, daß der Staat der technischen Entwicklung freien Lauf läßt, wie dies noch *Forsthoff* glaubte feststellen zu können[9].

Die grundrechtlich begründeten Schutzpflichten – wenn nicht gar ein „Grundrecht auf Sicherheit"[10] – wenden sich an den Gesetzgeber als positive Handlungsaufträge, deren Erfüllung das BVerfG überprüfen und deren Nachbesserung es ggf. verlangen kann. Technische und – zunehmend – wissenschaftliche Entwicklungen stehen, sofern Risiken von ihnen ausgehen, unter staatlicher Verantwortung; das Grundgesetz verfaßt einen „Präventionsstaat"[11].

„allerhöchste Kabinettsorder, die Anlage und den Gebrauch von Dampfmaschinen betreffend" (GS 1831, S. 243) und ergänzend die „Instruktion vom 13. Oktober 1831 zur Vollziehung der allerhöchsten Kabinettsorder vom 1. Januar 1831" (GS 1831, S. 244 ff.); Gesetz den Betrieb von Dampfkesseln betreffend vom 7. Mai 1856 (GS 1856, S. 295); Gesetz betreffend die Errichtung gewerblicher Anlagen vom 1. Juli 1861 (GS 1861, S. 749); sowie die allgemeinen polizeilichen Bestimmungen über die Anlegung von Landdampfkesseln (RGBl. 1909, S. 3) und von Schiffsdampfkesseln (RGBl. 1909, S. 51) aufgrund früherer Fassung des § 24 GewO.

[6] *BVerfGE* 49, 89 (141 f.) – Kalkar –; 53, 30 (57) – Mülheim-Kärlich –.

[7] *BVerfGE* 6, 32 (40); 6, 55 (72); 7, 198 (205 f.); 10, 59 (81); 21, 362 (371 f.); 50, 290 (336 f.); 73, 261 (269); 76, 1 (49); *BVerfG*, Beschluß v. 18.4.1989 – 2 BvR 1169/85 – S. 16.

[8] *BVerfGE* 39, 1 (41 f.); 46, 160 (164); 49, 89 (141 f.) – Kalkar –; 53, 30 (57) – Mülheim-Kärlich –; 56, 54 (73, 78) – Fluglärm –; 65, 1 (45 f.) – Volkszählung –; *BVerfG*, Beschluß v. 6.6.1989 – 1 BvR 727/84 – S. 12; *D. Murswiek* (o. Anm. 4), S. 88 ff.; *ders.*, Zur Bedeutung der grundrechtlichen Schutzpflichten für den Umweltschutz, in: WiVerw 1986, S. 179; *D. Classen*, Die Ableitung von Schutzpflichten des Gesetzgebers aus Freiheitsrechten, in: JöR 1987, S. 29 ff.; *H. Hofmann*, Atomenergie und Grundrechte, in: A. Roßnagel (Hrsg.), Recht und Technik im Spannungsfeld der Kernenergiekontroverse, 1984, S. 60 f.; *H. Wagner*, Grundrechtsschutz und Technologieentwicklung, in: ZRP 1985, S. 192 m. w. N.

[9] *E. Forsthoff*, Der Staat der Industriegesellschaft, 1971, S. 42; *ders.*, in: Der Staat 1970, S. 157 ff.; vgl. auch *R. Breuer*, Strukturen und Tendenzen des Umweltschutzrechts, in: Der Staat 20 (1981), S. 393.

[10] *J. Isensee*, Das Grundrecht auf Sicherheit, 1983, S. 21 ff., 33 f.; *H. Bethge*, Staatszwecke im Verfassungsstaat – 40 Jahre Grundgesetz –, in: DVBl. 1989, S. 848 f.

[11] *E. Denninger*, Der Präventions-Staat, in: KJ 1988, S. 1; s. auch *D. Grimm*, Verfassungsrechtliche Anmerkungen zum Thema Prävention, in: KritV 1986, S. 38 ff.

Aus der Staatsaufgabe „Technikbewältigung“ folgt zwingend, daß wissenschaftliche und technische Entwicklungen sich – auch – als Rechtsfragen darstellen und das in Ausfüllung der Schutzpflicht entwickelte rechtlich-normative Instrumentarium im Einzelfall entfaltet werden muß. Wo immer die Grenzlinie zwischen juristischer Kompetenz und naturwissenschaftlich-technischem Sachverstand verlaufen mag; der Jurist befindet sich im Technologierecht auf eigenem und – gemessen an der Flut von Publikationen[12] – nicht ungern betretenem Terrain. Nach dieser Vergewisserung muß sich der Blick darauf richten, mit welchen rechtlichen Mitteln *versucht* worden ist, wissenschaftliche und technische Entwicklungen zu bewältigen.

II. Regelungstechniken des Verwaltungsrechts zur Bewältigung wissenschaftlicher und technischer Entwicklungen

Als Regelungstechniken begegnen uns die traditionellen gewerbepolizeilichen Instrumente der Anzeigepflicht und des Genehmigungsvorbehalts, das nicht minder traditionsreiche[13] Institut der Planfeststellung[14] sowie die ebenfalls ins 19. Jahrhundert zurückweisende Techniküberwachung[15].

---

[12] Vgl. nur *W. Berg*, Vom Wettlauf zwischen Recht und Technik, in: JZ 1985, S. 401; *R. Scholz*, Technik und Recht, in: D. Wilke (Hrsg.), Festschrift zum 125jährigen Bestehen der juristischen Gesellschaft zu Berlin, 1984, S. 691; *H. H. Eberstein*, Technik und Recht, in: Festschrift für Martin Luther, 1976, S. 47; *R. Lukes*, Die Gentechnologie aus der Sicht des Rechts der Technik, in: DVBl. 1986, S. 1221; *C. Schmidt*, Zwischen traditioneller Gefahrenabwehr und dynamischem Grundrechtsschutz – beherrscht das Recht die Technik?, in: H. Dreier / J. Hofmann (Hrsg.), Parlamentarische Souveränität und technische Entwicklung, 1986, S. 189 ff.; *C. Rabben*, Rechtsprobleme der atomaren Entsorgung, 1988; *U. Paffrath-Pfeuffer*, Die atomverwaltungsrechtliche Problematik der Kompaktlagerung abgebrannter Brennelemente, 1985; *E. Deutsch*, Das Recht der Gentechnologie, in: ZRP 1987, S. 305; *J. Baltzer* (Hrsg.), Gentechniken und Individuum, 1988; *R. Lukes / R. Scholz*, Rechtsfragen der Gentechnologie, 1986; *H. Weigel*, Regelbedarf zur Risikoverwaltung, in: Demokratie und Recht 1988, S. 401 ff.

[13] Den Ursprung des Planfeststellungsverfahrens bildet § 4 des Preußischen Gesetzes über die Eisenbahn-Unternehmungen vom 3. 11. 1838 (GS S. 505), wonach eine Vielzahl behördlicher Genehmigungen für eine Bahnlinie durch die Genehmigung des zuständigen Ministers ersetzt wurde.

[14] *M. Ronellenfitsch*, Die Planfeststellung, in: VerwArch 1989, S. 92 ff.

[15] *E. Hauck*, Recht der überwachungsbedürftigen Anlagen, in: GewArch 1987, S. 145 ff.

1. *Anzeigepflicht*

Anzeigepflichten dienen der Information staatlicher Behörden, die ohne eine solche Inpflichtnahme Privater nur unter unverhältnismäßigen Schwierigkeiten — etwa durch einen besonderen Überwachungsapparat — gewonnen werden könnte. Sie treten im Technologierecht — je nach inhaltlicher Ausgestaltung als Genehmigungssurrogat, als Störfallanzeige und als Abweichungsanzeige auf[16].

2. *Genehmigungsvorbehalt*

Das typische Instrument der Gefahrenabwehr und Risikovorsorge im Technologierecht ist der *Genehmigungsvorbehalt*[17]. Genehmigungsvorbehalte machen wissenschaftliche oder technische Vorhaben von einer behördlichen Zulassung abhängig, die nach Prüfung und Bejahung der gesetzlichen Tatbestandsvoraussetzungen ausgesprochen wird. Die dem Genehmigungsvorbehalt eigene präventive Kontrolle durch die Behörde bewirkt im Vergleich zur Anzeigepflicht ein höheres Maß an Sicherheit, weil die genehmigungspflichtige Tätigkeit vor Erteilung der Genehmigung unerlaubt und damit rechtswidrig ist.

Der Genehmigungsvorbehalt ist vom Antragsteller her konstruiert, dem regelmäßig eine grundrechtlich geschützte oder durch einfaches Recht eingeräumte Anspruchsposition zusteht[18]. Sofern der genehmigungspflichtigen Tätigkeit keine rechtlichen Bedenken entgegenstehen, insbesondere die notwendige Vorsorge gegen Gefahren und Risiken getroffen ist, dringt diese Rechtsposition durch.

Unter den Genehmigungsvorbehalten des Technologierechts stehen Anlagengenehmigungen[19], Stoffzulassungen[20] sowie — für technisch-

---

[16] Vgl. z.B. zum Genehmigungssurrogat § 4 Abs. 1 Satz 1 ChemG, § 8 Abs. 1 Satz 1 TierSchG, §§ 8 Abs. 1, 9 Abs. 1 EGenTG; zur Störfallanzeige § 11 StörfallVO, § 36 StrlSchV, § 19 Abs. 3 EGenTG; zur Abweichungsanzeige § 16 Abs. 1 Satz 1 BImSchG, § 19 Abs. 2 EGenTG.

[17] *J. Pietzcker*, Mitverantwortung des Staates, Verantwortung des Bürgers, in: JZ 1985, S. 210; *M. A. Wagner*, Die Genehmigung umweltrelevanter Vorhaben in parallelen und konzentrierten Verfahren, 1987; *D. Kröncke*, Die Genehmigung von Kernkraftwerken, 1982, S. 10ff.

[18] *R. Wahl*, Genehmigung und Planungsentscheidung, in: DVBl. 1982, S. 53; *J. Pietzcker*, Mitverantwortung des Staates, Verantwortung des Bürgers, in: JZ 1985, S. 211.

[19] Z.B. für Flugplätze (§ 6 LuftVG), ortsfeste Anlagen zur Erzeugung, Verarbeitung oder Aufarbeitung von Kernbrennstoffen (§ 7 Abs. 1 AtG), emittierende Anlagen (§ 4 BImSchG), Ausbau oder Neubau von Bundeswasserstraßen (§ 14 Abs. 1 Satz 2 WaStrG), Lager für explosionsgefährliche Stoffe (§ 17 Abs. 1 Satz 1

physikalische Produkte, die in großer Zahl hergestellt werden — Bauartzulassungen[21] oder Typengenehmigungen[22] im Vordergrund. Mit zunehmender Tendenz finden sich Genehmigungsvorbehalte, die nicht allein an Rechtspositionen aus Art. 12 GG zu messen sind, sondern die *Wissenschaftsfreiheit* einschränken. Das sich hier abzeichnende Problem der Einschränkbarkeit der Forschungsfreiheit, das weiterer Vertiefung bedürfte[23], bestätigt indes die Struktur des Genehmigungsvorbehalts, der nicht auf die Zuteilung von Betätigungschancen abzielt, sondern vor dem Hintergrund grundrechtlicher Rechtspositionen eine behördliche Kontrolle ermöglicht[24].

3. *Planfeststellung*

Das Planfeststellungsverfahren ist nicht von einer individuellen Anspruchsposition her konzipiert, ihm liegt vielmehr der Gedanke zugrunde, daß komplexe raumbedeutsame — in aller Regel öffentliche — Vorhaben in ihre räumliche Umgebung eingepaßt werden müssen[25]. Diesem Ziel dient die Zuziehung der Behörden, deren „Aufgabenbereich durch das Vorhaben berührt wird" (§ 73 Abs. 2 VwVfG), und die Beteiligung der Öffentlichkeit. Die Planfeststellungsbehörde wägt im Rahmen ihrer Gestaltungsfreiheit ab, welchen Belangen der Vorzug einzuräumen ist. Durch den Planfeststellungsbeschluß wird schließlich die Zulässigkeit des Vorhabens „im Hinblick auf alle von ihm berührten öffentlichen Belange festgestellt" (§ 75 Abs. 1 Satz 1 VwVfG).

Die der Planfeststellung eigene Gestattungswirkung für raumbedeutsame Vorhaben hat dazu geführt, daß der Planfeststellungsbe-

---

Nr. 1 SprengG), Röntgeneinrichtungen (§ 3 Abs. 1 RöV), Fernmeldeanlagen (§ 2 Abs. 1 Satz 1 FernmG).

[20] Z. B. giftige Stoffe (§ 11 Abs. 1 GefStoffV), Pflanzenschutzmittel (§ 11 Abs. 1 Satz 1 PflSchG), Arzneimittel (§§ 21, 25 ArzneimittelG), Betäubungsmittel (§ 3 Abs. 1 BtMG), explosionsgefährliche Stoffe und Sprengzubehör (§ 5 Abs. 1 Satz 1 SprengG).

[21] Z. B. Musterzulassung von Luftfahrzeugen (§ 2 Abs. 2 Nr. 1 LuftVG), Fahrzeugteile (§ 22 a StVZO), bestimmte umweltgefährliche Serienprodukte (§ 33 BImSchG), Spielgeräte (§ 33 e GewO).

[22] Z. B. allgemeine Betriebserlaubnis für Kraftfahrzeuge (§ 20 StVZO).

[23] *R. Pitschas,* (o. Anm. 1), S. 786; *C. Degenhart* (o. Anm. 1), S. 2438.

[24] *R. Wahl* (o. Anm. 18), S. 52 f.

[25] *H.-W. Rengeling,* Planfeststellung für die Endlagerung radioaktiver Abfälle, 1984; *R. Breuer,* Die Planfeststellung für Anlagen zur Endlagerung radioaktiver Abfälle, 1984.

schluß zunehmend als „Unternehmergenehmigung" gedeutet und damit in die Nähe des Genehmigungsvorbehalts gerückt wird[26]. Es gilt zwar festzuhalten, daß beide Regelungsmodelle von verschiedenen Ausgangspunkten her konstruiert sind, sie bewegen sich in der Rechtswirklichkeit jedoch aufeinander zu.

Bei *Großanlagen,* die einem Genehmigungsvorbehalt unterliegen, fehlt in weiten Sektoren eine grundrechtlich verfestigte Anspruchsposition des Betreibers. Die gegenwärtig noch kontrovers diskutierte Frage, ob juristische Personen des privaten Rechts, deren Anteile vom Staat oder kommunalen Gebietskörperschaften gehalten werden, *grundrechtsfähig* sind[27], ist eindeutig zu verneinen. Dies gilt nicht nur für den Fall, daß sämtliche Anteile in öffentlicher Hand sind — wie es das BVerfG auf die Verfassungsbeschwerde des benachbarten *Hamelns* hin entschieden hat[28]. Die Grundrechtsfähigkeit entfällt vielmehr immer schon dann, wenn — sei es direkt, sei es über Konzernkonstruktionen — die öffentliche Hand bestimmenden Einfluß auf ein Unternehmen ausübt[29]. Die Metamorphose in die Privatrechtsform[30] hätte andernfalls zur Folge, daß der Staat die staatsgerichteten Abwehrrechte für sich selbst in Anspruch nimmt[31].

---

[26] So *W. Löwer,* Klagebefugnis und Kontrollumfang der richterlichen Planprüfung bei straßenrechtlichen Planfeststellungsbeschlüssen, in: DVBl. 1981, S. 529; *H. D. Jarass,* Wirtschaftsverwaltungsrecht und Wirtschaftsverfassungsrecht, 2. Aufl. 1984, S. 167 f.; *P. Badura,* Das Verwaltungsverfahren, in: H.-U. Erichsen / W. Martens (Hrsg.), Allgemeines Verwaltungsrecht, 8. Aufl. 1988, S. 447; *ders.*, Die Standortentscheidung bei der Unternehmergenehmigung mit planungsrechtlichem Einschlag, in: BayVBl. 1976, S. 515 ff.; vgl. auch *W. Erbguth,* Rechtssystematische Grundfragen des Umweltrechts, 1987, S. 158 ff.

[27] *H. Hofmann,* (o. Anm. 8), S. 59 ff.; *C. Degenhart,* Kernenergierecht, 2. Aufl. 1982, S. 186 in Fn. 150; *G. Haverkate,* Die Einheit der Verwaltung als Rechtsproblem, in: VVDStRL 46 (1988), S. 228; *R. Wahl* (o. Anm. 18), S. 59; *D. Murswiek* (o. Anm. 4), S. 233 f.; vgl. die Nachweise bei *A. v. Mutius,* in: Bonner Kommentar, Art. 19 Abs. 3, Zweitbearbeitung 1974, Rdnr. 145; *H. Bethge,* Grundrechtsträgerschaft juristischer Personen, in: AöR 104 (1979), S. 269 ff.; *G. Püttner,* Die öffentlichen Unternehmen, 2. Aufl. 1984, S. 120 f.

[28] *BVerfGE* 45, 63 (80).

[29] *BVerfGE* 45, 63 (78 f.); 61, 82 (102); *P. Badura* (o. Anm. 26), S. 516; *V. Emmerich,* Das Wirtschaftsrecht der öffentlichen Unternehmen, 1969, S. 91 ff.; *D. Ehlers,* Verwaltung in Privatrechtsform, 1984, S. 85.

[30] *R. Wahl* (o. Anm. 18), S. 59.

[31] *BVerfGE* 61, 82 (101) — Sasbach —; *H. Bethge,* Zur Grundsrechtsfähigkeit der öffentlichen Hand, in: JA 1978, S. 537 f.; *K. Kröger,* Juristische Personen des öffentlichen Rechts als Grundrechtsträger, in: JuS 1981, S. 29.

Wichtige Anwendungsbereiche des Genehmigungsvorbehalts — namentlich im Bereich der Energieversorgungsanlagen — sind somit der *grundrechtlichen* Ausgangsposition entkleidet und erfordern vorerst eine — dem Planfeststellungsverfahren vergleichbare — Abwägung verschiedener *öffentlicher* Belange. Da Großvorhaben regelmäßig raumbedeutsam sind und in einen größeren räumlichen Zusammenhang eingeordnet werden müssen, gehen Kontroll- und Planungselemente eine Verbindung ein. Im Ergebnis ist das Planfeststellungsverfahren auch ein *Kontroll*verfahren, das Genehmigungsverfahren auch ein *Plan*verfahren. Die Zulassung von Großanlagen stellt sich deshalb — gleichgültig, ob sie als „Unternehmergenehmigung" oder als Planfeststellung ausgestaltet ist — stets als kombinierte Kontroll- und Planungsentscheidung dar[32].

4. *Technikũberwachung*

Neben die präventive Kontrolle wissenschaftlicher und technischer Entwicklungen tritt als begleitende Kontrolle die *Technikũberwachung*[33]. Sie ist rechtlich als Eigen- oder Fremdüberwachung ausgestaltet[34], wobei beide Überwachungsmodelle regelmäßig verbunden sind.

Die *Eigenüberwachung* ist eine selbstverständliche Pflicht eines jeden Betreibers wissenschaftlicher oder technischer Einrichtungen, von denen Gefahren oder Risiken ausgehen[35]. Gesetzlicher Normierung bedarf hingegen die Verpflichtung, besondere *Beauftragte* mit festgelegtem Pflichtenkreis zu bestellen[36].

---

[32] Vgl. *F. Ossenbühl,* Die gerichtliche Überprüfung der Beurteilung technischer und wirtschaftlicher Fragen in Genehmigungen des Baus von Kernkraftwerken, in: DVBl. 1978, S. 1 ff.; *D. Kröncke* (o. Anm. 17), S. 75 ff., 111 ff.; *M. Beckmann,* Die Umweltverträglichkeitsprüfung und das rechtssystematische Verhältnis von Planfeststellungsbeschlüssen und Genehmigungsentscheidungen, in: DÖV 1987, S. 944 ff.; *R. Wahl* (o. Anm. 18), S. 53.

[33] Grundlegend *U. Steiner,* Gefahrenabwehr und technische Überwachung, 1984.

[34] *U. Steiner,* Technische Kontrolle im privaten Bereich — insbesondere Eigenüberwachung und Betriebsbeauftragte, in: R. Breuer / M. Kloepfer / P. Marburger / M. Schröder (Hrsg.), Technische Überwachung im Umwelt- und Technikrecht, 1988, S. 19 ff.

[35] Vgl. z. B. § 6 Abs. 1 Nr. 1 der 12. BImSchV (Störfall-Verordnung), § 6 EGenTG, § 18 GefStoffV; *M. Rebentisch,* Technische Kontrolle in staatlicher Verantwortung, in: R. Breuer / M. Kloepfer / P. Marburger / M. Schröder (o. Anm. 34), S. 55.

[36] Vgl. dazu *H. P. Sander,* Stichwort „Eigenüberwachung", in: O. Kimminich / H. v. Lersner / P.-C. Storm (Hrsg.), Handwörterbuch des Umweltrechts, I. Bd., 1986, Sp. 398 f.; *ders.,* Rechtsstellung des Betriebsbeauftragten für Gewässerschutz

Die *Fremdüberwachung* technischer und wissenschaftlicher Einrichtungen wird entweder durch amtlich anerkannte Sachverständige[37] oder durch staatliche Behörden vorgenommen. Soweit die Techniküberwachung staatlichen Behörden obliegt, sind ihnen regelmäßig weiträumige Befugnisse eingeräumt worden[38]. Aufgaben- und Befugnisnormen bilden zusammen ein dichtes Geflecht, das hinreichende normative Voraussetzungen für eine effektive Kontrolle insbesondere technischer Großanlagen bietet[39].

III. Die Großanlagentechnik als Regelungsgegenstand des Verwaltungsrechts

Technischen Großanlagen ist ein Gefahrenpotential für Rechtsgüter eigen, die — wie das Leben, die körperliche Unversehrtheit und das Eigentum — grundrechtlich geschützt sind. Dem Recht der technischen Sicherheit ist die Aufgabe gestellt, das Gefahrenpotential so gering wie möglich zu halten. Diesem Ziel dienen gleichermaßen die materiell-rechtlichen Zulassungsvoraussetzungen, die Konzeption eines Zulassungsverfahrens unter Beteiligung der Öffentlichkeit und die gerichtliche Kontrolle ergangener Genehmigungen oder Planfeststellungsbeschlüsse.

---

aus der Sicht der Industrie, in: NuR 1985, S. 47 ff.; *P. J. Tettinger*, Der Immissionsschutzbeauftragte — ein Beliehener?, in: DVBl. 1976, S. 657 ff.; *T. Steinmark*, Betriebsbeauftragte im Umwelt- und Sozialbereich, in: BB 1983, S. 867 ff.; *W. Bischof*, Stichwort „Strahlenschutzrecht", in: O. Kimminich / H. v. Lersner / P.-C. Storm, Handwörterbuch des Umweltrechts, II. Bd., 1988, Sp. 432.

37 Vgl. dazu *U. Steiner*, Verfassungsfragen einer Einbeziehung von Sachverständigen nach § 36 GewO in die Prüfungen überwachungsbedürftiger Anlagen, in: BB 1987, S. 1824; zu den Technischen Überwachungsvereinen vgl. *V. Götz*, Technischer Überwachungs-Verein und Verfassungsrecht, in: V. Götz / R. Lukes (Hrsg.), Zur Rechtsstruktur der Technischen Überwachungs-Vereine, 2. Aufl. 1980, S. 9 ff.; *F. Nicklisch*, Technische Überwachungsorganisationen und öffentlich bestellte Sachverständige, 1983; *W. Thieme*, Das Prüfungsmonopol bei überwachungsbedürftigen gewerblichen Anlagen, 1987.

38 Vgl. dazu *F. L. Knemeyer*, Stichwort „Überwachung", in: O. Kimminich / H. v. Lersner / P.-C. Storm (o. Anm. 36), II. Bd., 1988, Sp. 540 ff.

39 *M. Rebentisch* (o. Anm. 35), S. 42. Allenfalls besteht ein Vollzugsdefizit.

1. Materielles Genehmigungsrecht

a) Gefahrenabwehr und Risikovorsorge

Die Zulassung von Großanlagen setzt — trotz unterschiedlicher Struktur der Genehmigungstatbestände im einzelnen[40] — voraus, daß Gefahren ausgeschlossen sind und die notwendige Vorsorge gegenüber Risiken getroffen worden ist. Der Gefahrenbegriff steht in der polizeirechtlichen Tradition und kennzeichnet somit eine Sachlage, die bei ungehindertem Geschehensablauf zu einem Schaden für die zu schützenden Rechtsgüter führt[41]. Nach polizeirechtlicher Doktrin ist Maßstab, ob sich ein Geschehensablauf zu einem Schaden für die öffentliche Sicherheit und Ordnung entwickelt, die Wahrscheinlichkeit[42]. Als wahrscheinlich gilt jede nicht entfernte Möglichkeit des Schadenseintritts, an die jedoch mit wachsendem Schadensausmaß geringere Anforderungen zu stellen sind[43]. Ist der polizeirechtliche Gefahrenbegriff insofern offen und prinzipiell im technischen Sicherheitsrecht verwendbar, so signalisiert er doch andererseits, daß der Schadenseintritt nicht völlig unwahrscheinlich sein darf. Für Kausalverläufe unterhalb der — wie auch immer zu definierenden — Gefahrenschwelle bedurfte es deshalb einer neuen begrifflichen Kategorie[44].

Im Anschluß an wegweisende Entscheidungen des BVerfG[45] hat sich hierfür der Begriff des „Risikos“ durchgesetzt[46], das — wie die Gefahr — ein Produkt aus Schadensausmaß und Eintrittswahrschein-

---

[40] *J. Ipsen,* Die Genehmigung technischer Großanlagen, in: AöR 107 (1982), S. 261 ff.

[41] *BVerwGE* 72, 300; *V. Götz,* Allgemeines Polizei- und Ordnungsrecht, 9. Aufl. 1988, S. 65 ff.; *R. Lukes,* Gefahren und Gefahrenbeurteilungen in der Rechtsordnung der Bundesrepublik Deuitschland, in: R. Lukes (Hrsg.), Gefahren und Gefahrenbeurteilungen im Recht, 1980, S. 71 ff.

[42] *V. Götz* (o. Anm. 41), S. 65 ff.; *R. Breuer,* Umweltschutz und Gefahrenabwehr bei Anscheins- und Verdachtslagen, in: P. Selmer / I. v. Münch, Gedächtnisschrift für Wolfgang Martens, 1987, S. 317 ff.

[43] *V. Götz* (o. Anm. 41), S. 65 ff.; *R. Wolf* (o. Anm. 3), S. 362 ff.

[44] *E. Benda,* Technische Risiken und Grundgesetz, in: W. Blümel / H. Wagner, Technische Risiken und Recht, 1981, S. 5 ff.; *H. P. Plischka,* Technisches Sicherheitsrecht, 1969, S. 96 ff.

[45] *BVerfGE* 49, 89 (139) — Kalkar —; 53, 30 (59) — Mülheim-Kärlich —.

[46] *F. Ossenbühl,* Die Bewertung technischer Risiken bei der Rechtsetzung, in: DÖV 1982, S. 833 ff.; *P. Marburger,* Das technische Risiko als Rechtsproblem, in: Bitburger Gespräche, Jahrbuch 1981, S. 39 ff.; *A. Birkhofer,* Das Risikoproblem in der Technik: Möglichkeiten und Grenzen der Beurteilung technischer Risiken, in: Bitburger Gespräche, Jahrbuch 1981, S. 61 ff.; *Der Bundesminister für Forschung*

lichkeit darstellt[47], als Rechtsbegriff jedoch nicht vergleichbar festgelegt ist. Das Risiko ermöglicht die Einbeziehung gänzlich unwahrscheinlicher Geschehensabläufe und von Auswirkungen, über deren Schädlichkeit noch keine sicheren Erkenntnisse vorliegen[48].

Zu den Prämissen des technischen Sicherheitsrechts gehört die Erkenntnis, daß es beim Betrieb technischer Großanlagen keine absolute Sicherheit geben kann[49]. Jenseits bestmöglicher Gefahrenabwehr und Risikovorsorge verbleibt bei jeder Anlagengenehmigung eine Zone der Ungewißheit, die ihren Grund in der Begrenztheit menschlichen Erkenntnisvermögens hat. Dieses „Restrisiko" ist nach Auffassung des BVerfG von allen Bürgern als „sozial-adäquate Last" zu tragen[50].

Die dogmatischen Figuren der Gefahrenabwehr, der Risikovorsorge, des Restrisikos und ihre begrifflichen Äquivalente dürfen nicht als — abwärts gerichtete — *Stufentheorie* des technischen Sicherheitsrechts mißverstanden werden. „Gefahr" und „Risiko" ergeben sich gleichermaßen aus Schadensausmaß und Schadenswahrscheinlichkeit, gehen also ineinander über[51]. Das nach der Rechtsprechung des BVerfG hiervon zu trennende Restrisiko bildet ebenfalls keine quantifizierbare Größe. Der zur Abgrenzung herangezogene Topos der „praktischen Vernunft" ist schon deshalb auf Kritik gestoßen, weil er eine Leerformel darstellt und nicht erkennen läßt, ob auf das menschliche Erkenntnisvermögen oder das gegenwärtige Ingenieurwissen

---

und Technologie (Hrsg.), Deutsche Risikostudie Kernkraftwerke, Phase A, 2. Aufl. 1980, Deutsche Risikostudie Kernkraftwerke, Phase B, 1989; *VDE / VDI* (Hrsg.), Risiko — Schnittstelle zwischen Recht und Technik, 1982; *D. Murswiek* (o. Anm. 4), S. 80 ff.

[47] *E. Benda* (o. Anm. 44); *H.-W. Rengeling,* Die immissionsschutzrechtliche Vorsorge als Genehmigungsvoraussetzung, in: DVBl. 1982, S. 626 f.; *A. Birkhofer / K.-H. Lindackers,* Technik und Risiko, in: R. Lukes / A. Birkhofer (Hrsg.), Rechtliche Ordnung der Technik als Aufgabe der Industriegesellschaft, 1980, S. 97 ff.

[48] *J. Ipsen* (o. Anm. 40), S. 260 ff.; vgl. auch *A. Roßnagel,* Die rechtliche Fassung technischer Risiken, in: UPR 1986, S. 46 ff.; *D. Sellner,* Technischer Fortschritt und technisches Risiko im Lichte der Rechtsprechung, in: R. Lukes (Hrsg.), 7. Deutsches Atomrechts-Symposium, 1983, S. 265 ff., 275.

[49] *BVerfGE* 49, 89 (143) — Kalkar —; *P. Marburger,* Rechtliche Grenzen technischer Sicherheitspflichten, in: WiVerw 1981, S. 241 ff.

[50] *BVerfGE* 49, 89 (143) — Kalkar —; vgl. auch *T. Sommer,* Die Bedeutung der Sozialadäquanz bei der rechtlichen Bewertung technischer Risiken, 1986.

[51] *D. Smidt,* Die nach dem Stand von Wissenschaft und Technik erforderliche Vorsorge gegen Schäden, in: W. Blümel / H. Wagner, Technische Risiken und Recht, 1981, S. 39; *E. Benda* (o. Anm. 44), S. 5.

abgestellt wird[52]. Als normative Aussage ist den Genehmigungstatbeständen vorerst nur zu entnehmen, daß technische Großanlagen *so sicher wie möglich* sein sollen. Zur Festlegung der Sicherheitsstandards im einzelnen bedienen sich die Gesetze unbestimmter Rechtsbegriffe, die auf wissenschaftliche und technische Erkenntnisse verweisen und somit die Schnittstelle zwischen Recht und Technik bilden[53].

b) Dynamisierung des Rechtsgüterschutzes durch Verweisungstechnik

Im Technologierecht werden die Sicherheitsstandards – hier wieder in aufsteigender Stufenfolge – mit den Formeln „anerkannte Regeln der Technik"[54], „Stand der Technik"[55] und „Stand von Wissenschaft und Technik"[56] umschrieben[57].

---

52 *R. Wolf* (o. Anm. 2), S. 320 ff.; *H. Sommer,* Praktische Vernunft beim kritischen Reaktor, in: DÖV 1981, S. 654 ff.; *E. Benda* (o. Anm. 44), S. 7 f.; *W. Renneberg,* Der „Stand der Wissenschaft" und die „Schadensvorsorge" im atomrechtlichen Genehmigungsverfahren, in: ZRP 1986, S. 161 ff.; *G. Winter / R. Schäfer,* Zur richterlichen Rezeption natur- und ingenieurwissenschaftlicher Voraussagen über komplexe technische Systeme am Beispiel von Kernkraftwerken, in: NVwZ 1985, S. 705 ff.

53 Grundlegend *P. Marburger,* Die Regeln der Technik im Recht, 1979, S. 166 ff.; *F. Nicklisch,* Rechtsvorschriften für Anlagen, Geräte und Stoffe, in: Bundesministerium für Wirtschaft (Hrsg.), Sicherheitstechnische Rechtsvorschriften im deutschen und europäischen Recht, 1984, S. 14 ff. Zu den Regeln der Technik im Strafrecht vgl. *B. Schünemann,* Die Regeln der Technik im Strafrecht, in: W. Küper (Hrsg.), Festschrift für K. Lackner, 1987, S. 367 ff.

54 § 3 Abs. 1 GerätesicherheitsG, § 2 Abs. 1 Satz 3 HPflG, s. auch § 323 Abs. 1, 2 StGB; *W. Herschel,* Rechtsfragen der Technischen Überwachung, 2. Aufl. 1980, S. 120 f.; *W. Brinkmann,* Rechtliche Aspekte der Bedeutung von technischen Normen für den Verbraucherschutz, 1984, S. 15 f.; *H. P. Plischka* (o. Anm. 44), S. 32 ff., 50 ff.; *H. H. Eberstein,* Einführung in die Grundsätze des sicherheitstechnischen Rechts, 1987, S. 72 ff.

55 §§ 3 Abs. 6, 5 Abs. 1 Nr. 2, 14 Satz 2 BImSchG, § 5 Abs. 2 Nr. 3 SprengG, § 4 BundesbahnG, § 2 Abs. 1 Nr. 4 LuftVG, §§ 21, 36 PBefG, §§ 43 Abs. 1 Satz 1, 49 Abs. 1 StVZO, § 6 Abs. 2 BDSG, § 2 Abs. 3 StörfallVO; grundlegend *H.-W. Rengeling,* Der Stand der Technik bei der Genehmigung umweltgefährdender Anlagen, 1985; *R. Wolf* (o. Anm. 2), S. 257 ff.; *P. Marburger,* Technische Begriffe und Rechtsbegriffe, in: B. Rüthers / K. Stern (Hrsg.), Festgabe zum 10jährigen Jubiläum der Gesellschaft für Rechtspolitik, 1984, S. 275 ff.

56 §§ 4 Abs. 2 Nr. 3, 5 Abs. 1, 7 Abs. 2 Nr. 3 AtG, §§ 6 Abs. 1 Nr. 5, 10 Abs. 1 Nr. 3 StrlSchVO, § 24 Abs. 4 Satz 2 GewO, §§ 3 Abs. 2 Nr. 4, 22 RöntgenVO, § 4 Abs. 1 Nr. 1 SprengG; *P. Marburger,* Atomrechtliche Schadensvorsorge, 2. Aufl. 1985; *ders.,* Überlegungen zur Konkretisierung der nach dem Stand von Wissenschaft und Technik erforderlichen Schadensvorsorge im Atomrecht, in: ET 1984, S. 209 ff.; *W. Obenhaus / B. Kuckuck,* Funktion und Strukturmerkmale des Begriffs

Die Genehmigungstatbestände verweisen damit auf technische Regelwerke und wissenschaftliche Erkenntnisse, sind also „in die Zukunft hin offen"[58], weil sie keinen bestimmten Sicherheitsstandard fixieren, sondern Raum für eine Weiterentwicklung der Technik und für die Berücksichtigung neuer wissenschaftlicher Erkenntnisse lassen. Der „Stand von Wissenschaft und Technik" ist nicht mit dem „Stand der Wissenschaftler und Techniker"[59] gleichzusetzen. Nicht die Zahl der Fachvertreter ist ausschlaggebend – denn die „herrschende Meinung" ist auch in den naturwissenschaftlich-technischen Disziplinen eine schwer zu bestimmende Größe –; selbst die singuläre Erkenntnis kann „Stand der Wissenschaft" sein[60].

Der durch die Genehmigungsvoraussetzungen bewirkte Rechtsgüterschutz stellt sich insofern als „dynamisch" dar und ist nach Auffassung des BVerfG in seiner Dynamik grundrechtlich geboten[61]. Mit der Verweisungstechnik zieht sich das Recht – und der Jurist – keineswegs aus der Großanlagentechnik zurück; ihre Dialektik liegt vielmehr darin, über das Recht hinauszuweisen, die so gewonnenen Sicherheitsstandards aber wieder in das Recht zu integrieren. Obgleich es folgerichtig wäre, die Sicherheitsstandards zumindest durch *untergesetzliche* Rechtsnormen festzulegen[62], finden sie sich in ganz unterschiedlichen Normierungen teils staatlicher, teils privater Provenienz.

„Stand von Wissenschaft und Technik" für die erforderliche Schadensvorsorge im Atomrecht, in: DVBl. 1980, S. 154 ff.

[57] *P. Marburger* (o. Anm. 53), S. 145 ff.; *A. Rittstieg*, Die Konkretisierung technischer Standards im Anlagenrecht, 1982; *F. Nicklisch*, Funktion und Bedeutung technischer Standards in der Rechtsordnung, in: BB 1983, S. 261 ff.; *R. Nolte*, Rechtliche Anforderungen an die technische Sicherheit von Kernanlagen, 1984, S. 39 ff., 75 ff.; *H.-J. Papier*, Rechtsvorschriften für Anlagen, Geräte und Stoffe, in: Bundesministerium für Wirtschaft (Hrsg.), Sicherheitstechnische Rechtsvorschriften im deutschen und europäischen Recht, 1984, S. 45 ff.; *E. Benda* (o. Anm. 44), S. 7.

[58] *BVerfGE* 49, 89 (137) – Kalkar –.

[59] So aber *F. Nicklisch*, Wechselwirkungen zwischen Technologie und Recht, in: NJW 1982, S. 2641 f.; ähnlich *M. Müller-Foell*, Die Bedeutung technischer Normen für die Konkretisierung von Rechtsvorschriften, 1987, S. 160 ff.

[60] Ähnlich *BVerwGE* 72, 300 (316) – Wyhl II – („alle vertretbaren wissenschaftlichen Erkenntnisse").

[61] *BVerfGE* 49, 89 (137 ff.) – Kalkar –; *A. Roßnagel*, Rechtliche Risikosteuerung, in: A. Roßnagel (Hrsg.), Recht und Technik im Spannungsfeld der Kernenergiekontroverse, 1984, S. 198 ff.

[62] *A. Rittstieg* (o. Anm. 57), S. 219 ff., 246.

c) Rechtsnormen und technische Normung — Krise der Steuerungsfähigkeit des Rechts?

Unterhalb der Ebene des förmlichen Gesetzes, das sich neben der generalklauselartigen Umschreibung der Genehmigungsvoraussetzungen meist darauf beschränkt, Verfahrens- und Haftungsfragen[63] zu regeln, gibt es eine kaum übersehbare Fülle von staatlichen, halbstaatlichen und privaten Regelwerken, die sämtlich die geforderten Sicherheitsstandards konkretisieren, in ihrer Rechtsnatur und — vor allem — Verbindlichkeit jedoch nicht immer leicht einzuordnen sind[64].

Weite Sachbereiche sind durch Rechtsverordnungen abgedeckt, zu deren Erlaß die förmlichen Gesetze weiträumig ermächtigen[65].

Der wenig übersichtliche Bereich der Verwaltungsvorschriften ist von den Rechtsverordnungen inhaltlich schwer zu unterscheiden, weil auch in ihnen Sicherheitsstandards und — wie bei den bekannten technischen Anleitungen[66] — Grenzwerte festgelegt werden.

Als nicht- oder halbstaatliche Regelwerke sind die Leitlinien und Empfehlungen beratender Gremien, die Regeln von Normausschüssen, sowie andere private Verbandsvorschriften anzusprechen[67]. Die zahlreichen Beratergremien, Kommissionen und Ausschüsse vereinigen ausnahmslos den Sachverstand der entsprechenden Fachrichtung

---

[63] §§ 10, 19 BImSchG, §§ 25 ff. AtG, §§ 16 ff., 28 ff. EGenTG.

[64] *P. Marburger* (o. Anm. 53), S. 195 ff.; *A. Rittstieg* (o. Anm. 57), S. 46 ff.; *U. K. Preuß*, Rechtliche Steuerung der Technologieentwicklung am Beispiel des Atomgesetzes, in: W. Brandt / H. Gollwitzer / J. F. Henschel (Hrsg.), Festschrift für Helmut Simon, 1987, S. 575 ff.; *P. Fischer*, Umweltschutz durch technische Regelungen, 1989, S. 36 ff.; *W. Berg*, Vom Wettlauf zwischen Recht und Technik, in: JZ 1985, S. 403.

[65] Siehe allein die Ermächtigungen zum Erlaß von Rechtsverordnungen im BImSchG: §§ 4 Abs. 1 Satz 3 (i. V. m. § 19 Abs. 1), 7 Abs. 1, 10 Abs. 10 und 11, 23 Abs. 1, 27 Abs. 4, 32, 34 Abs. 1 und 2, 35 Abs. 1, 37, 38 Abs. 2, 40, 43 Abs. 1, 49 Abs. 1 und 2, 53 Abs. 1 Satz 2, 55 Abs. 2 Satz 3 und 59 Abs. 1.

[66] Allgemeine Verwaltungsvorschrift über genehmigungsbedürftige Anlagen nach § 16 der Gewerbeordnung — Technische Anleitung zum Schutz gegen Lärm (TA-Lärm) vom 16. 7. 1968 (Beilage zum BAnz. Nr. 137 vom 26. 7. 1968); Erste Allgemeine Verwaltungsvorschrift zum Bundesimmissionsschutzgesetz (Technische Anleitung zur Reinhaltung der Luft — TA Luft) vom 27. 2. 1986 (GMBl. S. 95, ber. S. 202).

[67] *K. Vieweg*, Atomrecht und technische Normung, 1982; *A. Rittstieg* (o. Anm. 57), S. 45 ff.; *P. Marburger*, Technische Normen im Recht der technischen Sicherheit, in: BB Beilage 4/1985, S. 16 ff.; *M. Müller-Foell* (o. Anm. 59), S. 59 ff.; *W. Herschel* (o. Anm. 54), S. 122 f.; *W. Brinkmann* (o. Anm. 54), S. 17 ff.; *H. P. Plischka* (o. Anm. 44), S. 38 ff.

und sind darüber hinaus häufig „pluralistisch" zusammengesetzt, spiegeln also die unterschiedlichen Interessengruppen und Branchen wider[68].

Alle hier genannten Regelwerke „konkretisieren" die in den förmlichen Gesetzen festgelegten Genehmigungsvoraussetzungen. Die beiden *staatlichen* Schichten der Normierung – Rechtsverordnung und Verwaltungsvorschrift – erfassen indes nur einen schmalen Ausschnitt, so daß die Sicherheitsstandards in weiten Bereichen des Großanlagenrechts durch technische Regelwerke *privater* Verbände bestimmt werden[69]. Das Ineinandergreifen staatlicher und privater Normierung ist für das Technologierecht kennzeichnend und erfährt seine prinzipielle Rechtfertigung durch die gesetzliche Verweisung auf außerrechtliche Standards. Völlig ungeklärt ist indes, welche Sachfragen notwendig *staatlicher* Normierung unterliegen und welche demgegenüber der privaten Regelung überlassen werden können. Innerhalb der staatlichen Sphäre müssen darüber hinaus Rechtsverordnung und Verwaltungsvorschrift einander präziser zugeordnet werden. Grenzwerte und ähnliche Normierungen dezisionären Charakters sollten der Rechtsverordnung vorbehalten bleiben[70]. Soweit sich derartige Festlegungen in Verwaltungsvorschriften finden, ist zu beachten, daß sie allein für die exekutivischen Rechtsanwendungsorgane *verbindlich*[71], für Gerichte aber nur *beachtlich* sind. Der Versuch des Bundesverwaltungsgerichts, „normkonkretisierende" Verwaltungsvorschriften wegen des ihnen zugrundeliegenden Sachverstands für verbindlich zu erklären[72], stößt auf gewichtige verfassungsrechtliche Bedenken[73].

---

[68] *A. Rittstieg* (o. Anm. 57), S. 50 ff.

[69] *A. Roßnagel* (o. Anm. 48), S. 49; *Deutsches Institut für Normung e. V.* (Hrsg.), Verweisung auf technische Normen in Rechtsvorschriften, 1982.

[70] *R. Breuer*, Direkte und indirekte Rezeption technischer Regeln durch die Rechtsordnung, in: AÖR 101 (1976), S. 46 ff.; *J. Ipsen* (o. Anm. 40), S. 267 ff.

[71] Vgl. nur *F. Ossenbühl*, Zur Bindungswirkung technischer Regelwerke, in: BB 1984, S. 1901.

[72] *BVerwGE* 72, 300 (320 f.) – Wyhl II –; vgl. *M. Gerhardt*, Normkonkretisierende Verwaltungsvorschriften, in: NJW 1989, S. 2233 ff. sowie die gleichlautenden Aufsätze von *W. Erbguth*, in: DVBl. 1989, S. 473 ff., *H. Hill*, in: NVwZ 1989, S. 401 ff., *M. Wallerath*, in: NWVBl. 1989, S. 153 ff.; *C. Gusy*, Administrativer Vollzugsauftrag und justizielle Kontrolldichte im Recht der Technik, in: DVBl. 1987, S. 497 ff.; *P. M. Huber*, Der Immissionsschutz im Brennpunkt modernen Verwaltungsrechts, in: AÖR 114 (1989), S. 298 ff.

[73] *P. Marburger* (o. Anm. 53), S. 386; *H. Albers*, Die Krise der Verwaltungsgerichte und der Grundrechtsschutz im Atomrecht, in: W. Brandt / H. Gollwitzer /

Das Defizit staatlicher Normierungen im Technologierecht wird zunehmend in den Verwaltungswissenschaften thematisiert, wobei grundsätzliche Zweifel an der „Steuerungsfähigkeit" des Rechts artikuliert werden[74]. Manche Anzeichen mögen in der Tat dafür sprechen, daß die Technik einer Eigensteuerung[75] unterliegt und das Recht sich auf eine Art Notarfunktion[76] beschränkt. Indes nimmt sich die modische Diskussion über die Steuerungsfähigkeit des Rechts eigentümlich abstrakt aus, solange nicht hinreichend geklärt ist, aus welchen Gründen die rechtlichen Steuerungsinstrumente ungenutzt bleiben. Die bekannten Beispiele – etwa die Festlegung von Grenzwerten durch Verwaltungsvorschrift – deuten darauf hin, daß nicht die Steuerungs*fähigkeit* des Rechts, sondern die Steuerungs*willigkeit* der rechtsetzenden Organe in Zweifel zu ziehen ist[77]. Insofern besteht doppelter Anlaß, über einen sicherheitsrechtlichen „Rechtssatzvorbehalt" nachzudenken[78], dessen Gebrauch allein der vom BVerwG betonten *exekutivischen* Verantwortung für die Anlagensicherheit[79] gerecht würde. Judizielle Verlegenheitskonstruktionen – wie das „antizipierte Sachverständigengutachten"[80] oder die postulierte Verbindlichkeit „normkonkretisierender Verwaltungsvorschriften"[81] – sind dagegen geeignet, die Zweifel an der Steuerungsfähigkeit des Rechts zu verstärken[82].

J. F. Henschel (Hrsg.), Festschrift für Helmut Simon, 1987, S. 539 ff.; *H. D. Jarass,* Der rechtliche Stellenwert technischer und wissenschaftlicher Standards, in: NJW 1987, S. 1227 ff.; *F. Nicklisch* (o. Anm. 53), S. 2643; *F. Benda,* (o. Anm. 44), S. 8 ff.

[74] Grundlegend *G. F. Schuppert,* Grenzen und Alternativen von Steuerung durch Recht, in: D. Grimm (Hrsg.), Staatsaufgaben (erscheint demnächst); *R. Pitschas* (o. Anm. 1), S. 790 ff.

[75] *R. Pitschas,* (o. Anm. 1), S. 795.

[76] *E. Bohne,* Der informale Rechtsstaat, 1981, S. 57; *R. Wolf* (o. Anm. 3), S. 364; zu verfassungsrechtlichen Fragestellungen *H. Schulze-Fielitz,* Der informale Verfassungsstaat, 1989, passim.

[77] So schon *E. Forsthoff* (o. Anm. 9), S. 50; *H.-J. Papier,* Die Stellung der Verwaltungsgerichtsbarkeit im demokratischen Rechtsstaat, 1979, S. 25 ff., 27.

[78] *P. Lerche,* Verfassungsrechtliche Aspekte der Gentechnologie, in: R. Lukes / R. Scholz (Hrsg.), Rechtsfragen der Gentechnologie, 1986, S. 97; *R. Damm / D. Hart,* Rechtliche Regulierung riskanter Technologien, in: KritV 1987, S. 202.

[79] *BVerwGE* 72, 300 (317) – Wyhl II –.

[80] *BVerwGE* 55, 250 (256) – Voerde – unter Bezugnahme auf *R. Breuer,* Die rechtliche Bedeutung der Verwaltungsvorschriften nach § 48 BImSchG im Genehmigungsverfahren, DVBl. 1978, S. 34 ff.; *ders.* (o. Anm. 70), S. 79 ff.; *R. Wolf* (o. Anm. 2), S. 365 ff.

[81] *BVerwGE* 72, 300 (320) – Wyhl II –.

[82] *H. Albers* (o. Anm. 73), S. 519 ff.

2. *Genehmigungsverfahrensrecht*

Zögernd wird in der Rechtswissenschaft zur Kenntnis genommen, daß die moderne Großtechnik nicht nur das materielle Recht, sondern auch das Verfahrensrecht in einer Weise prägt, die mit herkömmlichen Begriffen nur schwer beschreibbar ist[83]. Die durch Gesetz und Verordnung festgelegten Verfahrensschritte — Antrag und Einreichung der Unterlagen, Offenlegungsverfahren, Erörterungstermin, Genehmigung — geben nur den äußeren Verfahrensablauf wieder, erschöpfen das Genehmigungsverfahren aber nicht. Davor und daneben gibt es eine Vielzahl *informeller* Verfahrensstufen[84].

a) Genehmigungsverfahren technischer Großanlagen als Beispiele „kooperativer Verwaltung"

Je komplexer eine technische Großanlage ist, desto schwieriger wird es für die Behörden, die Genehmigung allein aufgrund von Plänen und Beschreibungen zu erteilen. Die Großtechnik ist nach dem Urteil von Fachleuten zunehmend nur für den Hersteller selbst verstehbar[85]. Die Genehmigungsbehörden sind deshalb darauf angewiesen, daß der Antragsteller ihnen Einblick in Details der Planung und betriebsinterne Vorgänge vermittelt, die in den auszulegenden Unterlagen nicht notwendig erhalten sind. Der Antragsteller wiederum muß auf Änderungsvorschläge der Genehmigungsbehörde flexibel reagieren, will er die beantragte Genehmigung nicht gefährden. Der Behörde ist es auf diese Weise möglich, durch Absprachen Planungsänderungen zu erwirken, deren Durchsetzung u. U. rechtlich problematisch wäre[86]. „Der Staat steigt" — wie *Ernst Hasso Ritter* es

---

[83] Vgl. *R. Wolf* (o. Anm. 3), S. 357 f.

[84] Dazu *E. Bohne* (o. Anm. 76); *H. Bauer,* Informelles Verwaltungshandeln im öffentlichen Wirtschaftsrecht, in: VerwArch 1987, S. 241; *M. Schulte,* Informales Verwaltungshandeln als Mittel staatlicher Umwelt- und Gesundheitspflege, in: DVBl. 1988, S. 512; *E. H. Ritter,* Der kooperative Staat, in: AÖR 104 (1979), S. 389 ff.; *D. Fürst,* Die Neubelebung der Staatsdiskussion: Veränderte Anforderungen an Regierung und Verwaltung in westlichen Industriegesellschaften, in: T. Ellwein / J. J. Hesse / R. Mayntz / F. W. Scharpf (Hrsg.), Jahrbuch zur Staats- und Verwaltungswissenschaft 1987, S. 261 ff.; *F. Hufen,* Fehler im Verwaltungsverfahren, 1986, S. 93 ff.; zurückhaltend *M. Ronellenfitsch,* Das atomrechtliche Genehmigungsverfahren, 1983, S. 309 f.

[85] *E. H. Ritter* (o. Anm. 84), S. 389 f.; vgl. auch *M. Bulling,* Kooperatives Verwaltungshandeln (Vorverhandlungen, Arrangements, Agreements und Verträge) in der Verwaltungspraxis, in: DÖV 1989, S. 278.

[86] Vgl. dazu die Beispiele bei *M. Bulling,* (o. Anm. 85), S. 278, 282 ff.

formuliert – „vom hoheitlich-hoheitsvollen Podest des einseitig Anweisenden herab, er tritt auf die Ebene des Austausches von Informationen und Leistungen und der Verbindung zu abgestimmtem Handeln[87]".

Dem Genehmigungsverfahren geht regelmäßig ein informales Verfahren voraus, in dem Entscheidungen auf höchster Ebene getroffen werden, die wiederum das förmliche Verfahren inhaltlich determinieren[88]. Mit einer gewissen Zuspitzung läßt sich festhalten, daß das informale Verfahren jeweils mit der *Entscheidung* endet, das formale Verfahren mit dem *Verwaltungsakt*[89]. Das förmliche Verwaltungsverfahren zeigt auf diese Weise eine eigentümliche Doppelnatur. Es ist in Verlauf und Ergebnis einerseits offen und zielt andererseits auf die Durchsetzung einer bereits getroffenen – unförmlichen – Entscheidung ab.

„Kooperative" Verwaltung bedeutet indes nicht „kollusive" Verwaltung[90]. Informale Einflußmöglichkeiten können sich als dem formalen Instrumentarium des Verwaltungshandelns überlegen erweisen, insbesondere zu einer intensiveren Überprüfung von Vorhaben und zu einem weitergehenden Einfluß auf die Anlagenplanung führen. Abschied zu nehmen ist allerdings vom Postulat eines „Staates der Distanz"[91], der auch die technischen Großanlagen nur aus sicherer Entfernung beobachtet und beurteilt[92]. Antragsteller und Genehmigungsbehörde bilden vielmehr eine Art „Zweck- und Risikogemeinschaft", die bei wechselseitiger Einflußnahme auf die Erreichung eines gemeinsamen Zieles angelegt ist[93].

---

[87] *E.H. Ritter* (o. Anm. 84), S. 393; vgl. ferner *R. Wolf* (o. Anm. 3), S. 364 f.; *ders.*, Das Recht im Schatten der Technik, in: KJ 1986, S. 243 f.

[88] Vgl. *E. Bohne,* Informales Verwaltungs- und Regierungshandeln als Instrument des Umweltschutzes, in: VerwArch 1984, S. 343; *M. Bulling* (o. Anm. 85), S. 279; *B. Davy,* Die soziale Verträglichkeit technischer Großprojekte, in: H. Dreier / J. Hofmann (Hrsg.), Parlamentarische Souveränität und technische Entwicklung, 1986, S. 148 ff.

[89] *F. Hufen,* Fehler im Verwaltungsverfahren, 1986, S. 188 ff., spricht von der „eigentlichen Entscheidung".

[90] Vgl. *M. Bulling* (o. Anm. 85), S. 288; *E. Schmidt-Aßmann,* Der Umweltschutz im Spannungsfeld zwischen Staat und Selbstverwaltung, in: NVwZ 1987, S. 269.

[91] *M. Kloepfer,* Gesetzgebung im Rechtsstaat, in: VVDStRL 40 (1982), S. 65 f.; s. auch *R. Grawert* (o. Anm. 5) S. 484.

[92] *R. Grawert* (o. Anm. 5), S. 483; vgl. auch *M. Bulling* (o. Anm. 85), S. 278.

[93] So *E. H. Ritter* (o. Anm. 84), S. 396.

b) Verfahrensstufung und Folgeprobleme

Die Komplexität einer technischen Großanlage schließt die Genehmigung durch einen einzigen Verwaltungsakt aus. In der Praxis hat sich deshalb ein Teilgenehmigungsverfahren herausgebildet, das zunächst von der Rechtsprechung, dann durch Gesetz und Verordnung sanktioniert worden ist. Im gestuften Verfahren ergehen Standort- und Konzeptgenehmigungen, Errichtungsgenehmigungen und Betriebsgenehmigungen, wobei ungeregelt bleibt, wie viele Genehmigungsschritte insgesamt zulässig sind. Der gesetzlich vorgesehene Vorbescheid (§§ 7 AtG, 9 BImSchG) hat demgegenüber in der Genehmigungspraxis keine Bedeutung erlangt.

Die Aufsplitterung des Verfahrens in zehn oder mehr Teilgenehmigungsschritte ist nicht unabdingbar, sondern beruht auf verfahrenstechnischen Opportunitätserwägungen. Die dadurch bewirkte Unübersichtlichkeit des Verfahrens und die Phasenverzerrungen im Rechtsschutz Dritter wären vermeidbar, wenn ein – ggf. durch Vorbehalte ergänztes – dreigestuftes Verfahren aus Standort- und Konzeptgenehmigung, Errichtungsgenehmigung und Betriebsgenehmigung bindend vorgeschrieben würde[94]. Einwänden, die auf die Praktikabilität einer solchen Regelung abzielen, wäre entgegenzuhalten, daß schon in der gegenwärtigen Genehmigungspraxis eine Reduzierung der Genehmigungsschritte zu beobachten ist[95].

c) Öffentlichkeitsbeteiligung und Mitwirkungslast Betroffener

Die Verfahren zur Zulassung technischer Großanlagen kennen übereinstimmend eine formalisierte Beteiligung der Öffentlichkeit, die sich in drei Akten – Auslegung der Unterlagen während einer

---

[94] *J. Ipsen* (o. Anm. 40), S. 282; *BVerwG* Buchholz 451.171 Nr. 13a – Krümmel –; *BVerwG,* in: NVwZ 1989, 52 – Mülheim-Kärlich –; *A. v. Mutius/ F.K. Schoch,* Die atomrechtliche „Konzeptgenehmigung", in: DVBl. 1983, S. 149; *H. W. Rengeling,* Die Konzeptgenehmigung und das vorläufige positive Gesamturteil in der ersten atomrechtlichen Teilgenehmigung, in: NVwZ 1982, S. 217; *T. Klante,* Erste Teilerrichtungsgenehmigung und Vorbescheid im Atomrecht, 1984.

[95] *M. Ronellenfitsch* (o. Anm. 84), S. 395; *J. Ipsen,* Einwendungsbefugnis und Einwendungsausschluß im atomrechtlichen Genehmigungsverfahren, in: DVBl. 1980, S. 148 mit Fn. 24.

Einwendungsfrist, Erörterung der Einwendungen mit den Beteiligten, Bescheidung der Einwendungen – vollzieht[96].

Die Öffentlichkeitsbeteiligung dient dem dreifachen Ziel, der Genehmigungsbehörde eine möglichst breite Informationsbasis für ihre Entscheidung zu verschaffen, die Bürger über das Plangeschehen zu unterrichten und den Betroffenen Gelegenheit zu geben, ihre Belange vor Erlaß des Verwaltungsakts zu Gehör zu bringen. Das BVerfG hat die Verfahrensvorschriften insoweit als verfassungsrechtlich *notwendiges* Recht eingeordnet und ihnen grundrechtsschützenden Charakter attestiert[97]. Es fehlt jedoch an jedem Anhaltspunkt dafür, daß die Öffentlichkeitsbeteiligung auf eine *demokratische Legitimation* der Genehmigungsentscheidung abzielt[98]. Der vielfach überanstrengte Begriff der „Partizipation"[99] bedeutet Teilhabe am Entscheidungs*verfahren,* nicht Teilhabe an der *Entscheidung.* Gleichwohl stellt sich die Öffentlichkeitsbeteiligung als notwendiger Gegenpol zum informalen Teil des Genehmigungsverfahrens von Großanlagen dar. Das BVerfG spricht zutreffend von „‚mehrpoligen' Rechts- und

---

[96] Grundlegend zur Öffentlichkeitsbeteiligung *W. Hoffman-Riem / S. Rubbert,* Atomrechtlicher Erörterungstermin und Öffentlichkeit, 1984; rechtsvergleichend *W. Boucsein,* Beteiligung der Öffentlichkeit bei großtechnischen Vorhaben, in: ET 1987, S. 518.

[97] *BVerfGE* 53, 30 (65 f.) – Mülheim-Kärlich –; s. ferner *BVerfGE* 52, 380 (389 f.); 56, 216 (236); 63, 131 (143); 65, 76 (93 f.); 73, 280 (296); *K. M. Meyer-Abich,* Grundrechtsschutz heute, in: A. Roßnagel (Hrsg.), Recht und Technik im Spannungsfeld der Kernenergiekontroverse, 1984, S. 225; *W. Hoffmann-Riem / S. Rubbert* (o. Anm. 96); *P. Lerche,* Großtechnik und Grundrechte, in: Atomwirtschaft 1982, S. 392 ff.; *W. Blümel,* Grundrechtsschutz durch Verfahrensgestaltung, in: W. Blümel (Hrsg.), Frühzeitige Bürgerbeteiligung bei Planungen, 1982, S. 23 ff.; *F. Ossenbühl,* Grundrechtsschutz im und durch Verfahrensrecht, in: G. Müller / R. A. Rhinow / G. Schmidt / T. Wildhaber (Hrsg.), Festschrift für K. Eichberger, 1982, S. 183; *D. Grimm,* Verfahrensfehler als Grundrechtsverstöße, in: NVwZ 1985, S. 865; *P. M. Huber,* Grundrechtsschutz durch Organisation und Verfahren als Kompetenzproblem, 1988; *H. Hill,* Das fehlerhafte Verfahren und seine Folgen im Verwaltungsrecht, 1986, S. 233 ff.; *F. Hufen* (o. Anm. 89), S. 37; *J. Pietzker,* „Grundrechtsbetroffenheit" in der verwaltungsrechtlichen Dogmatik, in: G. Püttner (Hrsg.), Festschrift für O. Bachof, 1984, S. 135 ff.

[98] So aber *F. Wilting,* Gestuftes atomrechtliches Genehmigungsverfahren und Bürgerbeteiligung, 1985, S. 91 ff., 99; aus soziologischer Sicht vgl. *N. Luhmann,* Legitimation durch Verfahren, 3. Aufl. 1978.

[99] *J. Ipsen* (o. Anm. 95), S. 147 m. Fn. 7.

Interessenlagen", um das Verhältnis von Antragsteller, Genehmigungsbehörde und Dritten zu kennzeichnen[100].

Die Genehmigungsverfahren nach BImSchG und AtG berechtigen den Dritten nicht nur, Einwendungen zu erheben, sondern erlegen ihm auch eine Mitwirkungs*last*[101] auf, weil mit Ablauf der Einwendungsfrist alle Einwendungen, die nicht auf besonderen privatrechtlichen Titeln beruhen, präkludiert werden (§§ 10 Abs. 3 Satz 3 BImSchG, 7 Abs. 1 Satz 2 AtVfV). Die damit statuierte „Verwirkungspräklusion" wird im gestuften Verfahren durch besondere Präklusionsvorschriften ergänzt, die tatbestandlich an die Bestandskraft der ergangenen Teilgenehmigung anknüpfen und deren Verhältnis zur Verwirkungspräklusion nicht vollständig geklärt ist[102].

Die Einwendungspräklusion hindert den Dritten, seine Rechte im Verwaltungsstreitverfahren geltend zu machen. Verfassungsrechtliche Bedenken[103] gegen eine solche – gewöhnlich als „materiell" bezeichnete – Präklusionswirkung hat das BVerfG nicht gelten lassen[104]. Das Gericht verneint nicht nur einen Verstoß gegen Art. 19 Abs. 4 GG, sondern begreift die Verwirkungspräklusion geradezu als Desiderat des Gewaltenteilungsgrundsatzes: Dieser soll beeinträchtigt sein, wenn Verfahrensvorschriften es ermöglichten, Einwendungen gegen ein Vorhaben *erstmalig* im gerichtlichen Verfahren geltend zu machen[105].

---

100 *BVerfGE* 61, 82, (114) – Sasbach –; vgl. auch *BVerwGE* 60, 297 (303) – Wyhl I –; zur mittlerunterstützten Kooperation vgl. *W. Hoffmann-Riem*, Konfliktmittler in Verwaltungsverhandlungen, 1989; *O. Passavant*, Mittlerunterstützte Kooperation in komplexen Verwaltungsprojekten, in: DÖV 1987, S. 516.

101 *BVerfGE* 61, 82 (115) – Sasbach –; *BVerwGE* 60, 297 (306) – Wyhl I –.

102 *J. Ipsen* (o. Anm. 95), S. 148 ff.; *R. Stober*, Einwendungsausschluß im atomrechtlichen Genehmigungsverfahren, in: AÖR 106 (1981), S. 43 ff.; *C. Degenhart*, Präklusion im Verwaltungsprozeß, in: H.-U. Erichsen / W. Hoppe / A. v. Mutius, Festschrift für C.-F. Menger, S. 261 ff.; *C. Metz*, Zulässigkeit und Grenzen formeller und materieller Präklusion, 1983; *U. Büdenbender / U. Mutschler*, Bindungs- und Präklusionswirkung von Teilentscheidungen nach BImSchG und AtG, 1979.

103 *C.H. Ule*, Zur rechtlichen Bedeutung von Ausschlußfristen im Verwaltungsverfahren für den Verwaltungsprozeß, in: BB 1979, S. 1011; *H.-J. Papier*, Einwendungen Dritter in Verwaltungsverfahren, in: NJW 1980, S. 318 ff.; *R. Wolfrum*, Einwendungspräklusion und Verwaltungsrechtsschutz, in: DÖV 1979, S. 499 f.

104 *BVerfGE* 61, 82 (109 f.) – Sasbach –; vgl. auch *W. Erbguth* (o. Anm. 26), S. 242 ff., 254 ff.; *H.-W. Rengeling*, Perspektiven zur Zulässigkeit atomrechtlicher Anfechtungsklagen, in: DVBl. 1981, S. 326 ff.

105 *BVerfGE* 61, 82 (114 f.) – Sasbach –.

3. *Die verwaltungsgerichtliche Kontrolle technischer Großanlagen*

Wenn auch technische Großanlagen nicht der gerichtlichen Bestätigung „bedürfen"[106], so werden die Zulassungsakte doch regelmäßig angefochten. Aufgrund ihrer gesetzlichen Zuständigkeiten fällt den Verwaltungsgerichten deshalb bei der Zulassung von Großanlagen eine zentrale Rolle zu, die sie sogleich in das Zentrum der Kritik hat rücken lassen. Die Zweifel an der Sachkompetenz des Richters zur Kontrolle von Anlagengenehmigungen werden zumeist von Remedurvorschlägen – *de lege lata* und *de lege ferenda* – begleitet[107]. Der Verwaltungsgerichtsbarkeit ist indes mit den Großanlagenprozessen eine Last aufgebürdet worden, die sie nicht gesucht hat. Prinzipielle Einwände gegen eine gerichtliche Kontrolle von Anlagengenehmigungen erweisen sich schon deshalb als wenig folgerichtig, weil das Entscheidungsverhalten der Verwaltungsgerichte weithin durch die behördliche Genehmigungspraxis und die normative Dichte des Anlagenrechts bestimmt wird.

a) *Überlastung des vorläufigen Rechtsschutzes*

Genehmigungen für Großanlagen werden von den Genehmigungsbehörden vielfach für sofort vollziehbar erklärt (§ 80 Abs. 2 Nr. 4 VwGO). Drittbetroffene beantragen entsprechend, die aufschiebende Wirkung von Rechtsbehelfen wiederherzustellen (§ 80 Abs. 5 VwGO)[108]. Entscheidungen im Aussetzungsverfahren sind – wie immer sie ausfallen – von weittragender Bedeutung: Entweder werden in Gestalt errichteter und arbeitender Großanlagen vollendete Tatsachen geschaffen; oder aber die Gerichte nehmen es auf sich, Vorhaben von erheblichem Finanzvolumen einstweilen zu stoppen, und setzen sich damit dem Vorwurf aus, für volkswirtschaftlich unerwünschte Erscheinungen – Investitionsstau, Fortfall von Arbeitsplätzen – verantwortlich zu sein[109].

---

[106] So ironisch *F. Ossenbühl* (o. Anm. 32), S. 1.

[107] Dazu *K.-H. Weber*, Regelungs- und Kontrolldichte im Atomrecht, 1984; *H. Albers*, Verwaltungsgerichte – Hindernisse bei der Errichtung technischer Großanlagen, in: DVBl. 1983, S. 1093.

[108] Vgl. dazu *J. Limberger*, Probleme des vorläufigen Rechtsschutzes bei Großprojekten, 1985.

[109] Dazu insb. *D. Deiseroth*, Großkraftwerke vor Gericht, 1986, S. 476 ff., 557 ff.; *K.-H. Weber* (o. Anm. 107), S. 36 ff., *C. Degenhart*, Vollendete Tatsachen und faktische Rechtslagen im Verwaltungsrecht, in: AÖR 103 (1978), S. 163 ff.

Der von den Verwaltungsgerichten eingeschlagene Weg, auf die Erfolgsaussichten des Rechtsbehelfs in der Hauptsache abzustellen und damit den Streitstoff nahezu vollständig zu antizipieren[110], ist ebenso unausweichlich wie problematisch. Das Verfahren des einstweiligen Rechtsschutzes eröffnet dem Verwaltungsgericht Aktionsmöglichkeiten, die dem Hauptsacheverfahren fremd sind. Verwaltungsgerichte mögen auch das ihnen eingeräumte Ermessen im Einzelfall in einer Weise genutzt haben, die Zweifel an ihrer Sachkompetenz aufkommen läßt[111]. Größere Aufmerksamkeit aber verdient die grundsätzliche Frage, ob das Verfahren des einstweiligen Rechtsschutzes bei Großanlagengenehmigungen nicht von vornherein überfordert wird. Dafür aber trägt die Genehmigungsbehörde mit ihrer Vollzugsanordnung die Verantwortung, nicht das „zur Entscheidung verurteilte"[112] Gericht.

Es leuchtet nicht immer ein, daß Teilgenehmigungen, die nach jahrelanger Planung und ähnlich zeitraubendem Genehmigungsverfahren ergehen, für sofort vollziehbar erklärt werden müssen. In ein sinnvoll gestuftes Genehmigungsverfahren ließen sich auch Rechtsschutzphasen mit abschließender Hauptsacheentscheidung integrieren[113]. Auf der Basis einer durch Urteil bestätigten Standort- und Konzeptgenehmigung würden sich vermutlich auch Genehmigungsbehörden leichter tun, folgende Teilgenehmigungen zu erteilen. Wenn statt dessen bedeutende Investitionen gewissermaßen auf die Karte des § 80 VwGO gesetzt werden, so dürfen die Unwägbarkeiten, die dem vorläufigen Rechtsschutz immanent sind, nicht den Verwaltungsgerichten angelastet werden. Es ist ein dringendes Gebot effektiven Rechtsschutzes, dem Hauptsacheverfahren wieder die Funktion einzuräumen, die es nach der Prozeßordnung hat.

---

[110] *OVG Lüneburg*, in: NJW 1980, 253; *BayVGH*, in: BayVBl. 1981, 104; *OVG Bremen*, in: DVBl. 1984, 1181 (1182); *C. Degenhart* (o. Anm. 27), S. 92 m. w. N.; vgl. dazu auch *BVerfG*, in: NVwZ 1984, 429; *W. Martens*, Tendenzen der Rechtsprechung zum Sofortvollzug der Zulassung von großtechnischen Anlagen, in: DVBl. 1985, S. 541 ff.

[111] *D. Rauschning* (o. Anm. 4), S. 201 ff.; *F. Ossenbühl* (o. Anm. 32), S. 2 ff.

[112] So *H. Wagner*, Schadensvorsorge bei der Genehmigung umweltrelevanter Großanlagen, in: DÖV 1980, S. 271; vgl. auch *R. Wolf* (o. Anm. 3), S. 372; *A. Rittstieg*, (o. Anm. 57), S. 161 ff., 203 ff.

[113] *J. Ipsen*, (o. Anm. 40), S. 295 f.

b) Reduzierung der richterlichen „Kontrolldichte"?

Der im Schrifttum wiederholt vorgetragene Vorschlag, den Genehmigungsbehörden bei Auslegung der in die technischen Disziplinen verweisenden Begriffe einen *Beurteilungsspielraum* einzuräumen[114], ist von der Rechtsprechung bislang nicht aufgegriffen worden. Das BVerwG hat sich im Wyhl-Urteil immerhin zu der negativen Umschreibung verstanden, „die Struktur des in § 7 Abs. 2 Nr. 3 AtG verwendeten Vorsorgebegriffs (lasse) es nicht zu, ihn im herkömmlichen Sinne als unbetimmten Rechtsbegriff ohne Beurteilungsspielraum zu bezeichnen"[115]. Von diesem Standpunkt aus bedeutet es nur einen kleinen Schritt, die Verwaltungsgerichte bei Prüfung von Genehmigungsvoraussetzungen auf eine Verfahrens- und Plausibilitätskontrolle zu beschränken.

Die Figur des Beurteilungsspielraums ist aufgrund ihrer dogmatischen Grundlagen ungeeignet, in das Recht der technischen Sicherheit übertragen zu werden. Die von der Rechtsprechung bislang anerkannten Anwendungsfälle sind nicht dadurch gekennzeichnet, daß es den Gerichten an der notwendigen Sachkenntnis fehlte, die sie sich – hier wie anderswo – durch Sachverständigengutachten aneignen könnten[116]. Die Entscheidungen, bei denen der Verwaltungsbehörde ein Beurteilungsspielraum eingeräumt wird, sind vielmehr durch ein unauflösliches Maß an Subjektivität gekennzeichnet. Eine uneingeschränkte gerichtliche Kontrolle würde unter dieser Prämisse bedeuten, daß an die Stelle der angefochtenen nur eine „andere" Entscheidung treten würde. Das Gericht könnte mangels Objektivierbarkeit des Gegenstandes aber nicht in Anspruch nehmen, statt einer „fal-

---

[114] Vgl. nur *P. Badura* (o. Anm. 71), S. 172 ff., 177; *R. Scholz,* Konkretisierung unbestimmter Rechtsbegriffe im technischen Sicherheitsrecht und Stoffrecht, in: Bundesministerium für Wirtschaft (Hrsg.), Sicherheitstechnische Rechtsvorschriften im deutschen und europäischen Recht, 1984, S. 130 ff., 134 f.; *W. Erbguth* (o. Anm. 26), S. 364 ff., 410; *M. Müller-Foell* (o. Anm. 59), S. 160 ff.

[115] *BVerwGE* 72, 300 (315) – Wyhl II –; *BVerfG,* in: DVBl. 1989, S. 94 f.; *H.-J. Papier* (o. Anm. 77), S. 25 ff.; *H.-W. Rengeling,* Anlagenbegriff, Schadensvorsorge und Verfahrensstufung im Atomrecht, in: DVBl. 1986, S. 268 ff.; *D. Sellner,* Gestuftes Genehmigungsverfahren, Schadensvorsorge und verwaltungsgerichtliche Kontrolldichte, in: NVwZ 1986, S. 616 ff.; *C. Schmidt,* Der Ausstieg des Bundesverwaltungsgerichts aus der atomrechtlichen Kontrolle, in: KJ 1986, S. 470 ff.

[116] *D. Czajka,* Richterliche Kontrollmacht und technisch-naturwissenschaftlicher Sachverstand im Atomprozeß, in: A. Roßnagel (Hrsg.), Recht und Technik im Spannungsfeld der Kernenergiekontroverse, 1984, S. 182 ff.; *J. Ipsen* (o. Anm. 40), S. 290 ff.

schen“ die „richtige“ Entscheidung zu treffen. Die nach dem Stand von Wissenschaft und Technik bestmögliche Schadens- und Risikovorsorge stellt demgegenüber eine *objektivierbare* Genehmigungsvoraussetzung dar. Ihre paradoxe Schwierigkeit liegt gerade in der prinzipiell unbegrenzten Objektivierbarkeit, die lediglich durch das gegenwärtige Erkenntnisvermögen begrenzt wird[117].

Im Recht der technischen Sicherheit können m. E. weder Genehmigungsbehörden noch Gerichte der Wahrheitsfrage – und das heißt: der Sicherheitsfrage – ausweichen. Die Schwierigkeiten des technologisch-juristischen Diskurses sollen dabei nicht unterschätzt werden. Der Experte mag geneigt sein, sich dem judiziellen Zugriff mittels semantischer Tarnkappe zu entziehen, weil er davon ausgeht, daß die Juristen keinerlei gesunden Menschenverstand besitzen[118]. Gleichwohl reicht es für die richterliche Kontrolle nicht aus, das Vorliegen der Genehmigungsvoraussetzungen für „vertretbar“ oder „plausibel“ zu halten. Dem unbegrenzten Gefahrenpotential von Großanlagen entspricht allein die unbeschränkte richterliche Kontrolle der Anlagengenehmigungen. Kontrolle bedeutet indes, daß eine bereits getroffene Entscheidung am Maßstab des Rechts überprüft, nicht aber Genehmigungs- oder gar Energiepolitik betrieben wird[119].

Statt einer geringeren judiziellen Kontrolldichte ist deshalb eine *größere normative Dichte* der Genehmigungsvoraussetzungen zu postulieren[120]. Solange Gesetz- und Verordnungsgeber im materiellen Genehmigungsrecht Enthaltsamkeit üben, fällt Genehmigungsbehörden *und* Gerichten die Aufgabe zu, die Maßstäbe zur Genehmigung von Großanlagen in eigener Kompetenz zu entwickeln. Die Beiträge, die die Verwaltungsgerichtsbarkeit auf diesem Wege zum technischen Sicherheitsrecht geleistet hat, sind verfassungsrechtlich legitim und sollten nicht als Art. „19-IV-Fetischismus“[121] denunziert werden.

---

[117] *J. Ipsen* (o. Anm. 40), S. 291.

[118] So *D. Smidt* (o. Anm. 51), S. 41; vgl. auch *R. Lukes*, Technischer Sachverstand und Rechtsentscheidung, in: Bitburger Gespräche, Jahrbuch 1981, S. 117 ff.

[119] Vgl. *H.-J. Papier*, Rechtskontrolle technischer Großprojekte, in: Bitburger Gespräche, Jahrbuch 1981, S. 81 ff.; *D. Kuhnt*, Rechtskontrolle technischer Großprojekte, in: Bitburger Gespräche, Jahrbuch 1981, S. 101 ff.; *D. Sellner*, Atom- und Strahlenschutzrecht, in: J. Salzwedel (Hrsg.), Grundzüge des Umweltrechts, 1982, S. 375 m. w. N.

[120] Vgl. *K.-H. Weber* (o. Anm. 107); *R. Nolte* (o. Anm. 57), S. 169 ff.

[121] *M. Ronellenfirsch* (o. Anm. 1), S. 865.

c) *Akzeptanz durch Verfahren*

Großanlagentechnik kann auf Dauer nicht ohne sozialen Konsens betrieben werden. Die behördlichen Genehmigungsverfahren vermögen einen solchen Konsens zunehmend weniger herbeizuführen[122]. Die gerichtliche Kontrolle von Anlagengenehmigungen erscheint demgegenüber geeignet, entsprechende Defizite des behördlichen Verfahrens zu kompensieren. Dem politischer Einflußnahme und wirtschaftlichem Druck prinzipiell unzugänglichen Gerichtsverfahren wächst damit die weitere Funktion einer „Akzeptanz durch Verfahren" zu. Verwaltungsgerichtliche Entscheidungen zu Großanlagen sollten deshalb nicht in erster Linie als juristische Störfälle, sondern als konsensbildende Beiträge zur Lösung eines Gegenwartsproblems angesehen werden. Die Großanlagentechnik stellt eben nicht allein ein administratives Durchsetzungsproblem dar, sondern ist eine Schlüsselfrage der Zukunft von Staat und Gesellschaft[123].

IV. Ausblick: Technikbewältigung als unerfüllte Staatsaufgabe

Versucht man, auf das mit einem Fragezeichen versehene Thema eine Antwort zu geben, so kann diese nur lauten, daß das Verwaltungsrecht die wissenschaftlichen und technischen Entwicklungen *nicht* „bewältigt" hat[124]. Da das Recht insoweit aber nur nachvollzieht, was Wissenschaft und Technik vorgeben, muß die Antwort durch die Feststellung ergänzt werden, daß auch die *Technik* die Technik nicht bewältigt hat. Die Beherrschung der Risiken, die wissenschaftliche und technische Entwicklungen mit sich bringen, stellt

---

[122] *E. Wienholtz,* Verfassung und Technologie, in: DÖV 1985, S. 136 ff.

[123] Ähnlich *H. Hofmann,* Rechtsfragen der atomaren Entsorgung, 1981, S. 40.

[124] Vgl. nur *A. Weber,* Die Umweltverträglichkeitsrichtlinie im deutschen Recht, 1989; *ders.,* Rechtsfragen der grenzüberschreitenden Luftverschmutzung, in: H. Achenbach, Recht und Wirtschaft, 1985, S. 65 ff.; *H.-W. Rengeling,* Umweltgefährdende Anlagen im EWG-Recht, in: B. Börner / H. Jahrreiß / K. Stern (Hrsg.), Festschrift für K. Carstens, Bd. 1, 1984, S. 247 ff.; *J. Falke / C. Joerges,* Folgeprobleme der Europäisierung technischer Vorschriften und Normen für die Länder der Bundesrepublik Deutschland, in: DVBl. 1987, S. 1051 ff.; *R. Wahl,* Thesen zur Umsetzung der Umweltverträglichkeitsprüfung nach EG-Recht in das deutsche öffentliche Recht, in: DVBl. 1988, S. 86 ff.; *I. Pernice,* Kompetenzordnung und Handlungsbefugnisse der Europäischen Gemeinschaft auf dem Gebiet des Umwelt- und Technikrechts, in: Die Verwaltung 1989, S. 1 ff.; *W. Erbguth,* Gemeinschaftsrechtliche Impulse zur Weiterentwicklung des nationalen Verwaltungsrechts, in: DÖV 1988, S. 481 ff.

für die Technik wie für das Recht eine *ständige* Herausforderung dar, die zu keinem Zeitpunkt definitiv „bewältigt" werden kann. Die von der Technik abhängige und technikgeprägte Gesellschaft der Gegenwart ist deshalb unausweichlich eine „Risikogesellschaft"[125].

[125] *U. Beck*, Risikogesellschaft, 1986.

Leitsätze des Berichterstatters über:

Die Bewältigung der wissenschaftlichen und technischen Entwicklungen durch das Verwaltungsrecht

1. Die Bewältigung der wissenschaftlichen und technischen Entwicklungen ist schon deshalb eine staatliche Aufgabe, weil das Grundgesetz dem Staat eine Schutzpflicht für grundrechtlich geschützte Rechtsgüter auferlegt.

2. Als Regelungstechniken zur Bewältigung wissenschaftlicher und technischer Entwicklungen kennt das Technologierecht die Anzeigepflicht, den Genehmigungsvorbehalt und die Planfeststellung.

3. Die Anzeigepflicht tritt als Genehmigungssurrogat, als Störfallanzeige und als Abweichungsanzeige auf.

4. Unter den Genehmigungsvorbehalten des Technologierechts stehen Anlagengenehmigungen, Stoffzulassungen, Bauartzulassungen und Typengenehmigungen im Vordergrund. Für Forschungsarbeiten werden zunehmend Versuchsgenehmigungen vorgeschrieben, deren verfassungsrechtliche Zulässigkeit ungeklärt ist.

5. Das Planfeststellungsverfahren ist regelmäßig für öffentliche Vorhaben vorgesehen. Es unterscheidet sich vom Genehmigungsvorbehalt dadurch, daß ihm grundsätzlich keine individuellen Rechtspositionen zugrunde liegen, sondern öffentliche Belange gegeneinander abzuwägen sind.

6. Die Zulassung technischer Großanlagen ist ohne Rücksicht auf die Regelungstechnik stets eine kombinierte Kontroll- und Planungsentscheidung.

7. Dem Recht der technischen Sicherheit ist die Aufgabe gestellt, das Gefahrenpotential technischer Entwicklungen so gering wie möglich zu halten.

8. Die Zulassung technischer Großanlagen setzt voraus, daß alle Maßnahmen zur Gefahrenabwehr und Risikovorsorge getroffen sind.

Das verbleibende „Restrisiko" muß von allen Bürgern als „sozialadäquate" Last getragen werden.

9. Sicherheitsstandardes des Technologierechts sind die „anerkannten Regeln der Technik", der „Stand der Technik" und der „Stand von Wissenschaft und Technik". Sie lassen Raum für wissenschaftliche und technische Fortschritte und bewirken so einen „dynamischen" Rechtsgüterschutz.

10. Die gesetzlichen Sicherheitsstandards werden durch Rechtsverordnungen, Verwaltungsvorschriften und technische Regelwerke unterschiedlicher Herkunft konkretisiert. Ungeklärt ist, welche Sachfragen notwendig staatlicher Normierung unterliegen.

11. Verwaltungsvorschriften des technischen Sicherheitsrechts sind — auch wenn sie Normen „konkretisieren" — allein für nachgeordnete Behörden verbindlich, für die Verwaltungsgericht dagegen nur beachtlich.

12. Dem Recht fehlt es auch gegenüber wissenschaftlichen und technischen Entwicklungen nicht an der „Steuerungsfähigkeit". Zweifelhaft ist dagegen die Steuerungswilligkeit der rechtsetzenden Organe.

13. Genehmigungsverfahren für technische Großanlagen sind Beispiele „kooperativer Verwaltung". Neben dem äußeren Verfahrensablauf sind insofern auch informelle Teile des Verfahrens zu beachten.

14. Genehmigungen von Großanlagen ergehen regelmäßig in gestuften Verfahren. Aus Gründen der Übersichtlichkeit des Verfahrens und des effektiven Rechtsschutzes ist eine Dreistufung des Verfahrens in Standort- und Konzeptgenehmigung, Errichtungsgenehmigung und Betriebsgenehmigung anzustreben.

15. Die Öffentlichkeitsbeteiligung dient dem dreifachen Ziel, der Genehmigungsbehörde Informationen für ihre Entscheidung zu verschaffen, die Bürger über das Plangeschehen zu informieren und den Betroffenen Gelegenheit zu geben, ihre Belange vor Erlaß des Verwaltungsakts zu Gehör zu bringen. Sie bedeutet Teilhabe am Entscheidungsverfahren, nicht Teilhabe an der Entscheidung.

16. Die zentrale Rolle der Verwaltungsgerichte bei der Zulassung von Großanlagen beruht auf ihren gesetzlichen Zuständigkeiten. Das Entscheidungsverhalten im einzelnen wird weitgehend durch die behördliche Genehmigungspraxis und normative Dichte des Anlagenrechts bestimmt.

17. Durch die Anordnung der sofortigen Vollziehung von Anlagengenehmigungen und die hiergegen statthaften Rechtsbehelfe wird das Verfahren des vorläufigen Rechtsschutzes überfordert. Eine sinnvolle Verfahrensstufung könnte demgegenüber Rechtsschutzphasen integrieren, die mit einer Hauptsacheentscheidung abschließen.

18. Gegenüber der Forderung nach Reduzierung der richterlichen „Kontrolldichte" ist Zurückhaltung geboten. Wegen des hohen Gefahrenpotentials können weder Genehmigungsbehörden noch Gerichte der Frage nach der Sicherheit technischer Großanlagen ausweichen. Statt einer geringeren judiziellen Kontrolldichte ist eine größere normative Dichte der Genehmigungsvoraussetzungen zu postulieren.

19. Das politischer Einflußnahme und wirtschaftlichem Druck unzugängliche Gerichtsverfahren ist geeignet, zu größerer Akzeptanz technischer Großanlagen beizutragen.

20. Wissenschaftliche und technische Entwicklungen können durch das Recht nicht definitiv „bewältigt" werden, sondern stellen eine ständige Herausforderung dar. Die moderne Gesellschaft ist insofern unausweichlich eine „Risikogesellschaft".

Die Bewältigung der wissenschaftlichen und technischen Entwicklungen durch das Verwaltungsrecht

2. Bericht von Prof. Dr. *Dietrich Murswiek*, Göttingen

Inhalt

I. Einleitung

Warum stellt die Bewältigung technischer und wissenschaftlicher Entwicklungen für das Recht eine besondere Herausforderung dar? Was ist das Besondere des technisch-wissenschaftlichen Prozesses, das von sonstigen Regelungsaufgaben abgehobene spezifische Probleme aufwirft?

Die moderne Technik[1] ist insbesondere durch folgende Eigenschaften gekennzeichnet:

1. Sie steigert die menschlichen Handlungsmöglichkeiten, die Macht über die Natur, die Kraft, die natürliche und soziale Umwelt zu gestalten, in einer solchen Weise, daß der Prozeß der wissenschaftlich-technischen Umgestaltung der Welt von Technikphilosophen mit Attributen wie „zweite Genesis" versehen wird[2].

2. Der Prozeß der technischen Realisation seit Beginn der ersten industriellen Revolution akkumuliert nicht nur fortwährend die technischen Weltveränderungskapazitäten, sondern treibt seine Neuerungen vor allem mit immer zunehmender Geschwindigkeit hervor. Die Welt, in der wir heute leben, unterscheidet sich von der Welt unserer Großeltern oder Urgroßeltern in stärkerem Maße, als deren Welt sich von der Lebenswelt des Mittelalters unterschied.

3. Die vielfältigen Risiken, Neben- und Folgewirkungen technischer Systeme lassen sich nicht mehr anhand tradierter „Lebenserfahrung" abschätzen, sondern sind großenteils nur noch von hochspezialisierten Experten — und von diesen nur in kleinen Ausschnitten — erkennbar.

Diese Züge weist die moderne Technik nicht erst jetzt auf, sondern seit sie existiert, seitdem also die Technik mit der cartesianischen Naturwissenschaft eine Verbindung eingegangen ist, die im Industriesystem vorher nicht gekannte Kräfte entfaltete. Die hieraus resultierenden Probleme zu bewältigen, ist bereits seit der ersten Hälfte des

---

[1] Dazu z. B. *Friedrich Georg Jünger,* Die Perfektion der Technik, 5. Aufl. 1968; *Freyer/Papalekas/Weippert* (Hg.), Technik im technischen Zeitalter, 1965; *Hans Freyer,* Gedanken zur Industriegesellschaft, 1970, S. 131 ff., 145 ff.: *Lenk/Moser* (Hg.), Techne, Technik, Technologie, 1973; *Lewis Mumford,* Mythos der Maschine, deutsch 1974.

[2] So *Hans Freyer,* Schwelle der Zeiten, 1965, S. 162 f., 233; vgl. auch z. B. *Hans Jonas,* Das Prinzip Verantwortung, 1979, S. 26 ff.

19. Jahrhunderts Aufgabe des Rechts[3]. Während auf der Verfassungsebene die Herausbildung des bürgerlichen Rechtsstaats die marktwirtschaftlichen Kräfte freisetzte, welche die technisch-industrielle Entwicklung vorantrieben, war es von Anfang an Sache des rechtsstaatlichen Verwaltungsrechts, die technisch-industrielle Entwicklung einerseits zu fördern, andererseits rechtlich so zu unterfangen, daß sie in gemeinverträglichen Bahnen verlief und Rechtsgüter Dritter nicht schädigte. Das rechtsstaatliche Verwaltungsrecht ist von Anfang an auch Technikrecht. Steinkohlebergbau und Dampfmaschine trieben die technische Revolution voran; das Verwaltungsrecht bahnte der Eisenbahn mit Enteignungsgesetzen den Weg[4], schuf mit der gewerberechtlichen Unternehmergenehmigung für Industrieanlagen nicht nur Rechtsgüterschutz für die Nachbarschaft, sondern auch Bestandsschutz und damit Investitionssicherheit für die Unternehmer, die noch verstärkt wurde durch das Abschneiden zivilrechtlicher Abwehransprüche[5].

Dieses Doppelgesicht hat das technikbezogene Verwaltungsrecht bis heute behalten: Es ist nicht nur Technikbegrenzungsrecht, sondern meist auch Technikförderungsrecht[6], nie aber Technikverhütungsrecht[7].

Technikbewältigung ist für das Verwaltungsrecht bis heute Einhegung der technischen Realisation im Sinne des Rechtsgüterschutzes. Abgesehen vom Planungsrecht ist das technikbezogene Verwaltungs-

---

[3] Zur Geschichte des Technikrechts vgl. die Hinweise bei *Michael Ronellenfitsch*, Die Bewältigung der wissenschaftlichen und technischen Entwicklung durch das Verwaltungsrecht, DVBl. 1989, S. 851 (856 ff.) m. Nachw.

[4] Vgl. *Ernst Forsthoff*, Lehrbuch des Verwaltungsrechts Bd. I, 10. Aufl. 1973, S. 318.

[5] Dazu vgl. *Dieter Suhr*, Immissionsschäden vor Gericht, 1986, S. 45 ff.

[6] So ausdrücklich § 1 Nr. 1 AtG; zum Förderungszweck im Immissionsschutzrecht vgl. *Dietrich Murswiek*, Die staatliche Verantwortung für die Risiken der Technik, 1985, S. 308 ff.

[7] Vgl. auch *Christoph Degenhart*, Die Bewältigung der wissenschaftlichen und technischen Entwicklungen durch das Verwaltungsrecht, NJW 1989, S. 2435 (2436). — Absolute technikbezogene Verbote wie etwa das DDT-Verbot (§ 1 DDT-Gesetz) sind seltene, eng begrenzte Ausnahmen und betreffen nie einen ganzen Produktionszweig, sondern nur einzelne Produkte. Bezüglich der Anwendung der Gentechnik am Menschen wird es voraussichtlich umfassendere Verbote geben (s. u. Fn. 50), aber hinsichtlich der Gentechnik insgesamt gibt es kein Verbot, sondern massive staatliche Förderung. (Seit 1982 wurden durch den BMFT 1,4 Milliarden DM bereitgestellt; für 1990–1994 sind 1,2 Milliarden DM eingeplant, FAZ v. 18. 10. 89).

recht nicht Techniksteuerungs- oder Technikgestaltungsrecht, sondern Nebenfolgenbegrenzungsrecht[8].

Je weiter die Technik ausgreift zur Umgestaltung der menschlichen Lebensverhältnisse, desto mehr nimmt die Bedeutung der verwaltungsrechtlichen Schadensvorsorge[9] zu. Die rasante Zunahme des wissenschaftlich-technischen Wissens und Könnens erweitert zugleich den Bereich unseres Nichtwissens, genauer: des rechtlich relevanten Nichtwissens. Denn je intensiver und weitreichender wir mit technischen Verfahren die Welt verändern können, desto zahlreicher und weitreichender werden die Neben- und Folgewirkungen technischen Handelns, die wir kennen müßten, um die technische Entwicklung zu beherrschen, die wir aber nur zum geringen Teil kennen können. Hierdurch ist die Präventivfunktion des Verwaltungsrechts in besonderem Maße herausgefordert.

Gemäß der Absprache mit dem Vorstand habe ich über unser Thema unter Berücksichtigung der Gentechnik zu berichten, die zum einen die technische Umschöpfung der Welt mit ihren Eingriffen in die biologischen Grundstrukturen des Lebens auf eine neue Stufe hebt und zum anderen vielfältige Risiken mit sich bringt, die wir kaum abschätzen können. Herr Ipsen hat als erster Berichterstatter über das Regelungssystem des technischen Sicherheitsrechts sowie über die damit zusammenhängenden Standardprobleme bereits berichtet. Auf diese Themen werde ich daher nicht eingehen. Insbesondere mit der dynamischen Anpassung des Rechts an die wissenschaftlich-technische Innovationsdynamik kann ich mich — abgesehen von meinen Leitsätzen 4. und 5. — nicht beschäftigen, sondern ich muß mich dem

---

[8] Der Begriff der „Nebenfolgen" ist in der Ökologiedebatte umstritten, weil er als bagatellisierend mißverstanden werden kann. Ich gebrauche diesen Begriff, um die nicht intendierten von den intendierten Folgen abzugrenzen. Damit wird aber nicht in Abrede gestellt, daß neben der technischen Intention liegende Folgen verheerend und in ihren Auswirkungen viel „wichtiger" sein können als die intendierten Folgen. „Nebenfolgenbegrenzung" ist daher keine „Nebensache", sondern „Hauptsache" des technikbezogenen Verwaltungsrechts.

[9] Zur Vorsorge- bzw. Präventionsfunktion des Verwaltungsrechts vgl. aus der umfangreichen Literatur z. B. *Gerhard Feldhaus*, Der Vorsorgegrundsatz des BImSchG, DVBl. 1980, S. 133 ff.; *Peter Marburger*, Atomrechtliche Schadensvorsorge, 1983; *Fritz Ossenbühl*, Vorsorge als Rechtsprinzip im Gesundheits-, Arbeits- und Umweltschutz, NVwZ 1986, S. 161 ff.; *Erhard Denninger*, Der Präventions-Staat, KJ 1988, S. 1 ff.; *Fritz Nicklisch* (Hg.), Prävention im Umweltrecht, 1988; *Eckard Rehbinder*, Vorsorgeprinzip im Umweltrecht und präventive Umweltpolitik, in: Udo Ernst Simonis (Hg.), Präventive Umweltpolitik, 1988, S. 129 ff.

zweiten großen Querschnittsthema der Bewältigung neuer Technologien widmen, nämlich der Schadensprävention bei Ungewißheit über die Grundlagen der Risikoabschätzung, und werde mich danach mit einigen Fragen befassen, die sich auf die Grenzen verwaltungsrechtlicher Technikbewältigung beziehen.

II. Schadensprävention bei Ungewißheit über die Grundlagen der Risikoabschätzung

Der herkömmliche Rechtsgüterschutz im Rahmen der Gefahrenabwehr beruht – auch im technischen Sicherheitsrecht – auf Prognosen über mögliche Ereignisabläufe, die auf Erfahrungen, insbesondere auf Ingenieurerfahrung, und auf empirische wissenschaftliche Erkenntnisse, gestützt werden. Die wissenschaftlich-technische Entwicklung bringt aber ständig neue Technologien und neue Produkte hervor, mit denen man noch keine Erfahrungen gemacht hat. Eine einigermaßen verläßliche Risikoabschätzung ist dann mangels empirischer Grundlage nicht möglich. Das heute bedeutendste Beispiel ist die Entwicklung der Gentechnologie. 1972 wurde das erste gentechnische Experiment durchgeführt. Heute ist die technische Veränderung der genetischen Eigenschaften von Lebewesen durch Neukombination von Nukleinsäuremolekülen und ihre Einschleusung in Empfängerorganismen täglich praktizierte Routine. Allein in der Bundesrepublik arbeiten 800 Genlaboratorien[10], bislang ohne spezielle gesetzliche Grundlage[11], und die Industrie – in anderen Staaten schon mit gentechnisch erzeugten Produkten auf dem Markt – drängt auch bei uns zur großtechnischen Anwendung.

---

[10] Lt. FAZ v. 3.3.89.

[11] Es gibt aber etliche verstreute Vorschriften, die auch auf die Gentechnik anwendbar sind, dazu *Andreas Pohlmann*, Gentechnische Industrieanlagen und rechtliche Regelungen, BB 1989, S. 1205 ff.; *Wolfgang Richter*, Gentechnologie als Regelungsgegenstand des technischen Sicherheitsrechts, 1989, S. 69 ff. – Speziell auf die Gentechnik zugeschnitten sind nur die vom Bundesminister für Forschung und Technologie erlassenen „Richtlinien zum Schutz vor Gefahren durch in-vitro neukombinierte Nukleinsäuren" (5. Neufassung vom 26.5.1986, BAnz. Nr. 109). Sie enthalten die für gentechnische Arbeiten in der Praxis maßgeblichen Sicherheitskriterien, haben aber keine Rechtsnormqualität, sondern verdanken ihre faktische Geltung der Verwendung als Subventionsauflagen durch den BMFT sowie der freiwilligen Selbstbindung der nicht subventionierten Anwender, vgl. *Richter*, a.a.O., S. 117 f. m.w.N.

Die empirische Ausgangslage für die Risikobeurteilung[12] ist dadurch gekennzeichnet, daß Erkenntnisse für das Auftreten gravierender Schäden bei Anwendung der gentechnischen Verfahren unter Beachtung der bislang üblichen Sicherheitsvorkehrungen nicht nachgewiesen sind. Auf der anderen Seite gibt es eine Vielzahl denkmöglicher Risiken, die sich empirisch noch nicht haben widerlegen lassen. Dies gilt insbesondere für das Verhalten gentechnisch veränderter Organismen außerhalb des geschlossenen Systems infolge ungewollten Entweichens und erst recht im Falle gezielter Freisetzung. Hier sind über zur Schadensverursachung führende Ereignisabläufe empirisch gestützte Prognosen nur begrenzt möglich[13].

Wie kann das Verwaltungsrecht in Situationen derartiger Ungewißheit über die Grundlagen der Risikoabschätzung hinreichenden Rechtsgüterschutz gewährleisten?

1. Kriterien für die Berücksichtigung von Risiken bei der Konkretisierung des Mindestsicherheitsstandards

Zunächst stellt sich die Frage, ob Risiken mit unsicherer empirischer Prognosegrundlage bei der Konkretisierung des Mindestsicherheitsstandards zu berücksichtigen sind und insbesondere zur Versagung einer Anlagengenehmigung oder z. B. einer gentechnischen Freisetzungsgenehmigung führen können. Unberücksichtigt bleiben hier auf jeden Fall unerkannte Risiken — nicht weil sie „unentrinnbar" und deshalb „sozialadäquat" sind, wie das Bundesverfassungsgericht gemeint hat[14] —, sondern weil für ihre Berücksichtigung keine gesetzliche Grundlage gegeben ist.

---

[12] Dazu vgl. vor allem den Bericht der Enquete-Kommission „Chancen und Risiken der Gentechnologie", BT-Drs. 10/6775 = Zur Sache 1/87, vor allem S. 194 ff.; außerdem z. B. *Kollek/Tappeser/Altner* (Hg.), Die ungeklärten Gefahrenpotentiale der Gentechnologie, 1986; *Klaus-Martin Groth*, Die gentechnische Herausforderung, KJ 1988, S. 247 (253 ff.); *Richter* (Fn. 11), S. 9 ff. n. w. N.

[13] Vgl. auch die Begründung des Regierungsentwurfs eines Gesetzes zur Regelung von Fragen der Gentechnik, BR-Drs. 387/89, S. 20 f. — Art. 1 dieses Entwurfs enthält das „Gesetz zur Regelung der Gentechnik (Gentechnikgesetz — GenTG)", im folgenden zitiert als „EGenTG".

[14] *BVerfGE* 49, 89 (143) — Kalkar. Das BVerfG bezieht sich auf Ungewißheiten jenseits der „Schwelle der praktischen Vernunft"; diese haben ihre Ursache entgegen der Annahme des BVerfG gerade nicht immer in den Grenzen des menschlichen Erkenntnisvermögens, sondern es handelt sich vor allem um erkannte Risiken, deren Verwirklichung so unwahrscheinlich ist, daß sie als

Empirisch ungesichert können aber auch erkannte Risiken sein, also solche, für die man sich einen schädlichen Kausalverlauf hypothetisch vorstellen kann[15].

Die abstrakten gesetzlichen Sicherheitsstandards, die ein Mindestsicherheitsniveau zur Genehmigungsvoraussetzung machen und dafür auf den „Stand der Wissenschaft“ verweisen, beziehen sich nach allgemeinem Verständnis auf den Stand empirisch begründeter Risikoerkenntnis. Dies kann auch nicht anders sein, weil die Empirie der einzige intersubjektiv überprüfbare und nachvollziehbare Zugang zur realen Außenwelt ist. Doch lassen sich aus einem gegebenen Stand empirischer Erkenntnisse durchaus unterschiedliche juristische Schlußfolgerungen ziehen.

Die erste Möglichkeit ist die verbreitete Auffassung, im Rahmen der Gefahrenabwehr seien nur solche Risiken beachtlich, deren Realisierungsmöglichkeit empirisch erwiesen sei[16]. Das Risiko, nämlich die Ungewißheit eines Schadenseintritts, besteht aber immer schon dann, wenn die Unmöglichkeit der Schädigung nicht erwiesen ist. Deshalb muß m. E. bereits die auf empirische Erkenntnisse gestützte hinreichende Wahrscheinlichkeit der Schädigungsmöglichkeit die Gefährlichkeit begründen und zum Beispiel zur Versagung der Genehmigung führen[17].

Ein dritter Aansatz fragt nach der Beweislast für den empirischen Nachweis der Eignung einer Risikoquelle, einen Schaden herbeizuführen, und postuliert hierfür die Beweislast des Risikoverursa-

---

rechtlich unbeachtlich angesehen werden. „Unentrinnbar“ sind sie daher nicht, und „unentrinnbar“ sind nicht einmal die unerkannten Risiken, weil die Erfahrung zeigt, daß es (fast) immer noch unerkannte Risiken gibt und daß diese bei neuartigen Technologien sehr groß sein können; wir könnten sie durch Technologievermeidung vermeiden, doch wollen wir dies i. d. R. nicht.

[15] Idealtypisch lassen sich empirisch fundierte von „rein hypothetischen“ Risiken unterscheiden. „Hypothese“ ist aber kein Gegensatz zu „empirischer Erkenntnis“, sondern Hypothesen können mehr oder weniger gut empirisch abgestützt sein, vgl. *Murswiek* (Fn. 6), S. 388 m. w. N.

[16] Vgl. z. B. *BVerwG*, 22. 12. 80, NJW 1981, S. 1393 (1395); *Hanning/Schmieder*, DB 1977, Beil. 14, S. 5; *Papier*, DVBl. 1979, S. 162; *Schattke*, DVBl. 1979 S. 657. Im Wyhl-Urteil folgt das BVerwG nur terminologisch der Auffassung, daß ein „Gefahrenverdacht“ keine Gefahr darstelle; der Sache nach wird das hypothetische Risiko wie eine Gefahr behandelt, wenngleich mit einer auf die Besonderheiten des § 7 II Nr. 3 AtG abstellenden Begründung, die zu kritisieren hier kein Raum ist, *BVerwGE* 70, 300 (315 f.).

[17] Dazu ausführlich *Murswiek* (Fn. 6), S. 378 ff., insb. 388 f. m. w. N.; ebenso z. B. *VGH Mannheim*, 30. 3. 82, ESVGH 32, 161 (190 ff.) — Wyhl.

chers[18]. Während nach der ersten Auffassung die Beweislast faktisch beim potentiellen Opfer des Risikos liegt bzw. bei der Behörde, führt die zweite Auffassung zu einem am Verhältnismäßigkeitsprinzip orientierten Kompromiß.

Gegenüber einer neuen Technologie wie der Gentechnik, für die das empirische Basismaterial jedenfalls in manchen Bereichen noch völlig unzureichend ist, fragt sich, ob ein solcher Kompromiß noch ausreichende Sicherheit verbürgt. Die unerforschten Gefahren können vielleicht viel größer sein als die schon empirisch belegten Risiken[19].

Eine Umkehr der Beweislast in dem Sinne, daß der Risikoverursacher den empirischen Beweis dafür zu führen hätte, daß von der Risikoquelle keine Schäden verursacht werden können, kommt jedoch schon deshalb nicht in Betracht, weil es aus erkenntnistheoretischen Gründen unmöglich ist, einen solchen Beweis zu führen[20]. Möglich ist es nur, konkrete Hypothesen über Ursache-Wirkungs-Beziehungen zu falsifizieren. Und dies könnte auch zur Genehmigungsvoraussetzung für neue Technologien und ihre Anwendungen gemacht werden[21], wenn dabei der Verhältnismäßigkeitsgrundsatz beachtet wird:

---

[18] Vgl. etwa für die atomrechtliche bzw. immissionsschutzrechtliche Genehmigung *H. T. Schmitz*, Ermessen, Beurteilungsspielraum und Beweislastverteilung im atomrechtlichen Genehmigungsverfahren, in: Erstes Deutsches Atomrechts-Symposium, Hg. v. Rudolf Lukes, 1973, S. 269 (283 ff.); *Rüdiger Nolte*, Rechtliche Anforderungen an die technische Sicherheit von Kernanlagen, 1984, S. 82 f.; *Schmatz/Nöthlichs/Weber*, Immissionsschutz. Kommentar zum BImSchG, Stand 1989, § 5 Anm. 4.1.4.

[19] Vgl. z. B. *Groth* (Fn. 12), S. 255, 259.

[20] Vgl. auch *Frauke Hansen-Dix*, Die Gefahr im Polizeirecht, im Ordnungsrecht und im Technischen Sicherheitsrecht, 1982, S. 174 f.

[21] De lege lata ist eine solche Beweislastverteilung bereits für die Anwendung derjenigen Normen zu postulieren, die den *Ausschluß* von Schäden bzw. Gefahren zur Genehmigungsvoraussetzung machen, vgl. *Schmatz/Nöthlichs/Weber* (Fn. 18). Während beispielsweise die immissionsschutzrechtliche Genehmigungsvoraussetzung, derzufolge „sichergestellt" sein muß, daß schädliche Umwelteinwirkungen und sonstige Gefahren „nicht hervorgerufen werden können" (BImSchG §§ 6 Nr. 1, 5 I Nr. 1), i. S. dieser Beweislastverteilung interpretiert werden könnte, spricht die Formulierung in § 12 II Nr. 4 und § 15 I Nr. 3 EGenTG (Fn. 13) eher für die traditionelle Verteilung der Beweislast. § 7 II Nr. 3 AtG wird in der Lit. z. T. i. S. der Beweislast zu Lasten des Antragstellers interpretiert, vgl. *Nolte*, *Schmitz* (Fn. 18), anscheinend auch die Kläger im Wyhl-Prozeß zu § 7 II Nr. 3 AtG, vgl. *BVerwGE* 72, 300 (317 f.). Dagegen *BverwG*, 23. 11. 88, NVwZ 1989, S. 670; *BVerwGE* 72, 300 (318). Das dort formulierte Gegenargument, damit werde die Frage nach der erforderlichen Vorsorge auf das Bestehen eines wissenschaftlichen Streits reduziert, ist m. E. verfehlt.

Die zu überprüfende Hypothese muß hinreichend plausibel sein, und die Anforderungen an die empirische Falsifikation müssen nicht notwendig den Grad des positiven Beweises der Schädigungsunmöglichkeit erreichen, sondern es müßte ausreichen, wenn Tatsachen ermittelt werden, die einen – in Relation zum potentiellen Schaden – „hinreichenden" Wahrscheinlichkeitsgrad für die Unmöglichkeit der Schädigung ergeben.

2. *Ansätze zur Bewältigung empirisch nicht hinreichend fundierter Risiken*

Es gibt auch Problemlagen, in denen die allgemeine Erfahrung zeigt, daß angesichts der Lückenhaftigkeit der empirischen Erkenntnisse das Risiko unbekannter schädigender Kausalverläufe erheblich ist[22]. Dies gilt insbesondere für Umweltschadstoffe, deren koergistische oder synergistische Wirkungen im Zusammenspiel mit anderen Substanzen oft oder meist unbekannt sind. Diesen Kenntnislücken trägt das Verwaltungsrecht damit Rechnung, daß bei der Grenzwertfestsetzung[23] Sicherheitszuschläge die unbekannten Risiken auffangen sollen.

Sicherheitszuschläge auf Grenzwerte sind also eine mögliche Strategie der rechtlichen Bewältigung von Ungewißheit über die Möglichkeit von Schädigungen.

Eine weitere Strategie wäre: erst einmal gar nichts zu regeln, abzuwarten, welche Schäden auftreten, und aufgrund dieser Erfahrungen dann technikbegrenzendes Recht zu setzen. Dies Lernen durch trial and error ist die klassische Methode nicht nur der Technik, sondern auch des Technikrechts. Mit dieser Methode kann und darf sich der Gesetzgeber dort nicht begnügen, wo – wie in der Atomtechnik oder in manchen Bereichen der Gentechnik – das hypothetische Risiko sehr groß ist[24].

Dort ist eine dritte Strategie anzuwenden: Durch geeignete Verfahrensvorschriften oder zusätzlich durch materielle Risikoerforschungspflichten muß sichergestellt werden, daß zunächst eine ausreichende empirische Basis für die Risikoabschätzung geschaffen wird[25].

---

22 Vgl. z. B. Rehbinder (Fn. 9), S. 139.
23 Zur Grenzwertproblematik z. B. *Gerd Winter* (Hg.), Grenzwerte, 1986.
24 So z. B. *Marburger* (Fn. 9), S. 68.
25 S. u. 4., auch 6.

Die vierte, ergänzende Strategie wäre diejenige, die auch gegenüber Risiken mit empirisch gesicherten Kausalverläufen Anwendung findet: Unterhalb der Gefahrenschwelle wird Risikovorsorge[26] insbesondere im Sinne der Minimierung des Risikos nach Maßgabe des technisch und wirtschaftlich Möglichen[27] betrieben.

Denkbar wäre es auch, die hypothetischen und die unerkannten Risiken einer Technologie durch ein absolutes Risikoverursachungsverbot auszuschließen. Die damit aufgeworfenen verfassungsrechtlichen Fragen gehören aber nicht zum Thema.

3. *Trial and error*

Auch wenn die modernen Gesetze des technischen Sicherheitsrechts das Lernen durch Versuch und Irrtum mittels Risikoanalyse und Risikoprävention möglichst vermeiden wollen, kommt es immer wieder vor, daß das System gesetzlicher und untergesetzlicher Sicherheitsvorschriften sich als zur Schadensverhütung unzureichend erweist. In diesem unspezifischen Sinne ist das Experimentiergesetz[28] im technischen Sicherheitsrecht keine exotische Kategorie, sondern die Regel. Jeder große Störfall macht, überspitzt gesagt, nicht nur die Reparatur der Anlage, sondern auch die Reparatur der Störfallverordnung nötig. Nicht nur das technische, sondern auch das juristische Sicherheitssystem hat versagt. Die Schwächen, die sich gezeigt haben, müssen durch neue Vorkehrungen behoben werden[29].

Trial and error, Nachbesserung des Rechts nach Entdeckung massiver Schädigungen, herrscht noch immer im Bereich der chemischen Produktion vor, wo über 45 000 Stoffe mit mehr als einer Million Zubereitungen auf dem Markt sind[30], deren Wirkungen auf die

---

[26] Dazu vgl. *Rüdiger Breuer*, Gefahrenabwehr und Risikovorsorge im Atomrecht, DVBl. 1978, S. 829 (836 f.), sowie die oben in Fn. 9 zitierte Lit. — Diese Konzeption ist im Atomrecht umstritten, soweit sie über das Strahlenminimierungsgebot hinaus auch auf die Reaktorsicherheit bezogen wird, vgl. *Ossenbühl* (Fn. 9), S. 168 f.

[27] Vgl. *Murswiek* (Fn. 6), S. 252 ff., 337 f. m. w. N.

[28] Dazu z. B. *Michael Kloepfer*, Gesetzgebung im Rechtsstaat, VVDStRL 40 (1982), S. 63 (91 ff.); *Rupert Stettner*, Verfassungsbindung des experimentierenden Gesetzgebers, NVwZ 1989, S. 806 ff. m. w. N.

[29] Das BImSchG verdankt sein Entstehen den massiven Umweltschäden, die § 16 GewO nicht verhindert hatte (vgl. BT-Drs. 7/179, S. 21 f.); das ArzneimittelG ist die Reaktion auf die Contergankatastrophe (vgl. BT-Drs. 7/3060, S. 43; 7/5091, S. 5, 7). Seveso hat die StörfallV (vgl. BR-Drs. 108/80, S. 24) hervorgebracht, Sandoz die Novelle zur StörfallV (vgl. BR-Drs. 585/87, S. 31).

[30] Vgl. Begr. des Regierungsentwurfs des ChemG, BT-Drs. 8/3319, S. 16.

Umwelt und die menschliche Gesundheit man größtenteils nicht kennt[31]. So läuft ein permanenter Großversuch mit Menschen, Tieren und Pflanzen ab, nur daß die Versuchsbedingungen nicht kontrollierbar sind und die Wirkungen sich auch durch epidemiologische Forschung allenfalls unter größten Schwierigkeiten feststellen lassen.

Der Experimentiercharakter des technischen Sicherheitsrechts ist wegen des immer gegebenen Restrisikos unausweichlich. Um so notwendiger ist es, die Inkaufnahme des zugelassenen Risikos auch wirklich als Versuch zu begreifen, d.h. die zugelassene Technologie auf für hinreichend unwahrscheinlich gehaltene und auf nicht vorhergesehene Nebenwirkungen systematisch zu kontrollieren. Vor allem aber müssen schwerwiegende Schäden von vornherein soweit wie möglich durch geeignete Präventionsstrategien auf ein Mindestmaß reduziert werden, also zunächst durch vorbeugende Risikoerforschung.

4. *Risikoerforschung*

So verlangt das Chemikaliengesetz für das Inverkehrbringen neuer Stoffe eine Anmeldung, mit der zugleich Prüfnachweise vorzulegen sind, welche die Beurteilung erlauben, ob der angemeldete Stoff schädliche Einwirkungen auf den Menschen und die Umwelt hat (§§ 6, 7). Vor Anmeldung muß der Hersteller den Stoff auf eine Reihe im Gesetz aufgelisteter Schadwirkungen prüfen. Auf der Basis der so gewonnenen Erkenntnisse können dann nötigenfalls Verbote oder Beschränkungen erlassen werden[32]. – Risikoerforschung vor Inverkehrbringen fordert auch das Arzneimittelgesetz[33].

Der Entwurf des Gentechnikgesetzes, den die Bundesregierung am 11. August dieses Jahres vorgelegt hat[34], verlangt dagegen für gentechnische Arbeiten und sogar für Freisetzungen gentechnisch veränderter Organismen keine vorherige Erforschung noch unzureichend bekann-

---

[31] Vgl. z.B. *Rehbinder,* in: Rehbinder/Kayser/Klein, Chemikaliengesetz, 1985, Einführung Rdn. 2; *Rüdiger Breuer,* Eingriffsmöglichkeiten nach dem Chemikaliengesetz, in: Chemikalienrecht, 1986, S. 155 (167).

[32] In der parlamentarischen Beratung befindet sich z.Z. eine Novelle, mit der die Bundesregierung jetzt auch ermächtigt werden soll, zur Ermittlung und Bewertung gefährlicher Eigenschaften der praktisch wichtigsten alten Stoffe den Herstellern und Importeuren die Pflicht aufzuerlegen, schriftliche Mitteilungen über eine Reihe von schädlichen Eigenschaften zu machen, BR-Drs. 200/89.

[33] Vgl. §§ 22 II, 24, 5, 25 II Nr. 2, 5 AMG.

[34] S.o. Fn. 13.

ter Risiken, sondern begnügt sich mit der Verwertung der vorhandenen empirischen Kenntnisse. Dies mag in der Schwierigkeit oder Unmöglichkeit begründet sein, auf diesem Sektor aussagefähige Risikoforschung zu betreiben, ohne die gentechnischen Arbeiten oder Freisetzungen durchzuführen, deren Gefährlichkeit gerade erforscht werden soll.

Die nicht abschätzbaren biologischen Risiken beim Umgang mit gentechnisch veränderten Organismen und die vielfältigen, im voraus nicht immer überschaubaren Wechselwirkungen von Organismen mit der Umwelt versucht der Entwurf daher durch Maßnahmen zur Begrenzung und Reduzierung des Risikos zu bewältigen[35]. Dazu gehört insbesondere das Gebot, gentechnische Arbeiten nur in einem geschlossenen System durchzuführen, das auch einen gewissen Schutz gegen unerkannte Risiken bietet. Dieser Schutz entfällt bei Freisetzungen.

Auch das Gentechnikgesetz soll also ein Experimentiergesetz werden, das es der Gentechnik ermöglicht, nach dem Prinzip von Versuch und Irrtum Erkenntnisse zu gewinnen, wenngleich unter Beachtung aller nach dem gegenwärtigen Kenntnisstand nötigen Sicherheitsvorkehrungen.

Deshalb hätte es nahegelegen, eine Strategie einzusetzen, die in der Literatur dem Gesetzgeber für diesen und andere Sachbereiche empfohlen worden ist, nämlich eine kontinuierliche Sicherheitsforschung[36]. Beispielsweise könnte dem Antragsteller – jedenfalls für Freisetzungen – die Pflicht zu projektbegleitenden Risikoforschungen, verbunden mit Berichtspflichten, auferlegt werden. Soweit dies nicht praktikabel ist, müßte der Staat die Risikoforschung organisieren, sei es durch Forschungsaufträge, sei es durch die Einrichtung einer besonderen Institution. Das Gesetz sollte zumindest die Verpflichtung zur Durchführung solcher Forschungen statuieren und die dafür Verantwortlichen bestimmen.

5. *Zum politischen Charakter der Risikobewertung*

Was die Bewertung der von der Verwaltung zu berücksichtigenden Risiken angeht, stellen sich für die Risiken mit empirisch unabgesi-

---

35 Vgl. die Begründung, BR-Drs. 387/89, S. 21.

36 Vgl. *Klaus-Martin Groth*, Die gentechnische Herausforderung, KJ 1988, 247 (261); *Fritz Nicklisch*, Rechtsfragen der Anwendung der Gentechnologie unter besonderer Berücksichtigung des Privatrechts, in: Rudolf Lukes/Rupert Scholz (Hg.), Rechtsfragen der Gentechnologie, 1986, S. 112 (126); *Richter* (Fn. 11), S. 257 f., 285 f.

cherter Einschätzungsgrundlage im Prinzip keine anderen Probleme als für die Bewertung sonstiger Risiken, nur daß schon die Einschätzung des Wahrscheinlichkeitsgrades eines nicht ausschließbaren Schadensverlaufs tendenziell von größerer Ungewißheit geprägt ist und daher in größerem Umfang von subjektiven Wertungen abhängt.

Die Entscheidung der Kernfrage des technischen Sicherheitsrechts nach dem Ausmaß der rechtlich — insbesondere als Genehmigungsvoraussetzung — gebotenen Sicherheit erfordert neben dieser prognostischen Einschätzung die normative Wertentscheidung darüber, welches Risiko als „Restrisiko“[37] juristisch noch hingenommen werden kann[38]. Abstrakte gesetzliche Sicherheitsstandards, die beispielsweise verlangen, daß „die nach dem Stand von Wissenschaft und Technik erforderliche Vorsorge gegen Schäden“ (AtG § 7 II Nr. 3) oder die nach diesem Stand „erforderlichen Sicherheitsvorkehrungen“ getroffen sein müssen (EGenTG § 15 I Nr. 2), suggerieren zwar, daß die Konkretisierung der rechtlich gebotenen Sicherheit durch die Erhebung objektiv gegebener Daten mit Hilfe von Sachverständigengutachten bewerkstelligt werden könnte[39]. Die Aufklärung der naturwissenschaftlich-technischen Zusammenhänge ist aber nur ein Teil des Konkretisierungsprozesses. Hinzu kommen müssen die wissenschaftlich nicht zwingend begründbaren Einschätzungen und vor allem die davon praktisch kaum trennbare normative Wertentscheidung über das rechtlich zu akzeptierende Restsrisiko[40]. Diese Entscheidung den wissenschaftlichen und technischen Sachverständigen zu überlassen, würde einer Delegation von Rechtsetzungs- und Entscheidungskompetenzen an außerstaatliche Gremien und Privatpersonen gleichkommen.

---

[37] Dazu *Dietrich Murswiek,* Artikel „Restrisiko“, in: HdUR II, 1988, Sp. 267 ff. m. w. N.

[38] Vgl. z. B. *Horst Sendler,* Ist das Umweltrecht normierbar?, UPR 1981, S. 1 (12); *Murswiek* (Fn. 6), S. 375 f. m. w. N.

[39] Darauf beruht die Konzeption, in allgemeinen Verwaltungsvorschriften oder in technischen Regelwerken festgelegten konkreten Standards, z. B. den Immissionswerten der TA Luft, dadurch eine gewisse Verbindlichkeit nach außen hin zu verschaffen, daß man sie als „antizipierte Sachverständigengutachten“ qualifiziert, vgl. z. B. *BVerwG,* 17. 2. 78, DVBl. 1978, 591 (593 f.); *OVG Münster,* 12. 4. 78, NJW 1979, 772 (773); *Rüdiger Breuer,* Direkte und indirekte Rezeption technischer Regeln durch die Rechtsordnung, AöR 101 (1976), S. 46 (82 ff.).

[40] Hierauf beruht in erster Linie die Kritik an der Konzeption des „antizipierten Sachverständigengutachtens“ — vgl. z. B. *Hans-Jürgen Papier,* in: Bitburger Gespräche, Jb. 1981, S. 81 (91 f.); *Murswiek* (Fn. 6), S. 375 f. m. w. N.

Das typische Regelungssystem des technischen Sicherheitsrechts hat das Recht der Technik zur bloßen Rechtstechnik entleert, zu einem Gefüge von Organisations- und Verfahrensvorschriften, die den Konkretisierungsprozeß organisieren, aber nicht steuern, so daß die dynamische und kontinuierliche Rezeption von privaten Technikerorganisationen oder von Sachverständigengremien erzeugter technischer Normen zu einer weitgehenden technokratischen Selbstregulierung führen konnte[41].

Solange die uneingeschränkte Bejahung des technischen Fortschritts und das Vertrauen in den technischen Sachverstand bei der überwältigenden Bevölkerungsmehrheit vorherrschten, schienen technische Regelungsfragen „außerrechtliche Fachfragen"[42] zu sein, deren Beantwortung in die Hand von Sachverständigen gehörte, die sie sachlich und daher richtig behandeln würden. Der Verust des technikoptimistischen Grundkonsenses hat dieser Vorstellung den Boden entzogen und den normativen Charakter der Frage nach der hinreichenden Sicherheit offengelegt. Heute ist die Entscheidung über diese Frage jedenfalls für die umstrittenen Schlüsseltechnologien von eminent politischer Bedeutung. Sie muß daher von den politisch verantwortlichen Staatsorganen entschieden werden.

6. *Risikobeurteilung und Verfahren*

Damit die politische Entscheidungsverantwortung auch wahrgenommen werden kann, sollte durch verfahrensrechtliche Vorkehrungen dafür gesorgt werden, daß die bei der Risikobeurteilung gegebenen Einschätzungs- und Wertungsspielräume offengelegt werden.

Besonders bedeutsam ist in unserem Zusammenhang die Zusammensetzung und das Entscheidungsverfahren normempfehlender oder beratender Sachverständigenkommissionen, beispielsweise der „Zentralen Kommission für die biologische Sicherheit".

Die ZKBS hat nach dem Entwurf des Gentechnikgesetzes de jure zwar nur beratende Funktion; de facto wird sie jedoch auf die zu erlassenden Rechtsverordnungen, Verwaltungsvorschriften und Genehmigungsentscheidungen maßgeblichen Einfluß haben. Dennoch ist die Transparenz des Entscheidungsprozesses nicht sichergestellt. Weder Öffentlichkeit der Beratungen noch Veröffentlichung

---

[41] Vgl. z.B. *Rainer Wolf*, Zur Antiquiertheit des Rechts in der Risikogesellschaft, Leviathan 1987, S. 357 (365 ff.) m. w. N.

[42] So noch *BVerwGE* 61, 295 (299); dagegen *BVerwGE* 77, 285 (287).

der Beratungsergebnisse oder gar der Beratungsprotokolle oder das Recht zur Abgabe von dissenting opinions sind vorgesehen. Auf diese Weise können die in der Mehrheit befindlichen Mitglieder, die selbst Anwender der Gentechnik sind, ihre eigenen Wertmaßstäbe durchsetzen, ohne sie offenlegen zu müssen und mit Alternativbewertungen konfrontieren zu lassen.

Zu fordern wäre dagegen, daß die den Empfehlungen zugrunde liegende Bandbreite wissenschaftlich vertretbarer Risikoabschätzungen von optimistischen zu pessimistischen Annahmen dargestellt und auf der Basis der unterschiedlichen Einschätzungen und Bewertungen alternative Entscheidungsvorschläge ausgearbeitet werden, soweit dies der Sache nach möglich ist.

Zu fordern wäre weiterhin, daß zur Risikoabschätzung auch technikkritische Experten herangezogen werden, also Wissenschaftler, die von einem anderen Vorverständnis ausgehen und von ihrer vor- bzw. außerwissenschaftlichen Werteinstellung her zu anderen Einschätzungen kommen als die Mehrheit der Experten, die ihre Einschätzungen auch nicht unabhängig von ihren vor- und außerwissenschaftlichen Präferenzen treffen können. Sie müßten entweder in die Kommission integriert werden oder den Auftrag erhalten, die Empfehlungen der Kommission kritisch gegenzulesen, um zumindest Abschätzungs-, Interpretations- und Wertungsspielräume aufzudecken. So könnten sie dazu beitragen, empirische Erkenntnisse von Werturteilen zu trennen und so den politischen Verantwortungsbereich der Exekutive deutlicher ins Licht treten zu lassen.

7. Offenheit für Alternativen

Auch das Verwaltungsrecht kann sich dem unser Zeitalter beherrschenden wissenschaftlich-technischen Paradigma nicht entziehen. Es kann den wissenschaftlichen und technischen Entwicklungen zwar rechtliche Werte, nicht jedoch Erkenntniskriterien entgegenhalten. Der politische Streit um neue Technologien resultiert aber auch daraus, daß das wissenschaftlich-technische Paradigma an Evidenz verliert[43]. Es verliert seine Evidenz für immer größer werdende Teile der Bevölkerung in einem Zeitpunkt, in dem es sich im wissenschaftlich-technischen Fortschritt zu nie gekannten Machtsteigerungen entfaltet, deren Ende nicht abzusehen ist. Damit aber nehmen die Aus-

---

[43] Eines unter vielen Symptomen ist der Erfolg des Buches „Wendezeit" von *Fritjof Capra*, deutsch 1983.

einandersetzungen um die Technik den Charakter quasi-religiöser Fundamentalstreitigkeiten an, und die Suche nach rationalem Konsens ist schon deshalb vergeblich, weil die dafür nötige gemeinsame Basis verlorengeangen ist.

Wer im Streit um das akzeptable Risiko unterliegt, hat kein Recht auf Widerstand[44]. Aber er verliert dadurch nicht das Recht auf eigene, selbstbestimmte Lebensgestaltung. Diese Freiheit sollte durch technologiepolitische Entscheidungen der Mehrheit nicht mehr als erforderlich eingeengt werden. Das Verwaltungsrecht einer offenen Gesellschaft sollte gerade angesichts des Fundamentaldissenses in der Technologiepolitik so gestaltet sein, daß es alternative Technologiekonzepte nicht unnötig behindert, sondern Rahmenbedingungen schafft für größtmögliche Selbstbestimmung der Techniknutzer und Verbraucher über die von ihnen bevorzugte Technologie sowie weitgehende Chancengleichheit „sanfter Technologien".

Dazu nur ein Beispiel: Eine gesetzliche Kennzeichnungspflicht für gentechnisch hergestellte Produkte ist nicht nur wegen potentieller Gesundheitsrisiken für den Verbraucher verfassungsrechtlich unerläßlich, sondern auch aus Gründen der individuellen Selbstbestimmung im Hinblick auf das erforderlich, was durch Konsum zu unterstützen man verantworten kann oder will. Mit der Normierung der Kennzeichnungspflicht kann das Verwaltungsrecht zugleich traditionellen Produktionsverfahren eine faire Wettbewerbschance erhalten.

III. Projektübergreifendes Technikfolgenmanagement

Was übrigens der auf konkrete Anlagen bezogene Ansatz des technischen Sicherheitsrechts nicht leisten kann, ist eine projekt- oder gar technologieübergreifende Risikooptimierung. Im Genehmigungsverfahren für ein Atomkraftwerk oder eine gentechnische Produktionsanlage spielt weder die Frage eine Rolle, ob man den Zweck des Projekts auch mit einer weniger risikoträchtigen Technologie erreichen kann, noch ob man nicht auf die risikoträchtig produzierten Produkte ganz verzichten könnte. Derartige Überlegungen können vernünftigerweise nur in bezug auf technische Systeme als solche bei globaler Betrachtung dieser Systeme, ihrer Anzahl, ihrer ökologischen und ökonomischen Vor- und Nachteile angestellt werden.

---

[44] Josef Isensee, Widerstand gegen den technischen Fortschritt, DÖV 1983, S. 565 ff.

Dies ist eine wesentliche Aufgabe der Technologiefolgenabschätzung[45], die auf ministerieller Ebene wie auch durch das Parlament organisiert werden muß, und deren Ergebnis die Entscheidung über die Förderung einer neuen Technologie und die Gestaltung der gesetzlichen Rahmenbedingungen bestimmen sollte.

Auf das hierfür in Betracht kommende Instrumentarium, das im geltenden Umweltrecht und in der Praxis der Umweltpolitik teils schon verwirklicht ist, teils noch fortentwickelt und ergänzt werden muß, kann ich aus Zeitgründen nicht eingehen[46]. Ich muß mich mit der Feststellung begnügen, daß das unmittelbar techniksystembezogene, Kriterien für einzelne Projekte oder Produkte regelnde Gesetz der Ergänzung bedarf durch ein Technikfolgen-

---

[45] Dazu vgl. Bericht der Enquete-Kommission „Einschätzung und Bewertung von Technikfolgen; Gestaltung von Rahmenbedingungen der technischen Entwicklung", BT-Drs. 10/5844; Bericht und Empfehlungen der Enquete-Kommission „Gestaltung der technischen Entwicklung; Technikfolgen-Abschätzung und -Bewertung", BT-Drs. 11/4606; als Beispiel für eine konkrete Technikfolgenabschätzung den Bericht derselben Kommission zum gentechnologisch hergestellten Rinderwachstumshormon, BT-Drs. 11/4607; aus der umfangreichen Lit. z. B. *Thomas W. Wälde*, Rechtliche Aspekte von "Technology Assessment", VerwArch 1976, S. 1 ff.; *Carl Böhret/Peter Franz*, Technologiefolgenabschätzung, 1982; *dieselben*, Die Technologiefolgenabschätzung als Instrument der politischen Steuerung des technischen Wandels?, 1985; *Raban Graf von Westphalen* (Hg.), Technikfolgenabschätzung, 1988, m. w. N.; weitere Nachw. auch bei *Ronellenfitsch* (Fn. 3), Anm. 64.

[46] Erwähnt seien als Beispiele die Umweltplanung (dazu z. B. *Werner Hoppe/Martin Beckmann*, Umweltrecht, 1989, S. 89 ff.), insb. die Luftreinhalteplanung (BImSchG § 47, dazu z. B. *Hans-Heinrich Trute*, Vorsorgestrukturen und Luftreinhalteplanung im BImSchG, 1989), die Altanlagensanierung mit Hilfe flexibler Kompensationslösungen (TA Luft 1986 Nr. 4.2.10) und allgemein der Einsatz ökonomischer Anreizinstrumente (dazu z. B. *Bundesminister des Innern*, Bericht über den Einstz marktwirtschaftlich orientierter Instrumente in der Luftreinhaltung, Umwelt Nr. 104 v. 24. 7. 1984, S. 13 ff.; *Günter Hartkopf/Eberhard Bohne*, Umweltpolitik Bd. 1, 1983, S. 194 ff.; *Dietrich Murswiek*, Freiheit und Freiwilligkeit im Umweltrecht, JZ 1988, 985 [990 f.] m. w. N.), kooperative Instrumente informalen Verwaltungshandelns, insb. Absprachen (dazu z. B. *Hartkopf/Bohne*, a.a.O., S. 220 ff.), Entwicklung von Gesamtkonzepten, an denen sich die einzelne Projektgenehmigung zu orientieren hat (dazu *BVerwGE* 69, 37 [45] und z. B. *Hermann Hill*, Staatliches Handeln bei veränderlichen Bedingungen, in: Ellwein/Hesse (Hg.), Staatswissenschaften – Vergessene Disziplin oder neue Herausforderung? [erscheint demnächst]); weitere Hinweise z. B. bei *Christoph Gusy*, Techniksteuerung durch Recht – Aufgaben und Grenzen, in: Donner/Magoulas/Simon/Wolf (Hg.), Umweltschutz zwischen Staat und Markt, 1989, S. 241 ff.

management, das von einer Gesamtperspektive der sich summierenden Wirkungen ausgeht[47].

IV. Sozialfolgen und mittelbare Technikfolgen

1. Sozialfolgen

Das technikbezogene Verwaltungsrecht dient dem Schutz der Rechtsgüter des einzelnen und der Allgemeinheit vor schädlichen Wirkungen der Technik. Was es dagegen kaum erfaßt, sind die vielfältigen Auswirkungen der technischen und wissenschaftlichen Entwicklungen auf die sozialen Lebensverhältnisse. Da die Welt, in der wir leben und die die Summe der realen Bedingungen unserer Freiheitsausübung bildet, immer weniger historisch „gewachsen" ist und in immer größerem Umfang technisch „gemacht" wird, und die technische Umgestaltung der realen Lebenswelt zunehmend als Produkt menschlicher Entscheidungen erlebt wird, drängt sich die Frage nach der Steuerung sozialer Technikfolgen, insbesondere nach der Sozialverträglichkeit neuer Technologien, geradezu auf. Sie ist Gegenstand vieler politik- und sozialwissenschaftlicher Erörterungen geworden[48].

Technologiepolitik unter Sozialfolgenaspekten wirft juristisch vor allem verfassungsrechtliche Fragen auf. Innerhalb der vom Grundgesetz vorgegebenen Grenzen steht das Verwaltungsrecht mit seinem Instrumentarium auch der Sozialfolgenbewältigung prinzipiell zur Verfügung. Eine *umfassende* Berücksichtigung von Sozialverträglichkeitsbewertungen kommt freilich nur in den Bereichen in Betracht, in denen der Staat ohne Freiheitseingriffe technische Entwicklungen steuern oder beeinflussen kann, z. B. im Rahmen der staatlichen Technikförderung.

Im übrigen ist das geltende Recht dadurch gekennzeichnet, daß man nicht versucht, unerwünschte soziale Folgen des technischen

---

[47] Vgl. die Hinweise bei *Rainer Pitschas*, Die Bewältigung der wissenschaftlichen und technischen Entwicklungen durch das Verwaltungsrecht, DÖV 1989, S. 785 (798 f.), und bei *Hill* (Fn. 46).

[48] Z. B. *Ulrich von Alemann/Heribert Schatz*, Mensch und Technik. Grundlagen und Perspektiven einer sozialverträglichen Technikgestaltung, 2. Aufl. 1987; *Helmut Jungermann u. a.*, Die Analyse der Sozialverträglichkeit für Technologiepolitik, 1986, jeweils m. w. N.; *Bernd Meier*, Sozialverträglichkeit. Deutung und Kritik einer neuen Leitidee, 1988.

Wandels durch Technologieverbote oder Technikgestaltungsnormen zu verhüten, sondern durch marginale Anwendungseinschränkungen, durch Raumplanung oder durch die Instrumente des Arbeits- und Sozialrechts sowie der Wirtschaftsförderung zu bewältigen. Unerwünschte Sozialfolgen werden nicht durch Techniksteuerung verhindert, sondern sozial aufgefangen oder abgefedert, Technologiefolgen für die Beschäftigungslage z. B. durch Kündigungsschutz, staatlich geförderte Umschulung, Arbeitslosengeld oder Hilfen zur Schaffung neuer Arbeitsplätze. Die Trennung von technischem Sicherheitsrecht und Sozialrecht scheint geradezu eine Strukturbedingung der freiheitlichen Wirtschaftsordnung zu sein. Der Versuch, unerwünschte Sozialfolgen mittels Technologiesteuerung zu vermeiden, würde der Tendenz nach zu umfassender staatlicher Wirtschaftslenkung führen. Die prinzipielle Beschränkung der unmittelbaren verwaltungsrechtlichen Techniksteuerung auf den Rechtsgüterschutz ist in der Freiheitlichkeit des politischen Systems begründet.

2. *Mittelbare Technikfolgen*

Die liberale Grundstruktur des Verfassungs- und Verwaltungsrechts führt auch dazu, daß die verwaltungsrechtliche Technikfolgenbegrenzung in der Regel nur *unmittelbare* Auswirkungen erfaßt, während mittelbare Technikfolgen auch dann unberücksichtigt bleiben, wenn es sich um voraussehbare Rechtsgutbeeinträchtigungen handelt. Wo die Gefahr erst durch die Anwendung eines technischen Systems oder Produkts verursacht wird, fällt sie in den Verantwortungsbereich des Anwenders und wird mit anwendungsbezogenen Regelungen bekämpft.

Aber das größte Risiko ist oft der Mensch. Wenn der mißbräuchliche oder bestimmungswidrige Gebrauch mit Sicherheit vorauszusehen und durch verhaltensbezogene Vorschriften, Kontrollen und Sanktionen nicht in hinreichendem Maße verhindert werden kann, könnten im Gesetz auch produktions- bzw. technikbezogene Verbote vorgesehen werden.

Gerade im Hinblick auf die Bewältigung mittelbarer Folgen technischer und wissenschaftlicher Entwicklungen stößt das Recht aber leicht auch an Grenzen faktischer Steuerungsmöglichkeiten. Ich möchte dies am Beispiel der Gentechnik demonstrieren: Geht man davon aus, daß gentechnische Eingriffe in die menschliche Keimbahn zum Zwecke der Züchtung erwünschter Eigenschaften gegen die

Menschenwürde verstoßen[49], ebenso das Klonen, also die Herstellung genetisch identischer Menschen durch Genmanipulation, oder erst recht die Bildung von Hybridwesen aus Mensch und Tier, dann müssen derartige Handlungen verboten und unter Strafe gestellt werden[50]. Strafrechtliche Verbote werden aber nicht verhindern, daß derartige Manipulationen tatsächlich vorgenommen werden.

Wenn die technischen Möglichkeiten erst geschaffen sind, dann werden wir auch mit derart manipulierten Wesen konfrontiert werden. Wenn wir Juristen uns nicht auch hier wieder den cultural lag vorhalten lassen wollen, mit dem die Rechtsordnung sonst auf technische und soziale Wandlungen zu reagieren pflegt, sollten wir uns schon jetzt mit den vielfältigen daraus resultierenden Rechtsproblemen zu befassen beginnen, beispielsweise mit dem Problem, wie denn die gentechnisch erzeugte Meerjungfrau juristisch einzuordnen sei: Ob Mensch, ob Fisch, das ist hier die Frage, zu der eine einfallsreiche Doktorarbeit vielleicht eine Mittelmeinung entwickeln könnte. Verhindern ließe sich die tatsächliche Anwendung menschenzüchterischer Genmanipulationen nur dadurch, daß die Entwicklung des technischen Könnens und der wissenschaftlichen Kenntnisse verhindert würde, die hierfür Voraussetzung sind. Nötig wäre ein Verbot aller wissenschaftlich-technischen Arbeiten, die auf den Erwerb dieser Fähigkeiten hinführen. Der Entwurf des Gentechnikgesetzes geht — auch in der Begründung— nicht auf die Konsequenzen ein, die sich für den Menschen eines Tages mit hoher Wahrscheinlichkeit aus der Entwicklung der gentechnischen Praxis an Mikroorganismen und Tieren ergeben werden. Der Gesetzgeber handelt hier genauso wie gegenüber Instrumenten der vorindustriellen Zeit: Er verbietet nicht das Messer, sondern den Mord. Ob er im Fall der Gentechnik schon

---

[49] So z. B. *Ernst Benda,* Erprobung der Menschenwürde am Beispiel der Humangenetik, aus politik und zeitgeschichte B 3/85, S. 18 (30 f.); *Christian Starck,* Die künstliche Befruchtung beim Menschen, 56. DJT, 1986, Gutachten A S. 47 m. w. N.; a. A. *Peter Lerche,* Verfassungsrechtliche Aspekte der Gentechnologie, in: Lukes/Scholz (Fn. 36), S. 88 (106 f.). — Zum Problemkreis „Gentechnik und Menschenwürde" vgl. außerdem z. B. *Eibe H. Riedel,* Gentechnologie und Embryonenschutz als Verfassungs- und Regelungsproblem, EuGRZ 1986, S. 469 (472 ff.); *Wolfgang Graf Vitzthum,* Gentechnologie und Menschenwürdeargument, ZRP 1987, S. 33 ff.

[50] Dies ist jetzt vorgesehen im Regierungsentwurf eines Gesetzes zum Schutz von Embryonen (Embryonenschutzgesetz — ESchG), BR-Drs. 417/89, §§ 5–7; vgl. dazu die Begründung ebd. S. 9 f., 24 ff.

aus Gründen der Forschungsfreiheit nicht anders handeln könnte[51], mag durchaus fraglich sein. Aber würde er anders handeln und etwa die Anwendung gentechnischer Methoden generell verbieten, wäre damit für den Schutz der Menschenwürde im Ergebnis nichts gewonnen: Die problematischen Methoden würden im Ausland entwickelt. Das Verbot wäre nicht geeignet zu erreichen, was es intendiert, und könnte nichts anderes bewirken, als dem Gesetzgeber das Bewußtsein edler Gesinnung zu verschaffen – auf Kosten der internationalen Wettbewerbschancen der deutschen Chemie und auf Kosten der damit verbundenen Nachteile für die wirtschaftliche und soziale Leistungsfähigkeit des Staates.

Es gibt also Technikfolgen, sogar sehr weitreichende, die sich der Bewältigung durch Recht selbst dann entziehen, wenn sie sich ziemlich verläßlich prognostizieren lassen.

3. *Die Unmöglichkeit umfassender Technikbewältigung*

Und es gibt unzählige Technikfolgen, die sich überhaupt nicht oder nicht einigermaßen zuverlässig prognostizieren lassen. Man braucht sich nur einmal vorzustellen, was dabei herausgekommen wäre, wenn man bei Erfindung des Automobils vor rund 100 Jahren die Folgen der neuen Technologie für die wirtschaftliche Entwicklung, den Städtebau, die Wälder, die Unfallchirurgie usw. prognostiziert hätte – das meiste war damals völlig unvorstellbar. Die futurologische Eindringtiefe jeder Technologiefolgenabschätzung ist sehr begrenzt, und neue Erkenntnisse bauen immer schon auf neuen Entwicklungen auf, die allenfalls theoretisch, nicht aber praktisch reversibel sind. Was wir nicht erkennen können, das können wir auch nicht steuern.

Und wenn die faktischen Steuerungsmöglichkeiten schon im Hinblick auf einzelne technische Systeme an kognitive Grenzen gelangen, so gilt dies erst recht für die Gesamtheit der wissenschaftlichen und technischen Entwicklungen. Der wissenschaftlich-technische Progreß-Prozeß ist derart umfassend, die ganze menschliche Lebenswelt überwältigend und in seinen unzähligen Facetten, Wirkungen und Wechselwirkungen so unüberschaubar komplex, daß das menschliche Erkenntnisvermögen heillos überfordert wäre mit der Aufgabe, die technischen und wissenschaftlichen Entwicklungen als Gesamtprozeß auch nur annähernd zu erfassen. Die Bewältigung der technischen und

---

[51] Dazu vgl. z. B. Enquete-Kommission „Chancen und Risiken der Gentechnologie", Bericht (Fn. 12), S. 284 f.; *Lerche* (Fn. 49), S. 89 ff.

wissenschaftlichen Entwicklungen im Sinne ihrer zielorientierten Lenkung und umfassenden Beherrschung ist daher unmöglich. Wenn das Verwaltungsrecht den Versuch einer solchen Globalsteuerung gar nicht erst unternimmt[52], ist das kein Mangel des Rechts, sondern eine notwendige Konsequenz der Lage, in der wir uns befinden. Ein Ausstieg aus der technisch-industriellen Zivilisation kommt nicht in Betracht. Das Industriesystem zählt zu unseren wichtigsten Lebensgrundlagen. Mit der modernen Technik leben, heißt aber notwendig, mit Risiken zu leben, die sich nicht bewältigen lassen, mit Entwicklungen, deren Ziel nicht ersichtlich und deren Auswirkungen nicht absehbar sind.

V. Schluß

Die Funktion des Verwaltungsrechts in dieser unübersichtlichen Lage läßt sich vielleicht mit Goethes Wort aus den Xenien[53] charakterisieren:

> „Sorgend bewacht der Verstand des Wissens dürftigen Vorrat,
> Nur zu erhalten ist er, nicht zu erobern geschickt."

Eroberungen macht die Technik, nicht das Recht. Der Verstand, oder sagen wir: die Vernunft des Verwaltungsrechts liegt darin, den wissenschaftlich-technischen Prozeß in seinen einzelnen Konkretionen zu regulieren, schädliche Neben- und Folgewirkungen soweit wie möglich auszuschließen, erkennbare Nachteile zu minimieren, zu beschützen, was absehbar gefährdet ist, und immer wieder korrigierend einzugreifen, wenn sich Fehlentwicklungen abzeichnen. So wird der Gesamtprozeß zwar nicht gesteuert, aber in permanenter Anstrengung, in immer neuen Ansätzen, in gemeinverträglichen Grenzen zu halten gesucht; auch dies mit notwendig nur unvollständigem Erfolg. Je größer sich die Schere auftut zwischen Gestaltungsmöglichkeiten und Chancen neuer Technologien einerseits, unerkennbaren Risiken und Folgeproblemen andererseits, und je schneller die Entwicklungsprozesse vorwärts drängen, desto schwieriger wird die auch dem Verwaltungsrecht gestellte Aufgabe. Das ist das Aufregende, zugleich

---

[52] Zur mangelnden Realisierbarkeit einer Globalsteuerung durch Umweltplanung vgl. *Werner Hoppe*, Staatsaufgabe Umweltschutz, VVDStRL 38 (1980), S. 211 (254 ff.); *Rüdiger Breuer*, in: I. v. Münch (Hg.), Besonderes Verwaltungsrecht, 8. Aufl. 1988, S. 631 f.

[53] *Goethe*, Werke, Hamburger Ausgabe, Bd. I, 13. Aufl. 1982, S. 231.

für den Juristen Unbefriedigende in der heutigen Lage: daß es keine überschaubare, einhegbare, juristisch-begrifflich zu bewältigende, in eine fest gefügte Ordnung zu fassende soziale Umwelt mehr gibt, sondern einen sich mit zunehmender Geschwindigkeit bewegenden Prozeß, der fertige Ergebnisse nicht mehr zuläßt. Jede Lösung ist nur ein Versuch. Gerade deshalb müssen wir ständig Lösungen suchen.

Leitsätze des 2. Berichterstatters über:

Die Bewältigung der wissenschaftlichen und technischen Entwicklungen durch das Verwaltungsrecht

I. Einleitung

1. Das rechtsstaatliche Verwaltungsrecht ist von Beginn an auch Technikrecht, und zwar in doppelter Funktion: Es dient dem Schutz von Rechtsgütern gegen die Risiken der Technik, aber zugleich der unternehmerischen Investitionssicherheit und der Durchsetzung neuer Techniken. Es ist Technikförderungsrecht und Technikfolgenbegrenzungsrecht zugleich.

2. Der wissenschaftlich-technische Progreß-Prozeß steigert fortwährend die technischen Weltveränderungsfähigkeiten des Menschen und treibt seine Neuerungen mit ständig zunehmender Geschwindigkeit hervor. Zugleich werden die Neben- und Folgewirkungen, die wir nicht annähernd zuverlässig prognostizieren können, zahlreicher, komplexer und weitreichender.

3. Die Aufgabe, diese Entwicklungen zu „bewältigen", stellt das Verwaltungsrecht vor allem vor zwei große Querschnittsprobleme: Die technisch-wissenschaftlichen Entwicklungen zu bewältigen, heißt zunächst, die Dynamik dieser Entwicklungen zu bewältigen. Und zweitens müssen angemessene Mittel gefunden werden, um ausreichende Sicherheit gegen schädliche Technikfolgen auch dann zu gewährleisten, wenn Ungewißheit über die Grundlagen der Risikoabschätzung besteht.

II. Zur rechtlichen Bewältigung der technischen Dynamik

4. Die ständig notwendige Anpassung des Rechts an neue technische Entwicklungen und wissenschaftliche Erkenntnisse wird im System des technischen Sicherheitsrechts durch eine Kombination von Flexibilität abstrakter gesetzlicher Schutz- und Vorsorgestandards mit dynamischer Änderung der untergesetzlichen Konkretisierungen bewältigt. In diesem System ist die materielle Steuerungsfunktion des Gesetzes (und oft auch der Rechtsverordnung) weithin verlorengegangen. Das verwaltungsrechtliche Technikrecht hat sich in zentralen Bereichen zur Rechtstechnik entleert und setzt der Tendenz zur technokratischen Selbstsregulierung mittels von Sachverständigengremien und privaten Normungsorganisationen erzeugter technischer Regeln und Normen kaum mehr als die Aufwertung des Verfahrensrechts entgegen.

5. Die Regelungsdefizite auf gesetzlicher (und auch auf Verordnungs-)Ebene sind aber nur zum Teil sachbedingt und unvermeidlich. Auf abstrakter Ebene könnten zumindest Zwecksetzungen, Prioritäten für Konfliktentscheidungen und Bewertungskriterien klarer geregelt werden. Aber auch „wesentliche" konkrete Sicherheits- und Vorsorgeanforderungen könnten ohne erheblichen Verlust an Anpassungsdynamik vom Gesetzgeber geregelt werden, zumindest, wenn sie in Form von Grenzwerten formuliert werden können. Hierbei wäre auch über Änderungen des Gesetzgebungsverfahrens nachzudenken. — Im übrigen könnten quantitativ-vergleichende Risikoanalysen die Rationalität der Gesetzeskonkretisierung erhöhen und so auch zur Rückgewinnung der Steuerungsfunktion des Rechts beitragen.

III. Schadensprävention bei Ungewißheit über die Grundlagen der Risikoabschätzung

6. Die technische Entwicklung bringt ständig neue Technologien oder Produkte hervor, mit denen man noch keine Erfahrungen gemacht hat. Oft ist dann mangels empirischer Grundlage eine verläßliche Risikoabschätzung nicht möglich. Dies gilt insbesondere für wesentliche Aspekte der Gentechnik. — Risiken mit unsicherer Prognosegrundlage, die das Verwaltungsrecht in unterschiedlicher Weise zu bewältigen hat, sind einerseits unerkannte Risiken, andererseits hypothetische Risiken, also solche hypothetischen Kausalverläufe, für deren Möglichkeit es (noch) keinen empirischen Beweis gibt. Zu unterscheiden sind dabei „rein hypothetische" Risiken von solchen, für die es tatsächliche Anhaltspunkte gibt. Die Unterscheidung zwischen hypothetischen und empirisch erwiesenen Risiken ist aber nicht kategorial, sondern typisierend und kennzeichnet nur die Endpunkte einer gleitenden Skala unterschiedlicher empirischer Bestätigungsdichte.

7. Hypothetische Risiken sind dann „gefährlich" i.S. des technischen Sicherheitsrechts, wenn empirische Erkenntnisse eine hinreichende Wahrscheinlichkeit für ihre Schädigungseignung begründen. Dann greifen, sofern gesetzlich nichts anderes geregelt ist, die Instru-

mente der Gefahrenabwehr ein; insbesondere ist z. B. eine Anlagengenehmigung zu versagen.

8. Zur Bewältigung unerkannter Risiken und solcher hypothetischer Risiken, die keine Gefahr begründen, kommen folgende Strategien in Betracht:
- *Trial and error*
- *Sicherheitszuschläge auf Grenzwerte*
- *Schaffung einer empirischen Basis für die Risikoabschätzung vor Entscheidung über Verbot bzw. Zulassung einer Risikoquelle, insbesondere mittels staatlicher Forschungsaufträge, Risikoerforschungspflichten oder Verfahrensregelungen*
- *Sonstige Maßnahmen der Risikovorsorge, insbesondere Risikominimierungsgebot*

9. Die Gesetze des technischen Sicherheitsrechts sind — im unspezifischen Sinne — Experimentiergesetze: Sie lassen die Verursachung technischer Risiken zu, die überhaupt nicht erkannt worden sind oder von denen man nicht weiß, ob sie sich als Schäden realisieren können. Da dies erst die Praxis zeigen kann, läuft so insbesondere im Chemikalienbereich ein permanenter Großversuch mit Menschen und Umweltgütern, allerdings ungeplant und unkontrolliert.

10. Das Lernen durch Versuch und Irrtum ist in der Technik wie im technischen Sicherheitsrecht unvermeidlich. Daraus folgt zunächst, daß die Inkaufnahme des zugelassenen Risikos auch wirklich als Versuch begriffen werden muß. Deshalb sind systematische, den Gesetzesvollzug begleitende bzw. daran anknüpfende Wirkungsuntersuchungen zu fordern. Der Entwurf des Gentechnikgesetzes genügt dieser Forderung nicht.

11. Eine Umkehr der Beweislast in dem Sinne, daß der Risikoverursacher die Unmöglichkeit der Schädigungseignung seiner Risikoquelle zu beweisen hat, kommt nicht in Betracht. Gegenüber einer neuen Technologie wie der Gentechnik, deren potentielle Auswirkungen noch nicht hinreichend empirisch erforscht sind, könnte eine interessengerechte Beweislastverteilung jedoch so aussehen, daß der Risikobetroffene bzw. die Behörde die Darlegungslast für hypothetische Ursache-Wirkungs-Beziehungen, der Risikoverursacher dagegen die Last der Falsifikation plausibler Hypothesen hätte; „hinreichende Wahrscheinlichkeit" genügt.

12. Die Konkretisierung des abstrakten gesetzlichen Mindestsicherheitsstandards („nach dem Stand von Wissenschaft und Technik erfor-

derliche Vorsorge" o. ä.) ist ohne politische Wertentscheidung nicht möglich. Bei Risiken ohne gesicherte empirische Einschätzungsgrundlage ist der Wertungsspielraum tendenziell größer.

13. Durch Verfahrensregelungen, insbesondere über die Zusammensetzung und das Entscheidungsverfahren normempfehlender und beratender Ausschüsse, die unmittelbaren Einfluß auf die Gesetzeskonkretisierung haben (Beispiel: die Zentrale Kommission für die Biologische Sicherheit nach dem EGenTG), muß sichergestellt werden, daß alle in Betracht kommenden Risiken umfassend ermittelt und die Einschätzungs- und Wertungsspielräume herausgearbeitet werden.

14. Angesichts des Fundamentaldissenses über die Technologiepolitik sollte das Verwaltungsrecht einer offenen Gesellschaft alternative Technologiekonzepte nicht unnötig behindern und Rahmenbedingungen schaffen für größtmögliche Selbstbestimmung der Techniknutzer und Verbraucher über die von ihnen bevorzugte Technologie. Erforderlich ist z. B. eine gesetzliche Kennzeichnungspflicht für gentechnisch hergestellte Produkte.

IV. Projektübergreifendes Technikfolgenmanagement

15. Der auf konkrete Anlagen bezogene, „punktuelle" Ansatz des technischen Sicherheitsrechts ist für eine projekt- oder gar technologieübergreifende Risikooptimierung nicht geeignet. Hierfür ist eine globale Betrachtung im Rahmen alternativ-vergleichender Technologiefolgenabschätzungen nötig, deren Ergebnisse die Gestaltung der gesetzlichen Rahmenbedingungen und der gesetzesungebundenen Verwaltung bestimmen sollten. Das für eine übergreifende Risikosteuerung oder -begrenzung in Betracht kommende Instrumentarium ist in Recht und Praxis der Umweltpolitik teils schon verwirklicht, teils noch fortentwickungs- und ergänzungsbedürftig. Dies gilt insbesondere für die Instrumente indirekter Steuerung. Der „punktuelle Ansatz" bedarf der Ergänzung durch ein von der Gesamtperspektive sich summierender Wirkungen ausgehendes Technikfolgenmanagement.

V. Sozialfolgen und mittelbare Technikfolgen

16. Der Versuch, unerwünschte soziale Folgen neuer Technologien mittels Technologiesteuerung zu vermeiden, würde der Tendenz nach zu umfassender staatlicher Wirtschaftslenkung führen. Die prinzipielle Beschränkung der unmittelbaren verwaltungsrechtlichen Techniksteuerung auf den Rechtsgüterschutz ist in der Freiheitlichkeit des Systems begründet.

17. Mittelbare Technikfolgen bleiben bei technikbezogenen Regelungen i. d. R. unberücksichtigt, auch wenn es sich um voraussehbare Rechtsgutbeeinträchtigungen handelt. Sie fallen in den Verantwortungsbereich des Anwenders des technischen Systems oder Produkts und werden mit anwendungsbezogenen Regelungen bekämpft.

18. Produktionsbezogene bzw. unmittelbar technikbezogene Verbote aus Gründen mittelbarer (durch menschliches Fehlverhalten vermittelter) Folgen kommen jedoch dann in Betracht, wenn auf andere Weise äußerst schwerwiegende, unter keinem Aspekt akzeptable Schäden nicht verhindert werden können.

19. Technologieverbote und -beschränkungen kommen nicht in Betracht, wenn sie ihren Zweck nicht erreichen könnten, weil entsprechende Regulierungen im Ausland fehlen.

20. Die rechtliche Bewältigung der wissenschaftlichen und technischen Entwicklungen i. S. ihrer zielorientierten Lenkung und umfassenden Beherrschung ist unmöglich.

Die Bewältigung der wissenschaftlichen und technischen Entwicklungen durch das Verwaltungsrecht

3. Bericht von Prof. Dr. *Bernhard Schlink*, Bonn

Inhalt

I. Identifikation des Staates mit der Informations- und Kommunikationstechnik

Mit keiner anderen zivilen Technik hat der Staat sich so identifiziert wie mit der Informations- und Kommunikationstechnik. Von Anfang an hat er das Telegrafen- oder Fernmeldewesen zu seiner Sache gemacht[1]; bis heute hält er das Monopol für die Fernmeldenetze und den Telefondienst. Von Anfang an hat er für den Rundfunk die Verantwortung übernommen; er hat ihn unter der Weimarer Verfassung begründet und beherrscht[2] und unter dem Grundgesetz in inhaltlicher Vielfalt organisiert. Von Anfang an hat er den Computer für die Erhebung, Verarbeitung und Herstellung von Informationen genutzt[3]; von der computergesteuerten Verkehrsampel bis zum computergefertigten Steuerbescheid, von den Datenbanken der Sicherheitsbehörden und Sozialversicherungsträger bis zu denen der Gemeinden kommt die Verwaltung heute nicht mehr ohne den Computer aus. Zum Bild der Identifikation gehört weiter, daß der Staat künftiges Wirtschaftswachstum besonders von der Informations- und Kommunikationstechnik erwartet und daher die entsprechenden Forschungsvorsprünge und Marktanteile der Industrie zu seinem besonderen Anliegen macht[4].

Keine Technik bietet sich dem Staat zur Identifikation aber auch so an wie die Informations- und Kommunikationstechnik. Nachdem die

---

[1] Vgl. *Hesse,* Die Verfassungsmäßigkeit des Fernmeldemonopols der Deutschen Bundespost, 1984, S. 6 ff.

[2] Zwar hat der Staat sich privaten Kapitals und privatrechtlicher Formen bedient, als er den Rundfunk in den 20er Jahren installierte. Aber dabei ging es ihm nur um die Vermeidung verfassungs- und verwaltungsrechtlicher Bindungen. Der private bzw. privatrechtliche Einschlag widerspricht also der begründenden und beherrschenden Rolle des Staates nicht, sondern bestätigt sie. Vgl. näher *Wieland,* Die Freiheit des Rundfunks, 1984, S. 109 ff.

[3] Vgl. für die Zeit des Anfangs und aus ihr *Bundesminister des Innern,* Bericht der Bundesregierung über die Anwendung der elektronischen Datenverarbeitung in der Bundesverwaltung, Bundestagsdrucksache V/3355 v. 7. 10. 1968; *Fiedler,* Der zunehmende Einfluß des elektronischen Datenverarbeitungsverfahrens (EDV) in der öffentlichen Verwaltung, in: Bundesverband der Ortskrankenkassen (Hrsg.), Soziale Sicherheit in Freiheit, 1964, S. 35.

[4] Das kommt in der Konzeption der Bundesregierung zur Neuordnung des Telekommunikationsmarkts deutlich zum Ausdruck; vgl. *Bundesregierung,* Die Reform des Post- und Fernmeldewesens in der Bundesrepublik Deutschland, Bundestagsdrucksache 11/2855 v. 2. 9. 1988, S. 14 ff.; vgl. ferner *Regierungskommission Fernmeldewesen,* Neuordnung der Telekommunikation, 1987, S. 28 ff.

alte Technik die Handarbeit maschinisiert hat, maschinisiert die neue die Kopfarbeit. Die Informations- und Kommunikationstechnik ergänzt und ersetzt sensorische, intellektuelle und kommunikative Fähigkeiten des Menschen. Damit erbringt sie Leistungen, die dem modernen Rechtsstaat wesentlich zugehören. Gewiß, die physische Gewalt, deren legitime Anwendung beim Staat monopolisiert ist, bedarf der alten Technik, der Waffen und Fahrzeuge. Aber im modernen Rechtsstaat bleibt die physische Gewalt in Reserve, es dominiert die sprachliche Gewalt, die Gewalt des Genehmigens und Untersagens, des geregelten Argumentierens und Kommunizierens, die Gewalt der Organisation von Leistungen und Informationen[5]. Hier liegt das Potential der Informations- und Kommunikationstechnik.

II. Technische und rechtliche Ausgangslage

Identifikation des Staates mit der Informations- und Kommunikationstechnik bedeutet nicht deren Bewältigung[6], sondern eine spezifische Konstellation zu bewältigender Probleme. Die Bewältigung der wissenschaftlichen und technischen Entwicklung ist eine Aufgabe, die den Staat stets in vier Hinsichten fordert. Er muß der Entwicklung die Freiheit lassen, die sie als kreativer Prozeß braucht, muß die Gesell-

---

[5] Vgl. *Müller,* Recht – Sprache – Gewalt, 1975, S. 18 ff.; *ders.,* Juristische Methodik, 3. Auflage 1989, S. 138 f.

[6] *Forsthoff,* Der Staat der Industriegesellschaft, 1971, S. 42 ff. sieht in der Identifikation, dem Steuern und Begrenzen und dem Laufenlassen der technischen Entwicklung die drei Möglichkeiten, auf die „Frage nach dem Verhältnis von technischer Realisation und politischer Ordnung (Staat)" zu antworten. Die Vorstellung, der Staat sei der technischen Entwicklung nicht immer schon vielfach verbunden, sonder stehe ihr in der Distanz der Wahl zwischen den drei Möglichkeiten gegenüber, lebt nicht nur von Forsthoffs Ideal eines selbständigen Staates, sondern ebenso von seinem Bild einer selbstläufigen Technik: „Der technische Prozeß produziert sich um seiner selbst willen" (S. 41). Dieses Bild mag aus der Situation zu verstehen sein, in der es entstand: Als mit der neuen Technik des Computers die gelegentlich sog. zweite Technisierung, Industrialisierung oder auch industrielle Revolution (*Steinmüller,* Demokratische und soziale Informationstechnologiepolitik, in: ders. (Hrsg.), Verdatet und vernetzt, 1988, S. 17/18 ff.) anlief, wobei die Computerwissenschaft den Computeranwendungen zunächst weit vorauseilte, war zwar vertraut, wie die Entwicklung der alten Technik mit der ökonomischen und sozialen Entwicklung verwoben war, entsprechendes bei der neuen Technik aber noch nicht so deutlich sichtbar – mit der Folge des Eindrucks der Selbstläufigkeit.

schaft vor ihren Gefahren schützen, muß sie unter wirtschaftspolitischen Gesichtspunkten fördern und muß schließlich ihre Hervorbringungen nutzen, um seine Aufgaben auf gehörigem wissenschaftlichen und technischen Niveau zu erfüllen[7]. Wenn er sich mit ihr identifiziert, d. h. sie besonders intensiv fördert und ihre Hervorbringungen besonders intensiv nutzt, kann er nicht nur in problematische Abhängigkeiten geraten und problematische Abhängigkeiten schaffen[8]. Die identifikatorische Nähe zur wissenschaftlichen und technischen Entwicklung macht es dem Staat auch besonders schwer, deren Gefahren einzuschätzen. Bei der Informations- und Kommunikationstechnik fällt ihm dies um so schwerer, als gerade hier die Gefahren ohnehin nicht leicht wahrzunehmen sind. Sowohl der informations- und kommunikationstechnischen Forschung als auch ihren Hervorbringungen fehlt die spektakuläre Gefährlichkeit giftigen Smogs, explodierender Anlagen und mutierender Organismen. Die Gefahren der Informations- und Kommunikationstechnik kommen auf leisen Sohlen.

Sie kommen außerdem geschwinden Schritts. Die Informations- und Kommunikationstechnik entwickelt sich überaus rasch[9]. In weni-

---

[7] Ähnlich *Grawert*, Technischer Fortschritt in staatlicher Verantwortung, Festschrift Broermann, 1982, S. 457/464 ff.; *Roßnagel*, Die rechtliche Fassung technischer Risiken, UPR 1986, S. 46 f.

[8] Die Probleme der Abhängigkeiten, in die der Staat geraten kann, sind besonders finanzieller Art; einmal in großem Stil begonnene Förderung zieht weitere Förderung großen Stils nach sich. Wo der Staat andererseits Abhängigkeiten schafft, kann die wissenschaftliche Kreativität Schaden nehmen; drastische Beispiele bieten die wissenschaftliche und technische Entwicklung unter totalitären Regimen. In freiheitlichen, demokratischen Staaten ist die wissenschaftliche Freiheit weniger da bedroht, wo der Staat sich mit der wissenschaftlichen und technischen Entwicklung identifiziert, als vielmehr wo er die Gesellschaft vor ihren gefährlichen Folgen schützt. Bei der Informations- und Kommunikationstechnik kann von einer solchen Bedrohung nicht die Rede sein; Art. 5 Abs. 3 GG ist hier anders als bei der Bio- und Gentechnik kein Problempunkt.

[9] Einen guten Überblick über die Entwicklung der Informations- und Kommunikationstechnik und ihren heutigen Stand bieten besonders *Bundesminister für Forschung und Technologie / Bundesminister für Wissenschaft*, Zukunftskonzept Informationstechnik, 1989; *Kubicek / Rolf*, Mikropolis, 2. Auflage 1986, S. 54 ff.; *Roßnagel u. a.*, Die Verletzlichkeit der Informationsgesellschaft, 1989, S. 27 ff.; vgl. auch, wenngleich schon älter, *Enquete-Kommission „Neue Informations- und Kommunikationstechniken"*, Zwischenbericht, Bundestagsdrucksache 9/2442 v. 28. 3. 1983, und zur Neuordnung des Telekommunikationsmarkts *Regierungskommission Fernmeldewesen* (Fn. 4); *Bundesregierung* (Fn. 4); *Kommission der Europäischen Gemeinschaften*, Grünbuch über die Entwicklung des gemeinsamen Marktes für Telekommunikationsdienstleistungen und Telekommunikationsgeräte,

gen Jahren hat die Miniaturisierung der Computertechnik den Computer aus dem Rechenzentrum an den Arbeitsplatz und in die Wohnung gebracht. Zugleich hat die Digitalisierung der Übertragungstechnik die Fernmeldenetze[10] instand gesetzt, nicht mehr nur eine bestimmte, sondern jede Art von Information zu übertragen. ISDN, das aus dem Telefonnetz entwickelte, in Kupfer ausgelegte Netz, übermittelt Sprache, Texte, Bilder und Daten. IBFN, das künftige Glasfasernetz, wird zudem Filme übertragen und alle Formen der Individual- und Massenkommunikation integrieren. Damit steigt die Leistungsfähigkeit des Computers weiter. Im Verbund digitalisierter Fernmeldenetze leisten kleine Computer heute ein Vielfaches dessen, was früher große Computer geleistet haben. Dabei kann ein Rechenzentrum ergänzende, steuernde und überwachende Funktionen behalten, muß es aber nicht; der Verbund selbst kann das Rechenzentrum ersetzen und erübrigen. Der Verbund in allgemein zugänglichen, sog. offenen Netzen schafft dem Computer am Arbeitsplatz und in der Wohnung überdies Zugang zu einem wachsenden Angebot von Fernmeldediensten, von kombiniertem Fernschreiben und -kopieren (Textfax) bis zum Fernmessen und -wirken (Temex), von Bildschirmtext, Bild- und Sprachspeichern bis zu Datenbanken.

Für die Gestaltung bürokratischer Arbeitsabläufe und organisatorischer Strukturen eröffnen sich damit neue Möglichkeiten[11]. Stichworte sind die Reduzierung der Arbeitsteilung zwischen Sachbearbeiter- und Sekretariatsebene (vertikale Aufgabenintegration) sowie zwischen verschiedenen Sachbereichen (horizontale Aufgabenintegra-

---

KOM(87)290 endg. v. 30. 6. 1987; *dies.*, Auf dem Wege zu einem wettbewerbsfähigen EG-weiten Telekommunikationsmarkt im Jahre 1992, KOM(88)48 endg. v. 9. 2. 1988.

[10] Die Telekommunikationsordnung (Verordnung über die Bedingungen und Gebühren für die Benutzung der Einrichtungen des Fernmeldewesens) spricht nicht mehr von den Fernmeldenetzen, sondern von dem Telekommunikationsnetz (§ 3) und konsequent von den Telekommunikationsdiensten (§ 4). Da es folgend auch darum geht, daß die überkommenen verschiedenen Fernmeldenetze technisch zu einem integrierten Netz erst zusammenwachsen, wird hier durchgängig der ältere Begriff des Fernmeldenetzes und dann auch des Fernmeldedienstes verwandt.

[11] Ihnen war die Tagung, die bei Reinermann u. a. (Hrsg.), Neue Informationstechniken – neue Verwaltungsstrukturen?, 1988 dokumentiert ist, und waren in weiten Teilen auch die bei Böhret u. a. (Hrsg.), Herausforderungen an die Innovationskraft der Verwaltung, 1987 und Thieme (Hrsg.), Veränderungen der Entscheidungsstrukturen in der öffentlichen Verwaltung, 1988 dokumentierten Tagungen gewidmet; vgl. ferner *Reinermann*, Verwaltungsinnovation und Informationsmanagement, 1986.

tion), die Steigerung bürgerfreundlicher Auskunfts- und Beratungskompetenz am einzelnen Arbeitsplatz, die Stärkung dezentraler gegenüber zentralen Kompetenzen. Früher hat der Einsatz der Informations- und Kommunikationstechnik die Errichtung zentraler Rechenzentren verlangt; seit der Computer am Arbeitsplatz installiert wird, erlaubt er organisatorische Dezentralisierung. Entfallen ist z. B. die Notwendigkeit, mehrere Gemeinden zu gemeinsamer Datenverarbeitung zu verpflichten[12], und je besser gemeindliche Planungen über Programm- und Datenvorgaben koordiniert werden können, desto weniger müssen sie auf regionaler oder Länderebene zentralisiert werden[13]. Das heißt nicht, daß ein informations- und kommunikationstechnischer Sachzwang, der früher in Richtung Zentralisierung gewirkt hat, heute in Richtung Dezentralisierung wirken würde. Wie bei jeder entwickelten Technik gilt auch bei der entwickelten Informations- und Kommunikationstechnik, daß sie den Gestaltungsspielraum nicht durch Zwänge verengt, sondern durch neue Alternativen und Optionen erweitert. Wenn Zwänge wirksam werden, sind sie von wirtschaftlicher, politischer und rechtlicher Qualität.

Die Schnelligkeit, mit der die Entwicklung der Informations- und Kommunikationstechnik voranschreitet, die geringe Distanz des Staates zu ihr, die Unauffälligkeit der Gefahren, die sie hervorbringt, und die Fülle der Alternativen und Optionen, die sie eröffnet, bedingen, daß ihre Bewältigung durch das Verwaltungsrecht erst begonnen hat, Gestalt zu gewinnen. Der verwaltungsrechtliche Gesetzgeber hat zwar einzelne Aspekte der neuen Technik so geregelt, daß die Aufgabe der Bewältigung an die verwaltungsrechtliche Dogmatik, Rechtsprechung und Rechtslehre übergegangen ist. Aber bei vielen anderen Aspekten ist die Bewältigung noch die Aufgabe des Gesetzgebers, und teilweise ist überhaupt streitig, wo sie in der Kompetenzordnung des Grundgesetzes den richtigen Platz hat.

Ein entsprechendes und sogar doppeltes Kompetenzproblem wirft der Ausbau der Fernmeldenetze auf[14]. Mit der Integration von Massen- und Individualkommunikation führt er zur Verarmung der Län-

---

[12] So schon früh VerfGH NW, DÖV 1979, S. 637 m. Anm. *Wagner*, DÖV 1979, S. 639.

[13] Vgl. *Lenk*, Informationstechnik und Behördenstruktur, in: Reinermann u. a. (Fn. 11), S. 85/87 f., 91 f.; *Wedde*, Verwaltungsautomation und Verfassungsrecht, in: Roßnagel (Hrsg.), Freiheit im Griff, 1989, S. 67/76 ff.

[14] Weitere Kompetenzprobleme liegen bei der informationellen Mischverwaltung, die bei statistischen und Verkehrsinformationen entstanden ist. Das neue Bundesstatistikgesetz regelt nicht nur die Statistik für Bundeszwecke und errichtet

deraufgabe, im Massenmedium Rundfunk für inhaltliche Vielfalt zu sorgen[15]. Wenn über IBFN künftig Sendungen vom Spielfilm bis zum Sprachkurs zum individuellen Zugriff und Abruf angeboten werden, kann der Einzelne sein individuelles Programm an den vorgegebenen, der Vielfalt verpflichteten Programmen vorbei zusammenstellen. Dann mögen zwar die Zugriffs- und Abrufdienste dem Rundfunk zugeordnet oder gleichgestellt und der Länderkompetenz unterworfen werden[16]. Aber was da, wo keine Programme mehr gestaltet, sondern nur noch einzelne Sendungen für individuellen Konsum bereitgehalten werden, über Anforderungen an die persönliche Zuverlässigkeit des Veranstalters hinaus geregelt werden könnte, ist nicht zu sehen[17]. Diese Verarmung der Länderaufgabe mag als unvermeidliche Folge des Ausbaus anzusehen und hinzunehmen sein. Dann wird aber

---

nicht nur dafür eine selbständige Bundesoberbehörde, sondern zielt auf ein Gesamtbild von Staat und Gesellschaft und schafft ein Gesamtsystem der amtlichen Statistik, föderativ gegliedert, mit Kooperationspflicht der Statistischen Ämter der Länder und Führungsrolle des Statistischen Bundesamts. Ähnlich organisiert das Kraftfahrt-Bundesamt nach dem novellierten Straßenverkehrsgesetz im Zentralen Verkehrsinformationssystem (ZEVIS) Daten, für die die Bundesverwaltung kaum Verwendung hat, die vielmehr von Länder- und Gemeindeverwaltungen sowohl beschafft als auch benutzt werden, nicht zuletzt für Zwecke der allgemeinen Gefahrenabwehr. Kritisch zur verfassungsrechtlichen Zulässigkeit *Brinckmann*, Informationelle Mischverwaltung?, in: Reinermann u. a. (Fn. 11), S. 307/316 ff.

[15] Rundfunkrechtliche Länderregelungen laufen überdies Gefahr, durch ausländische, über Satelliten ausgestrahlte Programme unterlaufen und durch europäisches Gemeinschaftsrecht, das einen gemeinsamen Markt für den Rundfunk und besonders das Fernsehen schaffen will, nivelliert zu werden. Die einschlägige Konzeption findet sich in *Kommission der Europäischen Gemeinschaften*, Grünbuch über die Errichtung des Gemeinsamen Marktes für den Rundfunk, insbesondere über Satellit und Kabel, KOM(84)300 endg. v. 14. 6. 1984, vgl. dazu Schwarze (Hrsg.), Fernsehen ohne Grenzen, 1985; ders. (Hrsg.), Rundfunk und Fernsehen im Lichte der Entwicklung des nationalen und internationalen Rechts, 1986; die Realisierung der Konzeption beginnt mit dem Vorschlag einer Richtlinie des Rates über die Koordinierung bestimmter Rechts- und Verwaltungsvorschriften der Mitgliedstaaten über die Ausübung der Rundfunktätigkeit, KOM(86)146 endg. v. 29. 4. 1986, vgl. dazu BVerfGE 80, 74.

[16] BVerfGE 74, 297/350 ff.; vgl. dazu zuletzt *Bullinger*, Freiheit von Presse, Rundfunk, Film, Handbuch des Staatsrechts, 6. Band 1989, S. 667/719 f. m. w. Nachw.

[17] Es handelt sich, wie *Bullinger*, (Fn. 16) u. ö. treffend formuliert, um „elektromagnetischen Versandhandel", und für den Beruf des Versandhändlers weiß auch die Gewerbeordnung nicht mehr als eine Anzeige zu verlangen (§ 14 GewO) und die Untersagung wegen Unzuverlässigkeit vorzusehen (§ 35 GewO). Das Landesmediengesetz Baden-Württemberg verlangt bei Abruf- und Zugriffsdiensten denn

um so drängender die Frage, wer im Bund über den Ausbau zu entscheiden hat. Wenn der Gesetzgeber verpflichtet ist, die wesentlichen Entscheidungen selbst zu treffen, durfte er die Entscheidung über den Ausbau nicht der Post überlassen[18]. Denn ob die üppigen Möglichkeiten individuellen Medienkonsums, die der Ausbau mit sich bringt, den Bürger in den Stand der Informations- und Kommunikationsmündigkeit setzen oder auf die Verschmutzung der natürlichen Umwelt die der gesellschaftlichen und die Innenweltverschmutzung folgen lassen — in die eine oder andere Richtung wird eine über IBFN vernetzte Gesellschaft ihr kulturelles Gesicht wandeln, und schon die durch ISDN eröffneten Fernmeldedienste werden die Kommunikationsmöglichkeiten und -gepflogenheiten erheblich ändern[19].

III. Gefahrentypen und Bewältigungsformen

Werden die Gefahren der Informations- und Kommunikationstechnik insgesamt in den Blick genommen, dann lassen sich neben den gesellschaftlichen und kulturellen Gefahren drei Typen von Gefahren und auch von Problemen der rechtlichen Bewältigung unterscheiden.

---

auch im wesentlichen nur die Geschäftsfähigkeit des Veranstalters und seine Fähigkeit, öffentliche Ämter zu bekleiden (vgl. §§ 45, 46 i. V. m. 23 LMedienG). Daß bei der Inanspruchnahme von Zugriffs- und Abrufdiensten Daten anfallen, Datenschutz ansteht und insofern auch Regelungsbedarf besteht, steht auf einem anderen Blatt.

[18] *Brinckmann,* Rechtliche und politische Kontrolle einer neuen Infrastruktur, in: Gesellschaft für Rechts- und Verwaltungsinformatik (Hrsg.), Kommunikationstechnische Vernetzung, 1986, S. 25/40 ff.; *Ladeur,* Der Vorbehalt des Gesetzes im Telekommunikationsrecht — das Beispiel des JSDN, ZG 1987, S. 140; *Podlech,* Unter welchen Bedingungen sind neue Informationssysteme gesellschaftlich akzeptabel?, in: Steinmüller (Fn. 6), S. 118/125; *Roßnagel/Wedde,* Die Reform der Deutschen Bundespost im Licht des Demokratieprinzips, DVBl. 1988, S. 562/568 f.; *Scherer,* Einrichtung neuer Telekommunikationsdienste im Zeitalter der Telematik, ZUM 1985, S. 472; *ders.,* Nachrichtenübertragung und Datenverarbeitung im Telekommunikationsrecht, 1987, S. 181 ff.; *Steinmüller* (Fn. 6), S. 32 f. — Daß der Gesetzgeber die Entscheidung über den Ausbau der Fernmeldenetze mit der Verabschiedung der Post- und Fernmeldereform nachgeholt habe, ist erwägenswert, aber abzulehnen. Zwar sind die Reformen des Post- und Fernmeldewesens und der Ausbau der Fernmeldenetze des gleichen Geistes Kind, aber der Ausbau ist kein Gegenstand des Reformgesetzes, und auch bei den Beratungen wurde von gesellschaftlichen und kulturellen Gefahren des Ausbaus nicht gehandelt.

[19] Vgl. *Kubicek/Rolf* (Fn. 9), S. 175 ff.; *Roßnagel u. a.* (Fn. 9), S. 37 ff., 58 ff.

Die Gefahren des ersten Typs resultieren daraus[20], daß die Informations- und Kommunikationstechnik erlaubt, gefährliche Maschinen genauer zu steuern und daher intensiver zu nutzen. Erst sie macht den Hochgeschwindigkeitszug, eine Flugsicherung bei doppelten Anflugzahlen und halbierten Sicherheitsabständen oder bestimmte energiereiche und hochgiftige Produktionsprozesse möglich. Fällt sie allerdings aus, dann zeigt das gesteigerte Nutzenpotential als Kehrseite ein gesteigertes Schadenspotential; Unfälle können katastrophale Folgen haben. Diesen Gefahren der Informations- und Kommunikationstechnik mit allein den Steuerungsprogrammen und -systemen geltenden sicherheitstechnischen Regelungen zu begegnen, wäre nicht sinnvoll. So nimmt das Verwaltungsrecht die Steuerungsprogramme und -systeme als Teil der gesteuerten Maschinen und begegnet den informations- und kommunikationstechnischen Gefahren als Teil der produktions-, energie- und anlagetechnischen.

Die Gefahren des zweiten Typs resultieren daraus, daß die Gesellschaft die Fernmeldenetze und -dienste immer mehr benutzt und also auch immer mehr belastet. Bei Überlastung und Zusammenbruch fallen wichtige staatliche und gesellschaftliche Leistungen aus. Dann können nicht nur Polizei und Arzt nicht mehr angerufen werden. Es wächst die Zahl der Unternehmen, die ihre Geschäfte bei Versagen ihrer Informations- und Kommunikationstechnik nur noch für Stunden weiterführen können[21]. Einer Quelle für solche Schäden begegnet das Verwaltungsrecht mit dem klassischen Instrument des Verbots mit Genehmigungsvorbehalt. Endgeräte bedürfen nach § 2 a FernmeldeanlagenG der Zulassung, die nur erteilt wird, wenn weder die Fernmeldenetze noch andere Endgeräte gefährdet werden. Aber Überlastung, Zusammenbruch und Fehlleistung von Fernmeldenetzen, Fernmeldediensten und Endgeräten können ihre Quelle nicht nur in der Hardware, sondern auch in der Software haben, in falschen Daten und Programmen, Systemfehlern und -ausfällen, Mißbrauch des Systems

---

[20] Vgl. nochmals *Roßnagel u. a.* (Fn. 9), S. 81 ff.; er bietet eine Fülle von Beispielen und Nachweisen zu dem ersten und S. 89 ff., 106 ff. auch zu den weiteren Gefahrentypen. Seine eigene Typologie unterscheidet sich von der vorliegenden; während diese sich zugleich an der Ursache der Gefahr, ihrer Wirkung und ihrer rechtlichen Bewältigung orientiert, blendet jene, dem Gegenstand der Arbeit gemäß, die rechtliche Bewältigung zunächst aus, nimmt ihren Ausgangspunkt von der gesellschaftlichen Schadenswirkung und unterscheidet Kumulations-, Multiplikations-, Kopplungs-, hohe Einzel- und Komplexschäden.

[21] Vgl. *Evens/Orr,* Management Awareness of Computer Risks, 1987; *Steinbach,* Back-up-Systeme für katastrophenbedingte RZ-Ausfälle, DuD 1985, S. 159.

und Eindringen in das System. Daß diesen Schadensquellen zu steuern besonders schwierig ist, versteht sich. Aber es mehren sich die Stimmen, die dem Verwaltungsrecht auch hier mehr zutrauen und abverlangen, als es gegenwärtig leistet. Gegenwärtig kennt es in § 1 a FernmeldeanlagenG lediglich die schriftliche Anzeige von Aufnahme, Änderung und Aufgabe des Betriebs eines Fernmeldedienstes an die Post[22]. Die zunehmend erhobene, im einzelnen allerdings noch nicht ausgearbeitete Forderung geht dahin, auch für Fernmeldedienste und allgemein für Informations- und Kommunikationssysteme ein Verbot mit Genehmigungsvorbehalt auszusprechen und Zulassungsverfahren zur Schadensvorsorge einzurichten[23].

Die Forderung wird besonders im Hinblick auf die Gefahren des dritten Typs erhoben, Gefahren der Datensicherung und des Datenschutzes in offenen Netzen. Offene Netze werden auch anarchische Netze genannt[24], und damit ist der Verlust an Kontrolle über Daten und Programme, der mit dem Auszug des Computers aus dem Rechenzentrum einhergeht, treffend bezeichnet. Daten und Programme sind nicht mehr dadurch zu sichern, daß die Türen des Rechenzentrums abgeschlossen werden. Schon regulär sind sie heute einer Vielzahl von Personen und Stellen zugänglich, über das Hausnetz in den Computern am Arbeitsplatz, über das Fernmeldenetz in den festinstallierten Computern der Außenstellen und den tragbaren des Außendienstes. Irregulär lassen sie sich von zahllosen Personalcomputern erreichen und werden denn auch von Hackern ausgeforscht, manipuliert und mit Viren infiziert. Ebenso wie die Datensicherung ist dadurch der Datenschutz gefährdet. Beides war nur solange klar geschieden, als die Daten einerseits gegen Einwirkungen von außerhalb des Rechenzentrums zu sichern und andererseits bei ihrer Verwendung innerhalb des Rechenzentrums gegen Mißbrauch

---

22 Die schriftliche Anzeige hat, wie aus § 1 a Abs. 2 FernmeldeanlagenG deutlich hervorgeht, nicht die Aufgabe, der Post um der Schadensvorsorge willen einen Einblick in den angezeigten Fernmeldedienst zu bieten. Vielmehr soll die Post beizeiten instand gesetzt werden, Beeinträchtigungen ihrer Wettbewerbsmöglichkeiten zu erkennen und zu unterbinden.

23 *Roßnagel u. a.* (Fn. 9), S. 240 ff. (mit Hinweis auf amerikanische und schwedische Vorbilder); *Kubicek*, Entwicklungen und Trends nationaler und internationaler Technologiepolitik, Arbeitspapier Universität Trier 1988, S. 27 ff.; *Lutterbeck*, Sind Großsysteme der Informationstechnologien beherrschbar?, in: Dey (Hrsg.), Beherrschung der Informationstechnik — Verantwortung der Wissenschaft, 1985, S. 17/30 ff.

24 *Kubicek/Rolf* (Fn. 9), S. 292.

zu schützen waren. Indem es Außen und Innen bei den offenen Netzen nur noch beschränkt gibt, rücken die beiden Problemkreise zusammen; der Datenschutz kann nur so gut sein wie die Datensicherung.

Auf technische und organisatorische Maßnahmen der Datensicherung werden die datenverarbeitenden Personen und Stellen durch § 6 BDSG verpflichtet. Zugleich wird die Bundesregierung ermächtigt, durch Rechtsverordnung den jeweiligen Stand der Technik und Organisation festzustellen. Sie hat von der Ermächtigung keinen Gebrauch gemacht, und eine Rechtsverordnung könnte auch nichts daran ändern, daß § 6 BDSG bei der Erfüllung der Pflicht zur Datensicherung eine große Freiheit läßt und sich damit als wenig wirksame Regelung erweist[25]. Eine Anlage zum Bundesdatenschutzgesetz enthält zwar, was alles bei der Datenverarbeitung zu sichern und zu kontrollieren ist, aber nicht wie. Gerade die Frage des Wie ist jedoch entscheidend. Datensicherung und Datenschutz erfordern in offenen Netzen beträchtlichen technischen Aufwand. Sie müssen netzweit ausgearbeitet werden, sowohl bei der Hardware als auch bei der Software ansetzen, mit elektronischen Schlüsseln und subtilen Verfahren der Schlüsselgenerierung und -zuteilung, Verschlüsselungsprozessoren, Zugriffssicherungen im Betriebssystem und automatischen Protokollroutinen operieren[26]. Die Forderung ist, entsprechende technische Standards zu präszisieren und ihre Einhaltung zur Voraussetzung der Zulassung von Fernmeldediensten, Endgeräten und Informations- und Kommunikationssystemen allgemein zu machen[27].

---

[25] Zwar werden datenverarbeitende Personen und Stellen darauf verpflichtet, die erforderlichen technischen und organisatorischen Maßnahmen zu treffen (§ 6 Abs. 1 Satz 1 BDSG). Aber das Wofür der Erforderlichkeit bleibt vage, und ebenso vage werden nur Maßnahmen von angemessenem Aufwand verlangt (§ 6 Abs. 1 Satz 2 BDSG).

[26] Vgl. allgemein *Roßnagel u. a.* (Fn. 9), S. 164 ff. und im einzelnen *Hammer*, TeleTrusT: Verletzlichkeit und Verfassungsverträglichkeit eines Konzeptes für rechtssichere Transaktionen in der Informationsgesellschaft, DuD 1988, S. 391; *Pfitzmann/Pfitzmann/Waidner*, Über die Notwendigkeit genormter kryptographischer Verfahren, DuD 1987, S. 293; *dies.*, Datenschutz garantierende offene Kommunikationsnetze, Informatik-Spektrum 1988, S. 118; *Pohl*, Krimineller Mißbrauch von Mikrocomputern, DuD 1987, S. 80/84 f.; *Voßbein*, Datenschutz und Datensicherheit bei PCs, RDV 1987, S. 10.

[27] *Burkert*, Datenschutz und Informations- und Kommunikationstechnik, 1985, S. 13 ff.; *Lutterbeck*, Gesellschaftliche Instrumente der Kontrolle und der Steuerung von Informationstechnik, CR 1988, S. 596/597; *Scherer*, Rechtsprobleme des

Ein entsprechendes Verbot mit Genehmigungsvorbehalt wird das Recht der Informations- und Kommunikationstechnik in den Zusammenhang des sonstigen technischen Sicherheitsrechts stellen. In diesem Zusammenhang stehen freilich auch die Probleme des sonstigen technischen Sicherheitsrechts an. Gegenwärtig teilt das Datenschutzrecht als technisches Sicherheitsrecht der Informations- und Kommunikationstechnik mit sonstigem technischen Sicherheitsrecht das Regelungsziel der Gefahrenvermeidung und -beseitigung und das Regelungsinstrument des unbestimmten Rechtsbegriffs. Im nichtöffentlichen Bereich teilt es mit dem Umweltschutzrecht die Vollzugsprobleme und -defizite wie auch das Phänomen der informalen Absprachen zwischen Aufsichtsbehörden und Wirtschaftsvertretern[28]. Das Regelungsproblem des Angewiesenseins auf wissenschaftlichen und technischen Sachverstand spielt dagegen bislang eine vergleichsweise geringe Rolle, auch wenn bei den Datenschutzbeauftragten Informatiker mitarbeiten, manche Fragen der durch § 6 BDSG gebotenen Datensicherung nur von ihnen und manche Fragen der Datenanonymisierung als Voraussetzung der Datenübermittlung nur

Datenschutzes bei den „Neuen Medien", 1988, S. 107 ff. (mit Bericht über das französische Modell einer Zulassungspflicht für datenschutzrelevante öffentliche Telekommunikationssysteme), 151 ff.; *Simitis/Walz,* Das neue Hessische Datenschutzgesetz, RDV 1987, S. 157/163 ff.; *Walz,* Datenschutz bei Telematikdiensten, in: Scherer (Hrsg.), Telekommunikation und Wirtschaftsrecht, 1988, S. 205/217. — Vgl. ferner die oben (Fn. 23) genannten Autoren, die Zulassungsverfahren für weitergehende, auf den Datenschutz nicht beschränkte, aber ihn einschließende Zwecke fordern.

[28] Vgl. *Schapper/Dauer,* Die Entwicklung der Datenschutzaufsicht im nichtöffentlichen Bereich, RDV 1987, S. 169 und 219. — Die obersten Aufsichtsbehörden für den Datenschutz haben sich im sog. Düsseldorfer Kreis zusammengeschlossen und mit Vertretern verschiedener Wirtschaftsbereiche Absprachen dahin getroffen, daß sie bei der Überprüfung und Überwachung der Ausführung des Bundesdatenschutzgesetzes eine Praxis dann nicht beanstanden werden, wenn sie zuvor gemeinsam ausgehandelten Maßstäben genügt. Weder mit Befugnissen noch mit Personal so ausgestattet, daß sie eine einigermaßen effektive ständige Überwachung durchführen könnten, lediglich zu gelegentlichen Interventionen und dazu in der Lage, das Bild eines Wirtschaftszweigs in der Öffentlichkeit als datenschutzfreundlich oder -feindlich zu beeinflussen, haben die Aufsichtsbehörden eine schwache Verhandlungsposition. Absprachen konnten für die Bereiche der Kredit- und Versicherungswirtschaft getroffen werden, bei anderen, durch Verbände schlechter organisierten, um ihr Image weniger bekümmerten Wirtschaftsbereichen stagnieren die Verhandlungen.

von Statistikern beantwortet werden können[29]. In weitaus größerem Ausmaß wird ein Verbot mit Genehmigungsvorbehalt das Verwaltungsrecht auch hier auf fachfremden Sachverstand verpflichten. Ohne Informatiker, Systemanalytiker und Programmierer läßt sich die Einhaltung der gekennzeichneten technischen Standards nicht beurteilen. Damit wird sich auch hier das aus dem sonstigen technischen Sicherheitsrecht vertraute Problem stellen, wie der fachfremde Sachverstand verfaßt werden soll, welche Gremien und Instanzen in welchen Verfahren welche Entscheidungen treffen sollen. Die Lösungsvorschläge reichen von der Einschaltung der Datenschutzinstanzen[30] bis zur Schaffung pluralistisch besetzter Gremien[31]. Soweit die Entwicklung datenschutz- und -sicherungstechnischer Standards schon begonnen hat, geht sie verschiedene Wege; Datenschutzbeauftragte geben Anregungen[32], von Staat und Wirtschaft geförderte Forschungen erarbeiten technische Konzepte, und es existiert bereits eine Bundeszentralstelle für Sicherheit in der Informationstechnik (ZSI), die Sicherheitskriterien für die Informationstechnik entwickelt hat[33].

Auch beim Sicherheitsrecht der Informations- und Kommunikationstechnik ist ein dynamischer Ausbau vorstellbar, der schrittweise vorgeht, überprüft, nachfaßt und nachbessert. Das Bundesverfassungsgericht fordert ihn für die verwaltungsrechtliche Bewältigung der Atomtechnik[34], aber ein dynamisches Verwaltungsrecht ist der dynamischen Entwicklung von Wissenschaft und Technik schlechthin

---

[29] Wenn, wie z. B. bei § 36 BDSG, § 16 BStatG, die Zulässigkeit der Übermittlung der Daten von deren Anonymisierung abhängt, darf die Anonymisierung nicht durch Reindividualisierungen einfach wieder aufhebbar sein. Aber bei hinreichendem Aufwand sind Reindividualisierungen weitgehend möglich; vgl. *Brunnstein*, Über Möglichkeiten der Re-Identifikation von Personen aus Volkszählungsdaten, in: Appel/Hummel (Hrsg.), Vorsicht Volkszählung!, 1987, S. 62; *Paaß*, Anonymität statistischer Einzelangaben, DuD 1985, S. 97. Welches Restrisiko der Reindividualisierung jeweils besteht, wie es ausgeschaltet und wann es hingenommen werden kann – bei solchen Fragen kann die Auskunft des Statistikers erforderlich werden.

[30] *Scherer* (Fn. 27), S. 153; *Walz* (Fn. 27), S. 217 ff.

[31] *Roßnagel u. a.* (Fn. 9), S. 243 ff.

[32] Vgl. z. B. *Bundesbeauftragter für den Datenschutz*, 11. Tätigkeitsbericht, 1989, S. 81 ff.; *Hessischer Datenschutzbeauftragter*, 17. Tätigkeitsbericht, 1988, S. 125 ff.

[33] ZSI – Zentralstelle für Sicherheit in der Informationstechnik (Hrsg.), IT-Sicherheitskriterien. Kriterien für die Bewertung der Sicherheit von Systemen der Informationstechnik (IT), 1989.

[34] BVerfGE 49, 89/130 ff.

gemäß [35]. Ebenso erweist sich das Verbot mit Genehmigungsvorbehalt im historischen Rückblick als Instrument der verwaltungsrechtlichen Bewältigung von gefährlicher Technik schlechthin[36]. Ihm wohnt ein offensichtlich unverzichtbares und unersetzliches Steuerungspotential inne. Auch beim Datenschutz im öffentlichen Bereich kommt dies zur Geltung.

IV. Techniksteuerung durch Datenschutz

Dem Datenschutz im öffentlichen Bereich gilt schon immer eine höhere rechtspolitische wie rechtsdogmatische Aufmerksamkeit als dem Datenschutz im nichtöffentlichen Bereich. Wo die Informations- und Kommunikationstechnik vom Staat in Dienst genommen ist, ist die besondere Sensibilität gegenüber staatlicher Macht, deren Zuwachs und Mißbrauch angesprochen. Da die Informations- und Kommunikationsströme immer zahlreicher fließen und die Verwaltungseinheiten Daten immer leichter untereinander austauschen können, stellt sich die Frage immer schärfer, wie leicht sie sie austauschen dürfen.

Es ist eine Frage, für deren Beantwortung die grundrechtliche Gewährleistung der informationellen Selbstbestimmung und damit zugleich der grundrechtsdogmatische, grundrechts- und verfassungstheoretische Ansatz entscheidend ist[37]. Die Antwort fällt verschieden aus je nach dem, ob in den Grundrechten definitive Gewährleistungen oder Prinzipien gesehen und ob in den Organisations- und Kompetenzbestimmungen des Grundgesetzes allein organisatorische und kompetenzielle Aussagen oder wieder Prinzipien und Befugnisse, Staats- und Verwaltungsaufgaben gefunden werden. Nach dem einen

---

[35] Vgl. zum technischen Sicherheitsrecht als Instrument eines dynamischen Grundrechtsschutzes *Murswiek,* Die staatliche Verantwortung für die Risiken der Technik, 1985, S. 181 ff.; *Roßnagel,* Wie dynamisch ist der „dynamische Grundrechtsschutz" des Atomrechts?, NVwZ 1984, S. 137; *Stern,* Das Staatsrecht der Bundesrepublik Deutschland, 3. Band, 1. Teilband, 1988, S. 1281 ff.; *Wagner,* Grundrechtsschutz und Technologieentwicklung, ZRP 1985, S. 192.

[36] Vgl. *Wolf,* Der Stand der Technik, 1986, S. 46 ff.

[37] Die verschiedenen Ansätze, die sich bei der Rezeption des Volkszählungsurteils BVerfGE 65, 1 zur Geltung bringen, haben schon davor die Diskussion um die Eingriffsqualität von Informationsakten und den Gesetzesvorbehalt für sie geprägt; vgl. dazu und auch zur Entwicklung der Rechtsprechung des Bundesverfassungsgerichts *Schlink,* Die Amtshilfe, 1982, S. 169 ff.

Ansatz stellt Art. 2 Abs. 1 i. V. m. Art. 1 Abs. 1 GG jede Informationserhebung und -übermittlung der Verwaltung unter den Vorbehalt des Gesetzes[38]. Nach dem anderen Ansatz wird unter wechselnden Begriffen, aber in der Sache einheitlich die informationelle Selbstbestimmung als Prinzip genommen, mit Prinzipien einer Informationseinheit, Informationsvorsorge und Informationsverantwortung der Verwaltung in ein Abwägungsverhältnis gesetzt und geht darin unter, noch ehe sie durch gesetzliche Regelungen eingeschränkt wird und ohne daß sie dadurch eingeschränkt werden muß[39]. Die Auseinandersetzung mit den durchaus im Trend liegenden Grundrechts- und Verfassungsverständnissen, in deren methodischer Konsequenz ein solches Vorgehen und Resultat liegt[40], kann hier nicht geführt werden.

---

[38] Daß diesem Ansatz auch das Volkszählungsurteil folge, ist die Auffassung bei *Benda,* Das Recht auf informationelle Selbstbestimmung und die Rechtsprechung des Bundesverfassungsgerichts zum Datenschutz, DuD 1984, S. 86; *Denninger,* Das Recht auf informationelle Selbstbestimmung und innere Sicherheit, in: Hessendienst (Hrsg.), Informationsgesellschaft oder Überwachungsstaat. Gutachten, o. J. (1985), S. 285; *Podlech,* Die Begrenzung staatlicher Informationsverarbeitung durch die Verfassung angesichts der Möglichkeit unbegrenzter Informationsverarbeitung mittels der Technik, Leviathan 1984, S. 85; *Schlink,* Das Recht der informationellen Selbstbestimmung, Staat 1986, S. 233; *Simitis,* Die informationelle Selbstbestimmung – Grundbedingung einer verfassungskonformen Informationsordnung, NJW 1984, S. 398; *Steinmüller,* Das Volkszählungsurteil des Bundesverfassungsgerichts, DuD 1984, S. 91. – Dabei gilt der Vorbehalt des Gesetzes um des Verhältnismäßigkeitsgrundsatzes willen je nach Übermittlungszweck einem Spezial- oder Querschnittsgesetz; vgl. *Schlink* (Fn. 37), S. 149 ff., 202 ff.; *ders.,* Datenschutz und Amtshilfe, NVwZ 1986, 249/251.

[39] Vgl. *Scholz/Pitschas,* Informationelle Selbstbestimmung und staatliche Informationsverantwortung, 1984; daran anknüpfend *Groß,* Das Recht auf informationelle Selbstbestimmung mit Blick auf die Volkszählung 1987, das neue Bundesstatistikgesetz und die Amtshilfe, AöR 1988, S. 161. Diese Auffassung präsentiert sich als Interpretation des Volkszählungsurteils. Aber inzwischen hat das Bundesverfassungsgericht sich selbst im Sinne des ersten Ansatzes interpretiert: „In dieses Recht [Recht auf informationelle Selbstbestimmung] wird nicht nur dann eingegriffen, wenn der Staat vom Einzelnen die Bekanntgabe persönlicher Daten verlangt oder diese der automatisierten Datenverarbeitung zuführt. Die Möglichkeiten und Gefahren der automatischen Datenverarbeitung haben zwar die Notwendigkeit eines Schutzes persönlicher Daten deutlicher hervortreten lassen, sind aber nicht Grund und Ursache ihrer Schutzbedürftigkeit. Das Recht auf informationelle Selbstbestimmung schützt vielmehr wegen seiner persönlichkeitsrechtlichen Grundlage generell vor staatlicher Erhebung und Verarbeitung personenbezogener Daten" (BVerfGE 78, 77/84).

[40] Ihre prägnanteste und reflektierteste Variante ist derzeit die Prinzipientheorie von *Alexy,* Theorie der Grundrechte, 1985/1986.

Hier kann lediglich die Funktion bezeichnet werden, die dem strikten Verständnis der grundrechtlichen Gewährleistung der informationellen Selbstbestimmung für die Bewältigung der informations- und kommunikationstechnischen Entwicklung eignet.

Das Grundrecht mit Gesetzesvorbehalt hat für die Verwaltung, die sich der Hervorbringungen der technischen Entwicklung bedienen will, eben die Funktion, die das Verbot mit Genehmigungsvorbehalt für die Wirtschaft hat, die technische Geräte baut und nutzt. Hier wie dort wird eine Schranke errichtet, aber nicht um die technische Entwicklung zu stoppen, sondern um sie zu steuern. Die Schranke kann und soll sogar geöffnet werden, hier mit der Genehmigung und dort durch das Gesetz. In der Überlegung der Verwaltung bzw. des Gesetzgebers, ob die Schranke im Einzelfall hochgehoben wird, findet steuernde Bewältigung der technischen Entwicklung statt. Das ist, wenn über die Genehmigung einer chemischen Anlage zu entscheiden ist, vielleicht augenfälliger, als wenn z. B. die Übermittlung von Statistikdaten an die wissenschaftliche Forschung, von Sozialdaten an die Sicherheitsbehörden oder von Patientendaten an die Krankenkassen zur gesetzlichen Entscheidung ansteht. Aber beidemal geht es darum, ob das, was technisch möglich ist, auch gemacht werden soll. Technisch können Informationen immer leichter fließen; der informationelle Gesetzesvorbehalt verlangt vom Gesetzgeber, über die soziale Verträglichkeit und Wünschbarkeit der Informationsflüsse zu entscheiden. Darin liegt ein wichtiges Steuerungspotential. Es wird verspielt, eine Chance der rechtlichen Bewältigung technischer Entwicklung wird vertan, wenn die informationelle Selbstbestimmung und ihr Gesetzesvorbehalt zur Disposition einer Abwägung gestellt werden.

Dem Gesetzgeber die Entscheidung darüber vorzubehalten, welche Informationen zwischen welchen Behörden fließen sollen, heißt nicht, die Informationsflüsse auszutrocknen. Zwar gilt derzeit noch, daß ein Defizit entsprechender gesetzlicher Regelungen besteht; die Datenschutzrechtsprechung der Verwaltungsgerichte kreist immer wieder um die Frage, ob Informationserhebungen und -übermittlungen eine gesetzliche Grundlage haben und wie lange deren Fehlen hingenommen werden kann[41]. Aber eines Tages werden die einschlägigen

---

[41] Vgl. die Rechtsprechungsübersichten bei *Gola,* Zur Entwicklung des Datenschutzrechts im Jahre 1984, NJW 1985, S. 1196 und für die Jahre 1985, 1986, 1987 NJW 1986, S. 1913, NJW 1987, S. 1675, NJW 1988, S. 1637. Die Bereitschaft der Gerichte, dem Gesetzgeber eine Übergangsfrist für die Schaffung der Gesetze zu konzedieren, deren Notwendigkeit durch das Volkszählungsurteil deutlich gewor-

Regelungen geschaffen sein. Dann wird die verfassungsrechtliche und rechtspolitische Dimension der Datenschutzdiskussion mehr und mehr hinter der exegetischen und dogmatischen Arbeit am Gesetz zurücktreten. Dann werden auch Kritik und Kontrolle einen anderen Akzent bekommen und sich nicht so sehr darauf richten, ob Gesetze vorhanden sind, als vielmehr ob die vorhandenen Gesetze eingehalten werden.

Zur Kontrolle sind noch vor den Verwaltungsgerichten die Datenschutzbeauftragten berufen. Verwaltungsgerichtliche Kontrolle greift hier oft nicht; der betroffene Bürger muß sie initiieren, muß also sehen, daß und wie er betroffen ist, kann aber eben dies oft nicht wissen. Informationen fließen unsichtbar. Auch das Bundesverfassungsgericht betont daher die Bedeutung unabhängiger Datenschutzbeauftragter für den Schutz der informationellen Selbstbestimmung[42]. Der Grundsatz, daß Informationen von der Verwaltung nur gesetzesgemäß und zweckgebunden erhoben und verarbeitet werden dürfen, und der weitere Grundsatz, daß die Zweckbindung auch organisatorisch gesichert sein muß, der Grundsatz der vom Bundesverfassungsgericht sog. informationellen Gewaltenteilung[43], wenden lediglich alte verwaltungsrechtliche Gewißheiten auf neue Problemlagen an. Schon Otto Mayer hat den Schluß von der Aufgabe auf die Befugnis, der die Verwaltung in eigener Verantwortung entscheiden läßt, welche Eingriffe sie für welche Zwecke einsetzt, als Folgerungsweise des Polizeistaats und mit dem Rechtsstaat unvereinbar zurückgewiesen[44]. Schon seit den Anfängen der Lehre von der Gewaltenteilung ist bewußt, daß eine effektive Trennung von Funktionen der organisatorischen Sicherung bedarf[45], und schon Forsthoff hat der verfassungsrechtlichen Gewaltenteilung die Gewaltenteilung in der Verwaltung an die Seite gestellt[46]. Demgegenüber ist die Institution unabhängiger Datenschutzbeauftragter ohne tradierte Vorbilder. Keiner der anderen

---

den ist, nimmt mit fortschreitendem Zeitablauf ab; vgl. VG Frankfurt, NJW 1987, S. 2248/2249; VG Hannover, NVwZ 1987, S. 826/829; VG München, RDV 1988, S. 88/89; zuletzt OLG Frankfurt, NJW 1989, S. 47/50 f. mit Anmerkung *Simitis*, Konsequenzen des Volkszählungsurteils: Ende der Übergangsfrist, NJW 1989, S. 21.

[42] BVerfGE 65, 1/46.

[43] BVerfGE 65, 1/69.

[44] Mayer, Deutsches Verwaltungsrecht, 1. Band, 1. Auflage 1895, S. 283 f.

[45] Vgl. *Schlink*, (Fn. 37), S. 15 ff. m. w. Nachw.

[46] *Forsthoff*, Lehrbuch des Verwaltungsrechts, 1. Auflage 1950, S. 370.

Beauftragten, die das Verwaltungsrecht inzwischen zahlreich kennt[47], vereint die Funktionen einer eigenständigen rechtlichen Kontrolle der Verwaltung, der rechtlichen Beratung von Verwaltung und Regierung, der Unterstützung der parlamentarischen Kontrolle und des Rats und der Hilfe für die Bürger[48]. Zwar bleibt, was den Bürgern an Rat und Hilfe gewährt werden kann, hinter deren Erwartungen oft enttäuschend zurück und ist das Zugleich von Beratungs- und Kontrollaufgabe, von Kooperation und Konflikt heikel. Die Fülle der Funktionen birgt Probleme. Aber die Datenschutzbeauftragten haben verstanden, ihr ein erstaunliches politisches Gewicht abzugewinnen[49]. Sie verwirklichen ein Stück dessen, was in der amerikanischen Verwaltung als System von checks and balances zwischen Verwaltungseinheiten besteht[50]. Der deutschen Verwaltungstradition ist es fremd, aber es fügt sich ihr ein.

Das Datenschutzrecht in der Bundesrepublik Deutschland ist inzwischen rd. 20 Jahre alt. Informationelle Selbstbestimmung, informationeller Gesetzesvorbehalt, informationelle Gewaltenteilung und Institution unabhängiger Datenschutzbeauftragter – dies sind die Stichworte, unter denen sich Geschichte und Systematik des Datenschutzrechts für den öffentlichen Bereich entfalten lassen. Sie verweisen auf die Grundrechte, die Rechtsprechung des Bundesverfassungsgerichts, ausländische Vorbilder und gesetzgeberische Leistungen. Von sich aus hat die Verwaltung weder Datenschutzinstitutionen, -verfahren und -regelungen hervorgebracht noch sich um datenschutzfreundliche Transparenz ihres Informations- und Kommunikationsbedarfs gekümmert. Eine Informationsverantwortung, die eben dies einschließen würde, hat sie nicht wahrgenommen. Es gibt die

[47] Vgl. *Fuchs,* „Beauftragte" in der öffentlichen Verwaltung, 1985.

[48] Vgl. *Flanderka,* Der Bundesbeauftragte für den Datenschutz, Diss. Heidelberg 1988.

[49] Es geht nicht nur aus der Aufmerksamkeit, die ihre Tätigkeit in Presse und Rundfunk findet, und aus ihren Tätigkeitsberichten allgemein hervor, sondern auch besonders aus der Bilanz, in der die Tätigkeitsberichte neue Entwicklungen an alten Datenschutzforderungen messen; vgl. z. B. *Bundesbeauftragter für den Datenschutz* (Fn. 32), S. 92 ff.; *Hessischer Datenschutzbeauftragter* (Fn. 32), S. 148 ff.

[50] Vgl. *Brohm,* Die Dogmatik des Verwaltungsrechts vor den Gegenwartsaufgaben der Verwaltung, VVDStRL 30, 1972, S. 244/293 ff.; *Jarass,* Besonderheiten des amerikanischen Verwaltungsrechts im Vergleich, DÖV 1985, S. 377/379 f.; *Schuppert,* Die Erfüllung öffentlicher Aufgaben durch verselbständigte Verwaltungseinheiten, 1981, S. 342 ff.; *Steinberg,* Pluralismus und öffentliches Interesse als Problem der amerikanischen und deutschen Verbandslehre, AöR 1971, S. 465/470 ff.

Sehnsucht der deutschen Staatsrechtslehre nach einer eigenständigen Verwaltung, die ihren Vorbehalt und ihre Einheit hat und verdient, weil sie weithin von sich aus die Regelungen und Differenzierungen hervorbringt, deren sie für die Erfüllung ihrer Aufgaben bedarf[51]. Diese Sehnsucht sieht sich hier enttäuscht. Die Verwaltung bewältigt die informations- und kommunikationstechnische Entwicklung nur mit Hilfe des Verfassungsrechts und eines verfassungsrechtlich und gelegentlich auch bundesverfassungsgerichtlich in die Pflicht genommenen Gesetzgebers.

V. Technikveranlaßte und -ermöglichte Prävention als Verwaltungsaufgabe

Die Informations- und Kommunikationstechnik läßt die Verwaltung nicht nur das, was sie schon immer tat, mit effektiveren Mitteln tun. Mit den neuen Mitteln des Verwaltungshandelns eröffnet sie auch neue Aufgaben.

Deren Dreh- und Angelpunkt ist die beträchtlich gewachsene Notwendigkeit, aber auch Möglichkeit der Gefahren- und Risikovorsorge. Die wissenschaftliche und technische Entwicklung läßt so katastrophale, irreparable Schäden drohen, daß die entsprechenden Gefahren nicht erst abgewartet und dann abgewehrt werden können, sondern daß schon ihrem Entstehen vorgebeugt werden muß. Die wissenschaftliche und technische Entwicklung bringt aber auch so probate Mittel der Erkennung und Beherrschung von Gefahrendispositionen hervor, daß dem Entstehen der Gefahren vorgebeugt werden kann. Besonders die Informations- und Kommunikationstechnik stellt solche Mittel bereit; sie befördert die Aufgabe der Gefahrenvorsorge mehr unter dem Aspekt der verfügbaren Mittel, während die atomaren und chemischen Anlagen, die Bio- und Gentechnik sie mehr unter dem anderen Aspekt der drohenden Schäden verlangen[52].

---

[51] Die Sehnsucht findet stärker noch als in der Themenwahl und den Diskussionsbeiträgen zum 2. Beratungsgegenstand der Tagungen der Vereinigung der Deutschen Staatsrechtslehrer in Göttingen (VVDStRL 43, 1985, S. 135 ff.) und Passau (VVDStRL 46, 1988, S. 181 ff.) in dem Göttinger Symposion Ausdruck, das bei Götz/Klein/Starck (Hrsg.), Die öffentliche Verwaltung zwischen Gesetzgebung und richterlicher Kontrolle, 1985, dokumentiert ist.

[52] Beides kann zusammenwirken, muß es aber nicht; Gefahrenvorsorge findet nicht nur statt, wo katastrophale, irreparable Schäden drohen, sondern, wenn die Mittel der Vorsorge bereitstehen, schon bei weniger schlimmen Gefahren.

Ein Aufgabenfeld, das sich zunehmend etabliert, von der Informations- und Kommunikationstechnik lebt und mit ihr wächst, ist die polizeiliche Gefahrenvorsorge[53]. Gewiß, schon immer halten Polizisten auf Streife vorsorglich Ausschau und wirken durch Präsenz präventiv. Aber die Kontinuität darf den Blick für das Neue und Andere nicht verstellen. Das polizeiliche Handeln im Vorfeld konkreter Gefahr und konkreten Tatverdachts, die vorbereitende Gefahrenabwehr und die vorbeugende Verbrechensbekämpfung mit den beiden Aspekten der Straftatenverhütung und Strafverfolgungsvorsorge[54], besteht vor allem im offenen wie verdeckten Erheben und im Verarbeiten von Daten[55]. Schon das Erheben bedient sich zunehmend der

---

[53] Es etabliert sich, obwohl kompetenziell manches kontrovers ist. Die Gesetzgebungskompetenz wird einerseits den Ländern zuerkannt; vgl. zu dieser in der verwaltungsgerichtlichen Rechtsprechung und im polizeirechtlichen Schrifttum herrschenden Auffassung BVerwGE 26, 169; BayVerfGH, DVBl. 1986, S. 35; *Götz,* Allgemeines Polizei- und Ordnungsrecht, 9. Auflage 1988, Rdn. 135 ff. Andererseits hält eine Auffassung, die sich nicht ausschließlich, aber besonders im straf- und strafprozeßrechtlichen Schrifttum findet, vor allem bei der Vorsorge für die Verfolgung künftiger Straftaten eine strafprozessuale, also bundesgesetzliche Regelung für geboten; vgl. *Denninger,* Verfassungsrechtliche Grenzen polizeilicher Datenverarbeitung insbesondere durch das Bundeskriminalamt, CR 1988, S. 51/54; *Schoreit,* Polizeiliche Kriminalakten als Grundlagen der Informationsverarbeitung, KritV 1988, S. 157/171 ff.; *Wolter,* Heimliche und automatisierte Informationseingriffe wider Datengrundrechtsschutz, GA 1988, S. 49/53 ff.; weitergehend *Merten,* Das geplante Polizeirecht in Nordrhein-Westfalen, ZRP 1988, 172/173 f.

[54] Vgl. den Satz 2, den der Vorentwurf zur Änderung des Musterentwurfs eines einheitlichen Polizeigesetzes des Bundes und der Länder dem § 1 Abs. 1 MEPolG und der Entwurf eines Gesetzes zur Fortentwicklung des Datenschutzes im Bereich der Polizei und der Ordnungsbehörden dem § 1 Abs. 1 PolG NW einfügen wollen. Beidemal wird in der Begründung die Ergänzung durch S. 2 lediglich als Klarstellung bezeichnet, die die Aufgaben der Polizei nicht erweitere. Das wird dem Wortlaut und Zweck der Bestimmung und der Entwicklung des Polizeirechts nicht gerecht, und es wird auch von Praktikern der Polizei anders gesehen; vgl. *Kniesel,* Vorbeugende Bekämpfung von Straftaten — Gefahrenabwehr oder Strafverfolgung?, der kriminalist 1989, S. 5; *Kniesel/Vahle,* Zum nordrhein-westfälischen Entwurf eines Gesetzes zur Fortentwicklung des Datenschutzes im Bereich der Polizei und der Ordnungsbehörden, DÖV 1989, S. 566.

[55] Auch hier kann vernachlässigt werden, daß inhaltlich manche Kontroverse besteht. Von Land zu Land wird die Frage, ob bei der rechtlichen Gestaltung des neuen Aufgabenfeldes der Vorentwurf zur Änderung des Musterentwurfs eines einheitlichen Polizeigesetzes des Bundes und der Länder zu übernehmen, enger zu fassen oder zu erweitern ist, anders beantwortet. Das in Sachen Gefahrenvorsorge ganz zurückhaltende Polizeigesetz von Bremen (1983) und das viel weitergehende

modernen Informations- und Kommunikationstechnik[56]. Das Verarbeiten in INPOL mit seinen Dateien ist ohne sie gar nicht mehr vorstellbar[57]. Schleppnetzfahndung und Rasterfahndung stehen besonders plakativ für den neuen Typ einer Eingriffsbefugnis, von der nur noch mit Hilfe des Computers Gebrauch gemacht werden kann.

Neben der polizeilichen Gefahrenvorsorge und deren Aufmerksamkeit für prädelinquente Phänomene ist zu beobachten, wie auch präsubversive und präpathologische Phänomene zum Gegenstand staatlicher Aufmerksamkeit und informations- und kommunikationstechnischer Erhebung werden[58]. Indem die sicherheitsempfindlichen Bereiche zunehmen, nehmen auch die vorbeugenden Sicherheitsprüfungen zu und wachsen die entsprechenden Dateien[59]. Anderorts werden mit Hilfe des Computers Krebs- und andere Krankheitsregister erstellt, die entsprechenden Risikoursachen, -faktoren und -gruppen erhellt und Empfehlungen für einen vorbeugenden Wechsel von Beruf, Arbeit, Wohnung und Ernährung gewonnen[60]. Insgesamt ermöglicht der Computer die statistische Auswertung großen Daten-

---

von Rheinland-Pfalz (1986) unterscheiden sich bereits stark vom Vorentwurf und voneinander, und für die Entwürfe der anderen Bundesländer gilt nichts anderes.

56 Vgl. *Bausch u.a.*, Die Polizei in der Bundesrepublik, 1985, S. 174 (zu verschiedenen Forschungsprojekten), S. 304 ff. (zum Datenfunk); *Schmidt,* Video-Raster und Kamera-Wanzen, in: Hippe/Stankowski (Hrsg.), Ausgezählt, 1983, S. 60 (zur Video-Überwachung); *Thronicker,* Verhindert der Datenschutz neue kriminaltechnische Methoden zur Täteridentifizierung?, der kriminalist 1989, S. 187 (zur Genomanalyse); zu einigen Folgeproblemen der Prävention durch technische Überwachung *Albrecht,* Prävention als problematische Zielbestimmung im Kriminaljustizsystem, KritV 1986, S. 55/66 f.

57 Darstellungen von INPOL mit seinen Dateien finden sich bei *Bausch u.a.* (Fn. 53), S. 118 f.; *Kauß,* Der suspendierte Datenschutz bei Polizei und Geheimdiensten, 1989, S. 108 ff.; *Kniesel/Tegtmeyer/Vahle,* Handbuch des Datenschutzes für Sicherheitsbehörden, 1986, S. 59 ff. — Eine reiche Quelle zu den polizeilichen Informationssystemen stellen die Tätigkeitsberichte der Datenschutzbeauftragten dar; sie sind bei *Kauß* ausgewertet.

58 Vgl. allgemein *Albrecht* (Fn. 56); *Denninger,* Der Präventions-Staat, KJ 1988, S. 1; *Grimm,* Verfassungsrechtliche Anmerkungen zum Thema Prävention, KritV 1986, S. 38.

59 Den Sicherheitsprüfungen mit den wachsenden einschlägigen Dateien gilt die stete Aufmerksamkeit des Bundesbeauftragten für den Datenschutz; vgl. zuletzt 11. Tätigkeitsbericht, 1989, S. 60 f.; *Bäumler,* Sicherheitsüberprüfung nach neuen Richtlinien, NVwZ 1989, S. 505.

60 Vgl. von Elling/Wunder (Hrsg.), Krebsregister, 1986; *Hammer/Roßnagel,* Die Informatisierung des Gesundheitswesens, in: Roßnagel (Fn. 13), S. 121/126 f.;

materials und vermittelt die Planungs- und Handlungsgrundlagen, deren es zur Vorsorge dafür bedarf, daß der Lauf der Dinge nicht als „unabänderliches Schicksal" hingenommen werden muß[61]. Diese größere Entwicklung, der sich die Entwicklung der polizeilichen Gefahrenvorsorge einfügt, ist gelegentlich als Entwicklung zum Präventionsstaat bezeichnet worden[62]. Noch an eine andere größere Entwicklung ist zu denken: Setzt sich, indem der konkreten und abzuwehrenden die ferne, vorsorglich zu berücksichtigende Gefahr an die Seite tritt, eine Relativierung des Gefahrbegriffs fort, die als Subjektivierung unter den Begriffen des Gefahrenverdachts und der Anscheinsgefahr begann? Und laufen beide Entwicklungen zusammen auf eine Umkehr des rechtsstaatlichen Verteilungsprinzips, nach dem der Eingriff die begrenzte und meßbare Ausnahme ist[63], und auf den Verfall des Rechtsstaats hinaus[64]?

Die Entwicklung des Polizeirechts trägt diese Befürchtung nicht. Schon die Begriffe des Gefahrenverdachts und der Anscheinsgefahr stehen nicht für eine Subjektivierung und Relativierung des Gefahrbegriffs, sondern hängen mit der Verschiebung der Gefahrenabwehraufgabe vom Polizeirecht zu Sonderrechtsgebieten zusammen. Der Gefahrbegriff war und ist objektiv, wo auch die Gefahren von wissenschaftlich und technisch objektiver Qualität waren und sind[65]. Als diese Gefahren bzw. die Aufgabe ihrer Abwehr in Sonderrechtsge-

---

Kilian, Rechtsfragen der medizinischen Forschung mit Patientendaten, 1983; *ders.*, Rechtsprobleme der Behandlung von Patientendaten im Krankenhaus, MedR 1986, S. 7/13.

[61] BVerfGE 65, 1/47.

[62] *Denninger* (Fn. 58).

[63] Vgl. *Schmitt*, Verfassungslehre, 4. Auflage 1965, S. 164ff.

[64] In diesem Sinn läßt sich näher nach Gefährdungen der Rechtssicherheit (*Denninger*, Fn. 58), der Freiheit (*Grimm*, Fn. 58), der staatlichen Neutralisierungsleistung (*Preuß*, Vorsicht Sicherheit, Merkur 1989, S. 487) und der Grenzlinie zwischen Öffentlichkeit und Privatheit (*Waechter*, Das Sicherheitsrecht in der Krise, Staat 1988, S. 393) fragen.

[65] In den Entscheidungen, in denen das Preußische Oberverwaltungsgericht problemlos darauf abstellen kann, daß „tatsächlich eine objektive Gefahr vorhanden" ist (PrVBl. 1894/1895, S. 125; 1910/1911, S. 119; 1916/1917, S. 360), lagen stets wissenschaftlich-technisch objektivierbare Befunde vor. *Scholz*, Die polizeirechtliche Gefahr, VerwA 1919, S. 1/41 würdigt die Rechtsprechung zusammenfassend denn auch dahin, sie verlange, mittels „der größten Erfahrungen und der besten technischen Hilfsmittel vom Standpunkt der Wissenschaft und Technik aus die Sachlage... zu ergründen... Deshalb bedarf es, falls die Lage nur für einen Sachverständigen erkennbar ist, der Zuziehung eines solchen."

biete abwanderte, blieb im Polizeirecht der Bodensatz der Alltagsgefahren übrig, bei denen objektive wissenschaftliche und technische Befunde ohne oder von geringer Relevanz sind[66]. Hier spielt die subjektive Einschätzung der Gefahr eine unvermeidliche Rolle und wurde, wenn sorgfältig gewonnen, auch in der Rechtsprechung des Preußischen Oberverwaltungsgerichts schon früh anerkannt[67]; andererseits genügt sie bis heute nicht, soweit in den Sonderrechtsgebieten das Vorliegen einer Gefahr nach wissenschaftlichen und technischen Standards ermittelt wird[68]. Auch daß der konkreten, abzuwehrenden Gefahr die ferne und vorsorglich zu berücksichtigende an die Seite tritt, hat mit dem Verhältnis zwischen Alltagswelt und Welt der Technik zu tun. Zwischen den beiden Welten werden heute die Grenzen durchlässig. Zwar hat sich, wie die technischen Gefahren aus dem Polizeirecht in Sonderrechtsgebiete abgewandert sind, auch die Welt der Technik aus der Alltagswelt ausdifferenziert. Aber ihre Wirkungen sind nie auf die technischen Einrichtungen beschränkt geblieben, und seit die Fall-outs atomarer und chemischer Prozesse weiteste und fernste Landstriche betreffen, ist das auch Bestandteil des allgemeinen, alltäglichen Bewußtseins geworden[69]. Das führt dazu, daß aus der Alltagswelt auf die technischen Einrichtungen zugegriffen wird; Beispiele bieten die Aktionen von Greenpeace und Robin Wood, Anschläge von Feierabendterroristen auf Strommasten und Baustellen, das Eindringen von Hackern in Systeme der elektronischen Datenverarbeitung. Beispiele mit katastrophaleren Folgen,

---

[66] Anders ausgedrückt: wo Alltagsphänomene nicht mit technischen Prozeduren analysiert und mit wissenschaftlichen Theorien erfaßt, sondern nur mit Alltagserfahrungen erklärt werden, kann auch nur mittels dieser über das Vorliegen oder Nichtvorliegen einer Gefahr entschieden werden.

[67] Im Fall einer Alltagsgefahr hat das Preußische Oberverwaltungsgericht erstmals ausdrücklich ausreichen lassen, daß „die Polizei, wenn sie ... die subjektive Überzeugung gewann, daß ... eine widerrechtliche Gefahr drohe, zum Erlasse der angefochtenen polizeilichen Verfügung befugt war, trotzdem sich später herausstellte, daß eine solche Gefahr tatsächlich nicht vorlag" (PrOVGE 77, 333/337).

[68] Wo objektivierbare Befunde, wie sie *Scholz* (Fn. 65) fordert, das Vorliegen einer Gefahr ausschließen, genügt heute wie damals die Einschätzung der Sachlage durch den einzelnen Polizisten als gefährlich nicht; wie damals der Polizist nicht davon ausgehen konnte, nicht entzündlicher Grudekoks sei entzündlich und müsse gelöscht werden (PrVBl. 1916/1917, S. 360), kann er heute ein ordentlich arbeitendes Kraftwerk nicht als gefährlich behandeln und stillegen lassen. Vgl. *Darnstädt*, Gefahrenabwehr und Gefahrenvorsorge, 1983; *Hansen-Dix*, Die Gefahr im Polizeirecht, im Ordnungsrecht und im Technischen Sicherheitsrecht, 1982.

[69] Vgl. *Waechter* (Fn. 64), S. 400 ff., 416 ff.

dabei von durchaus realistischem Zuschnitt lassen sich unschwer vorstellen. Gefahrenvorsorge muß unter diesen Voraussetzungen von der Maxime für die Regelung der Welt der Technik, die sie schon lange ist, zu einer Maxime für die Regelung der Alltagswelt werden; sie kann sich nicht mehr auf die Sonderrechtsgebiete beschränken, sondern muß auch im Polizeirecht Fuß fassen. Das ist als solches noch kein Symptom rechtsstaatlichen Verfalls[70].

Es birgt allerdings eine spezifische Gefahr für den Rechtsstaat, und der Begriff des Präventionsstaats mag für sie als Signal stehen. Sie liegt jeder Diskussion um die richtige Fassung der Tatbestände polizeilicher Gefahrenvorsorge zugrunde. Wie eng oder weit die Tatbestände sein sollen, wie unbestimmt ihre Rechtsbegriffe sein dürfen — diese Fragen haben bei der Gefahrenvorsorge eine andere Brisanz als bei der Gefahrenabwehr. Wie schon die Rechtsprechung des Preußischen Oberverwaltungsgerichts zu § 10 II 17 ALR und § 14 PolizeiverwaltungsG klassisch belegt[71], erhalten die Tatbestände polizeilicher Gefahrenabwehr Ziel und Maß aus dem Grundsatz der Verhältnismäßigkeit und besonders aus dessen Herzstück, dem Gebot der Erforderlichkeit. Die Aufgabe der Abwehr einer konkreten wie auch einer abstrakten Gefahr bietet einen Fixpunkt, an dem die Überlegungen zur Erforderlichkeit sich orientieren: Wenn der Eingriff ausbleibt, nimmt das gefährliche Geschehen seinen Lauf, wenn er erfolgt, wird es unterbunden[72]. Die Aufgabe der Gefahrenvorsorge bietet keinen vergleichbaren Fixpunkt. Sie ist informationell unersättlich. Es gibt keine Information, die nicht irgendwann, irgendwo und irgendwie zur Beherrschung einer Gefahr erforderlich und deren Erhebung unter dem Aspekt der Gefahrenvorsorge nicht gefordert werden könnte. Als Korrektiv bliebe allein das Gebot der Verhältnismäßigkeit i. e. S. mit seiner großen Beliebigkeit.

Ein argumentatives Äquivalent für das Erforderlichkeitsgebot, das so, wie dieses die Gefahrenabwehr diszipliniert, der Gefahrenvorsorge Ziel und Maß gibt, ist nicht in Sicht. Das bedeutet, daß Rechtswissen-

---

[70] Von der organisierten Kriminalität, von Dealern und Terroristen und davon, ob auch ihnen vorbeugend begegnet werden muß, ist hier ebenso wenig zu handeln wie davon, ob die Gefahrenvorsorge, die dem Zugriff aus der Alltagswelt auf die technischen Einrichtungen gilt, im einzelnen Augenmaß zeigt oder vermissen läßt.

[71] Vgl. *Bühler,* Die subjektiven öffentlichen Rechte und ihr Schutz in der deutschen Verwaltungsrechtsprechung, 1914, S. 172 ff., 311 ff.; *Wolzendorff,* Der Polizeigedanke des modernen Staats, 1918, S. 182 ff., 225 ff.

[72] Vgl. zur Struktur des Erforderlichkeitsgebots *Schlink,* Abwägung im Verfassungsrecht, 1976, S. 207 ff.

schaft und Rechtsprechung die informationelle Unersättlichkeit der Gefahrenvorsorge nicht mit ihren eigenen Mitteln, d. h. argumentativ bewältigen können. Das Verwaltungsrecht, das einereits dem wachsenden Bedürfnis nach Gefahrenvorsorge und andererseits dem rechtsstaatlichen Erfordernis der Meßbarkeit, Erwartbarkeit und Kontrollierbarkeit gerecht werden will, ist auf den Gesetzgeber angewiesen; dieser muß entscheiden, wieviel Gefahrenvorsorge sein soll, und das Ziel der Gefahrenvorsorge zu Unterzielen kleinarbeiten, an denen Eingriffe wieder auf ihre Erforderlichkeit überprüft werden können. Je mehr Gefahrenvorsorge betrieben werden soll, desto mehr ist der Gesetzgeber gefordert.

VI. Die katechontische Funktion des Verwaltungsrechts

Mehr Gesetzgebung zur Gefahrenvorsorge, zum Datenschutz, zum Ausbau der Fernmeldenetze und zur Installierung neuer Informations- und Kommunikationssysteme, im Gefolge dessen mehr Verfahren technischer Normung, Genehmigungsverfahren, Rechtsschutzverfahren — die Frage, ob das Verwaltungsrecht die informations- und kommunikationstechnische Entwicklung ohne alles das nicht besser und schneller bewältige und ob ein ohnehin überforderter Gesetzgeber dadurch nicht nur weiter überfordert werde, liegt auf der Hand. Ihr ist nicht nur zu antworten, daß die Gesetzesvorbehalte und Erfordernisse des Rechtsstaats nun einmal so sind. Auch Wissenschaft und Technik sind nun einmal so. Zu erwarten, das Recht der neuen Technik, der Informations- und Kommunikationstechnik, werde weniger regelungsaufwendig als das Recht der alten Technik werden, wäre unbegründet und unrealistisch; die rechtliche Bewältigung von Wissenschaft und Technik ist beidemal gleichermaßen möglich[73], aber

---

[73] Was besonders die Überforderung des Gesetzgebers betrifft, so kann dieser sich durch Einrichtungen der Technikfolgenabschätzung unterstützen lassen, er kann von seiner Rechtsetzungsgewalt auf Zeit, auf Erprobung, Überprüfung und Nachbesserung angelegten Gebrauch machen, er kann Teile seiner Rechtsetzungsgewalt delegieren und dabei sachverständige Beteiligungen und Öffentlichkeiten schaffen. Diese Empfehlungen gelten allgemein für die Bewältigung von Wissenschaft und Technik; vgl. *Böhret*, Neuartige Folgen — eine „andere" Verwaltung?, VerwA 1989, S. 14/32 ff.; *Bull*, Wie können Juristen zur Technikfolgenabschätzung beitragen? RuP 1987, S. 131; Dierkes/Petermann/von Thienen (Hrsg.), Technik und Parlament, 1986; *Roßnagel* (Fn. 7), S. 53 ff.; *Wienholtz*, Verfassung und Technologie, DÖV 1985, S. 136; *Wolf*, Das Recht im Schatten der Technik, KJ 1986, S. 241/258 ff.; *ders.*, „Herrschaft kraft Wissen" in der Risikogesellschaft, Soziale

beidemal auch gleichermaßen voraussetzungsvoll. Überdies ist in Antwort auf die skeptische Frage nach der Effizienz zusätzlicher Verfahren bei der Bewältigung der Informations- und Kommunikationstechnik nicht anders als auch sonst bei der Bewältigung von Wissenschaft und Technik eine latente Funktion des Rechts zu erinnern.

Sie kann die katechontische genannt werden[74]. Indem das Recht sich der jeweiligen wissenschaftlichen und technischen Entwicklung nicht nur anpaßt, sondern sie hinhält und verzögert, schafft es der Gesellschaft und Politik Raum zum Bedenken und Entscheiden. Die mangelnde Effizienz langwieriger Gesetzgebungs-, Genehmigungs- und Rechtsschutzverfahren wird gelegentlich beklagt[75]. Aber war es ineffektiv, daß die langwierigen Verfahren den Bau des Kernkraftwerks Wyhl verzögert haben, bis die Betreiber seine Überflüssigkeit eingesehen haben? Wäre es ineffektiv gewesen, wenn sie den Bau der Wiederaufbereitungsanlage Wackersdorf oder des Schnellen Brüters Kalkar entsprechend hingehalten hätten? Würde bei einem Verlangsamen anstehender Verkabelungen und Vernetzungen vielleicht eine ähnliche Vernunft walten?

Welt 1988, S. 164/183 ff. Sie gelten ebenso für die Bewältigung der Informations- und Kommunikationstechnik; vgl. *Ladeur* (Fn. 18); *Roßnagel,* Informationstechnik und Ohnmacht des Rechts?, Universitas 1989, S. 106; *Roßnagel u. a.* (Fn. 9), S. 238 f.; *Scherer,* Netzintegration: Verfassungs- und verfahrensrechtliche Aspekte von Nutzungskonzepten und Folgeabschätzung, BetrWi 1987, S. 638; *Simitis,* Zur Datenschutzgesetzgebung: Vorgaben und Perspektiven, CR 1987, S. 602 (mit Hinweis auf die auf Zeit, Überprüfung und Nachbesserung angelegten Datenschutzgesetze Islands und Kanadas).

[74] Nicht daß die wissenschaftliche und technische Entwicklung auf das Kommen des Antichrist hinausliefe und das Verwaltungsrecht einen apostolischen Auftrag erfüllte oder, um eine ältere, bei Schmitt lebendige Deutung von 2. Thess. 2,6 bis 7 aufzugreifen, die Nachfolge des Römischen Reichs anträte. Der Sinn des Katechon liegt darin, in der und für die Gegenwart Raum zu gewinnen — gegenüber den eschatologischen Perspektiven, seien sie positiv oder negativ gewendet. Vgl. *Marxsen,* Der zweite Thessalonicherbrief, 1982, S. 79 ff.; *Trilling,* Der zweite Brief an die Thessalonicher, 1982, S. 81 ff.; zur Kategorie des Katechon bei Schmitt *Neumann,* Der Staat im Bürgerkrieg, 1980, S. 223 ff.

[75] *Breuer,* Ausbau des Individualschutzes gegen Umweltbelastungen als Aufgabe des öffentlichen Rechts, DVBl. 1986, S. 849; *Isensee,* Mehr Recht durch weniger Gesetze?, ZRP 1985, S. 139; *Ossenbühl,* Die Bewertung technischer Risiken bei der Rechtsetzung, DÖV 1982, S. 833; *Papier,* Rechtskontrolle technischer Großprojekte, Bitburger Gespräche 1981, S. 81; *Scholz,* Technik und Recht, Festschrift Juristische Gesellschaft Berlin, 1984, S. 691.

Dies sind Fragen, die nur am Rand des Verwaltungsrechts aufscheinen und nur am Ende dieses Berichts zu stellen sind. Es versteht sich, daß die verborgene Vernunft der Ineffizienz das Gebot effektiven Rechtsschutzes nicht relativieren kann. Aber die Klage über mangelnde Effizienz hat ihren Grund nicht nur in der Sorge um Art. 19 Abs. 4 GG, sondern in der Sorge um den technischen, wirtschaftlichen und gesellschaftlichen Fortschritt. Was diesen betrifft, gilt jedoch das folgende Dilemma: Nur solange wissenschaftliche und technische Entwicklungen noch nicht zwangsläufig und unaufhaltsam voranschreiten, kann den Warnungen vor ihren Auswirkungen Rechnung getragen werden. Solange bleiben die Warnungen allerdings letztlich ungewiß und werden unter Hinweis darauf gerne abgetan. Werden sie aber gewiß, weil die vorangeschrittene Entwicklung sie bestätigt, dann ist es zu spät, ihnen noch Rechnung zu tragen. Angesichts dessen liegt eine Weise der Bewältigung der wissenschaftlichen und technischen Entwicklungen durch das Verwaltungsrecht darin, daß das Verwaltungsrecht die Entwicklungen gelegentlich ins Stocken bringt.

Leitsätze des 3. Berichterstatters über:

Die Bewältigung der wissenschaftlichen und technischen Entwicklungen durch das Verwaltungsrecht

1. Mit keiner anderen zivilen Technik hat der Staat sich so identifiziert wie mit der Informations- und Kommunikationstechnik.

2. Die identifikatorische Nähe des Staates zur Informations- und Kommunikationstechnik, die Schnelligkeit, mit der diese Technik sich entwickelt, die Unauffälligkeit der Gefahren, die sie hervorbringt, und die vielfältigen organisatorischen Optionen, die sie eröffnet, lassen ihre Bewältigung durch das Verwaltungsrecht erst allmählich Gestalt gewinnen; noch ist die Bewältigung weithin Aufgabe des Gesetzgebers.

3. An Gefahren der Informations- und Kommunikationstechnik ist zu besorgen, daß die Gesellschaft durch den Ausbau der Fernmeldenetze unversehens und ungewollt ihr kulturelles Gesicht wandelt, daß mit der informations- und kommunikationstechnisch möglichen intensiveren Nutzung gefährlicher Maschinen deren Schadenspotential wächst, daß bei Überlastung und Zusammenbruch von Fernmeldenetzen und -diensten wichtige staatliche und gesellschaftliche Leistungen ausfallen und daß Daten in offenen Netzen leichter zugänglich und manipulierbar sind.

4. Die zunehmend erhobene Forderung an den Gesetzgeber geht dahin, Informations- und Kommunikationssysteme unter Verbot mit Genehmigungsvorbehalt zu stellen und die Genehmigung von der Einhaltung technischer Standards abhängig zu machen, die Schäden bei Ausfall der Systeme vorbeugen und besonders Sicherung und Schutz betroffener Daten gewährleisten; an der Entwicklung entsprechender Standards arbeiten bereits Wissenschaft, Wirtschaft und Staat.

5. Die schon begonnene und weiter absehbare Entwicklung stellt das Recht der Informations- und Kommunikationstechnik vor alle Probleme, vor denen das Recht der technischen Sicherheit auch sonst steht, u.a. vor die Probleme des Angewiesenseins auf wissenschaftlichen und technischen Sachverstand, dessen richtiger Verfassung und Beteiligung.

6. Dem Recht der Informations- und Kommunikationstechnik ist wie auch sonst dem Recht der technischen Sicherheit ein dynamischer Ausbau gemäß, der überprüft, nachfaßt und nachbessert; angesichts der Möglichkeit einer dynamischen Rechtsetzung sowie der Delegation von Rechtsetzungskompetenzen relativiert sich auch die Befürchtung einer Überlastung des Gesetzgebers.

7. Dem Verbot mit Genehmigungsvorbehalt im nichtöffentlichen Bereich entspricht, was die Funktion für die Bewältigung der Informations- und Kommunikationstechnik angeht, im öffentlichen Bereich das grundrechtlich gewährleistete Recht der informationellen Selbstbestimmung mit Gesetzesvorbehalt; beidemal wird, was technisch möglich ist, nicht gestoppt, aber unter Gesichtspunkten sozialer und rechtlicher Wünschbarkeit steuerbar.

8. Zur Kontrolle, ob die gesetzlichen Kanalisierungen der behördlichen Informationsströme respektiert werden, sind noch vor den Verwaltungsgerichten die Datenschutzbeauftragten berufen; da Informationsströme unsichtbar fließen, kann der Bürger seine Betroffenheit oft nicht feststellen und die verwaltungsgerichtliche Kontrolle nicht initiieren.

9. Der Datenschutz verdankt seine Fortschritte dem Verfassungsrecht, dem verfassungsrechtlich und gelegentlich bundesverfassungsgerichtlich in die Pflicht genommenen Gesetzgeber und den Datenschutzbeauftragten; von sich aus hat die Verwaltung keine Datenschutzregelungen, -verfahren und -institutionen hervorgebracht und keine eben dies einschließende Informationsverantwortung wahrgenommen.

10. Technik verlangt und ermöglicht Prävention; während die atomaren und chemischen Anlagen, die Bio- und Gentechnik verlangen, katastrophalen, irreparablen Schäden vorzubeugen, bietet die Informations- und Kommunikationstechnik neue Möglichkeiten der Erkennung und Beherrschung von Gefahrendispositionen.

11. Die polizeiliche Gefahrenvorsorge erhält durch die Informations- und Kommunikationstechnik das Gewicht einer eigenen Aufgabe; das ist nicht etwa ein Symptom rechtstaatlichen Verfalls, birgt aber, da Gefahrenvorsorge anders als Gefahrenabwehr informationell unersättlich, d.h. von sich aus durch den Maßstab der Erforderlichkeit nicht disziplinierbar ist, eine spezifische Gefahr für den Rechtsstaat, der nur durch eine Gesetzgebung begegnet werden kann, die für die präventive Erforderlichkeit von Informationen Vorgaben macht.

12. Die Verrechtlichung der Informations- und Kommunikationstechnik mag wie die Verrechtlichung jeder Wissenschaft und Technik deren Entwicklung zuweilen hinhalten und verzögern; darin verrät das Verwaltungsrecht nicht einfach ein disfunktionales Effizienzdefizit, sondern erweist eine latente katechontische Funktion.

4. Aussprache und Schlußworte

Die Bewältigung der wissenschaftlichen und technischen Entwicklungen durch das Verwaltungsrecht

Vorsitzender (Schneider): Meine sehr verehrten Damen und Herren, die Abwesenheit von Herrn *Starck* hat dazu geführt, daß der Vorstand unserer Vereinigung beschlossen hat, mir heute Nachmittag die Diskussionsleitung anzuvertrauen. Ich fühle mich nicht berufen, sondern nur gerufen und hoffe, daß Sie mit meinem Gliederungvorschlag an der Tafel einverstanden sind. Es ist sehr schwer, bei der Fülle der Aspekte, die die Referate heute morgen ausgebreitet haben, nun zu einer strukturierten Debatte zu kommen. Betrachten Sie die Spiegelstriche bitte nur als Anregungen. Ich habe schon eine Vielzahl von Wortmeldungen, vor allem zu Punkt 1; das war auch gar nicht anders zu erwarten. Die Zwischenrunde der Referenten ist vorgesehen für die Zeit nach Abschluß der Wortmeldungen zu Punkt 1; anschließend wollen wir dann zu den einzelnen Technologien sowie zu Fragen des Verfahrens des Rechtsschutzes übergehen.

Die Probleme, mit denen wir konfrontiert sind, reichen weit über die Rechtswissenschaft hinaus, aber sie führen dazu, daß der Rechtswissenschaft namentlich der Verwaltungsrechtswissenschft, hier eine besondere Rolle, eine zentrale Verantwortung bei ihrer Lösung zufällt. Ein Kollege dieser ehemals Technischen Hochschule sagte mir: „Ja, wissen Sie, wir Techniker betrachten eben unter statistischen Aspekten das Waldsterben lediglich als Absenkung der Baumgrenze von zweitausend Metern auf Meeresspiegelhöhe. Das ist unsere Sicht der Dinge." Ich glaube, kaum ein anderer Ausspruch könnte deutlicher machen, daß man die Technik nicht den Technikern allein überlassen darf, daß gerade der Jurist, der Verwaltungsjurist gerufen ist. Dies haben die Referate heute in eindrucksvoller Weise deutlich gemacht. Und ich hoffe nun auf eine lebendige, anregende Diskussion.

Wenn Sie damit einverstanden sind, würde ich als erstem Redner Herrn *Badura* das Wort erteilen. Danach Herr *Leisner* und dann Herr *Zacher*.

Ich bitte um Entschuldigung, ich habe Ihnen noch ein Telegramm zu verlesen, das mir Herr *Heckel* gerade nach vorne gereicht hat: ein

Telegramm von Herrn *Ipsen*. Er hat uns folgendes mitgeteilt: „Bewegt und erfreut danke ich für die Ehrung. Der Tagung wünsche ich guten Erfolg. Hans-Peter Ipsen."

Bitteschön Herr *Badura*.

Badura: Herr Vorsitzender, verehrte Kollegen! Die Bewältigung der wissenschaftlichen und technischen Entwicklungen durch das Verwaltungsrecht ist — wie ich finde — durch den heutigen Vormittag erheblich gefördert worden. Eine Art Wachstumsschub ist zu beobachten, und wir wollen als gemeinsam von allen Referenten zugrundegelegt zunächst festhalten dürfen, daß die staatliche Verantwortung für die Risiken der Technik von allen dreien, zum Teil sogar sehr lebhaft, betont worden ist. Vielleicht etwas erstaunlicherweise durch *den* Referenten am wenigsten, der darüber ein Buch geschrieben hat und die These also eigentlich nahezu begründet hat — die „Verantwortung des Staates für die Risiken der Technik". Herr *Murswiek* hat, wenn ich das vorweg sagen darf, in seinen letzten fünf Minuten vielleicht — für meinen Geschmack — etwas zu sehr sich in die Richtung einer Staatsvorstellung begeben, die sich dem minimal state nähert, wo also man letzten Endes der Meinung ist, daß die Leistungsfähigkeit des Rechtes hier überfordert sei. Nach meiner Auffassung haben die beiden anderen Referenten vielleicht die Leistungsfähigkeit des Rechtes zu hoch angesetzt und haben eine Art Legalitätsoptimismus verbreitet, während Herr *Murswiek* — wie gesagt — sich in der Hinsicht deutlich, sogar, glaube ich, fast kraß unterschieden hat, vor allem von seinem Vorredner.

Die drei Punkte, die hervorgehoben worden sind von Herrn *Murswiek* und die das Thema umreißen, sind die Dynamik der Entwicklung, das Problem also, daß hier außerordentlich schnellebige Veränderungen zu beobachten sind, was eine Brücke schlägt zu Herrn *Links* These von gestern von der „intertemporalen Verteilungsgerechtigkeit". Zweitens ist die Frage nach den angemessenen Mitteln gestellt worden, in der Tat ist das die eigentliche und typische juristische Frage. Und drittens sind wir darauf hingewiesen worden, daß eine klare Erfassung des Rechtsgüterschutzes notwendig ist. In diesem Punkte klingt gewissermaßen die rechtspolitische Seite an. Ich möchte vor allem die Thesen drei bis fünf und natürlich die These 16 von Herrn *Murswiek*, die besonders auffällig ist, hervorheben, in der dieser Standpunkt sich äußert.

Der Vortrag von Herrn *Schlink* hat uns auf der einen Seite mit einer nahezu bedrückenden Dichte gezeigt, welche Entwicklungen schon stattfinden und welche uns vielleicht bevorstehen. Er hat mit einem —

wie ich finde — ganz glücklichen Wort von der „Gewalt der Organisation“ von Leistungen und Informationen gesprochen. Auf der anderen Seite aber, und in dem Punkt würde ich mich von dem unterscheiden, was er vorgetragen hat, hat er eigentlich daraus nicht den Schluß gezogen, den man vielleicht hätte erwarten können, sondern umgekehrt eine Art globalen Gesetzesvorbehalt oder Genehmigungsvorbehalt sogar, Verbot mit Genehmigungsvorbehalt, für diese vier Informations- und Kommunikationssysteme schlechthin. Ich muß sagen, daß das die Forderung drei von Herrn *Murswiek*, die ich unterstützen würde, konterkariert; eine klare Herausarbeitung des Rechtsgüterschutzes kann auf dieser Grundlage — wie ich finde — nicht gut zustande kommen. Technisch kann man das vielleicht noch unterstützen, aber informationsrechtlich, d. h. also, daß wir auch das Informationssystem der Gesellschaft unter einen umfassenden Gesetzesvorbehalt oder gar Genehmigungsvorbehalt stellen — ich darf These sieben betonen —, ist in meinen Augen weit über das hinaus, was die staatliche Verantwortung für die Risiken der Technik enthält und was unsere Verfassung an Freiheit uns zusichert, vor allem auch, wenn im nichtöffentlichen Bereich, also im privaten und privatwirtschaftlichen Bereich grundsätzlich uns gesagt wurde — aber vielleicht ist es ja von mir nicht richtig verstanden —, daß der Staat das Recht habe, ein Verbot auszusprechen und einen Genehmigungsvorbehalt zu statuieren, und uns also dann, sei es aufgrund eines Anspruchs, den wir dann vielleicht vor den Verwaltungsgerichten erstreiten dürfen, oder kraft Ermessens eine Erlaubnis zu geben habe. Ich würde meinen, daß auch die Folgerungen aus der Wesentlichkeitstheorie, die etwa im Hinblick auf die Bundespost und ihre Tätigkeit gezogen worden sind, über das hinausgehen, was die Verfassung verlangt, und was man vielleicht als eine politische Forderung aufstellen, aber nicht als eine rechtliche Forderung — wie ich finde — ableiten kann. Ich würde lediglich die verhältnismäßig spezialisierte These 11 von Herrn *Schlink* für richtig halten, wo er in der Tat auf ein Problem hinweist, das dringend einer Regelung bedarf.

Herr *Ipsen* schließlich hat am Paradigma der Anlagengenehmigungen und des technischen Sicherheitsrechtes uns die verschiedenen Möglichkeiten und Wege gezeigt, die das Recht zur Verfügung stellt. Er hat die Grenze zwischen Recht und Technik betont, auf der anderen Seite aber eben dann, gegen Ende seines Referates, besonders betont, hier also den Gesetzgeber aufgefordert, also die politische Entscheidung aufgefordert, eine größere Dichte auch verlangt, eine größere Dichte der Regelungen. Die Forderung bei Herrn *Schlink* und bei Herrn *Ipsen* — größere Dichte, Genehmigungsvorbehalt, Gesetzesvorbehalt — ist natürlich insoweit leicht zu erheben, als man nicht zugleich auch sagt, was denn eigentlich geregelt werden soll. Es ist wie ein „schwarzes Loch" sozusagen, wenn man die Forderung aufstellt: wir brauchen den Gesetzesvorbehalt, ohne zu sagen: mit welchen Kriterien eigentlich, und was denn eigentlich genau geregelt werden soll. Ich meine also, daß hier die Leistungsfähigkeit des Rechtes etwas überschätzt wird.

Und schließlich — um ein etwas spezielleres Thema noch zu berühren — die Kritik, die Herr *Ipsen* an der Rechtsprechung des Bundesverwaltungsgerichts seit dem Wyhl-Urteil vom Dezember 1985 und neuerdings in verallgemeinerter Form bekräftigt in der Entscheidung vom 19. Januar 1989 zu § 7 AtomGesetz, geübt hat, diese Kritik finde ich nicht überzeugend vorgetragen und nach meiner Auffassung auch nicht überzeugend begründbar. Ich meine, daß die auf der Entscheidung des Bundesverfassungsgerichts ruhende, neuere Rechtsprechung des 7. Senats des Bundesverwaltungsgerichts wenigstens eine Möglichkeit eröffnet, das zu erreichen, was Sie, Herr *Ipsen*, ja selber fordern, nämlich These 19, daß also die Gerichtsverfahren auch dazu geeignet sein sollen, die Akzeptanz dieser Veränderungen zu erlauben. Ja, aber doch nur, wenn sie überzeugend sind, und die Gerichte können in meinen Augen die Verantwortung nur in einem begrenzten Umfang übernehmen. Die Verantwortung kann nicht auf die Gerichte soweit verschoben werden wie es lange geschehen ist, und deswegen möchte ich also sehr eindrücklich und ohne, weil die Zeit das nicht erlaubt, in allen Einzelheiten begründen zu können, jedenfalls meinen Standpunkt dahingehend formulieren, daß die Entscheidungen — und ich darf vor allem die letzte noch einmal erwähnen vom 19. Januar 1989 — einen Weg eröffnen, nicht nur im materiellen Recht, sondern auch in der Frage des Beweisrechtes, der Beweiserhebung, was ja auch Folge dieser Rechtsprechung ist, überzeugende und zu den Rechtsnormen orientierte Entscheidungen über die Zulassung von technischen Großvorhaben herbeizuführen.

Vielen Dank.

Vorsitzender: Schönen Dank, Herr *Badura*. Dann Herr *Leisner*, danach Herr *Zacher* und anschließend Herr *Schuppert*. Wenn Sie sich vielleicht kurz durch Handaufheben bemerkbar machen würden. Herr *Leisner*, bitte.

Leisner: Einige Worte zu dem Problemkreis Risikovorsorge, Gefahren, Gefahrenabwehr. Wir unterscheiden im zivilrechtlichen Deliktsrecht, in gewisser Hinsicht auch im Polizeirecht, deutlich zwischen dem Schaden und der Kausalität, und letzterem steht nahe jene Wahrscheinlichkeit, mit der ein Schaden eintreten könnte. Heute früh haben wir gehört, und das entspricht der herrschenden Auffassung — daß die Begriffe des Schadens, der Schadenhöhe einerseits, auf der anderen Seite der Wahrscheinlichkeit, die etwas bedeutet wie eine „Kausalität der Zukunft" sich gegenseitig kompensieren könnten. Im Polizeirecht wird zwar ein solches — nicht unbedenkliches — Kompensation-Verhältnis seit langem angenommen, aber doch nur in engen Grenzen. Hier aber droht nun eine Übersteigerung: Wenn der Schaden ganz groß ist, muß irgendwo Kausalität sein, und dann findet man natürlich auch den Schädiger. Hier müssen wir vorsichtiger werden. Wir dürfen nicht einfach sagen: Je größer der Schaden sein könnte, desto weniger Anforderungen brauchen an die Kausalität gestellt werden. Damit würden wir eine völlig neue Dogmatik entwikkeln; das können wir nicht mehr anseilen an uns bisher Bekanntes.

Eine zweite kurze Bemerkung. Ich habe heute früh das Wort Berufsfreiheit und das Wort Eigentum nicht gehört. Jedenfalls sind sie nicht in jener zentralen Bedeutung gefallen, die ihnen hier aber zukommt, denn schließlich sind dies die Gegenpositionen, wider die der Staat im Namen der Technikbeherrschung vorgeht. Daher muß immer der Einzelne mit diesen seinen Rechten an erster Stelle erscheinen.

Auf der einen Seite erklärt unsere Rechtsprechung streng und ganz einheitlich, der Unternehmer könne keinen Eigentumsschutz für das verlangen, was in der Zukunft liege, das seien eben Chancen, allenfalls Wahrscheinlichkeiten von Gewinnen, in die eingegriffen werden könne, wenn es auch die Existenz koste. Umgekehrt: Wenn eingegriffen wird in die Position des Unternehmers oder Eigentümers sieht das alles ganz anders aus: Dann genügt auch die weitentfernte Möglichkeit des Schadenseintritts, schon kann der Staat sich zu Worte melden. Messen wir hier nicht, im Hinblick auf die Vorhersehbarkeit, mit zwei Maßstäben?

Bei einem zu entwickelnden Technik- und Technikūberwachungsrecht, sollte eines festgehalten werden: daß die Wahrscheinlichkeit nicht gänzlich eliminiert werden darf zu Gunsten von etwas wie einer Möglichkeit, theoretischen Denkbarkeit und wie dann diese nicht mehr näher faßbaren Ausdrücke lauten mögen. Eine allerletzte, allerhöchste Einheit von allem Gefahrenabwehrrecht muß erhalten bleiben. Wir können nicht dieses „Technikgefahrenabwehrrecht" völlig abseilen von allem, was wir in langer Dogmatik zum Polizeirecht entwickelt haben. Ich freue mich darüber, daß die Referate gezeigt haben, daß dieses Problem gesehen wird, und daß man hier die Einheit jenes Kernbereichs des Verwaltungsrechts, nämlich des Rechts der

„Polizei“ noch festhält, damit die festesten Errungenschaften unserer Rechtsstaatlichkeit gerade in diesem Bereich nicht aufzugeben bereit ist.

Wir müssen wohl eine „Großrisikogefahrenabwehr“, ein „Großrisikopolizeirecht“, in gewisser Hinsicht sui generis, entwickeln. Dies ist auch nicht etwas „ganz Neues“ wie man oft glaubt. Wir stehen jetzt vor Atomgefahren, früher aber gab es die Gefahr der großen Brände in den Städten mit vernichtenden Folgen, und trotzdem hat man damals auch nicht um jede Mitternacht jemanden durch alle Wohnungen geschickt, um auch noch das letzte Risiko auszuschließen, daß irgendwo noch etwas glimmen könnte. Das war auch eine Dezision, eine ganz klare Entscheidung für die Liberalität. Das sollten einmal wir überlegen, die wir immer meinen, wir seien die ersten, die von vernichtenden Großrisiken bedroht sind; jede Zeit hat das, in ihrer Art, gekannt.

Zur öffentlichen Sicherheit und Ordnung: Wir müssen der Technik als Juristen deutliche Fragen vorgeben, die sie beantworten kann. Man hört immer wieder Techniker vor Gericht sagen: Wenn wir nur gewußt hätten, was wir eigentlich ausschließen müssen, aber die Juristen sagen uns ja nicht klar genug, wie hoch die Schwelle sein muß, was sie eigentlich von uns wissen, was sie erfahren wollen. Diese Fragen müssen wir ihnen stellen und weit präziser als bisher.

Meine Damen und Herren, lassen Sie mich mit der Bemerkung schließen: Sicherlich wird dieses neue Rechtsgebiet der Großgefahrenabwehr und damit der Vorsorge gekennzeichnet sein von einer anderen Vorstellung der öffentlichen Ordnung als wir sie sonst gemeinhin haben. Öffentliche Sicherheit und Ordnung ist nun ja bedroht nicht nur in dem Sinne, daß ein einzelner in seinen Rechten, seinem Eigentum, seiner Freiheit, seinem Leben getroffen wird, sondern hier wird, mit Blick auf die Großkatastrophe, etwas sichtbar wie „die öffentliche Sicherheit und Ordnung als solche“, als ein Eigenwert, als ein geradezu transpersonaler Wert als etwas, das über die Verluste einzelner entscheidend hinausgeht. Deswegen werden wir unsere Wertordnung des öffentlichen Interesses vielleicht neu bestimmen müssen. Wir sagen so oft, daß der höchste Wert des Grundgesetzes in unserer Ordnung jeder einzelne Mensch sei. Ist das wirklich so, zeigt sich nicht gerade hier: Wenn einer umkommt, dann wird das zum Einzeiler in der Lokalpresse...

Wenn das Dach der Technischen Universität einstürzt wegen technischer Mängel und ein großer Teil der Staatsrechtslehrervereinigung ausgelöscht wird, so gehen — vielleicht — die Flaggen auf Halbmast, zumindest in Niedersachsen. Es ist ja auch eine „größere Störung der öffentlichen Sicherheit und Ordnung“.

Wenn schließlich die „ganz große Katastrophe“ eintritt, dann ist dies eben doch noch weit wichtiger und eröffnet größere Eingriffsmöglichkeiten zur Verhütung, als wenn nur ein einzelner Mensch sterben muß. Ich will nicht mit der makabren Vorstellung schließen, daß hier die Kadaver gewogen werden. Aber etwas ist klar: Ein höherer Wert als der Einzelmensch ist schon die „Großsicherheit der Vielen" — in der Demokratie zumal — sonst müßten wir morgen die Autos verschrotten.

Vorsitzender: Vielen Dank, Herr *Leisner*, für Ihren anregenden, ja geradezu provozierenden Beitrag, der ja, wenn ich das Mienenspiel im Auditorium richtig deute, sicher noch seine Resonanz finden wird. Herr *Zacher*, Sie haben gleich die Gelegenheit dazu. Und danach Herr *Schuppert*.

Zacher: Ich wollte zunächst dem Vorstand ganz herzlich danken, dafür, daß er das Thema gewählt hat und natürlich auch den Referenten dafür, wie sie es behandelt haben, und zwar — wenn Sie erlauben — mit einer Art autobiographischer Notiz. Sie wissen, daß ich viel investiert habe in meinem Leben — ob etwas herausgekommen ist, ist eine andere Frage — im Sozialrecht. Und je länger ich das getan habe und je älter ich dabei geworden bin, desto mehr habe ich den Eindruck gehabt, daß das eigentlich schon wieder nicht mehr *die* Probleme unserer Gegenwart sind. Ich will damit nicht sagen, daß die Probleme des Sozialrechts überholt sind. Sie bleiben. So wie das Bürgerliche Recht immer bleiben wird, wird in Zukunft auch das Sozialrecht immer bleiben. Aber die Probleme des Sozialrechts — die ich vielleicht einmal nennen möchte: die Verteilung von individuellen und vertretbaren Lebensbedingungen — sind grundsätzlich bewältigt. Das Thema dagegen, von dem heute die Rede ist, ist auch ein Thema der Verteilung, ist auch ein Problem der Verteilungsgerechtigkeit, gleichwohl ein wesentlich anderes: die Verteilung von überindividuellen und nicht vertretbaren Lebensbedingungen. Während wir nun die sozialrechtliche Verteilung der individuellen und vertretbaren Lebensbedingungen — bei allen Krisen und allem Hickhack im einzelnen — eigentlich recht gut gelernt haben, können wir das, wie man die überindividuellen und die unvertretbaren Lebensbedingungen verteilt, einfach noch nicht. Und darum war es so wichtig, daß wir uns hier in diesem Kreise dieses Thema einmal vorgenommen haben.

Die zweite Bemerkung ist eine kritische. Wenn ich recht sehe — vermutlich sehe ich nur durch meine Unaufmerksamkeit nicht mehr — war von der internationalen Dimension nur bei Herrn *Murswiek* die Rede, auch von der supranationalen. Und ich würde selbst die Bemerkung von Herrn *Murswiek*, die natürlich verdienstvoll ist, weil sie überhaupt diese Richtung aufgegriffen hat, etwas zurückweisen. Es geht nicht nur um die Wettbewerbsfähigkeit. Es geht einfach um die Machbarkeit von Risikobewältigung. Ich will kein solches Reizwort wie „Ozonloch" vertiefen, aber gewisse Dinge, und zwar schon ganz kleine Dinge sind heute nur noch grenzüberschreitend zu bewältigen. Wir werden nun in Europa ja auch die Kompetenzen verlieren, dies national tun zu können. Und alle die Wertungsprobleme, die wir dann haben werden! Wir sehen es ja weltweit. Wo wir schon national keinen Konsens finden, werden wir in Europa noch viel schwieriger einen Konsens finden. Und wir finden ihn weltweit eben nicht. Dann kommen noch Probleme wie beim tropischen Regenwald dazu, wo Umwelt — verständlich oder nicht — zur Geisel genommen wird, um internationale Umverteilung zu erzwingen. Die internationale Dimension können wir jetzt natürlich nicht vertiefen. Es sei denn, unsere Völkerrechtler, die ja sicher zahlreich anwesend sind, und die Europarechtler würden da noch kräftig nachfassen. Aber auch dann können wir das nicht aufarbeiten heute. Aber, ich glaube, mit großem Nachdruck muß die Ohnmacht, die werdende Ohnmacht des nationalen Rechts gegenüber diesen Problemen doch betont werden.

Ich möchte aber noch ein paar Bemerkungen zur Analyse des Problems des heutigen Tages nachtragen. Ich würde gerne die Schwierigkeit auf den folgenden Nenner bringen: der Rechtsstaat bewährt sich erstens in der Möglichkeit der Auseinandersetzung der Interessierten und Betroffenen, in der zweiten Stufe der Klärung, in der die Maßstäbe geklärt werden und die Sachverhalte geklärt werden, und in der dritten Stufe der Entscheidung, die zur Vergewisserung führt. Aus der Vergewisserung erwächst die Freiheit des einzelnen und der Rechtsfriede des Gemeinwesens. Das scheint mir die Trias zu sein, die in Verfall geraten ist. Wir beobachten das ja täglich. Die Rechtsfriedensfunktion der Vergewisserung wird immer weniger erfüllt. Und dies hat seine Vorstufe in der Inadäquanz der Auseinandersetzung und in der Inadäquanz der Klärung. Inadäquanz der Auseinandersetzung, weil wir — glaube ich — ein großes Ineinanderübergehen zwischen dem allgemeinen Interesse, in dem wir alle repräsentiert werden können, und der individuellen Betroffenheit, in der wir nicht repräsentiert werden können, haben. Die individuelle Betroffenheit von Nachbarn usw. geht unversehens in eine schwer abgrenzbare Betroffenheit unbestimmt vieler über. Die kommunalen Grenzen, die territorialen Grenzen sind völlig inadäquat im Verhältnis zu der Art von Betroffenheit, die von neuen Anlagen usw. ausgeht. So gibt es also nicht mehr die Ablösung einer allgemeinen Betroffenheit durch eine glaubwürdige gemeindliche, kreisliche usw. Repräsentanz. Sie haben mit Recht gesagt — Herr *Schlink*, ich glaube, Sie waren es, —

daß die Gerichte noch am weitesten von dieser Irritation zwischen Vertretung und Repräsentation entfernt sind. Da spielt das System noch. Bei den demokratischen Instanzen dagegen ist die Verwirrung darüber, wo Repräsentation möglich ist, wo sich Betroffenheit einzubringen hat, am größten. Das zweite Element meines oben skizzierten Grundmusters ist die Klärung. Da haben wir zwei Bereiche der Unsicherheit: Unsicherheit über die Sachverhalte und Unsicherheit über die Normen. Und auch diese beiden Ebenen sind in sich vielschichtig: Unsicherheit im tatsächlichen, im wissenschaftlich-technischen Bereich, im Bereich der vorrechtlichen Verhaltensnormen und Wertungen und im Bereich des Rechts. Hier möchte ich Herrn *Leisner* sehr unterstreichen, der Dialog zwischen dem Recht, der Wissenschaft und der Technik ist immer noch notleidend. Da drücken sich alle Seiten ein wenig davor. Das andere sind die selbstverständlichen Prämissen des Rechts, das ganz „normale" Verhalten ist nicht mehr selbstverständlich. Und das Symptom dafür sind die Ethik-Kommissionen, die sich allenthalben breit machen. Sie sind ein Surrogat dafür, daß das Selbstverständliche eben nicht mehr selbstverständlich ist und durch irgendeine Art von Willensbildung ersetzt werden soll. Das ist vielleicht eine Vorstufe für neues Recht, die vielleicht temporär ein Ausweg ist, aber letztlich kann, wenn das Recht nicht mehr auf selbstverständliche Prämissen des Verhaltens und der Bewertung stößt, dem Recht nicht die Verantwortung abgenommen werden, dies dann doch wieder selbst zu klären, was natürlich zu einem endlosen Prozeß der Verrechtlichung führt. Soviel zur Diagnose. Es hilft uns nichts, als die Differenzierung auf uns zu nehmen, vor allem der Gedanke von Herrn *Murswiek* scheint mir fruchtbar, die Differenzierung der Prozesse, der Klärungen auf uns zu nehmen, in einer mühevollen Kleinarbeit Sachverhalte und Normen Stufe für Stufe offenzulegen. Das scheint mir der einzige Ausweg.

Vorsitzender: Herr *Schuppert,* danach Herr *Schmidt-Aßmann.*

Schuppert: Herr Vorsitzender, verehrte Kollegen, ich möchte im Anschluß an Herrn *Badura* einige Bemerkungen machen zu der von Herrn *Ipsen* als modisch bezeichneten Diskussion über die Steuerungsfähigkeit des Rechts. Ich glaube nicht, daß es nur eine modische Diskussion ist, sondern daß in der Tat Anlaß besteht, über die Steuerungsfähigkeit des Rechts gegenüber der wissenschaftlichen und technischen Entwicklung nachzudenken. Herrn *Ipsen* stimme ich allerdings darin zu, daß eine abstrakte Debatte im Sinne der Systemtheorie über die rechtliche Steuerbarkeit von Subsystemen, die in selbstreferenzieller Geschlossenheit verharren, nicht sehr hilfreich wäre. Man muß vielmehr — da hat Herr *Ipsen* sicher Recht — die Mühe auf sich nehmen, nach den Ursachen zu forschen, die dazu führen, daß in gewissen Regelungsbereichen eine Steuerungsschwäche des Rechts konstatiert werden kann.

Nun kann die Steuerungsschwäche ja durchaus verschiedene Ursachen haben. Herr *Ipsen* hat genannt die *Steuerungsunwilligkeit* eines offenbar steuerungsunlustigen Gesetzgebers. Ergänzend könnte man von *Steuerungsdilettantismus* sprechen, etwa wenn das Steuersystem durch die Einführung der Steuerfreiheit für Flugbenzin gerechter gemacht werden soll. Oder man kann — etwas ernsthafter — an die Wortschöpfung von Hern *Badura* vom Gesetz als *pluralistischem Abkommen* anknüpfen und fragen, ob Gesetze, die in einem komplizierten Aushandlungsprozeß zustande kommen und — wie Fritz W. *Scharpf* sagen würde — die „Politikverflechtungsfalle" durchlitten haben, über politische Verteilungsleistungen hinaus noch eine gezielte Steuerungskraft entfalten können: als Beispiel wäre hier an das Strukturhilfegesetz zu denken, das nach dem Gießkannenprinzip und zum Zwecke der politischen Befriedigung verschiedener Bundesländer Geld verteilt, aber weit davon entfernt ist, sich an dem im Gesetzestitel geführten Ziel einer strukturpolitischen Steuerung zu orientieren. Soweit, so gut.

Die eigentlich interessante Frage wäre aber nun die, ob für die Steuerungsschwäche des Rechts *strukturelle Gründe* benannt werden können, etwa in der Weise, daß die mangelnde Steuerungsleistung in der Normstruktur oder der Struktur des Rechtssystems angelegt ist oder daß die zu steuernde Materie von solcher Beschaffenheit ist, daß das Recht sie sozusagen gar nicht erreicht. Insoweit müssen wir — meine ich — einen Unterschied machen zwischen zwei Bereichen, die uns heute vorgeführt worden sind, nämlich dem der Gentechnik von Herrn *Murswiek* und der von Herrn *Ipsen* vorgestellten Großtechnologie:

Bei der Gentechnik ist es doch — wenn ich das richtig verstanden habe — so, daß die Steuerungsschwäche des Rechts darauf beruht, daß die kognitive Basis nicht da ist: man weiß nichts über die Ursachen, man weiß nichts über die hypothetischen Geschehensabläufe und kann deswegen auf unbekannte Gefahren nicht angemessen reagieren. Bei der Großtechnologie scheint mir das anders zu sein. Hier besteht eines der zentralen Probleme darin, den technischen Sachverstand in das rechtliche Regelungswerk zu inkorporieren, einen Sachverstand, der bei bestimmten Akteuren des Regelungsumfeldes monopolisiert ist und die dadurch im Prozeß der Rechtsetzung eine gewisse Dominanz erlangt haben. Herr *Ipsen* hat — und dieses Wort möchte ich jetzt gerne aufgreifen — von der Risikogemeinschaft von Staat und Technik gesprochen. Ich glaube, man kann — diesen Begriff auf die Steuerungsdiskussion übertragend — von der Risikogemeinschaft als Steuerungsgemeinschaft sprechen. Diese Steuerungsgemeinschaft läßt sich an drei Punkten gut beobachten: erstens beim Prozeß der Normerzeugung, in dem für die Aufstellung technischer Standards in Form von Verwaltungsvorschriften die betroffenen Kreise und der engagierte Sachverstand beteiligt werden. Zweitens beim Prozeß des Normvollzuges, in dem — darauf hat Herr *Ipsen* ja auch hingewiesen — das sogenannte informale Verwaltungshandeln eine große Rolle spielt, also Vorverhandlungen mit den Antragsstellern und die Vorabzustellung von Genehmigungsbescheiden etc. Diese kondominiale Steuerung wird drittens abgestützt und flankiert durch eine zu beobachtende Kontrollzurückhaltung seitens der Gerichte, wie sie etwa in der Anerkennung von normkonkretisierenden Verwaltungsvorschriften zum Ausdruck kommt. Dies alles zusammengenommen führt — und insoweit unterscheide ich mich von Herrn *Ipsen* — doch zu einer Steuerungsschwäche des Rechts und nicht nur zu einer Steuerungsunwilligkeit des Gesetzgebers, einer Steuerungsschwäche aus strukturellen Gründen, die man mit der Formulierung von der strukturbedingten Steuerungsgemeinschaft von Staat und Technik auf den Begriff bringen könnte.

Vielen Dank.

Vorsitzender: Danke schön, Herr *Schuppert.* Herr *Schmidt-Aßmann,* danach Herr *Breuer.*

Schmidt-Aßmann: Das Verwaltungsrecht, um dessen Steuerungs- und Bewältigungsleistungen für Wissenschaft und Technik wir uns heute bemühen, hat bekanntermaßen einen doppelten Auftrag: Es ist einerseits dazu da, eine wirksame Verwaltung und ihre Entscheidungen rechtlich überhaupt erst zu ermöglichen. Zum anderen aber hat es den Auftrag, den Schutz der Individualrechtsgüter zu gewährleisten. Beide Seiten, Effektuierung und Disziplinierung, gehören zusammen und haben in einem ausgewogenen Verhältnis zu stehen. Gerade das allgemeine Verwaltungsrecht hat die Aufgabe, hier für durchgängige Wertungslinien und eine durchgängige Ausgewogenheit im Grundkonzept in *allen* Rechtsgebieten zu sorgen. Das bleibt auch so, wenn die Verhältnisse, in die die Entscheidungen hineinwirken sollen, komplexe Verhältnisse mit einer pluralen Interessenstruktur sind. Ich habe daher Bedenken gegen Herrn *Schlinks* These Nr. 12 von der latenten katechontischen Funktion des Verwaltungsrechts. Meiner Ansicht nach sollten wir das Verwaltungsrecht weder für einen bestimmten Bereich noch allgemein auf solche zusätzliche oder herausgehobene Verhinderungsfunktion festlegen lassen. In der Aussage, das Verwaltungsrecht solle Entwicklungen eher verhindern, kann die Verhinderung leicht ein nicht weiter legitimiertes Eigengewicht erlangen, Verhinderung um der Verhinderung willen. Das aber ist keine Perspektive des Rechts — auch nicht gegenüber den Enwicklungen der Technik und schon gar nicht gegenüber den Entwicklungen der Wissenschaft.

Das veranlaßt mich zu einer zweiten Bemerkung: Wenn wir die grundlegenden Interessen in dem vorliegenden Themenbereich betrachten, dann sind auch die Grundrechtspositionen derjenigen, die in der Wissenschaft forschen wollen, und derjenigen, die Technik gewerblich nutzen wollen, mit in den Blick zu nehmen. Man kann diese Grundrechtsfragen selbst im Bereich der technischen Großanlagen nicht dadurch ausblenden, daß man die solche Anlagen oft betreibenden gemischtwirtschaftlichen Unternehmen aus dem Schutzbereich des Art. 19 Abs. 3 GG auszuklammern versucht; im übrigen ist zu bedenken, daß auch Großanlagen von rein privaten Betreibern unterhalten werden, deren Grundrechtsschutz außer Zweifel steht. Speziell für wissenschaftliche Entwicklungen, die im Tagungsthema ja sogar *vor* den technischen Entwicklungen rangieren, ist besonders auf Art. 5 Abs. 3 GG Rücksicht zu nehmen. Wir haben es hier immerhin mit einem ohne Gesetzesvorbehalt normierten Grundrecht zu tun und müssen die Konsequenzen für einen erhöhten Rechtfertigungsbedarf bedenken, wenn Einschränkungen der Wissenschaftsfreiheit dekretiert werden sollen. Man wird hier wohl zu einer starken Differenzierung auch zwischen den beiden großen Feldern des vorliegenden Themas kommen müssen, z. B. bei der Ausgestaltung von Genehmigungsvorbehalten im Tierschutzrecht.

Drittens möchte ich auf die Bewältigungsleistungen des Verwaltungsrechts auch für die Wissenschaftsförderung, die Technikförderung und für das staatliche Beschaffungswesen und dessen Auswirkungen auf die technische Entwicklung und auf die Eigenforschung hinweisen. Neben verwaltungsrechtlichen Eingrenzungen können diese Bereiche, in denen es dem Verwaltungsrecht um eine aktivierende Ordnung staatlicher Einflußnahmen geht, nicht außer Ansatz bleiben. Wird dieses in das Thema einbezogen, so vermeidet man auch eine sich sonst vielleicht zu schnell einstellende verengte Perspektive, die ausschließlich auf das Gefahrenpotential und seine Bewältigung durch das Verwaltungsrecht abhebt.

Meine letzte Bemerkung betrifft die Bedeutung des Organisationsrechts, die sich z. B. in These 14 von Herrn *Murswiek* zeigt. Überhaupt zieht sich ja das Organisationsrecht wie ein roter Faden durch die Beratungsgegenstände der Vereinigung. Allein in jüngerer Zeit haben wir uns 1985 mit der öffentlichen Anstalt und 1987 mit der Einheit der Verwaltung beschäftigt. Es wäre, wie die Referate heute gezeigt haben, eine reizvolle Aufgabe, sich einmal mit den rechtsstaatlichen und demokratisch-legitimatorischen Bauelementen des allgemeinen Organisationsrechts und mit der Entwicklung neuer Rechtsformen zu beschäftigen. Das Stichwort „Ethikkommissionen" weist auf diesen Sicherungs- und Gestaltungsauftrag hin, der den Organisationsrechtsformen zukommt. Gerade das allgemeine Organisationsrecht scheint mir ein sehr wichtiges Gebiet zu sein, wenn es darum geht, die Bewältigungsleistungen des Verwaltungsrechts für moderne Entwicklungen in Wissenschaft und Technik zu steigern.

Vorsitzender: Herzlichen Dank. Herr *Breuer,* danach Herr *Götz.*

Breuer: Als erstes sollte man, so meine ich, die Dramatik des Ausgangsbefundets noch einmal herausstellen. Die modernen Naturwissenschaften und die Technik eilen dem staatlichen Handeln voraus. Sie entfalten in einem eigendynamischen Prozeß sondergleichen eine Entwicklung, die der Staat offensichtlich nicht im Griff hat. Ich glaube, diesen Ausgangsbefund muß man in den Blick nehmen, bevor man die Frage stellt, was das Verwaltungsrecht an diesem Zustand ändern kann. Wir sollten den Referenten dafür dankbar sein, daß sie sehr nüchtern gefragt haben, was das Verwaltungsrecht zu leisten imstande ist. Wenn ich mich richtig erinnere, haben Herr *Ipsen* und Herr *Murswiek* übereinstimmend gesagt, das Verwaltungsrecht könne diese Problematik nicht bewältigen, sondern allenfalls korrigieren und bestimmte Nebenfolgen abwenden. Nun vermag ich nicht in der Ruhe, in der Sie, Herr *Ipsen,* dieses Ergebnis gewonnen haben, die Erörterung abzuschließen; denn damit ist ja nicht mehr und nichts anderes gesagt, als daß die moderne Naturwissenschaft und die Technik dem Staat davonzueilen drohen und daß der Staat mit seinem Verwaltungsrecht und seinen Behörden nicht mehr in der Lage sei, die staatlichen Aufgaben eigenständig wahrzunehmen. Ich erinnere an unsere gestrige Diskussion, wo ja zu Recht immer wieder hervorgehoben ist, daß gerade das moderne Umweltproblem und die Probleme der technischen Sicherheit in die Staatsaufgaben und die Staatszwecke miteingebunden werden müssen. Wo bleibt also der Staat, und wo bleibt die Steuerungskraft seines Verwaltungsrechtes? Herr *Leisner,* ich vermag auch Ihnen in einem Punkte nicht zuzustimmen, nämlich bei Ihrer Feststellung, daß wir zu allen Zeiten Gefahren gehabt hätten und daß es die ureigenste, immer bewältigte Aufgabe des Verwaltungsrechtes sei, mit Gefahren umzugehen. Sicher, die Umweltkrisen und die vielen Probleme der technischen Sicherheit führen zu Gefahren. Aber die klassischen Gefahren, die wir mit dem Polizeirecht bewältigen mußten, waren punktuell. Sie waren konkret und sie waren in der Regel individuell, insofern als ein individueller Verursacher auszumachen war und individuelle Betroffenheiten festzustellen waren. Der Ausgangsbefund, den ich eben sehr knapp umrissen habe, läuft aber darauf hinaus, daß nicht nur punktuelle, konkrete und individuelle Ursachen gesetzt werden und ebenso konkrete Betroffenheiten erzeugt werden, sondern ein überindividueller, kontinentaler und globaler Prozeß der technischen Unsicherheiten, der Umweltbelastung und der Umweltzerstörung eingesetzt hat. Das bedeutet, daß die klassischen Instrumente der konkretindividuellen Gefahrenabwehr nicht mehr geeignet sind, in hinreichendem Maße gegenzusteuern. Ich bin wie Sie der Meinung, Herr *Leisner*, daß die Grundrechte einen hohen Stellenwert haben, und zwar auf beiden Seiten — auf der Seite derjenigen, die in ihrer Freiheit die Eigentumsgarantie, die berufliche Freiheit und andere Grundrechte nutzen. Aber hier kommt auch die grundrechtliche Perspektive derjenigen ins Spiel, die von den geschilderten Entwicklungen betroffen sind. Es ist also eine Grundrechtsabwägung unter den heutigen Gegebenheiten erforderlich, und damit sind wir alle nicht fertig. Es bedarf einer Risikovorsorge, das ist mehrfach geschildert worden, wobei allerdings Risikovorsorge nicht immer das gleiche ist. Sie wird unterschiedlich streng gehandhabt, und besteht etwa im Atomrecht, worauf zu Recht hingewiesen ist, in einer Risikominimierung. In anderen rechtlichen Bereichen gehen wir mit der Risikovorsorge nicht ganz so weit an die Front bedenklicher Entwicklungen, die sich abzeichnen und die wir abzuwehren suchen. Was man in der gegenwärtigen rechtlichen Landschaft vermissen kann, ist eine konzeptionelle, grundsätzliche Regelung und Entscheidung, welchen Wegen der technologischen Nutzung wir uns eigentlich anvertrauen wollen. Wir haben sektorale Regelungen des Verwaltungsrechts, etwa des Atomrechts, des Immissionsschutzrechts und vieler andere Gebiete. Aber wenn sich z. B. im Bereich der Energienutzung die Frage stellt, welche Quellen der Energie vorzuziehen, welche Risiken eher in Kauf zu nehmen und welche Risiken auf der anderen Seite tunlichst zu vermeiden sind, dann fehlt im Augenblick die verwaltungsrechtliche Regelung, die die Basis dafür bieten soll. Allerdings bin auch ich nicht in der Lage zu sagen, wie alle diese Probleme mit den Mitteln des Verwaltungsrechts bewältigt werden sollen. Wir können nur iterativ, Schritt für Schritt vorgehen, und insofern stimme ich Herrn *Murswiek* nachdrücklich zu.

Eine zweite Bemerkung zur Normierung: Ich stelle eine auffällige Diskrepanz zwischen dem Gesetzesvorbehalt — so wie er heute in der Regel gelehrt wird — auf der einen Seite und dem Inhalt verwaltungsrechtlicher Normen auf der anderen Seite fest. Eigentlich soll ja, namentlich durch parlamentarisches Gesetz, alles Wesentliche geregelt werden. Schaut man aber heute in die verwaltungsrechtlichen Gesetze, dann findet man zahlreiche höchst unbestimmte Formeln, auch zahlreiche Beurteilungs-, Gestaltungs- und Ermessensspielräume. Was wirklich die harten Fragen der technischen Sicherheit und des Umweltschutzes betrifft, so wird auf untergesetzliches Recht verwiesen. Das untergesetzliche Recht besteht weitgehend nicht in Rechtsverordnungen, mit denen man Unbestimmtheiten des Gesetzes in herkömmlicher Weise kompensieren könnte. Ihnen, Herr *Ipsen*, würde ich auch in der Richtung, die Herr *Badura* schon angedeutet hat, widersprechen wollen, wenn Sie die Verwaltungsvorschriften und ihren Regelungsmodus mit einem geringen Stellenwert versehen haben. Die Rechtsprechung des Bundesverwaltungsgerichts hat insofern etwas Richtiges getroffen, als sie die besondere Verantwortung der Exekutive hervorgehoben hat. Wenn wirklich das parlamentarische Gesetz dürftig ist und wahrscheinlich dürftig bleiben muß und wenn die gerichtlichen Entscheidungen und überhaupt die Einzelfallentscheidungen damit nicht hinreichend gesteuert werden, bedarf es dazwischenliegender Normierungsschichten. Die Verwaltungsvorschriften könnten nun als „normkonkretisierende Verwaltungsvorschriften" m. E. besser genutzt werden als bisher. Allerdings geht es nicht an, daß man einfach den Terminus auswechselt und sagt, die Exekutive könne Verwaltungsvorschriften anstelle von Rechtsverordnungen erlassen. Der besondere Sinn der normkonkretisierenden Verwaltungsvorschriften in der eigenen Verantwortung der Exekutive besteht doch wohl darin, daß die Exekutive mit ihrem Verfahren und mit ihren Möglichkeiten, sich des naturwissenschaftlichen und technischen Sachverstandes zu bedienen, untergesetzliche Regelungen schaffen soll, die geeignet sind, die Schere zu schließen. So habe ich jedenfalls das Bundesverwaltungsgericht verstanden. Aber die Ausführung dieser Idee erfordert einiges, was bisher m. E. nicht hinreichend gesehen worden ist. Hinzuziehung des Sachverstandes im Verfahren bedeutet, daß zunächst einmal — und ich bitte um Nachsicht wegen meiner Penetranz — eine Art „antizipiertes Sachverständigengutachten" eingeholt werden muß. Ich meine, daß der technische und naturwissenschaftliche Sachverstand abgefragt und in das Verfahren der Normgebung eingebracht werden muß. Das muß auch transparent gemacht werden, und zum Verfahren kommen Begründungspflichten hinzu. Wenn wirklich die Verwaltungsvorschriften als normkonkretisierende Regelungen ernstgenommen werden wollen in der skizzierten Funktion, dann muß im Verfahren dargelegt und auch in einer Begründung für den Bürger verständlich expliziert werden, worauf sich die Regelungen eigentlich stützen. Wenn wir die Idee der normkonkretisierenden Verwaltungsvorschriften zu Ende denken, muß also, was das Verfahren und die Begründungspflichtgen anlangt, mehr geschehen als bisher. Hierin sehe ich die Schwäche der ganzen Konzeption. Das ändert aber nichts daran, daß die Exekutive hier eine besondere Verantwortung und einen Regelungsauftrag hat.

Lassen Sie mich zu den Handlungsformen und zur Steuerungsfähigkeit, die Herr *Schuppert* angesprochen hat, noch eines sagen: Auf der einen Seite wird unser Verwaltungsrecht immer mehr perfektioniert durch Verwaltungsakte, Nebenbestimmungen, nachträgliche Anordnungen und entsprechende materiell-rechtliche Gebote. Auf der anderen Seite beobachten wir einen Befund, auf den gestern schon Herr *Grimm* und Herr *Schuppert* hingewiesen haben. Das informale Verwaltungshandeln feiert „fröhliche Urständ"; das ist eine paradoxe Erscheinung. Auf der einen Seite sehen wir zunehmend verschärfte und formalisierte verwaltungsrechtliche Vorschriften und auf der anderen Seite eine Ausbreitung informalen Verwaltungshandelns. Es muß dies nicht unbedingt ein Widerspruch sein. Ich würde mich für die Meinung der Referenten dazu interessieren. Es kann ja auch vielleicht so sein, daß — flankierend zu den förmlichen Handlungen des Verwaltungsrechts — in einem ersten Zugriff des Verwaltungshandelns informale Vorgehensweisen ihren Sinn bekommen. Allerdings muß gefragt werden, wieweit dabei die formellen Regelungen und die materiellen Gebote des Verwaltungsrechts Bestand haben. Darauf wird man nachdrücklich hinweisen müssen.

Ganz zum Schluß darf ich noch einmal hervorheben, was Herr *Zacher* angedeutet hat: Die Europäisierung und die Internationalisierung des Rechts sind im Gebiete der technischen Sicherheit und des Umweltschutzes in einem Maße gefordert, das uns wohl einstweilen nur schemenhaft gegenwärtig ist. Aber ich glaube, daß die wahre Bedeutung der europäischen und der internationalen Perspektive in wenigen Jahren so evident werden wird, daß man daran nicht mehr vorbeisehen kann. Allerdings verbinde ich damit eine Sorge. EG-Richtlinien gewinnen eine zunehmende Bedeutung, darauf ist gestern hingewiesen worden. Wir finden aber europarechtliche Regelungen vor, die durchaus nicht der Verantwortung des Staates oder — allgemeiner gesprochen — der öffentlichen Hand so entsprechen, wie wir es uns vorstellen. In der gestrigen Debatte kamen die europäischen

Produktnormen zur Sprache, ich möchte diesen Punkt hier aufgreifen. Die Europäischen Gemeinschaften vertreten insoweit eine Linie, die man mit dem Stichwort umreißen kann, daß nur noch grobe Vorgaben im Wege von Richtlinien geschaffen werden und daß nach einer „neuen Konzeption" die Einzelregelungen von Gremien technischer Sachverständiger, die sich aus der Wirtschaft und ihren Verbänden rektrutieren, getroffen werden. Was die Europäischen Gemeinschaften hier mit der „neuen Konzeption" anstreben, ist in gewisser Weise zwangsläufig. Der Staat kann nicht alles regeln. Auch die Europäischen Gemeinschaften können nicht alles regeln. Ich halte es aber für bedenklich, wenn die Normierungsaufgaben in derart weitgehender Weise auf Gremien der privaten Seite abgewälzt werden. Wir haben uns im staatlichen Bereich bemüht, durch normkonkretisierende Verwaltungsvorschriften und die Beteiligung des Staates die öffentliche Hand in die Verantwortung zu rufen. Das darf nicht verlorengehen, wenn die hier angesprochenen Fragen in zunehmendem Maße auf die europäische Ebene hochgezogen werden.

Vorsitzender: Vielen Dank, Herr *Breuer,* für Ihren sehr nachdenkenswerten Beitrag, der uns deshalb besonders wichtig erscheint, weil Sie auf die Rechtsprechung maßgeblichen Einfluß genommen haben. Nunmehr Herr *Götz,* danach Herr *Brohm.*

Götz: Herr *Schlink,* Sie haben in Ihrem Vortrag die in unserem Kreise verbreitete Neigung aufgespießt, daß wir die Eigenständigkeit der Verwaltung durch Forderungen wie die nach dem Verwaltungsvorbehalt und der Einheit der Verwaltung hervorkehren. Ich möchte Sie deshalb um Nachsicht bitten, wenn ich meinerseits eine nicht minder verbreitete Neigung einmal aufs Ziel nehme, nämlich die Neigung, als Mittel zur Lösung schwierigster Fragen gebieterisch den Ruf nach dem Gesetzgeber erklingen zu lassen. Ich weise etwa hin auf den Leitsatz 2 Ihres Referates, wo Sie es als die Aufgabe des Gesetzgebers bezeichnen, die Gefahren der Informations- und Kommunikationstechnik zu bewältigen, und auf den Leitsatz 11, in dem Sie gesetzliche Vorgaben für die polizeiliche Gefahrenvorsorge fordern. Ich fürchte, daß uns der Ruf nach dem Gesetzgeber allzu leicht über die Lippen kommt. Der Ruf nach dem Gesetzgeber ist eine dilatorische Formel, mit der wir weitgehend die großen Unsicherheiten, auch das Nichtvermögen zur Lösung der konkreten Probleme bezeichnen und zudecken. Hier sind die Grenzen unserer eigenen Lösungsfähigkeit als Juristen sichtbar, und es sind nicht nur wir, die die Lösung nicht wissen, sondern es ist eben dieser Gesetzgeber, den Sie anrufen, der die Lösungen auch nicht hat; deshalb weiterhin der Ruf nach ihm.

Wie unvollkommen Gesetze sein können, die ein Gebiet bedecken, das vorher so überhaupt nicht geregelt war, möchte ich an einem Beispiel erläutern, das allerdings nicht der Dramatik der Großanlagen angehört, die bisher in unserer Diskussion eine große Rolle spielten, sondern das dem Anwendungsbereich des Leitsatzes 11 des Referates von Herrn *Schlink* entnommen ist, der polizeilichen Gefahrenvorsorge. Seit wenigen Monaten verfügen wir erstmalig über eine spezialgesetzliche Regelung der Zulässigkeit von polizeilichen Bild- und Tonaufnahmen bei öffentlichen Versammlungen: § 12 a des Versammlungsgesetzes. Diese Vorschrift ist aber nicht entstanden, um die in einem großen Teil der Literatur erhobene Forderung zu befriedigen, daß jegliche Polizeitätigkeit der Gefahrenvorsorge, die einen Bezug auf die informationelle Selbstbestimmung des Bürgers hat, einer besonderen gesetzlichen Grundlage bedürfe. Sie ist entstanden im Zusammenhang mit der Strafbewehrung des Vermummungsverbotes, und eine der Fraktionen des Bundestages hat ihr liberales Gewissen, einer solchen Regelung zuzustimmen, damit beschwichtigt, daß sie auf den Einwand eingegangen ist, daß ursprünglich die Vermummung nur ein Abwehrmittel des Bürgers gegen exzessives Fotografieren der öffentlichen Versammlungen durch die Polizei sei. So kam in letzter Minute in den Gesetzgebungsberatungen zustande, was scheinbar Erfüllung der grundsätzlichen Forderung nach legislatorischer Konfliktbewältigung ist. Bei näherer Betrachtung trifft man wieder auf die polizeiliche Generalklausel in einer modifizierten Form, und man trifft — und deshalb habe ich dieses Beispiel gebracht — auf etwas Erstaunliches: aus den Materialien ist zu ersehen, daß dieses Gesetz gar nicht die laufende Fotografiertätigkeit oder Videoaufnahmen einer Versammlung betreffen soll, wenn die Versammlung im Ganzen für Zwecke etwa der polizeilichen Einsatzlenkung aufgenommen wird. Dies zur Illustration der großen Schwierigkeiten.

Ich möchte einen zweiten Punkt ansprechen. Im Anschluß an Herrn *Schmidt-Aßmann* scheint es mir wichtig, daß wir bei der Frage nach dem Beitrag des Verwaltungsrechtes nicht nur die Regulatorik, das Setzen von Standards, in den Blick nehmen, sondern auch das Technik-Organisationsrecht. Die einleitende Bemerkung von Herrn *Murswiek* hat, wie eine Erleuchtung bewußt gemacht, was wir uns vielleicht so nicht allgemein klarmachen, daß nämlich das Verwaltungsrecht von Anfang an unter den Bedingungen seiner Entstehung im vorigen Jahrhundert ein Technik-Recht ist. Diese wertvolle Bemerkung läßt sich festmachen an den historisch gewachsenen Formen der Technik-Verwaltung. Letztere ist dualistisch gewachsen; sie ist eine Gemeinschaft von Staat und Wirtschaft. Wir haben die

Gewerbeaufsichtsämter auf der einen Seite und die Technischen Überwachungsvereine auf der anderen Seite, wir haben die Genehmigungsbehörden, und wir haben das Deutsche Institut für Normung – nirgendwo ein Monopol der staatlichen Verwaltung. Bei aktuellen Fragen einer eventuellen Umschichtung ist beispielsweise an das Problem der Organisation der Flugsicherung zu denken, also die Frage einer etwaigen Privatisierung. Im Technik-Organisationsrecht müssen, neben dem von Herrn *Breuer* angesprochenen Gesichtspunkt einer Herstellung von Öffentlichkeit durch geeignete Verfahren, natürlich die Effizienzkritierien ganz obenan stehen. Ich meine, bei einer Vergewisserung über das Verwaltungsrecht der Technik sollte die gewachsene Kultur der Organisation der Technik-Verwaltung nicht fehlen.

Vorsitzender: Vielen Dank, Herr *Götz*. Jetzt Herr *Brohm*, danach Herr *Häberle*.

Brohm: Ich möchte den Normierungsoptimismus, der von allen Referenten, allerdings in sehr unterschiedlichem Grade, vertreten wurde, mit einigen skeptischen Akzenten versehen. Es wird dabei, meiner Meinung nach, zu wenig das personelle Kompetenzproblem berücksichtigt. Wenn Herr *Ipsen* zu seinem Leitsatz 9 ausgeführt hat, daß nicht immer eine Mehrheit, sondern u. U. auch eine singuläre Meinung beurteile, was der Stand von Wissenschaft und Technik sei, dann muß man natürlich fragen, wer entscheidet, welche Meinung die richtige und die maßgebliche ist. Das müssen – da stimme ich voll Herrn *Breuer* zu – letztlich staatliche oder supranationale Instanzen tun, jedenfalls Instanzen, die in öffentlicher Verantwortung stehen. Aber da beginnt erst das Hauptproblem. Meistens sind diese Instanzen nämlich nicht genug sachverständig. Sie sind auf einen externen Sachverstand angewiesen, und zwar vor allen Dingen im kognitiven Bereich. Für den sozialen Bereich, also für die Bewertung der sozialen Nebenfolgen, hat Herr *Zacher* schon darauf hingewiesen, daß infolge der „pluralistischen Minimalisierung" ein Konsens nur schwer zu gewinnen ist. Im technisch-kognitiven Bereich, wo es um die reine Gefahreneinschätzung geht, scheint mir, ist der Sachverstand nur bei der Industrieforschung zu finden; meistens bei denjenigen, die das Produkt herstellen; dort ist er jedenfalls am größten. Insofern weiß ich nicht, ob es schon wesentlich weiterhilft, wenn wir fordern, daß diese Festlegungen von einer staatlichen Entscheidung abhängen müssen und diese u. U. in einer bestimmten Form, durch Gesetz, Verwaltungsvorschrift oder eine sonstige Normierung getroffen werden müssen. Denn diese Instanzen sind letztlich weitgehend von dem detaillierten Sachverstand desjenigen abhängig, der das eigentliche Interesse an der Einführung der betreffenden technischen Entwicklung hat. Man kann natürlich versuchen, wie es in den Sozialwissenschaften schon vielfach diskutiert wird; diesem Mangel durch pluralistisch zusammengesetzte Expertengremien oder durch spezielle Forschungsaufträge abzuhelfen. Aber das löst das Problem letztlich nicht, weil die Forschungserkenntnisse in ihrer ganzen Tiefe und Breite nur bei dem einem oder dem anderen vorhanden sind. Daher habe ich erhebliche Zweifel, ob wir weiterkommen, wenn wir von einer Normierungsnotwendigkeit sprechen, ohne dieses inhaltliche und personelle Moment in die Betrachtung miteinzubeziehen. Ich habe für dieses Problem auch keine Patentlösung, glaube aber, daß wir uns nicht allein auf das Erfordernis staatlicher Normierung verlassen können. Vielmehr halte ich Präventivstrategien, wie sie Herr *Murswiek* vorgeschlagen hat, also daß wir etwa gleichsam in einer globalen iterativen Vorgehensweise abprüfen, was an Risiko entsteht, daß wir eine Experimentiergesetzgebung vornehmen usw., für eine ganz notwendige Ergänzung, um diesem inhaltlichen und personellen Problem Rechnung zu tragen.

Vorsitzender: Schönen Dank. Meine Damen und Herrn, nur zu Ihrer Orientierung: wir haben fast ausschließlich Wortmeldungen zu Punkt 1. Das war fast zu erwarten. Zu den Punkten 2 und 3 liegen lediglich drei Wortmeldungen vor. Deshalb haben wir uns entschlossen, die Zwischenrunde vorzuziehen. Das ist deshalb, glaube ich, sinnvoll, damit sich die Referenten ein wenig entlasten können. Zunächst aber bitte noch Herr *Häberle,* anschließend Herr *Thieme.*

Häberle: Herr Vorsitzender, verehrte Kollegen. Ich möchte mich auf drei Probleme konzentrieren. *Erstens:* Welches sind die verfassungs*textlichen* Vorgaben für unser heutiges, zunächst rein verwaltungsrechtlich erscheinendes Thema? Hier möchte ich die Rechtsvergleichung als „fünfte“ Auslegungsmethode im Verfassungsstaat *nach Savigny* bzw. nach seinen vier nutzen: *Zweitens:* Welches sind die verfassungs*theoretischen* Vorgaben? hier suche ich das Gespräch zu Staat und Gesellschaft mit den Herren *Murswiek* und *Schlink. Drittens:* Sind wir nicht an der Schwelle der Entwicklung zu einer Weltgemeinschaft von sozialen Rechtsstaaten als Umweltstaaten in der einen globalen Natur? Diese Frage steuerte wohl Herr *Zacher* eben schon an. Ich möchte sie mit dem Stichwort „kooperativer Verfassungsstaat“ und „Relativierung des klassischen Staatselements Staatsgebiet bzw. -raum“ andeuten. — Zunächst zu Punkt 1: Einige neuere Verfassungen machen hochinteressante, für den Typus Verfassungsstaat verallgemeinerungsfähige Aussagen, die Textstufen spiegeln und die Verfassungs- und Verwaltungswirklichkeit unseres Themas anderwärts schon verarbeiten. Ich beginne mit der innerbundesdeutsch-vergleichenden Ebene. Nach Art. 12 Abs. 1 Verf. Bremen steht „der Mensch höher als Technik und Maschine", eine wichtige Maxime für Abwägungsvorgänge bis ins Verwaltungsrecht hinein. Nach Absatz 2 kann zum Schutz der menschlichen Persönlichkeit und des Zusammenlebens durch Gesetz die Benutzung wissenschaftlicher Erfindungen und technischer Einrichtungen unter staatliche Aufsicht gestellt, beschränkt und untersagt werden. Die bisherige Diskussion läßt sich unterstützen mit Art. 80 aus der Verf. Guatemala von 1985, wonach die Förderung von Wissenschaft und Technik „grundlegende Notwendigkeiten der nationalen Entwicklung" und damit Staatsaufgaben sind. Auch sind Wissenschaft, Technologie und Humanität, in sich konsequent, Erziehungsziel (Art. 74), was unseren Familienrechtler *von Campenhausen* freuen wird. Schließlich erwähne ich aus vielen Gründen besonders gerne Schweizer Kantonsverfassungen, etwa § 14 Aargau, dies um so lieber, als Herr *Eichenberger* der „einzige" Vater dieser Verfassung ist, Herr *Fleiner* könnte mir dies bestätigen. Darin heißt es beispielhaft für die kulturelle Komponente unseres Themas: „Lehre und Forschung haben die Würde der Kreatur zu achten." Eine Orientierungshilfe für das Problem „Tierversuche" im Verfassungsstaat, ohne daß ich mich mit extremen Positionen identifiziere. All diese Texte vermitteln uns Verfassungsdirektiven für unser Thema, das wir ja nur mit großer Mühe erarbeiten. Spätestens seit *Fritz Werner* ist „Verwaltungsrecht konkretisiertes Verfassungsrecht". Wir können also mit der Methode des weltweiten Textstufenvergleichs der Wachstumsschübe auch für unseren Verfassungsstaat, seinen „Geist" und seine Verwaltungsprobleme etwas lernen. — Zu Punkt 2: Jetzt nach den verfassungstextlichen Vorgaben zu den verfassungstheoretischen Vorgaben; so sehr Text und Theorie zusammenhängen, sie sind aus Klarheitsgründen hier zu trennen. These 1 von Herrn *Schlink* hat mich zunächst sehr bestochen, die Identifizierung des modernen Staates mit der Informations- und Kommunikationstechnik. Was folgt daraus, Herr *Schlink,* für das Paradigma von „Staat und Gesellschaft"? Den Staat haben Sie hier anschaulich beschrieben. Müssen wir nicht die offene Informations-Gesellschaft von Herrn *Murswiek* von vorneherein hinnehmen? Was heißt „informierte Gesellschaft"? Droht heute nicht Desintegration und Desinformation durch Überinformation? Müssen wir nicht von vorneherein die Kommunikations*freiheiten,* die Informationsfreiheit des Art. 5 Grundgesetz als solche, mit dem Bundesverfassungsgericht früh individualrechtlich und objektivrechtlich verstanden, im Blick auf die plurale freiheitlich-demokratische Verfassung zentral einführen? Im übrigen knüpfe ich dankbar an Äußerungen vieler Redner zu den verfassungsrechtlichen Aspekten unseres Themas an: von Herrn *Leisner* bis Herrn *Schmidt-Aßmann* und Herrn *Zacher*, gewiß auch an Herrn *Badura*.

Auf *beiden* Seiten der Konflikte stehen Grundrechtsgehalte: Einerseits etwa Wissenschaftsfreiheit, Berufs- und Eigentumsfreiheit, andererseits die Gefahren, die hier für diese und andere Grundrechte und Verfassungsgehalte drohen, etwa Art. 1 Grundgesetz. Wegen der Insichkonflikte eine sehr komplizierte Abwägungsproblematik.

Zum *dritten* und letzten Punkt: Zur Entwicklungslage des nationalen Verfassungsstaates angesichts der Umweltproblematik, der weltweiten, den Osten einschließenden Verantwortungszusammenhänge auf diesem einen „blauen Planeten" unserer Welt, dieser Erde. Freilich mußten wir dank „Voyager" kürzlich lernen, daß auch der Neptun ein „blauer Planet" im wüsten Weltall ist, doch möchte ich dabei bleiben, daß die einzigartige Erde *der* blaue Planet ist und bleibt. Zugespitzt: Wenn wir die intensiven, übergreifenden globalen Verantwortungszusammenhänge und Aufgaben des Verfassungsstaates sehen, die ihn zu ganz neuen menschheitsbezogenen Kooperationsformen zwingen, wenn wir erkennen, wie vom Internationalen und Europarecht her das klassische Element „Staatsgebiet" und auch die anderen Elemente relativiert werden im Sinne „offener Grenzen", dann wird es notwendig, den Verfassungsstaat als Typus heute ganz neu ins Universelle zu durchdenken. Brauchen wir nicht einen neuen *John Locke* des Verfassungsstaates in seinen internationalen Verantwortungszusammenhängen und Bedingungen? Selbst Herr *Zacher* ist noch nicht dieser *John Locke*, zum einen ist er erst im „Herbst des Mittelalters", zum anderen verdanken wir ja ihm heute als erstem in der Diskussion die zentrale Erörterung der international-rechtlichen Dimension. Wir sollten die Frage kooperativer „Umweltstaat", alle anderen modernen Probleme zur Welt hin, etwa die Technologien und Informationssysteme in diesem Kontext bedenken. Nur diesen großen Rahmen wollte ich zur Sprache bringen.

Vorsitzender: Mir ist eigentlich nie so deutlich geworden, Herr *Häberle*, wie aus Ihrem Beitrag „in weltbürgerlicher Absicht", daß die Bundesrepublik Deutschland ja eigentlich ein verfassungsrechtliches Entwicklungsland ist. Vielen Dank! Nunmehr bitte Herr *Thieme*, danach Herr *Isensee*.

Thieme: Herr Vorsitzender, meine Damen und Herren! Wir haben heute morgen drei Vorträge gehört, die uns auf die Aufgabe des

Verwaltungsrechts hingewiesen haben, die laufende wissenschaftlich-technische Entwicklung in den Griff zu bekommen. Ich war dabei etwas überrascht, daß alle drei Vortragenden hier angesetzt haben, die technisch-wissenschaftliche Entwicklung gewissermaßen als etwas Gegebenes, vielleicht sogar Gott-Gegebenes hinnehmen und dann nur versuchen, diese vorhandene Entwicklung in den Griff zu bekommen.

Herr *Schmidt-Aßmann* hat nun schon darauf hingewiesen, daß vor diesen Problemen ein umfangreicher Prozeß der Entwicklung liegt und wir bedenken müssen, daß in der Bundesrepublik Deutschland in jedem Jahr etwa 60 Milliarden DM für die technisch-wissenschaftliche Entwicklung ausgegeben werden. Die Ausgabe dieses Geldes muß verantwortet werden, auch wenn es nur teilweise aus den öffentlichen Haushalten stammt. Aber auch in der Industrie und in vielen öffentlich-rechtlichen oder durch die öffentliche Hand gespeisten, in Privatrechtsform geführten wissenschaftlich-technischen Einrichtungen geschieht allerhand, was in den Griff genommen werden muß. Ich möchte also das, was Herr *Schmidt-Aßmann* gesagt hat, noch einmal ganz deutlich akzentuieren, daß nämlich hier sehr große Probleme liegen, die zum Teil erst jene Probleme schaffen, über die heute vormittag referiert worden ist. Das soll keine Kritik sein, aber doch ein wichtiger Hinweis darauf, daß unser Thema zwei Seiten hat: Den Entwicklungsprozeß selbst und nachher die Bändigung dessen, was aus dem Entwicklungsprozeß herausgekommen ist.

Das, was wir als Ergebnis des Entwicklungsprozesses kennen, ist die Technik. Techné — Humanisten wissen es — dieses Wort hatte bei den Griechen eine Doppelbedeutung: Es bedeutete einerseits die Kunst, etwas Schönes und Wertvolles herzustellen und andererseits auch den schlechten Trick, mit dem man etwas schuf, was unerwünscht war. Diese Doppeldeutigkeit der Technik haben wir und sie müssen wir immer im Blick behalten, wenn wir über das Verwaltungsrecht der technischen Welt sprechen.

Im Verwaltungsrecht gibt es bekanntlich drei Dimensionen:

Erstens die Normierung oder Planung, zweitens die Durchführung und drittens die Kontrolle. Die drei Vorträge des heutigen Vormittags haben uns gezeigt, daß mit den bisherigen Vorstellungen, was diese drei Dimensionen bedeuten, die ja auch in der Gewaltenteilungslehre auftauchen, eigentlich nicht mehr durchzukommen ist.

Die Frage, ob die Gerichte überhaupt sachgerecht kontrollieren können, ob nicht ganz andere Organe, der Datenschutzbeauftragte ist genannt worden, eine viel wichtigere Rolle spielen müssen, ist zu stellen. Vor allem muß die Frage aufgeworfen werden, ob der Begriff der Norm noch der ist, mit dem wir unsere Probleme bewältigen können.

Man sollte ein Problem noch stärker einführen, das mir in den Vorträgen und auch in der bisherigen Diskussion zu kurz gekommen ist, nämlich das Problem der Zeit. Wir haben es ja nicht nur damit zu tun, daß an sich Risiken entstehen und daß wir diese Risiken bewältigen müssen, sondern damit, daß die technisch-wissenschaftliche Entwicklung so schnell voranschreitet, daß wir im Grunde nicht mehr mit den Verfahren, mit denen wir früher Normen zu produzieren pflegten, mit denen wir nach gründlicher Prüfung bei schwierigen Problemen Verwaltungsakte erlassen oder kontrolliert haben, auskommen, sondern daß uns alles davonrennt und je gefährlicher ein Problem ist, desto schneller entwickelt es sich fort. Insofern müssen wir — ich kann nicht und will das auch nicht erschöpfen, was sich alles über den Zeitfaktor sagen ließe — aber doch mindestens darauf hinweisen, daß Vorstellungen, man könnte mit dem klassischen Instrumentarien und den klassischen Methoden der Gesetzgebung des 19. oder beginnenden 20. Jahrhunderts unsere Normierungsprobleme erfassen, wenig sachgerecht ist.

Daher gewinnt auch die Tatsache, daß wir es im Bereich der wissenschaftlich-technischen Entwicklung vor allem mit Normierungen aus dem gesellschaftlichen Bereich zu tun haben, eine ganz andere Bedeutung. Ich möchte das keineswegs glorifizieren, was uns die Wirtschaft an Normen vorsetzt; ich weiß, daß da auch ein Eigeninteresse der Industrie vorhanden ist. Aber wir sollten nicht glauben, daß der Staat derjenige ist, der uns immer oder doch in erster Linie Hilfe bringt. Wir können vielleicht schon glücklich sein, wenn wir überhaupt Normen haben, aus der Wirtschaft geborene Normen, mit denen wir ein Problem einigermaßen in den Griff bekommen, und wir sollten nicht immer sagen, der Staat muß der Normgeber sein, weil wir all zu gern in den Kategorien des Staates des 19. Jahrhunderts denken.

Ich danke Ihnen!

Vorsitzender: Schönen Dank, Herr *Thieme!* Jetzt Herr *Isensee,* danach Herr *Bullinger.*

Isensee: Es ist ein Gemeinplatz, daß die technische und wissenschaftliche Entwicklung mit ihren Folgen und ihren Nebenfolgen, die teilweise nicht erkennbar und nicht erwünscht sind, sich nicht auf das Territorium des Staates beschränkt, auf dem die gefährliche Entwicklung initiiert wird. Andererseits stehen, derzeit jedenfalls noch, die meisten Regelungs- und Verwaltungskompetenzen, aber auch die

Rechtsschutzkompetenzen dem jeweiligen Territorialstaat zu. Die Deutschen ziehen aus diesem Widerspruch die Konsequenz, daß am deutschen Öko- und Datenschutzwesen Europa genesen möge. Mit missionarischem Eifer drängen sie die rückständigen EG-Mitgliedsländer, sich doch endlich auf den überlegenen deutschen Öko- und Datenschutzstandard zuzubewegen. Man kann quasi kantianisch sagen: Wir Deutschen bemühen uns, daß die Maxime des eigenen Handelns zur Maxime des allgemeinen Handelns der europäischen Staaten werde.

Nur wenn wir näher hinblicken: sind wir wirklich kantianisch? Sind wir nicht in Wahrheit gute Pharisäer? Wir halten einen hohen ökologischen Standard in der Abfallbeseitigung. Wir hegen eine Abneigung gegen Mülldeponien, deswegen verkaufen wir unseren Müll an die DDR, die sich um ökologische Standards nicht kümmert. Wir sind stolz auf unser Rundfunkwesen, auf unsere öffentlich-rechtlichen Monopolanstalten, die uns auf hohes Kulturstaats-Niveau heben und bundesverfassungsgerichtliche Grundversorgung beziehen. Aber Konsumenten und Produzenten von Unterhaltung und Information weichen den öffentlich-rechtlichen Medienmonopolen aus, ins Ausland. Die Liberalität im Medienbereich und die Wahlfreiheit des angeblich doch mündigen Bürgers wird aus Luxemburg importiert, wo deutsche Rundfunkurteile und deutsche Rundfunkräte nicht das Sagen haben. Wir haben Angst vor Kernkraftwerken, vor allem vor Wiederaufbereitungsanlagen. Deswegen bauen wir deutsche Anlagen erst gar nicht fertig und beziehen den Nuklearstrom sowie die Entsorgungsleistungen aus Frankreich mit der Folge, daß Frankreich das Versorgungs- und Entsorgungs-Monopol erhält und die Bundesrepublik Deutschland in Abhängigkeit gerät, daß Frankreich den Forschungsvorsprung gewinnt, daß Frankreich über die nuklearen Risiken disponiert, die nun einmal — hier kommt der Gemeinplatz wieder zum Zuge — nicht territorial begrenzt sind (siehe Catenom), und die Deutschen diesen Risiken mitunterwirft. So oder so verbrauchen die Deutschen Atomstrom und leben mit atomaren Risiken, künftig freilich nicht mehr auf dem Level deutscher, sondern auf dem Level französischer Sicherheitstechnologie. Wir überlassen uns der Angst vor der Gen-Forschung mit ihren in der Tat erschreckenden Möglichkeiten. Wir erlassen vorsorglich strenge und enge Gesetze mit der Folge, daß die deutschen Unternehmen ihre Forschungsinstitute ins Ausland verlegen. Es ist an der Zeit, daß wir uns fragen, ob wir uns nicht der politischen Schizophrenie anheimgeben, wenn wir einseitig hohe Standards setzen und Vorteile daraus ziehen, daß andere Länder auf niedrigerem Standard produzieren; daß wir uns scheinbar aus gefährlichen Entwicklungen zurückziehen, aber deshalb die Chance vertun, von uns aus die Sicherheitstechnologie weiterzuentwickeln und damit beizutragen, die allgemeine Sicherheit zu heben.

Ein Gedanke Herrn *Murswieks* kann gar nicht kräftig genug unterstrichen werden: daß die Bundesrepublik im internationalen Wettbewerb steht, sich in ihm behaupten muß, und daß sie darauf in ihrer Rechtspolitik, aber auch in ihrer Verfassungsauslegung, Rücksicht zu nehmen hat. Wir können uns nicht in einen introvertierten Daten- und Umweltschutz zurückziehen und uns nicht in einem introvertierten Vorsorgestaat genügen. Bei der politischen wie bei der juristischen Entscheidung über die Schwellen der Gefahr und des Restrisikos müssen die internationalen Folgewirkungen und Rückwirkungen mitbedacht werden. Grundrechtsbeschränkungen, die der Gefahrenvorsorge in den Bereichen Technik, Umwelt und Kommunikation dienen sollen, können nicht ohne Blick auf das ausländische Umfeld gerechtfertigt werden. Wenn staatliche Repression nur dazu führt, daß sich Gefahrenquellen ins Ausland verlagern, ohne daß sich die Gefahrenwirkungen im Inland merklich verringern, ist die Maßnahme untauglich und daher als Grundrechtseingriff von Verfassungs wegen nicht zu halten.

Wir bekommen die Probleme nicht dadurch vom Tisch, daß wir uns in der Hoffnung trösten, daß sich die ausländischen Regelungen im Laufe der Zeit den deutschen anpassen und daß sich eine Art Datenschutz- und Umweltschutzkartell der Staaten bilden werde. Sollte die Hoffnung sich erfüllen, gut. Doch derzeit leben wir in einer Zeit der Parusieverzögerung, von der wir nicht wissen, ob und wann sie endet. Also müssen sich Verwaltungsrecht und Verfassungsauslegung den unvermeidbaren Vorgaben fügen und sich auf sie einstellen.

Eine Vorgabe für die Verfassungsinterpretation geht dahin, daß die Bundesrepublik Deutschland auf den Feldern der Forschung und Technik, des Umweltschutzes und der Kommunikation nicht autark ist, daß sie nicht in vortechnische Idylle und in Bärenhäutertum zurückfallen darf und daß auch ihren Bürgern nicht die künstlichen Paradiese offenstehen, in denen sie ihr gutes ökologisches Gewissen schonen und, wenn die Umweltkatastrophe andernorts stattfindet, sich damit beruhigen können, daß sie es ja gut gemeint hätten.

Es ist die Karikatur des deutschen Verfassungsstaates, daß in ihm am Ende nichts mehr effektiv bleibt außer dem effektiven Rechtsschutz. Es gibt für den territorial begrenzten Verfassungsstaat nur die Aufgabe, an der Entwicklung von Forschung und Technologie im internationalen Wettbewerb teilzunehmen und nach Kräften dahin zu wirken, daß die Entwicklung human verläuft und — nicht allein in

Deutschland — ethisch wie rechtlich diszipliniert wird, nicht aber unterdrückt. Jedenfalls können die Deutschen es sich nicht leisten, der Maxime zu folgen „Fiat securitas, pereat mundus", ebenso nicht der Maxime „Fiat securitas, pereat civitas".

Vorsitzender: Vielen Dank, Herr *Isensee.* Jetzt bitte Herr *Bullinger,* dann Herr *Wahl.*

Bullinger: Herr *Schlink,* Sie haben in Ihrem Referat brillant wie immer versucht, uns Wege aufzuzeigen, auf denen wir verwaltungsrechtlich die dynamische Entwicklung der Technik (Leitsatz 6) speziell der Informations- und Kommunikationstechnik bewältigen können. Ihr Leitsatz 12 führt aber dann zu einer „katechontischen", d. h. doch wohl die Entwicklung aufhaltenden Verwaltung. Meine Frage an Sie: Meinen sie, daß der Ausweg aus den Schwierigkeiten darin besteht, die teuflich gefährliche technische Entwicklung einem Genehmigungsvorbehalt zu unterwerfen und dann dadurch aufzuhalten, daß die Verwaltung untätig bleibt? So machte das meine Tübinger Wirtin, eine strenge Pietistin: sie hielt Fenster und Türen geschlossen, damit der Teufel nicht hereinkommen konnte.

Meine eigene Vorstellung ist anders. Als Mitglied einer Verwaltungsreformkommission suche ich danach, wie die Verwaltung dazu instandgesetzt werden kann, die technische Entwicklung zu bewältigen. Ich glaube, daß man der, wie Sie richtig gesagt haben, dynamischen technischen Entwicklung eine dynamische Verwaltung und dynamisches Verwaltungsrecht nicht entgegen-, sondern zur Seite stellen muß. Das bedeutet als erstes, daß wir Abschied nehmen müssen vom traditionellen rechtsstaatlichen Vorstellungsbild, es genüge, daß Behörden das Recht anwenden, mag es auch noch so lange dauern: das Verwaltungsverfahren erster Instanz ein bis zwei Jahre und länger, das Widerspruchsverfahren ein Jahr, die gerichtliche Überprüfung sechs bis sieben Jahre. In der Zwischenzeit ist die Technik, um deren Anwendung es geht, wieder überholt, so daß sich das Ganze in der Tat von selbst erledigt, im Sinne des Leitsatzes 12. Was wir meines Erachtens statt dessen tun müßten, ist, das Zeitmoment stärker auch im Verwaltungsverfahren zu berücksichtigen. Die technikanwendende Wirtschaft, die mit einem harten „Zeitmanagement" arbeitet, braucht als Partner eine mit einem zeitlich straffen Projektmanagement arbeitende Verwaltung, die Genehmigungsverfahren unter Berücksichtigung und Beteiligung aller Interessen zügig erledigt. Hinterher muß die Verwaltung dann, wie Sie, Herr *Schlink,* und die anderen Referenten mit Recht gesagt haben, ihre Entscheidung laufend überprüfen und nachbessern. Der Empfänger der

Genehmigung darf nicht in den geliebten verwaltungsrechtlichen Zustand des Vertrauensschutzes versetzt, sondern muß mit Ihnen, Herr *Murswiek*, sogar verpflichtet werden, an der Verunsicherung der eigenen Rechtsposition durch laufende Beobachtung und Erforschung der Risiken mitzuwirken. D. h. wir brauchen ein anderes Verwaltungsrecht und vor allem eine andere Verwaltungsablauforganisation. Wir müssen wegkommen von dem Mitwirken vieler Behörden, die sich so weit selbst beschäftigen, daß an output nicht mehr viel herauskommen kann. Wir brauchen also eine Management-orientierte Technik-Verwaltung. Ich versuche, diese Überlegungen auszuformulieren und im nächsten Jahr vorzulegen. Die Beiträge der Referenten können dazu viele Anregungen geben.

Vorsitzender: Schönen Dank, Herr *Bullinger*. Herr *Wahl*, bitte.

Wahl: In zwei Punkten möchte ich noch einen Beitrag leisten zur Ausschöpfung der Steuerungsfähigkeit des Rechts bei der Normierung in der Situation der Unsicherheit. Beim ersten Fragenkomplex, was muß das Recht und was kann das Recht, muß das Gesetz, etwa bei der Gentechnik, überhaupt eingesetzt werden, solange alles so unsicher ist, kann ich mich nach den vorherigen Beiträgen kurz fassen. Das sich aufdrängende Stichwort für die Notwendigkeit ist die Schutzpflicht. Die gleich nachfolgende Frage ist: Was kann das Recht? Das dabei einschlägige Stichwort ist die Steuerungsfähigkeit oder -unfähigkeit des Rechts. In diesem Zusammenhang nur eine kurze Bemerkung dazu, was denn der Maßstab für eine gelungene Steuerung durch Recht ist. Ich habe manchmal den Eindruck, daß eine gelungene Steuerung nur dann angenommen wird, wenn materielle Standards gesetzt werden. Nun haben wir aber schon in vielen Beiträgen gehört, daß die prozedurale Seite der Schutzpflicht von nicht zu unterschätzender Bedeutung ist. Auch durch verfahrens- und organisationsrechtliche Regelungen werden wichtige Teile der Steuerungsaufgabe bewältigt. Es kommt deshalb auf die richtige Kombination von materiellen und verfahrensrechtlichen Regelungen und die richtige Kombination von gesetzlichen und untergesetzlichen Regelungen an. Dabei stimme ich einigen Vorrednern, zuletzt Herrn *Brohm*, zu, daß man vor einem Normierungsoptimismus im Hinblick auf die materiellen Regelungen warnen muß.

Der zweite Punkt bezieht sich speziell auf die Gentechnik mit der Frage, ob in dieser Situation der Ungewißheit ein Gesetz richtig und notwendig ist. Neben vielen anderen Gründen – z. B. auch dem Umstand, daß die Einschränkung der Forschungsfreiheit, soweit sie überhaupt zulässig ist, nur durch Gesetz möglich ist – möchte ich insoweit auf die bekannte und gesicherte Einsicht verweisen, daß das Gesetzgebungsverfahren der Ort ist, an dem die öffentliche und politische Auseinandersetzung stattfinden und an dem dann zugleich ein wichtiger Anteil für die Akzeptanz, etwa für neue Techniken, wachsen kann. Und das ist gerade bei solchen Technologien, bei denen beträchtliche Ungewißheit über ihr Risikopotential besteht, unerläßlich. Denn an irgendeiner Stelle im Gesamtprozeß der Entwicklung und Anwendung dieser Technologien werden sich die in der Gesellschaft vorhandenen Probleme der Akzeptanz artikulieren. Es ist die genuine Aufgabe der öffentlichen, in die Entscheidung des Parlaments mündende Diskussion, daß dort ein wesentlicher Anteil dieser Prozesse stattfindet. Im Gerichtsverfahren, auch im einzelnen Verwaltungsverfahren ist es zu spät; diese Verfahren werden überfordert und überlastet, wenn nicht vorneweg im parlamentarischen Raum Konsensbildungsprozesse und Konfliktentscheidungen stattfinden. Beim Stichwort parlamentarische Diskussion ist dann nicht nur an die Gesetzgebung zu denken, sondern auch und in besonderer Weise an das Instrument der Technikfolgen-Abschätzung, etwa durch Enquêtekommissionen, die früh im Vorfeld verbindlicher Entscheidungen einen gewichtigen Beitrag zur Erzielung verläßlicher, akzeptanzfördernder Informationen und begründeter Bewertungen leisten können.

Auf die dritte Frage nach dem Inhalt eines solchen Gesetzes, etwa in der Gentechnik, möchte man rasch antworten: es soll das Wesentliche enthalten. Wenn man dann aber vergleichend in die bisherigen Gesetze des technischen Sicherheitsrechts schaut, dann ergibt eine Bestandsaufnahme den Eindruck, daß dort — überspitzt gesagt — eine umgekehrte Wesentlichkeitstheorie gilt, daß nämlich alles oder vieles wesentliche, vor allem die einzelnen Grenzwerte, erst in den Regelwerken kommt. Der immense Bedarf an Regelsetzung, an verschiedenen Schichten von technischen Regeln ist das entscheidende sachliche Ausgangsdatum. Das Ausmaß der Ausfüllungs- und Entscheidungsbedürftigkeit kommt in der Formulierung von den konkretisierenden Verwaltungsvorschriften eher verkürzt zum Ausdruck. Das Netzwerk dieser Bewertungen und Entscheidungen ist unerläßlich, es kann nicht insgesamt in das Gesetz hinaufgezogen werden. Zweifelhaft erscheint mir aber auch Ihre Vorstellung, Herr *Murswiek*, einzelne konkrete Teile aus diesem Geflecht, etwa die Festlegung einzelner Grenzwerte, aus dem Zusammenhang zu isolieren und sie punktuell im Gesetz zu regeln.

Viertens möchte ich den schon vielfach zitierten Verfahrens- und Organisationsregeln noch einige kurze Worte widmen. Es ist in diesem Bereich vieles gut und besser zu machen. Und wenn man dies tut, etwa die Zusammensetzung der Gremien und die Transparenz des Verfahrens regelt, dann ist Wichtiges verbessert. Leitlinie muß dabei sein, die Doktrin des Bundesverwaltungsgerichts zu den normkonkretisierenden Verwaltungsvorschriften konsequent zu Ende zu bringen. Das Gericht spricht von *Verwaltungs*vorschriften, von der Verantwortung der Exekutive. Ehe man sich der zweiten Frage zuwendet, die Regelwerke nach oben ins Gesetz zu heben, sollte man die Vorfrage klären, wie diese Regelwerke zu Verwaltungsvorschriften werden, wo denn der Anteil der Verwaltung an diesen Regelwerken ist. Insoweit gibt es ein beträchtliches Spektrum der Möglichkeiten, beginnend mit der rein notariellen Funktion von Regierung oder Verwaltung bis zur eigenen Übernahmeentscheidung mit partieller Veränderung der Regelwerke. Zusammengenommen: Die Doktrin von den normkonkretisierenden Verwaltungsvorschriften führt in ihrer Konsequenz zu einem erheblichen Änderungsbedarf bei der Zusammensetzung mancher Gremien, bei den Verfahrensregelungen und insbesondere bei den notwendigen Vorschriften zur Transformation von privaten Regelwerken in öffentlich verantwortete Verwaltungsvorschriften.

Fünftens und abschließend: Welche Inhalte bleiben für das Gesetz, etwa über die Gentechnik? Unter anderem hat ein solches Gesetz über den Verfahrens- und Entscheidungstyp zu unterscheiden. Insoweit gibt es selbst bei dem traditionellen Institut des Verbots mit Erlaubnisvorbehalt einen beträchtlichen Spielraum. Herr *Murswiek* hat darauf hingewiesen und insbesondere die Risikoerforschungspflicht hervorgehoben, die gerade in der Situation der Unsicherheit und Ungewißheit besonders wichtig ist. Für den vom Gesetz zu regelnden spezifischen Entscheidungstyp in dieser Situation ist es dann auch kennzeichnend, daß die Genehmigung nicht den Schlußpunkt des Verfahrens bildet, sondern daß Berichtspflichten und die erwähnten mitlaufenden Risikoerforschungspflichten bestehen.

Vorsitzender: Vielen Dank, Herr *Wahl*. Wir kommen jetzt zu den Zwischenbemerkungen der drei Referenten, und zwar in umgekehrter Reihenfolge. Das Wort hat zunächst Herr *Murswiek*. Bitteschön.

Murswiek: Herr *Wahl*, Ihre Ausführungen kann ich im wesentlichen als Zustimmung verbuchen zu dem, was ich gesagt habe und als willkommene Ergänzung. Eine Zusatzbemerkung noch zur Frage: Warum brauchen wir ein Gentechnikgesetz? Nach einigem Zögern hat auch die chemische Industrie jetzt gesagt, daß ein Gentechnikgesetz, eine gesetzliche Regelung willkommen sei, weil das die Rechtsgrundlage sicherer macht und damit auch die Investitionsentscheidungen absichert, Rechtssicherheit für unternehmerische Entscheidungen schafft. Also, auch von seiten der Wirtschaft wird eine solche Regelung durchaus gewünscht.

Herr *Badura*, Sie hatten am Anfang die Auffassung vertreten, daß ich mich am Schluß meines Referates angenähert hätte an minimalstaatliche Vorstellungen. Das sehe ich selber überhaupt nicht so, sondern was ich am Schluß besprochen habe, waren Grenzen, die jedem Staat oder überhaupt der menschlichen Steuerungsfähigkeit als solcher gesetzt sind, also an denen auch ein Maximalstaat nicht vorbeikäme. Um Ihnen in Erinnerung zu rufen, was ich sonst gesagt habe zur staatlichen Verantwortung in unserem Zusammenhang, nur ein paar Stichworte, aus denen Sie sehen, daß mein Konzept keineswegs minimalistisch ist, sondern weit über das hinausgeht, was die klassische Gefahrenabwehr darstellt: Natürlich steht im Zentrum auch des technischen Sicherheitsrechts Gefahrenabwehr; das technische Sicherheitsrecht ist ausdifferenziertes Gefahrenabwehrrecht im Kern. Dazu kommt aber Risikovorsorge, die im Vorfeld der Gefahr oder der Gefährlichkeit eines technischen Systems einsetzt, und dann habe ich gefordert, was Herr *Wahl* eben auch ausgeführt hat, projektbegleitende oder parallel zu Einzelvorhaben organisierte Forschung, auch unter staatlicher Anleitung, oder als Verpflichtung, die der Gesetzgeber den Risikoverursachern auferlegt. Schließlich das, was in der These 15 angedeutet ist, ein projektübergreifendes Risikomanagement, das auch weit hinausreicht über minimalstaatliche Vorstellungen. — Herr *Bullinger*, mich freut es sehr, daß Sie in dieselbe Kerbe hauen. Ich kann aber nicht für Ihre Arbeit jetzt weitere Anregungen entwickeln; das würde ein neues Referat werden.

Herr *Häberle* hatte zu Vorgaben aus der Verfassung gesprochen. Ich kann auf diese rechtsvergleichenden Ideen und Anregungen nicht näher eingehen, möchte aber auf einen ganz interessanten Punkt hinweisen, der für unsere Praxis des technischen Sicherheitsrechts ganz wichtig ist: Das Steuerungsdefizit, von dem auch mehrere Diskussionsredner gesprochen haben, das aus der Blanketthaftigkeit der Sicherheitsstandards des technischen Sicherheitsrechts resultiert, hat dazu geführt, daß die Verwaltung bei der Entscheidung über Einzelprojekte weitgehend unmittelbar sich an der Verfassung orientieren muß als Entscheidungsmaßstab, weil das einfache Gesetz nichts hergibt. Was ist denn Entscheidungsmaßstab, wenn wir keine normkonkretisierende Rechtsverordnung haben, sondern allein auf § 7 Abs. 2 Nr. 3 AtomG oder ähnliche Standards angewiesen sind? Dann geht es doch letztlich nur um Rechtsgüterabwägung, Anwendung des Verhältnismäßigkeitsgrundsatzes, der hier einen Ausgleich schaffen soll zwischen den Grundrechten des Projektträgers, des Unternehmers auf der einen Seite, den Grundrechten der Betroffenen auf der anderen Seite. Wie problematisch das ist, brauche ich hier nicht auszuführen. Herr *Ossenbühl* hat in etlichen Beiträgen m. E. sehr überzeugend darauf hingewiesen, daß auch das Grundgesetz uns letztlich nicht sehr viel weiterhilft, weil es ja gerade darauf ankommt dann, die Maßstäbe zu setzen, wie die unterschiedlichen grundrechtlich betroffenen Interessen letztlich zu gewichten sind, insbesondere dort, wo es nicht nur um Individualrisiken geht, sondern um das Bevölkerungsrisiko. Auf einen Punkt aber, der sich auf die Grundrechtsposition der Unternehmer bezieht, möchte ich noch eingehen: Herr *Schmidt-Aßmann* hat ihn genannt. Er hat gesagt, es müsse wohl differenziert werden zwischen Forschung und gewerblicher Anwendung. Dem ist im Prinzip zuzustimmen. Der Entwurf des Gentechnik-Gesetzes macht es auch so, die Anforderungen an die Genehmigung von Forschungsanlagen sind weniger intensiv ausgeprägt als die für gewerbliche Anlagen. Ich möchte aber doch auch zu bedenken geben, daß es gerade im Bereich der Gentechnik und andere Großforschungseinrichtungen so ist, daß wir eine strenge Trennung zwischen Forschung und Anwendung heute gar nicht mehr durchführen können, jedenfalls in ganz wesentlichen Bereichen. Die Forschung findet zum großen Teil statt in Industrieeinrichtungen, die von vornherein anwendungsorientiert sind; dort mündet die Grundlagenforschung unmittelbar ein in gewerbliche Anwendung. Das dürfte es u. U. schwermachen, in Einzelfällen eine klare Trennlinie zu ziehen. — Was die Berücksichtigung von Grundrechtspositionen angeht, ist das Hauptproblem m. E. aber folgendes: Wir haben von der Grundidee her eine klare Abgrenzungslinie, an der wir sagen können, soviel Einschränkungen muß sich der Risikoverursacher, der Unternehmer, auf jeden Fall gefallen lassen. Das ist der Begriff der Gefahr, der im technischen Sicherheitsrecht nach wie vor eine zentrale Funktion übernimmt, indem er nämlich eine relationale Zuordnung der unterschiedlichen betroffenen Grundrechtspositionen vornimmt mit der berühmten je-desto-Formel: je größer das potentielle Schadensausmaß, desto geringer die Eintrittswahrscheinlichkeit, die man rechtlich noch hinnehmen kann. Diese Zurordnung zu konkretisieren, gerade im Hinblick auf Großrisiken wie sie in Atomkraftwerken beispielsweise verkörpert sind mit einem immensen Schadenspotential, mit der Möglichkeit nationaler Katastrophen, das ist die juristische Aufgabe, und hier fehlt es weitgehend an normativen Vorgaben des Gesetzgebers. Wir brauchen hier also Normen, die diese Grenze näher einfassen. Nun hat Herr *Thieme* darauf hingewiesen, daß wir nicht die gesamte technische Normung dem Staat übertragen können, das könne der Staat gar nicht bewältigen, wir sollten froh sein, daß das Deutsche Institut für Normung, der VDE, der VDI und die anderen Normungsorganisationen uns einen großenTeil der Arbeit abnehmen. Ich meine, dem müssen wir zustimmen. Man sollte nicht zu pauschalierend über technische Normen reden, sondern differenzieren, um welche technischen Standards es geht. Der größte Teil von privaten Normungsorganisationen erzeugter Normen regelt ja gar nicht die zentralen Sicherheitsstandards, über die wir hier heute geredet haben, sondern es gibt andere Arten technischer Normen, über die es überhaupt keinen Streit gibt, keinen öffentlichen Streit jedenfalls. Selbst bei Sicherheitsstandards gibt es ja meistens keinen Streit. Man denke an die Anlagen nach § 24 Gewerbeordnung und die hier zu ergangenen Sicherheitsvorschriften. Ich habe noch nie in der Zeitung gelesen, daß gestritten würde über die Verwaltungsvorschriften oder die technischen Normen, die zur Konkretisierung der Rechtsverordnungen beispielsweise über Aufzugsanlagen oder Getränkeschankanlagen ergangen sind. Darüber besteht kein politischer Streit; das bisherige System hat sich unter diesem Aspekt jedenfalls bewährt. Da fällt uns die Rezeption dessen, was Sachverständige, was Techniker in ihren Organisationen als Normen beschlossen haben, viel leichter als dort, wo es um Kernkraftwerke geht und um ähnliche Risiken. Dort kommt es darauf an, daß das politische Entscheidungsproblem herausgearbeitet wird und dann auch von politisch zuständigen Organen entschieden wird, und diesbezüglich, meine ich, war der Hinweis von Herrn *Breuer* völlig richtig, daß die sogenannte Wesentlichkeitstheorie uns hier nicht zu einer befriedigenden Lösung verholfen hat, sondern daß im Gesetz oft nur das geregelt ist, was weniger wichtig erscheint und das wirklich Wesentliche dann in untergesetzlichen Vorschriften steht. Teilweise gibt es ganz groteske Mißverhältnisse, wenn man sich unter dem Wesentlichkeitsaspekt gesetzliche Inhalte ansieht. Ich will nur mal ein Beispiel nennen: Wir können dem Gesetz entnehmen, daß in einem Kernkraftwerk eine der Zahl der Beschäftigten entsprechende Anzahl von Toiletten eingebaut sein muß, während das Gesetz nichts darüber sagt, ob wir einen Berstschutz für einen Druckwasserreaktor benötigen oder ob etwa die Genehmigungsbehörde im Rahmen ihres Versagungsermessens auch berücksichtigen darf, ob eine alternative Energiequelle — etwa Kohlekraft oder Wasserkraft oder was sonst infrage kommt — mit weniger Risiken evtl. die gleiche Energiemenge erzeugen kann. Ja, ich sehe die Uhr und möchte damit schließen.

Vorsitzender: Vielen Dank, Herr *Murswiek*. Jetzt Herr *Schlink*.

Schlink: Ich bedanke mich zunächst für die zahlreichen Anregungen. Es versteht sich, daß in eine umfänglichere Behandlung des Gegenstandes besonders die europarechtliche und die internationalrechtliche Dimension zentral hineingehören. Das gilt für den Rundfunk, wo die Länderkompetenz nicht nur durch die neuen Netze, sondern auch durch die europarechtlichen Bestimmungen verarmt. Es gilt für Datenschutz und Datensicherung; die offenen Netze sind nicht nur deutsche, sondern auch europa- und weltweite Netze, und daher müssen Datenschutz und Datensicherung europa- und weltweit konzipiert werden. Die Anregungen zum Organisatorischen und zum Verhältnis zwischen Verrechtlichung und Informalisierung haben richtig darauf hingewiesen, daß die anstehenden Fragen in den spezifischen Bereichen verschieden aussehen und verschieden zu beantworten sind. Wenn verschiedentlich Skepsis gegenüber einer vermeintlichen Normierungsfreude meines Berichts geäußert wurde — auch die Frage des Normierungsbedarfs ist eine Frage, die von Technikbereich zu Technikbereich verschieden beantwortet werden muß. Das Informations- und Kommunikationsrecht ist ein relativ junges Recht und hat einen anderen Bedarf an gesetzlicher Normierung als andere, schon ältere und fester etablierte Technikrechte. Ähnliches gilt für die Gefahrenvorsorge im Sicherheitsbereich — ich rede jetzt vom Bereich der Polizei, nicht vom Technikbereich. Auch er gewinnt zunehmend Bedeutung, und zunehmend wenden sich ihm denn auch die Polizeigesetzgeber der Länder zu. Wesentlich bringt dabei die informationelle Unersättlichkeit, von der ich gesprochen habe, den Normierungsbedarf hervor. Wenn ein Polizeipraktiker wie der ehemalige Präsident des Bundeskriminalamtes sagt, das A und O der örtlichen kriminalpolizeilichen Arbeit sei ein mit griffelspitzerischer Sorgfalt geführtes Homosexuellenregister, dann mag das der Fall sein oder nicht sein. In seiner offensichtlichen Grundrechtsrelevanz zeigt dies, daß die Frage, welche Register geführt und welche Informationen dazu erhoben werden dürfen, nicht von Polizeibehörde zu Polizeibehörde verschieden, sondern nur vom Gesetzgeber einheitlich beantwortet werden kann.

Die Gesetzesvorbehalte und Genehmigungsvorbehalte haben Sie, Herr *Badura*, nochmals im Zusammenhang mit den Grundrechten angesprochen und mich gefragt, ob das Informationssystem der Gesellschaft denn unter Genehmigungsvorbehalt gestellt werden könne und wie sich das mit der grundrechtlichen Freiheit vertrage. Nicht die Inhalte des gesellschaftlichen Informationssystems sollen unter Genehmigungsvorbehalt gestellt werden, sondern die Fernmeldedienste, Endgeräte usw., deren sich das gesellschaftliche Informationssystem als seiner technischen Infrastruktur bedient und bedienen muß. Es soll dadurch gerade vor Gefahren geschützt werden, die ihm und seinen Teilnehmern drohen. Es handelt sich übrigens nicht um einen repressiven, sondern um einen präventiven Genehmigungsvorbehalt, und auch angesichts dessen sehe ich nicht, warum ein Genehmigungsvorbehalt für Fernmeldedienste, Informations- und -kommunikationssysteme an den Grundrechten scheitern sollte. Man mag sich fragen, wie effektiv er ist. Noch wird er lediglich gefordert, er wird erst allmählich ausgeformt und ausgearbeitet werden. *Da* bestehen seine Probleme, nicht bei den Grundrechten. Sie haben, Herr *Badura*, auch zur Relevanz des Gesetzesvorbehalts als Wesentlichkeitsvorbehalt für die Fernmeldenetze skeptisch nachgefragt. Ich habe gesagt, *wenn* der Gesetzgeber das Wesentliche zu regeln hat, hat er über die Fernmeldenetze zu entscheiden, und ich kann mir eine Grundrechtsdogmatik vorstellen, sogar nicht ohne Sympathie, die keinen Wesentlichkeitsvorbehalt hat, sondern allein den Eingriffsvorbehalt kennt. So ist die Welt aber nicht. Es gibt den Wesentlichkeitsvorbehalt. Und unter ihm ist die Frage, wie unsere Gesellschaft vernetzt und verkabelt wird und welches Gesicht unsere Informations- und Kommunikationskultur gewinnt, eine wesentliche. Herr *Häberle,* Sie fragen danach, wie die Gesellschaft aussieht, wenn der Staat sich mit der Informations- und Kommunikationstechnik identifiziert. Sie kann verschieden aussehen, je nachdem welche Informations- und Kommunikationssysteme, -vernetzungen und -verkabelungen der Staat einrichtet. Eben deswegen handelt es sich um eine so wesentliche Frage, daß der Gesetzgeber sie zu beantworten hat.

Herr *Bullinger* und Herr *Schmidt-Aßmann,* Sie hatten meine These 12 angesprochen. Die Zeit ist jetzt knapp; lassen Sie mich darauf am Schluß zu sprechen kommen.

Vorsitzender: Schönen Dank, Herr *Schlink*. Herr *Ipsen,* bitte.

Ipsen: Herzlichen Dank. Als eine zentrale Frage hat sich in der Diskussion die Leistungsfähigkeit des Rechts herausgestellt, und Herr *Badura* hat gleich zu Beginn gemeint, daß ich die Leistungsfähigkeit des Rechts zu hoch bewerte. Ich ringe noch in dieser Minute mit der Erkenntnis, wie hoch die Leistungsfähigkeit des Rechts denn einzuschätzen sei und würde mich freuen, wenn ich am Ende dieses Tages Klarheit über diese Frage gewonnen hätte. Ich glaube, das Problem läßt sich nur an Beispielen erläutern, und hier wäre ich in der Tat etwas optimistischer, als mir der Vorwurf des Normierungsoptimismus gestatten möchte. Die Frage ist nämlich nicht in erster Linie die, ob in Gesetzen Sicherheitsstandards enthalten sein können, sondern die Frage ist die, ob wir unser rechtsstaatliches Instrumentarium von Gesetz und Verordnung gebrauchen. Und mir scheint dadurch, daß der Blick vorwiegend auf die Verwaltungsvorschrift gerichtet ist, das klassische Instrument der Rechtsverordnung zu kurz zu kommen. Hier knüpfe ich auch an die von Herrn *Badura* aufgeworfene Frage an, ob die neuere Rechtsprechung des Bundesverwaltungsgerichts zu den sogenannten „normkonkretisierenden Verwaltungsvorschriften" zu akzeptieren sei. Ich glaube das in der Tat nicht, und zwar aus folgendem Grund: wenn die Verwaltung die überhaupt unterste Stufe der Normierung wählt, nämlich die Verwaltungsvorschrift, dann doch offenbar vor dem Hintergrund eines trial and error, weil man eben noch nicht sicher genug ist, sie in — gesetzliche Form scheidet aus, vollkommen klar — eine Rechtsverordnung zu gießen. Wenn nun aber das Bundesverwaltungsgericht, gewissermaßen unter Mißachtung dieser Intention, im Gegenzug die Verbindlichkeit der Verwaltungsvorschrift für die Gerichte postuliert, dann bekommt die Verwaltung etwas zurück, was sie gar nicht haben wollte, nämlich eine verbindliche Rechtsnorm, von der aber ja gerade Ausnahmen möglich sein sollten. Ich habe um Verzeihung zu bitten für die Abbreviaturen meines Vortrages, wir standen unter dem Diktat der knappen Zeit und des knappen Raumes. Ich habe mich aber nicht veranlaßt gesehen, eine Begründung für die Rechtsprechung des Bundesverwaltungsgerichts zu liefern, die das Gericht selber nicht geliefert hat, und würde weiterhin sagen — damit darf ich auch Herrn *Breuer* ansprechen —, daß das Instrument der Rechtsverordnung im gesamten Technologierecht in seiner Verwendbarkeit überhaupt noch nicht ausgelotet ist. Es ist ja ein wahrer Zufall, ob bestimmte Fragen durch Rechtsverordnung geregelt werden oder durch Verwaltungsvorschriften.

Ein kurzes Wort zu Herrn *Leisner,* der die Grundrechtsproblematik angerissen hat. Ich hatte allerdings den Eindruck, die Grundrechtspositionen doch immerhin erwähnt zu haben, würde aber — offenbar im Gegensatz zu Herrn *Schmidt-Aßmann* — meinen, daß wir uns in der Frage der Grundrechtsfähigkeit öffentlicher Unternehmen doch zu einer sehr klaren Auffassung durchringen sollten, daß nämlich überall dort, wo die öffentliche Hand bestimmenden Einfluß auf ein Unternehmen ausübt, dieses selbe Unternehmen sich in dem Bereich, den wir hier behandeln, nicht auf Grundrechte berufen kann. Insofern, und das war der Grund, weswegen ich dazu Stellung genommen habe, kann es sich auch im Technologierecht nicht um eine allgemeine Abwägung von Grundrechten — auf der einen Seite des Art. 12, auf der anderen des Art. 2 Abs. 2 — handeln. In manchen

Bereichen scheiden Grundrechtspositionen schlechthin aus, was nicht heißen will, daß Rechtspositionen nicht durch einfaches Recht – etwa durch das BImSchG – eingeräumt werden. Ich will damit also keineswegs die Rechtsstellung der Unternehmen aushöhlen, ich will bloß deutlich machen: es ist kein Grundrechtsabwägungsproblem.

Herr *Zacher,* ich bekenne mich einer Unterlassungssünde schuldig und stand bei Konzeption des Vortrags natürlich vor der Frage, ob ich die internationale Dimension noch mit einem Satz anreißen soll oder nicht. Ich habe mich durch die Fassung des Themas mit der Betonung des Verwaltungsrechts ermutigt gefühlt, mich zunächst auf den nationalen Bereich zu beschränken.

Zu Herrn *Schuppert* und der Frage der Steuerungsfähigkeit des Rechts: Was ich modisch an dieser Diskussion finde – und in der Tat haben Sie die pejorative Wendung nicht mißverstanden – ist, daß gewissermaßen en bloc die Steuerungsfähigkeit bejaht oder verneint wird. Ich glaube, darüber kann man nicht ernsthaft handeln. Die Frage ist, aus welchen Gründen sie zu verneinen ist, und Sie haben einige strukturelle Gründe genannt. Auf der anderen Seite hat das Recht überhaupt keinen Anlaß, sich aus der Großtechnik gewissermaßen zu verabschieden. Ich erinnere mich sehr wohl, daß eine Entscheidung des Bundesverfassungsgerichts – denken Sie an Kalkar, Mülheim-Kärlich – ganze Industrien zum Beben bringen kann, und ich meine, daß wir die rechtlichen Instrumente durchaus haben, um zu steuern, und zwar auch im Sicherheitsbereich zu steuern.

Eine Unterlassungssünde ist mir auch hinsichtlich der Forschungsförderung unterlaufen – Herr *Thieme* und Herr *Schmidt-Aßmann* haben darauf hingewiesen. Das liegt auf der Hand, und Sie dürfen sicher sein, daß ich Stunden auf die Frage verwandt habe, ob ich das nun mit aufnehme oder nicht. Das soll keine Entschuldigung sein, bloß hätte das Thema dadurch noch eine Schlagseite bekommen, die ich Ihnen im Interesse der Geschlossenheit der Darstellung ersparen wollte. Ich glaube aber, damit habe ich das Wesentliche gesagt.

Vorsitzender: Herzlichen Dank, Herr *Ipsen.* Wir kommen zur 2. Runde. Es liegen mir insgesamt noch 14 Wortmeldungen vor, davon acht zum Punkt 1. Wenn Sie meine „Steuerungsfähigkeit" nicht hoffnungslos überfordern wollten, dann würde ich mir sehr wünschen, daß es Ihnen gelingen möge, sich mit Ihrem Beitrag an die engen Grenzen von drei Minuten zu halten. Dann würden wir im Rahmen unseres Zeitbudgets bleiben. Das gilt freilich nicht für Herrn *Vogel* unter der Voraussetzung, daß er seine beiden Wortmeldungen jetzt gleich zusammenfaßt. Danach kommt dann Herr *Bryde.*

Vogel: Zur Frage der Verwaltungsvorschriften melde ich nur kurz meinen Widerspruch an und verweise auf die Würzburger Tagung von 1965. Zur Frage der Entscheidungsmaßstäbe unterstütze ich nachdrücklich die These 12 von Herrn *Murswiek,* die er ja eben noch etwas näher ausgeführt und differenziert hat. Ich halte es für sehr wichtig, daß die Abwägung zwischen dem Allgemeininteresse an der Entwicklung der Technik und den Interessen der einzelnen durch diese Entwicklung vielleicht Betroffener dem Gesetzgeber vorbehalten bleibt und nicht an Wissenschaft und Technik delegiert wird. Wie dann die grundsätzliche Entscheidung des Gesetzgebers in Einzelregelungen umgesetzt wird, darüber mag der Stand der Technik entscheiden, jedenfalls mitentscheiden. (Ein ähnliches Problem haben wir beim gesamtwirtschaftlichen Gleichgewicht im Art. 109 Abs. 2 GG, aber das nur am Rande.) Die Zustimmung zur These 12 schließt natürlich die zur These 13 ein. Hier möchte ich hinzufügen, daß ich es für unbedingt notwendig halte, die wirtschaftliche Entscheidung, ob, wo und wie investiert wird, von den Entscheidungen der Verwaltung bei der Kontrolle solcher Investitionen organisatorisch zu trennen. In dem Maße, in dem Politik und Verwaltung an der Entscheidung über Investitionen mitbeteiligt sind und sie mitverantworten, entstehen – ich will nicht sagen: „Komplizenschaften", aber das, was *Frido Wagener* „Fachbruderschaften" genannt hat: die Kontrollaufgaben der öffentlichen Hand und ihr Investitionsinteresse kollidieren, die Kontrolle wird dadurch geschwächt. (Denken Sie an Flughäfen oder an die Energiewirtschaft.) Man sollte hier also entschieden auf eine organisatorische Trennung drängen. Ich räume ein – Herr *Murswiek* hat das angedeutet, Herr *Brohm* hat es näher ausgeführt – daß oft die Verwaltung die notwendigen Erkenntnisse nur von Technikern und Wirtschaftlern bekommen kann, und in diesem Maße ist, denke ich, das Entstehen einer gewissen „Fachbruderschaft" unvermeidlich. Aber es bleibt doch wohl etwas anderes, ob die Verwaltung sich Informationen holt mit dem Ziel, die Wirtschaft *besser* zu konntrollieren, oder ob Verwaltung und Wirtschaft gemeinsame Ziele verfolgen.

Zu Herrn *Schlink* dann: ich habe Ihren Vortrag mit viel Zustimmung gehört. Was ich aber an einzelnen Stellen vermißt habe, sind präzise Unterscheidungen, wie wir sie sonst von Ihnen gewohnt sind. Ich denke da insbesondere an Ihre Darstellung der Gefahren, die sich aus der Entwicklung der Informationstechnologie ergeben könnten. Über bestimmte dieser Gefahren gibt es sicherlich einen breiten Konsens. Information gewährt Macht, öffentliche oder private, und daß diese Macht gefährlich ist und der Kontrolle bedarf, wer wollte das bestreiten? Aber nicht alles, was Sie als eine Gefährdung durch

Informationstechnologien angeführt haben, würde — denke ich — von allen hier so betrachtet werden. Wenn Sie in Ihrer These 3 davon sprechen, daß die Gesellschaft durch den Ausbau der Fernmeldenetze ihr kulturelles Gesicht wandeln könne, dann ist das sicher eine berechtigte Besorgnis, aber kann man solch einen Wandel verhindern, und sollte man ihn verhindern? Die Entwicklung der Informationstechnologie hat doch über die Jahrtausende hinweg immer wieder das kulturelle Gesicht der Menschheit verändert. Schon die Erfindung der Schrift: die Ethnologen beginnen gerade neuerdings erst wieder zu verstehen, welchen Verlust an mündlicher Kultur, an jahrtausendalten, zu Mythen verdichteten Erinnerungen, an der Fähigkeit, lange Epen zu memorieren, die Erfindung der Schrift zur Folge gehabt hat. Aber andererseits hat sie der Menschheit doch auch viel wünschenswertes Neues gebracht. Eine ähnlich einschneidende Erfindung war die der Buchdruckerkunst: denken Sie nicht nur an den Untergang der Buchschreibe- und Buchbebilderungskunst durch die Einführung des Buchdrucks, sondern auch an die plötzliche Überflutung der Gesellschaft des 16. Jahrhunderts mit Flugschriften, die die konfessionellen Bürgerkriege unerhört angeheizt haben. Man hat damals versucht, das Ganze durch staatliche Maßnahmen unter Kontrolle zu bringen. War das ein richtiger Weg und wäre es heute bei uns ein richtiger Weg? Auch das Telefon, die Schallplatte, die Tonbandkassetten haben das kulturelle Gesicht der Menschheit verändert. Hätte man das verhindern sollen? Mir scheint hier ist Ihre Wertung, Herr *Schlink*, doch stark durch eine Grundeinstellung bestimmt, die in Ihrer Schlußthese dann auch deutlich zum Ausdruck kommt. Ich stimme Ihnen zu darin, daß es manchmal sehr viel besser ist, nichts zu tun, als etwas zu tun, dessen Folgen man nicht absehen kann. Auf dem Gebiet der Schul- und der Hochschulpolitik hätte man sich Ende der sechziger Jahre sicherlich besser an diese Maxime halten sollen. Aber auch wenn wir vorsichtig sein sollten hinsichtlich dessen, was wir ungewollt bewirken, können wir doch nicht jede Veränderung sogleich als Gefahr betrachten — das würden Sie doch sicherlich auch nicht wollen?

Vorsitzender: Herr *Schlink* wollte ganz kurz mit einem Satz dazu Stellung nehmen. Bitte schön.

Schlink: Ich habe einen Satz konzediert bekommen. Schrift, Buchdruck, Flugblatt — hätten Sie gewollt, daß die Deutsche Bundespost über deren Einführung entscheidet? Das war der Punkt, um den es ging. Wie unsere Gesellschaft vernetzt und verkabelt wird, ist eine so wesentliche Sache, daß, wenn sie überhaupt zum Gegenstand einer

Entscheidung wird und sich nicht einfach von selbst entwickelt wie die Flugschrift, der Gesetzgeber berufener ist, sie zu entscheiden, als die Deutsche Bundespost.

Vorsitzender: Vielen Dank. Ich bitte nunmehr Herrn *Bryde* ums Wort, danach Herrn *Hufen*.

Bryde: Ich stimme Herrn *Murswiek* in vielen Thesen zu, z. B. darin, daß er uns in Thesen 13 und 14 darauf verweist, daß wir, wenn wir als Juristen in der Naturwissenschaft um Hilfe nachsuchen, dort meistens keine Fakten, sondern Dissens finden, und zwar interessengeleiteten Dissens. Weil ich ihm also in vielen zustimme, erlaube ich mir nachdrücklichen Widerspruch zu einer These, die nun ausgerechnet die ist, für die er den besonderen Beifall von Herrn *Isensee* gefunden hat, das ist die These 19. Es ist in der Tat ein Selbstverständlichkeit, daß in der Weltgesellschaft nationale Regelungen auf Steuerungsschwierigkeiten stoßen, wenn man nicht mitregeln kann, was außerhalb unserer Grenzen passiert; aber man sollte nun nicht aus diesen Steuerungsschwierigkeiten, wie Sie es zu tun scheinen, ein rechtliches Steuerungsverbot machen. Wenn ich die These 19 richtig verstehe, dann sind ihr Hintergrund die von Herrn *Leisner* vermißten Unternehmergrundrechte in Verbindung mit dem Verhältnismäßigkeitsprinzip, und die Argumentation ist dann ungefähr: Wenn wir etwas allein nicht regeln können, weil es eine internationale Dimension hat, dann dürfen wir es wegen des Verhältnismäßigkeitsprinzips überhaupt nicht regeln. Und da das für alle größeren Themen in unserem Bereich gilt, würden Sie dann doch, auch wenn Sie Herrn *Badura* widersprochen haben, über diese Brücke — Art. 12 plus Verhältnismäßigkeitsprinzip plus offene Grenze — zu einer Art „minimal state“ kommen. Ich glaube, daß das auf diesem Gebiet der völlig falsche Ansatz ist. Wenn etwas nicht alleine national geregelt werden kann, kann doch die Forderung nur die sein, es im internationalen Konzert zu versuchen, und so ein internationales Konzert bedeutet nicht nur internationale Verträge oder europarechtliche Richtlinien, sondern kann auch bedeuten, selbst anzufangen, die internationale Rechtspolitik durch eigenes Verhalten zu beeinflussen. Und dabei braucht dann nicht die Welt am deutschen Wesen genesen, schon deswegen nicht, weil nun unser Umweltrecht nicht unbedingt das beste auf der Welt ist. Aber eigene Maßnahmen sind auch dann berechtigt und scheitern nicht an Art. 12 und Verhältnismäßigkeitsprinzip, wenn internationale Grenzen bestehen.

Vorsitzender: Schönen Dank, Herr *Bryde*. Nunmehr Herr *Hufen*, danach Herr *Lerche*.

Hufen: Ich möchte zum Problemkreis: „Bewältigung laufender Risikoabschätzung" sprechen, den ja auch bereits Herr *Bullinger* angesprochen hat. Herr *Murswiek* hat in seiner These 15 sehr schön das „projektübergreifende Technologiefolgenmanagement" beschrieben und damit verdeutlicht, daß wir es heute – weit über einzelne Genehmigungen hinaus – mit dem Problem laufender und projektübergreifender Risikoabschätzung und -verteilung zu tun haben. Diese Risikoabschätzung und -verteilung läuft in der Praxis – Herr *Bullinger* wird das bei seiner Realanalyse sicherlich auch festgestellt haben – in sehr weitem Ausmaß über strafrechtliche und bußgeldrechtliche Verfahren. Die Verwaltung klärt hierbei in aller Regel die konkrete Risikozuordnung nicht mit den Instrumenten des Verwaltungsverfahrens oder auf andere Weise; es wird im Nachhinein erst festgestellt, welches Risiko der jeweilige Betroffene hatte, und was er hätte tun müssen, um einen konkreten Schaden nicht eintreten zu lassen. Nun ist man ja immer klüger, wenn man vom Rathaus kommt, und auch Strafrichter, Staatsanwälte und die Verwaltungsbehörde selbst wissen im Nachhinein sehr wohl, was hätte geschehen müssen, um den Eintritt des Schadens zu vermeiden. Der Betroffene, und zwar nicht nur der Betreiber einer Großanlage, sondern z.B. auch der Lebensmitteleinzelhändler, der das Pech hat, neben einer PER verwendenden chemischen Reinigung zu arbeiten, bekommt aber erst mit dem Bußgeldbescheid oder gar dem Strafbefehl bescheinigt, was seine Sorgfaltspflicht gewesen wäre. Hier bestehen für meine Begriffe erhebliche praktische und rechtsstaatliche Probleme der Risikoabschätzung und des Vertrauensschutzes, und hier ist die Priorität des Verwaltungsrechts gegenüber dem Nebenstrafrecht immer mehr gefordert. Das heißt nicht, einem Legalisierungsoptimismus zu frönen. Es heißt aber sehr wohl, daß in einem Rechtsstaat der einzelne Risikounterworfene einen Anspruch darauf hat, von irgendeiner Ebene, ob per Gesetz oder per Verwaltungsverfahren, zuverlässig zu erfahren, was er zu tun oder zu unterlassen hat, damit er nicht das erste Opfer des technischen Risikos wird, das sich im Ablauf seines Betriebes oder beim Kunden ergibt. Erfährt er den Inhalt seiner Sorgfaltspflicht oder öffentlich-rechtlicher Verkehrspflichten erst auf der Anklagebank, dann ist es jedenfalls – aus rechtsstaatlicher Sicht – zu spät. Vor diesem Hintergrund finde ich es bedenklich, daß Begriffe wie „Verkehrspflicht", „Sorgfaltspflicht", „Gefährdungshaftung" usw. primär immer noch als zivil- oder strafrechtliche Kategorien verstanden werden. Das allgemeine Verwaltungsrecht hat wenig dazu beigetragen, diese Begriffe auf ihre Verwendbarkeit und ihre Besonderheiten im Bereich des öffentlichen Rechts zu untersuchen. Wenn es richtig ist, daß der Staat heute immer mehr ein Präventionsstaat ist — der Begriff ist ja heute mehrfach gefallen —, wenn es ferner richtig ist, daß der Staat heute die Präventionen nicht mehr selbst betreibt, sondern auf Private verlagern muß, dann muß er auch ein rechtsstaatliches Verfahren und Maßstäbe zur Verfügung stellen, die es dem Einzelnen ersparen, erst durch den Staatsanwalt oder im Bußgeldverfahren Klarheit über die Inhalte seiner Risiken und den ihm obliegenden Teil der Bewältigung laufender Risikoabschätzung zu erlangen.

Vielen Dank.

Vorsitzender: Nach Herrn *Hufen* jetzt Herr *Lerche,* anschließend Herr *Battis.*

Lerche: Herr Vorsitzender, ich darf meinen Beitrag reduzieren auf eine aphoristische Bemerkung! Wenn wir eine Fiktion machen und uns vorstellen, daß der Vorstand nach Kenntnis der heutigen Diskussion das gestrige Thema zu formulieren hätte, dann hätte er es wahrscheinlich umgedreht und nicht gesagt: „Staatszwecke im Verfassungsstaat“, sondern: „Wie ist der Verfassungsstaat zu organisieren und fortzuentwickeln, um die heute wirklichen Staatszwecke zu bewältigen?“.

Meyer: Das spricht dafür, daß es sehr viel besser gewesen wäre, das Verwaltungsrechtsthema als Thema des 1. Tages zu wählen und das so allgemeine staatsrechtliche Thema für den 2. Tag zu reservieren!

Vorsitzender: Vielen Dank, Herr *Meyer,* für Ihre Regieassistenz. Jetzt bitte Herr *Battis,* danach Herr *Suhr.*

Battis: Herr Vorsitzender, verehrte Kolleginnen und Kollegen. Es ist schon verschiedentlich den Referenten tadelnd oder auch ermunternd vorgehalten worden, sie seien zu optimistisch, zu normierungsoptimistisch gewesen. Ich will zunächst mal feststellen, daß ich mit großem Staunen das Thema gelesen habe, daß da heißt „Die Bewältigung durch das Verwaltungsrecht“ ohne Fragezeichen, wenn auch ohne Rufzeichen, aber doch deutlich instrumental eingesetzt. Ich meine, daß diese Themenstellung, so wie sie ist, eigentlich eine eher positive Antwort suggeriert. Um so mehr habe ich mich gefreut, daß Herr *Murswiek* eine sehr differenzierte Antwort gegeben hat, der ich uneingeschränkt zustimmen möchte. Ich möchte das insbesondere für die Thesen 15 und 16 sagen, die differenziert und abgestuft die Grenzen des Verwaltungsrechts und damit auch die Selbstbescheidung von Juristen deutlich gemacht haben, ohne aber auf die Notwendigkeit eines klaren Ordnungsrechts, das gepaart wird mit einem auf Kooperation angelegten Verwaltungsrecht und Verwaltungsstil, zu verzichten.

Besonders wichtig wäre mir hier noch, und das klang bei Herrn *Bullinger* schon an, daß das Verwaltungsrecht doch nun in erster Linie das Recht — ich sage das mal so ungeschützt — das Recht der Verwaltung ist, das Recht, das sie zum Handeln befähigen soll. Es geht m. E. im Moment mehr darum, die Verwaltung instand zu setzen, den Aufgaben, die sich ihr stellen, gerecht zu werden, und weniger darum, das Verwaltungsrecht zu optimieren, denn insoweit fehlen uns weitgehend noch die Ziele und Durchsetzungsmöglichkeiten.

Wenn ich Verwaltung meine, dann meine ich die Linie, und ich meine nicht die Fachbruderschaften, die sich neu orientieren, das ist doch im Moment der große Prozeß in Brüssel, Bonn und landesweit, daß diese Fachbruderschaften, die bisher sich bund-/länderweise organisiert haben, sich neu formieren, sich auf neue Kooperationen einstellen, mit einer sich verändernden Klientel, einer Klientel, die ausgeprägte Rivalitäten untereinander sehr wohl kennt in einem Prozeß, in dem größere Aggregationseinheiten entstehen.

Erlauben Sie ganz kurz, Herr *Ipsen*, wenn Sie gesagt haben, „zentrale Rolle der Verwaltungsgerichte", also unter dieser Oberüberschrift, würde ich das nicht akzeptieren können. Die Verwaltungsgerichte in allen Ehren, sie haben zwar eine wichtige Kontrollpflicht, sie haben aber in diesem Prozeß keine zentrale Rolle. Sie haben vielmehr eine ergänzende Rolle und mehr sollte es auch nicht werden. Wyhl ist insofern ein Urteil in die richtige Richtung.

Noch kurz zu Herrn *Schlink*, die Rolle des nationalen Gesetzgebers angesichts des europäischen Einigungsprozesses ist mehrfach angesprochen worden. Ich meine nicht, daß wir jetzt sagen sollten, nun, wir haben immer noch nationales Recht zu exekutieren. Wenn Sie sich die Agenda des Rechtsausschusses des Bundestags ansehen, werden Sie feststellen, daß über 80 % der Normen, die zur Zeit im Bundestag verabschiedet werden und noch werden müssen bis Ende 92, durch EG-Richtlinien vorgegeben sind. Man kann dann sehr wohl fragen, wer ist hier der „wahre Gesetzgeber"? Das sind wieder Fachbruderschaften einer größeren, französisch geprägten, planifikationsgläubigen Verwaltung ohne ausreichende demokratische Kontrolle.

Wenn es geheißen hat, das Verbot mit Genehmigungsvorbehalt sei für die Einführung neuer Medien erforderlich, die Bundespost hingegen sollte nicht entscheiden, so möchte ich entgegnen, hat denn die Bundespost entschieden? In Wirklichkeit ist doch die Bundespost im Zugzwang gewesen, die Bundespost hat doch nicht freiwillig sich geöffnet. Sie befindet sich vielmehr in einem Prozeß, den sie in Japan haben, den sie in Großbritannien haben, den sie in USA haben; überall sind bestehende öffentlich-rechtliche oder monopolistische Strukturen verändert worden.

Zu Ihrer letzten These, Herr *Schlink,* These 12, wenn dieses Wirklichkeit würde, dann würden wir Juristen überall das werden, was wir in den Kommunen schon sind: abgedrängt als Verwalter der Prozeßakten, die aber bei der Gestaltung innerhalb der Verwaltung und in unserer Gesellschaft kaum beteiligt sind. Danke schön.

Vorsitzender: Schönen Dank, Herr *Battis.* Nunmehr Herr *Suhr,* danach Herr *Gusy.*

Suhr: Die Referenten des heutigen Tages haben uns in unserem Zustand des Nichtwissens bestärkt. Ich danke ihnen dafür, daß Sie jedenfalls in mir ein prickelndes Gefühl wachgerufen haben: Ich fühle mich in voller Fahrt des technischen Fortschritts ohne staatliche Bremsmöglichkeit auf die Nebelwand des Nichtwissens zurasen, und endlich kann ich deutsche Autofahrer verstehen.

Ich möchte dieses Bild des Nichtwissens in einem Punkt ergänzen: Herr *Murswiek* hat gesagt, auch das juristische Sicherheitssystem könne versagen. In der Tat müssen wir bekennen: Nicht nur Naturwissenschaftler, nicht nur Techniker, auch Juristen, ja sogar Mitglieder unserer Vereinigung, können sich irren! Da gibt es ein gewisses Risiko oder vielleicht auch nur Restrisiko der dogmatischen Fehlleistung. Dazu möchte ich ein Beispiel bringen: Ein erstes wäre etwa das „ökologische Existenzminimum". Aber darauf will ich heute nicht eingehen, sondern auf ein anderes systematisch eingehen: Wo ist die Gefahr der dogmatischen Fehlleistung am größten? Das ist dort der Fall, wo die Gefahr der Fehlerkenntis am größten ist, und die ist dort am größten, wo man mehr glaubt als weiß. Und da wir alle einen starken Fortschrittsglauben haben, ist die Gefahr einer dogmatischen Fehlleistung dort sehr groß, wo unser Fortschrittsglauben vorherrscht, und vor allem, wo dieser Glaube einmal durch irgendeine harte Wirklichkeit, die in Erscheinung tritt, erschüttert zu werden droht. Wo ist das nun der Fall? Wir hätten z. B. als harte Wirklichkeit zur Kenntnis zu nehmen und zu verarbeiten, daß es Waldschäden gibt, daß das Grundwasser verseucht ist, daß Arten sterben, daß also die natürliche Umwelt mit Großschäden, mit Mammutschäden bereits tief durchseucht ist. Polizeirechtlich ausgedrückt: ein eingetretener

Schaden, eine manifeste Störung, eine laufende Störung. Es ist also genau das passiert, was laut Bundesimmissionsschutz eigentlich nicht vorkommen dürfte; denn nach diesem Gesetz ist „sichergestellt", daß schädliche Umwelteinwirkungen ausgeschlossen sind. Und was machen wir denn nun? Da sind also viele manifeste Großschäden. Aber wir glauben fest an den technischen Fortschritt. Wie werden wir damit dogmatisch fertig? Antwort: verdrängen! Technik der Verdrängung: terminologischer Trick! Ergebnis: Selbstbetrug! Lassen Sie mich das erläutern: Der manifeste Großschaden ist da, die laufende Störung ist da. Wie reagieren wir? Wir lassen die Schädigung und die Störung weiterlaufen, wir machen uns aber vor, wir betrieben *sogar* Vorsorge: Wir machen uns vor, daß wir über die Risikoabwehr und Restrisikominimierung hinaus sogar gegen Risiken „vorsorgen" und daß daher ja nichts passieren kann. So betrügen wir uns selbst. Die Hörer meines Polizeirechts fragen mich z. B. später, wenn ich für sie Umweltrecht lese: „Sie haben uns doch erzählt, eine Störung sei eine eingetretene Gefahr, und jetzt, beim Bundesimmisionsschutzgesetz, behandeln Sie die eingetretene Gefahr und manifeste Großschäden pötzlich als Restrisiko und als Objekt gar der „Vorsorge". Wie reimt sich das zusammen? Und dann muß ich erwidern: „Ja, leider hat unsere Vereinigung das noch nicht geklärt."

Vorsitzender: Schönen Dank, Herr *Suhr*. Sie haben uns an die Grenzen auch unserer Wissenschaft und Selbsterkenntnisfähigkeit geführt. Herr *Gusy* wird das gewiß fortsetzen. Anschließend Herr *Pitschas*.

Gusy: Herr Vorsitzender, sehr verehrte Damen und Herren, nach diesem Ausflug in die Höhen der Philosophie möchte ich doch eigentlich versuchen, noch einmal sehr hart auf den Boden wirklich unangenehmer Details zu kommen. Dort steckt – nach meiner Auffassung – im Recht der Technik noch mehr an Problemen, als es in mancher Wesentlichkeitstheorie zum Ausdruck kommen mag. Daß hier bei dem Stichwort „Wesentlichkeit" das Thema „Steuerungsfähigkeit des Rechts" nicht hinweggedacht werden kann, zeigt einerseits die These 12 von Herrn *Ipsen* („Die Steuerungsfähigkeit des Rechts reicht aus") im Gegensatz zur These 4 von Herrn *Murswiek* („Die Steuerungsfähigkeit des Rechts reicht nicht aus"). Ich bin – und da muß ich eine leichte Nuance zu Herrn *Schuppert* anbringen – nicht ganz sicher, daß das allein damit zu tun hat, daß hier der eine die Großanlagen behandelt hat und der andere die Gentechnologie. Ich meine, daß diese Frage auch Konsequenzen hat, die übergreifend für beide Bereiche gelten können. Lassen Sie mich das ganz knapp erläutern an Ihrer These 11, Herr *Ipsen*. Die gesetzlichen Vorschriften werden durch die technischen Gremien usw. konkretisiert. Hier müssen wir uns doch fragen, worin diese Konkretisierungsleistung besteht. Diese Konkretisierungsleistung kann ja mindestens zwei Dimensionen haben: 1. eine formelle Dimension in dem Sinne „konkreter machen", und das geschieht dort ohne Zweifel. Zum anderen aber auch eine materielle Dimension im Sinne von „inhaltlicher Kongruenz herstellen" oder doch anstreben. Will sagen: das konkretere Werk muß mit dem abstrakteren inhaltlich kompatibel sein. Und wie sieht es nun im Recht der Technik damit aus? Wie sind hier eigentlich die rechtlichen Maßstäbe? Was geben die Rechtsnormen den technischen Gremien zur Konkretisierung vor? Das ist doch ziemlich wenig. Wenn sie auf den Stand der Technik verweisen, dann setzen sie voraus, daß ein solcher Stand der Technik bereits formuliert ist. Für die Formulierung des Standes der Technik durch technische Normungsgremien bringt ein solches Gesetz aber gar nichts; denn wo noch kein Stand vorhanden ist, läuft der Verweisungsbegriff leer. Konsequenz: echte normative Vorgaben sind eigentlich nicht vorhanden. Aber auch umgekehrt: Die privaten und sonstigen regelerstellenden Einrichtungen scheinen auf diese rechtlichen Vorbedingungen nicht furchtbar viel Rücksicht nehmen zu wollen. Der Bindungswille ist dort offenbar nicht besonders groß. Wenn wir in DIN 820 die Ziele der technischen Normung sehen, so tauchen dort sechs bis acht Ziele auf: von der Rationalisierungs- über die Qualitätssicherungs- bis zur Sicherheitsfunktion und ganz zum Schluß auch noch das geltende Recht. Konsequenz: Auch hier scheint man nicht der Auffassung zu sein, daß die rechtlichen Bindungen so erheblich seien. Den Gremien fehlt demnach der Rechtsbindungswille.

Zwei Sätze seien mir in diesem Zusammenhang zur These 7 von Herrn *Ipsen* gestattet; nämlich zu den vorhandenen rechtlichen Abwägungsmaßstäben. Die Risiken sollen danach so gering sein wie möglich. Ich bin mir nicht ganz sicher, ob mit dieser These — notwendige Abbreviaturen natürlich sofort konzediert — ganz das zum Ausdruck gebracht worden ist, was wir eigentlich wollen. Denn das würde ja — wenn man so will — auf ein Risikominimierungsgebot hinauslaufen. Und wir alle wissen: Die risikoloseste Technik ist die nicht vorhandene Technik. Konsequenz in diesem Falle: Wer Technik will, muß in jedem Falle Abwägungsentscheidungen treffen; und diese Abwägungsentscheidung bezieht eben nicht nur die technischen Risiken mit ein, sondern auch die anderen konkurrierenden Bedürfnisse wie etwa das ökonomische oder soziale Interesse an der Technik. Und da hilft uns dann Abwägung auf Verfassungsebene allein ziemlich wenig.

Danke sehr.

Vorsitzender: Schönen Dank, Herr *Gusy*. Jetzt bitte Herr *Pitschas*, danach Herr *Schachtschneider*.

Pitschas: Sehr verehrter Herr Vorsitzender, meine Damen und Herren!

Ich habe das Vergnügen, das erstemal vor der Vereinigung reden zu dürfen. So fasse ich mich auch sehr kurz, das sei versprochen, und rede zu drei zentralen Punkten. Der erste zentrale Punkt betrifft die Frage, ob — wenn wir schon ein neues Verwaltungsrecht brauchen — dies dann nicht ein Steuerungsrecht der Technik sein müßte. Wenn dem so ist, sollte es nach meiner Meinung ein prozeßorientiertes Verwaltungs-Steuerungsrecht sein. Dabei gehören die Folgen des Technikeinsatzes in einer steuerungs- bzw. entscheidungstheoretischen Perspektive an einer zentralen Stelle in diese Prozeßorientierung. Das wiederum betrifft die Thesen 15 und 16 von Herrn *Murswiek*, und ich erlaube mir, lieber Herr *Murswiek*, dazu eine Anregung: Zur These 15 empfinde ich es als Glück, daß Sie die Folgenorientierung so zentral betont haben — nur müssen wir nun versuchen, bei der Folgenorientierung Anschluß zu gewinnen im Übergang von der technischen Seite zur sozialen Seite. Denn Folgen sind nie ohne ihre soziale Dimension zu betrachten; insoweit wäre die These 15 doch noch zu verfeinern. Möglicherweise gerät man dann allerdings ganz plötzlich in einen Gegensatz zur These 16, wo Sie leider — meine ich und das bedauere ich sehr — die Frage herausgenommen habe, wie regele ich denn nun die unerwünschten Folgen. Sie sagen, wir dürften sie nicht regeln, den gesamten Prozeßablauf nicht steuern, weil wir dann zur Wirtschaftslenkung kämen. Ich halte dagegen, daß Steuerung sein muß: Denn es gibt auch einen sozialen Status bei den Grundrechten, und zu den Staatszwecken zählt auch das Sozialstaatsprinzip. Im Hinblick hierauf muß ich betrachten, was ich erreiche mit meinen Technikeinsätzen, -anwendungen, -inventionen. Der Pseudokrupp beispielsweise, den kleine Kinder in den Großstädten erleiden, den kann ich doch nicht mit einer Rente später beantworten, sondern ich muß von vornherein Technik sozialverträglich in den Folgen gestalten. Technikrecht ist mit anderen Worten — leider ist mein einer Lehrer, Herr *Zacher*, im Moment nicht hier — Sozialrecht, „soziales“ Recht.

Nun zum zweiten Punkt: Sicher ist bekannt, daß ein beträchtlicher Dissens zwischen mir, stellvertretend auch meinem Habilitationsvater, und Herrn *Schlink* in Fragen des Datenschutzrechts besteht. Herr *Schlink*, Sie haben dankenswerterweise die Positionen ganz fabelhaft herausgehoben. Wir brauchen uns daher nicht hier nicht zu streiten.

Ich glaube, wir vertreten im wesentlichen dieselbe Grundposition wie Sie, denn auch wir wollen Freiheit schützen und nicht den Leviathan im Informationsbereich berufen. Mir liegt daran, das hier einmal klarzustellen.

Wenn man also in dieser gemeinsamen Arbeit den Ausgangspunkt nimmt, dann dürfen wir nicht den Gesetzgeber, so finde ich, hypostasieren. Was erreichen wir dadurch? Möglicherweise doch das, was wir verhindern wollen, daß nämlich in dem Wust der Verrechtlichung — Sie kennen deren rechtssoziologische Konsequenzen ebenso wie ich, denke ich — die Kommunikation erstickt. Was aber ist Kommunikation? Ich finde leider, Sie haben in der These 1 und 2 weder auf den Begriff der Information noch den der Kommunikation abgehoben.

Ist Kommunikation, so erlaube ich mir nachzufragen und auch anzuregen, nachträglich dies zu vertiefen, ist Kommunikation nicht etwas, das rechtliche Regelungen gar nicht verträgt? Herr *Vogel* hat vorhin scherzhafterweise über informationenlenkende Schriftlichkeit geredet, und Sie haben dazu gesagt, die Bundespost sei eine Institution, die Sie nicht als Regelungsinstitution verstanden wissen wollen. Ich sage dazu weder das eine noch das andere, weil ich vor allem darauf bestehe, daß ich selbst bestimme, wer mich informiert und wie ich mit Informationen umgehe, nicht aber der Gesetzgeber.

Nun würden Sie vielleicht sagen: Ja, und die Verwaltung, Herr *Pitschas?* Sie heben doch die Verwaltung immer hervor. In der Tat, im modernen Staat — siehe die gestrige Diskussion mit ihren „Modernitätsdefiziten" — steht Kooperation mit der Verwaltung und mit dem Bürger im Vordergrund, und dies nach Maßgabe kooperativer Verantwortung. Solche Verwaltungsverantwortung ist nie Leviathan-Verantwortung; sie ist eine kooperative Veranwortung, sage ich dazu, und dann führt das in der Tat zu der Frage, wie organisieren wir diese Verantwortung. Da bin ich grundsätzlich anderer Meinung als Sie. Die Positionen sind bekannt.

Wenn aber diese kooperative Verantwortung organisiert werden *muß,* dann kann ich leider, Herr *Ipsen,* in meinem letzten Punkt Ihren Thesen Nr. 13 und Nr. 15 gar nicht zustimmen. Die These 13 spricht zwar von einer kooperativen Verwaltung, und Herr *Schuppert* war so liebenswürdig, die von Ihnen dann während des Referates geprägte Formulierung — Staat und Private als Zweck- und Risikogemeinschaft — in den Begriff der „Steuerungsgemeinschaft" zu transformieren, aber diese Steuerungsgemeinschaft muß man sich noch viel genauer ansehen! Versucht man es nach Maßgabe *kooperativer* Verantwortung, dann klingt das doch in der prozeßrechtlichen Perspektive des Verwaltungsrechts merkwürdig, wenn Sie zu These 15 formulieren, letztlich komme für den Bürger nichts weiter heraus als Teilhabe am Entscheidungsverfahren, nicht aber Teilhabe an der Entscheidung. Kooperative Verantwortung und Folgeneinbezug, ohne am Entscheiden mitwirken zu können und auch die Macht dazu in der Hand zu haben, das ist in meinem verwaltungswissenschaftlich geprägten Verwaltungsrechtsdenken etwas fraglich: Ich schlage deshalb vor, daß man noch einmal die Frage der Legitimation etwas mitbedenkt, und dann kommt man vielleicht dazu zu sagen, ein Stück Verantwortung ist auch für den einzelnen Bürger gegeben. Vielen Dank, Herr Schneider, das Sie mir noch Zeit gegeben haben.

Vorsitzender: Bitteschön, Herr *Pitschas,* vielen Dank für Ihren Beitrag. Nunmehr Herr *Schachtschneider,* danach Herr *Steinberg,* anschließend Herr *Bothe,* den ich um Entschuldigung bitten muß: In der Tat ist Ihr Zettel hier auf dem Tisch verlorengegangen. – Zunächst aber Herr *Schachtschneider.*

Schachtschneider: Ich möchte versuchen, in aller Kürze einen erkenntnistheoretischen Aspekt des Verwaltungsrechts der Technik anzusprechen. Die Pflicht zum effektiven Schadensausschluß wurde angesprochen, sie steht auch in den Gesetzen über die hochgefährlichen Großanlagen. Diese Schadensausschlußpflicht darf nicht dadurch relativiert werden, daß die Kenntnisnahme der Gefahren sich nach herkömmlichen polizeirechtlichen Kriterien vollzieht, wie es auch Herr *Murswiek* empfiehlt. Mittels der Begriffe Verhältnismäßigkeit, Zumutbarkeit, gemäß der Je-desto-Formel oder gar einer Machbarkeitsformel, aber auch durch das Abwägungsprinzip oder den Standard praktische Vernunft wird die Pflicht zum Schadensausschluß eingeschränkt. Darüber haben wir ja schon viel gesprochen und geschrieben. Die wissenschaftliche Technik kann nur in wissenschaftlicher Verwaltung bewältigt werden. Deswegen genügt das Erkenntnisverfahren von trial and error nicht. Im Bereich der Gefahren, um die es hier geht, ist der Irrtum nicht erlaubt. Ein Versuch verbietet sich, solange der Stand der Wissenschaft nicht befragt ist. Ich schlage vor, sich an der Popperschen Erkenntnistheorie zu orientieren und die Falsifikationsmethode heranzuziehen. Wenn die Theorie den Schadensausschluß feststellt, dürfen Verwaltung und Gericht Anlagen in den Betrieb gehen lassen. Mit dem Theorienstreit muß das Recht umgehen können. Wir müssen rechtliche Formeln für den Theorienstreit entwickeln. Mein Vorschlag dazu ist, daß die pessimistische Theorie für die Verwaltungsentscheidung zugrunde gelegt wird, also doch, im Gegensatz zu *Josef Isensee,* die Formel: In dubio pro securitate. Gerade dadurch wird der Richter vom Stand der Wissenschaft abhängig; denn er ist nicht in der Lage, wissenschaftlich zu entscheiden, was sicher ist. Dadurch wird spezifisch die Unternehmensfreiheit, die ja immer wieder angesprochen würde, verwirklicht; denn es gibt keine Freiheit zu Lasten anderer, zum Schaden der Allgemeinheit. Danke.

Vorsitzender: Schönen Dank, Herr *Schachtschneider,* auch für die wohltuende Kürze und Präzision. Jetzt Herr Steinberg, danach Herr *Bothe.*

Steinberg: Herr Vorsitzender, meine Damen und Herren, es ist in der Diskussion von einigen Rednern darauf hingewiesen worden, daß Voraussetzung für eine erfolgreiche Steuerung der Gegenstände, mit denen wir uns hier beschäftigen, auch andere Faktoren als das Verwaltungsrecht sind. Herr *Schmidt-Aßmann* hat auf das Problem der Organisation, ich denke, im Sinne von Aufbauorganisation, hingewiesen. Herr *Bullinger* hat Fragen des Verwaltungsmanagements im Sinne von Ablauforganisation erwähnt. Ich halte beide Gesichtspunkte für außerordentlich wichtig. Ich möchte noch auf eine andere Randbedingung hinweisen, auf die eine erfolgreiche Durchsetzung verwaltungsrechtlicher Regelungen angewiesen ist, und das ist das Problem des Konsenses und der Akzeptanz.

Am deutlichsten läßt sich das Problem erläutern am Beispiel der energiewirtschaftlichen Nutzung der Kernenergie. Es erscheint mir in unserer Industriegesellschaft, in der wir unbezweifelbar und unverzichtbar leben, kaum hinnehmbar, daß es hinsichtlich einer der Grundlagen dieser Gesellschaft, der ausreichenden Versorgung mit Energie, sozusagen ihres Herzstückes, an einem Mindestmaß an Übereinstimmung mangelt. Ich bin der Meinung, daß die Schaffung dieses Grundkonsenses eine Aufgabe ist, die das Verwaltungsrecht ebensowenig wie die Verwaltung leisten kann, auf die beide jedoch angewiesen sind. Eine noch so gute Dogmatik, etwa der Schadensvorsorge im Atomrecht, nützt der Verwaltung nichts, wenn das atomrechtliche Verwaltungsverfahren als Fortsetzung des politischen Kampfes mit anderen Mitteln verstanden wird.

Deshalb brauchen wir in diesen Fragen der Energieversorgung und des Atomrechts ebenso wie in anderen Technikbereichen eine auf Konsenserzielung, auf Akzeptanz gerichtete Politik. Es geht nicht an, und hier zitiere ich Herrn Bennigsen-Förder vor einigen Monaten, daß 51 % der Bevölkerung 49 % der Bevölkerung vorschreibt, mit welcher Art der Energieversorgung auch diese leben muß, wobei mir völlig gleichgültig ist, wer die 51 und wer die 49 % sind. In diesem Bereich erscheint mir das Erforderliche *sträflich* allen verbalen Bekundungen zur Notwendigkeit von Konsens zum Trotz versäumt worden zu sein. Der letzte, großangelegte Versuch, hier für Konsens zu sorgen, war die Enquête-Kommission „Zukünftige Kernenergiepolitik" des Deutschen Bundestages. Diese Kommission legte in ihrem Zwischenbericht 1980 einen großen Untersuchungskatalog vor, den die nachfolgenden Bundestage nicht oder nicht in ausreichender Weise aufgegriffen haben.

Die Referenten haben heute morgen auf die Notwendigkeit hinreichender gesetzlicher Steuerung hingewiesen. Ich will hier nicht auf diese Diskussion eingehen, ich meine nur eins: Auch dem Parlament, ganz gleich, in welchen Formen es tätig wird, kommt eine besondere Funktion bei der Konsensgewinnung zu. Und ich denke, vor allem Herr *Murswiek* hat eindrucksvoll gezeigt, daß möglicherweise neue Formen der parlamentarischen Bewältigung dieser Probleme notwendig sind. Man müßte angesichts neuer Probleme auch Phantasie für neue Formen parlamentarischer Steuerung entwickeln. Das muß nicht unbedingt das klassische Gesetz sein, wie es uns aus dem 19. Jahrhundert überkommen ist. Der Verlust des technisch-optimistischen Grundverständnisses, von dem Herr *Murswiek* gesprochen hat, stellt auch neue Anforderungen an die Verantwortung des Parlaments. Ich bin gewiß, daß wir zur Überwindung des tiefgreifenden Dissenses in diesen Fragen kommen müssen, wenn alle noch so gut gemeinten Verbesserungsvorschläge unserer normativen und administrativen Systeme nicht fehlschlagen sollen. Sollte dies nicht gelingen, so geraten wir möglicherweise in eine doppelte Gefahr: Entweder verliert unsere Industriegesellschaft ihre erforderliche Leistungsfähigkeit oder/und — möglicherweise tritt sogar beides ein — es führt das Fortbestehen des tiefgreifenden Dissenses zu einer Einbuße an Freiheitlichkeit. Ich glaube, beide Gefahren müssen wir ernst nehmen und mit beiden Gefahren müssen wir uns auseinandersetzen.

Vorsitzender: Vielen Dank, Herr *Steinberg*. Es liegen jetzt noch drei Wortmeldungen zum vorläufigen Rechtsschutz und anschließend die letzten beiden Wortmeldungen zu internationalen Perspektiven vor. Herr *Bothe*, wo würden Sie sich einordnen? — International —. Dann wird nach Ihnen Herr *Steiger* unsere heutige Diskussion abschließen.

Wir beginnen zum „vorläufigen Rechtsschutz" mit Herrn *Wieland*, dann Herr *Goerlich*. Bitteschön, Herr *Wieland*.

Wieland: Herr Vorsitzender, meine Damen und Herren, wenn das Verwaltungsrecht die wissenschaftlichen und technischen Entwicklungen bewältigen soll, dann muß sein Inhalt klar sein. Das Bedürfnis nach Rechtsklarheit besteht in diesem Bereich meiner Ansicht nach vor allen Dingen deshalb, weil in der Rechtswirklichkeit neue Probleme auftreten, die neue rechtliche Lösungen verlangen. Wie ist nun diese Rechtsklarheit zu erreichen? Hier möchte ich Herrn *Ipsen* zustimmen, der auf die Rolle der Gerichte hingewiesen hat, und insoweit Herrn *Battis* widersprechen. Wenn man sich nun aber die Verwirklichung des gerichtlichen Rechtsschutzes in dem hier besprochenen Bereich anschaut, dann stellt man tatsächlich das von Herrn *Ipsen* dargelegte Dilemma fest. In aller Regel ordnet die Behörde die sofortige Vollziehbarkeit an, und dann findet ein Verfahren des einstweiligen Rechtsschutzes statt. Ein Verfahren, das gerade die komplexen und sehr schwierigen Probleme, die hier in Rede stehen, oft nicht eindeutig kären kann. Es ist also notwendig, rechtzeitig Hauptsache-Entscheidungen herbeizuführen. Insoweit würde ich Herrn *Bullinger* ganz zustimmen. Es darf nicht zehn Jahre dauern, bis die letztinstanzliche Entscheidung gefallen ist. Dann ist die Entwicklung in der Wirklichkeit vonstatten gegangen, ohne daß das Verwaltungsrecht steuernd eingreifen konnte.

Ich möchte hier einen rechtsvergleichenden Hinweis geben. In den USA hat man in vergleichbaren Problemlagen zu dem Mittel gegriffen, daß der Gesetzgeber in solche Regelungen, die ganz offenbar auf gerichtliche Entscheidung hinausliefen, eine Aufforderung an die Gerichte zu einem beschleunigten Vorgehen aufgenommen, z. T. auch eine Instanz ausgelassen hat. Ich denke, auch wir könnten in Deutschland in diesen Fällen mit einer Tatsacheninstanz und einer Rechtsmittelinstanz auskommen; möglicherweise folgt dann bei uns das Bundesverfassungsgericht nach. Man könnte aber, genau wie das in den USA mit einigem Erfolg gehandhabt wird, die Gerichte vom Gesetz her anweisen, diese Verfahren vordringlich zu behandeln. Und wenn es in den USA möglich ist, daß eine Entscheidung des Supreme Court innerhalb eines Jahres herbeigeführt wird, dann sollte es auch bei uns möglich sein, innerhalb begrenzter Zeit eine verbindliche Gerichtsentscheidung zur Auslegung neuer Normen herbeizuführen, die es dann wiederum dem Verwaltungsrecht erlaubte, seine normative Kraft zu entfalten. Vielen Dank!

Vorsitzender: Schönen Dank, Herr *Wieland*. Nun Herr *Goerlich*, danach Herr *Ronellenfitsch*.

Goerlich: Im Grunde hat Herr *Wieland* einen Teil von dem, was ich sagen wollte, schon gesagt. Ich darf seinen Beitrag ergänzen. Die experimentelle Phase, die er wünscht, haben wir schon erreicht durch die letzte Änderung des Entlastungsgesetzes (Art. 2 § 9 eingef. durch

G. v. 4. 7. 1985, BGBl. I S. 1274). Sie führt eine Tatsacheninstanz gerade für Bereiche ein, die Herr *Ipsen* stark angesprochen hat. Zur Sinnfälligkeit dieses Experiments sollte man vielleicht erfahrene Anwälte beider Seiten in Großverfahren befragen. Sie kennen die Probleme der Abarbeitung des umfangreichen Streitstoffes, den die Verwaltung selten voll bewältigt. Hier ist jedenfalls schon weniger normiert als früher.

Auf der anderen Seite möchte ich Herrn *Ipsen* sehr danken, da er — wie Herr *Wieland* — nicht so rasch zu dauerhaften Veränderungen im Verwaltungsstreitverfahren greifen will. Herr *Ipsen* hat sich hier in einer ganz sensiblen Weise zurückhaltend gezeigt. Ich meine, das entspricht auch den Perspektiven des Bundesverwaltungsgerichts, Herr *Badura,* trotz der Werkschutz-Entscheidung u. a., die speziell das Atomrecht betreffen und für dieses Gebiet Aussagen zu normkonkretisierenden Verwaltungsvorschriften machen (vgl. BVerwG U. v. 19. 1. 1989 JZ 1989, S. 895 ff. = DVBl. 1989, S. 517 ff.; BVerwGE 72, 300, 315 ff.; sowie BVerwG B. v. 13. 7. 1989 — 7 B 188.88 —). Es liegt hier so, daß die Gerichte, wenn sie grundsätzliche Entscheidungen treffen, nicht immer schon implizieren, Bereiche endgültig so verstehen zu wollen. Vielmehr entscheiden sie bereichsspezifisch und stochastisch. Denn sie kommen in die schwierige Situation, Rechtsentwicklung sozusagen experimentell zu vollziehen — und dies in einer Rolle, die ihnen nicht normativ, Herr *Battis,* sondern faktisch zukommt, weil die Verwaltung die Gerichte in diese Rolle bringt — was auch Herr *Ipsen* sieht. Denn die Verwaltung will sich entlasten.

Dieses Verhalten der Verwaltung ist wiederum, wie heute ganz deutlich geworden ist, sehr verständlich. Denken Sie an das, was Herr *Breuer,* Herr *Wahl* und zuletzt Herr *Steinberg* gesagt haben. Denn die Verwaltung ist nicht gerüstet in diesen Bereichen. Und ich meine, daß die Analysen von Herrn *Ipsen* heute deswegen so verdienstvoll sind, weil sie nicht die Primärreaktion der letzten Jahre auf diese Problemlagen nur aufgegriffen und fortgeführt haben, etwa in dem Sinne einer Verkürzung des Verwaltungsstreitverfahrens, um gewissermaßen „dicht" zu machen. Vielmehr ist nun deutlich, daß es Sache der Verwaltung ist, mit diesen Problemen umzugehen und sie zu lösen. D. h., man sollte die Lückenbüßerrolle, in die die Gerichte oft gebracht werden, die sie aber gar nicht wollen, nicht zum Anlaß nehmen, gerade den Gerichten den Boden unter den Füßen zu entziehen. Das hilft der Sache nicht. Es kommt vielmehr darauf an, die Verwaltung in ihre Pflicht zu nehmen. Danke.

Vorsitzender: Schönen Dank, Herr *Goerlich.* Jetzt bitte Herr *Ronellenfitsch,* dann Herr *Bothe* und zum Schluß Herr *Steiger.*

Ronellenfitsch: Ich wollte eigentlich den Zeitfaktor allgemein ansprechen, fasse mich aber kurz und beschränke mich auf zwei Gesichtspunkte.

Zunächst zum Rechtsschutz. Das Leben ohne Technik ist allemal riskanter als jede Technik riskant sein kann. Deswegen kann die Lösung nicht in einer Verhinderungstaktik liegen, und deswegen muß auch der Rechtsschutz, wie beispielsweise Herr *Schmidt-Aßmann* ausführlich ausgeführt hat, immer ausgewogen sein. Es geht eben nicht, daß man sagt, wir brauchen nur Zeit zum Nachdenken und auf diese Weise regelt sich vieles von selbst, dann haben wir die Technik im Griff. Bei Herrn *Schlink* ist das angeklungen, fast mit einer gewissen Schadenfreude darüber, daß man Wackersdorf verstoßen hat und Wyhl aufgeben mußte. Die Konsequenz ist dankenswerterweise von Herrn *Murswiek* aufgezeigt worden: Dann bekommen wir eben die Anlagen in Frankreich, in Fessenheim, oder dann wird die Wiederaufarbeitung in Frankreich betrieben, in einem Land in dem der vorläufige Rechtsschutz nicht über den Suspensiveffekt läuft. Also müssen wir genauso gut berücksichtigen, daß eine Entscheidung rasch getroffen werden muß und auch kann.

Letzter Punkt zum Zeitfaktor beim Rechtsschutz: Ich finde, es ist keine Lösung, das gestufte Verfahren auszudehnen und stärker auszuprägen, und dabei die Entscheidungen so abzuschichten, daß Veränderungen nicht mehr möglich sind, wie das von Herrn *Ipsen* angedeutet wurde. Es muß auch möglich sein, bei Vorhaben in der Errichtungsphase neue technische Kenntnisse zu erwerben und später Betriebserkenntnisse zu erwerben. Dann darf man nicht eine festgezurrte Entscheidung haben. Vielmehr müssen die neuen Kenntnisse zurückwirken können auf die Regelungsgehalte der jeweils anstehenden Genehmigungsentscheidungen.

Noch einmal: Meine Befürchtung ist die, daß man versucht, über Blockadepolitik und Verzögerungspolitik, die technische Entwicklung zeitweise zu „bändigen", die Risiken den nächsten Generationen jetzt mal wirklich auf das Auge zu drücken, und daß man auf diese Art und Weise der Lösung keinen Schritt näherkommt. Allerdings, allzu skeptisch bin ich in diesem Zusammenhang nicht. Das wichtigste, was ich heute vernommen habe war die These 19 von Herrn *Murswiek,* die mich mit einer gewissen Beruhigung erfüllt. Wenn wir in der Bundesrepublik versuchen, allzu großes Unheil anzurichten, schadet das nichts; denn das Ausland wird schon dafür sorgen, daß die technische

Entwicklung ihren Fortgang erhält. Und dann bitte, da würde ich Herrn *Isensee* zustimmen, wird auch hier am deutschen Wesen die Welt nicht genesen. Wenn wir mit Vorreiterpositur in der Ausstiegsdogmatik (oder sonstwo) voranschreiten, wird das weltweit niemanden beeindrucken. Dann freilich werden wir — nicht nur das Verwaltungsrecht — nicht nur die Kontrolle über die Technik ganz verlieren, sondern überhaupt den Zugriff auf die Technik.

Vorsitzender: Dankeschön, Herr *Ronellenfitsch.* Jetzt endlich Herr *Bothe* und danach Herr *Steiger.*

Bothe: Das war eine hervorragende Einleitung zu dem, was ich zu sagen habe. Ich fühle mich erinnert an die bundesstaatliche Diskussion in den Vereinigten Staaten, als sich zu Beginn dieses Jahrhunderts verschiedene Staaten aus Konkurrenzgründen gehindert sahen, die Kinderarbeit zu verbieten. So wirkt Konkurrenz! Ich meine, es ist ein Armutszeugnis für die Problemlösungsfähigkeit unseres Staates und anderer Staaten auch, wenn die Außenpolitik da aufhört, wo die Konkurrenzsorgen der Wirtschaft anfangen! Unser Thema war — und ich möchte darum die Referenten in Schutz nehmen — die Rolle des Verwaltungsrechts bei der Bewältigung der Risiken der Technik, und nicht die Rolle der Außenpolitik. Gestern haben wir über den Staat im allgemeinen und seine Aufgaben gesprochen, aber wir haben Veranlassung, das jetzt wieder aufzunehmen. Es gibt hier in der Tat nicht nur eine Aufgabe für das innerstaatliche Verwaltungsrecht, sondern eine Aufgabe für Außenpolitik. Diese Aufgabe wird vielfach gesehen. Es ist sicherlich nicht so, daß in diesem Bereich die Welt am deutschen Wein genesen sollte, denn Gott-sei-Dank ist die Erkenntnis, daß die modernen Herausforderungen der Technologie einen Regelungsbedarf mit sich bringen, nicht nur in der Bundesrepublik vorhanden, sondern in weiten Bereichen der welt. Es gibt Umweltrechtstheoretiker in anderen Ländern, die uns auf diesem Gebiet sogar ein bißchen zurückgeblieben finden. Ein internationaler Entscheidungsdruck ist also sicherlich auch vorhanden. Es ist ein Politikbereich, dem wir uns nicht verschließen dürfen, der übrigens auch für unsere Industrie sehr viele Chancen bietet. Es ist ein Kompendium deutscher Umwelttechnologie in Arbeit, auch eine Art von Exportförderungsmöglichkeit. Wenn hier verschiedene Kritiker so viel Angst um die deutsche Industrie haben: die wird besser damit fertig, als sie glauben. Der Problemlösungsdruck gilt nicht nur für den vielfach angesprochenen Umweltschutz. Ich möchte noch einmal betonen, was Herr *Schlink* gesagt hat: Auch die Informationsgesellschaft ist eine internationale Gesellschaft, und die Gefahren oder Probleme, die hier bestehen, sind internationale Probleme. Dies alles hat auch auf dem Gebiet des Völkerrechts zu etwas geführt, was wir hier auch für das Verwaltungsrecht diskutieren, nämlich zu einem Überdenken der Regelungsmechanismen, der Formen, in denen politische Entscheidungen zu rechtlichen Regeln gemacht werden können. Dazu am Ende nur ein paar ganz kurze Bemerkungen: Es ist international — in allen Ländern — so, daß es gewachsene Regelungsstrukturen gibt. Das ist auch ganz gut so, nur haben die Probleme eine Komplexität erreicht, die uns dazu zwingt, einen Kassensturz unserer Regelungsmechanismen vorzunehmen und das Ganze stärker und neu zu systematisieren. Von mir aus unter Effizienzgesichtspunkten, ja aber was ist eigentlich in diesem Bereich Effizienz? Ich würde Effizienz nicht unkritisch mit der Geschwindigkeit der Entscheidung verwechseln wollen. Danke.

Vorsitzender: Schönen Dank, Herr *Bothe*. Zum Schluß nun Herr *Steiger*, bitteschön.

Steiger: Vielen Dank. Ich hatte gestern darauf hingewiesen, daß der Sicherheitszweck kein spezifisch staatlicher Zweck sei, sondern ein Zweck politischer Organisationen auf verschiedenen Ebenen, und mir scheint — und insofern stimme ich Herrn *Meyer* zu — das gerade heute deutlich geworden zu sein. Herr *Bryde* und Herr *Bothe* haben viel von dem, was ich zu Herrn *Isensee* und nun auch zu Herrn *Ronellenfitsch* hätte sagen wollen, vorweggenommen. Ich schließe mich dem voll an. Herr Vorsitzender, ich möchte auf einen anderen Punkt hinweisen, nämlich darauf, daß Wissenschaft und Industrie eine neue säkularisierte Weltgesellschaft konstituiert haben, und zwar hat das gerade zu dem Zeitpunkt begonnen, als die christliche aufhörte. Das hat zu Verflechtungen geführt, die dann sehr schnell auch zu den ersten internationalen Organisationen geführt haben, und zwar gerade im Kommunikationswesen. Diese internationalen Organisationen hatten ursprünglich fördernden und erleichternden Charakter. Sie haben inzwischen einen ganz anderen, nämlich regelnden, ja sogar kontrollierenden Charakter bekommen. Gerade auf dem genannten Sektor hat sich die internationale Organisation ja ausgedehnt. Ich glaube, wir sollen das auch nutzen. Zum einen entsteht aus dem Ausland Anstoß und Beispielhaftigkeit. Es ist auch insofern zu bemerken, daß die Umweltdiskussion nicht etwa in der Bundesrepublik losgegangen ist, sondern in Amerika, und wir gerade von Amerika her erhebliche Anstöße auf die eigene Entwicklung bekommen haben, selbst solche, die nicht unbedingt günstig zu beurteilen sind. Aber das internationale Wissen muß aufgenommen werden. Insofern ist die

Steuerungsfähigkeit des Verwaltungsrechts gerade vom Ausland her, d. h. gerade von der internationalen Verflechtung her m. E. positiv aufzunehmen. Der Stand der Wissenschaft und Technik wird auch daran sich wohl orientieren und nicht nur an dem, was in Deutschland vor sich geht. Meines Erachtens gehört aber auch dazu, daß gegenseitiger Schutz erforderlich ist in einer engverflochtenen Welt wie der unsrigen. Ich erinnere an die Frage des Waldes. Das führt natürlich auch zu einer Verwaltungsverflechtung, so scheint mir, auf zwei Ebenen, und zwar einmal inhaltlich bei der normativen Regelung. Darüber haben wir ja schon vieles gehört. Sicherheitsstandards usw. werden gerade ja von der EG entwickelt, aber wir haben solche auch in internationalen Abkommen. Aber — und das scheint mir noch viel interessanter zu sein — es führt auch zum anderen zu verfahrensmäßiger Verwaltungsverflechtung, nämlich durch Information, Konsultation, selbst der Bevölkerung, nicht nur der anderen Behörden in anderen Ländern. Das Bundesverwaltungsgericht hat sich dazu positiv geäußert. Auch das scheint mir für die Steuerungsfähigkeit des Verwaltungsrechts von erheblicher Bedeutung, daß wir diesen Aspekt stärker mit einbeziehen. Schließlich drittens kommt dazu nun inzwischen auch, jedenfalls auf regionaler Ebene, Kontrolle, jedenfalls im europäischen Bereich, so daß wir hier sogar einen Stand erreichen, der nun vielleicht nicht nur positiv zu betrachten ist. Wie überhaupt diese verwaltungsrechtliche Verflechtung, die sich in Europa, aber — glaube ich — auch international andeutet und noch gar nicht hinreichend erörtert und durchleuchtet worden ist, auch ihre Gefahren für den einzelnen Staat und seine Identität bedeutet. Herr *Tomuschat* hat das auf einer früheren Tagung im Hinblick auf die Verfassung und deren Abhängigkeit von internationalen Entwicklungen angedeutet. Daher noch einmal die Wiederholung meines gestrigen Plädoyers, doch nun deutlicher vielleicht die Aufgaben, Kompetenzen und auch die einzelnen Verfahrenszuordnungen auf den drei Ebenen staatlich, regional (europäisch), global zu gestalten. Damit könnte das Steuerungsvermögen erhöht werden. Eine ganz kurze Schlußbemerkung: Ich bin gegen den Begriff „Nebenfolgen". Da steckt eine Wertung drin. Welche Folgen positiv und welche negativ sind, sollten wir nicht mit diesem Begriff „Nebenfolgen" — das können nämlich sehr gut Hauptfolgen sein — abtun. Dankeschön.

Vorsitzender: Schönen Dank, Herr *Steiger*. Wir kommen jetzt zu den Schlußworten der Referenten und haben uns dabei für eine Mischung der Reihenfolge entschieden. Es beginnt Herr *Murswiek*, dann Herr *Ipsen* und ganz am Ende Herr *Schlink*. Bitteschön, Herr *Murswiek*.

Murswiek: Ich möchte mich zunächst ganz herzlich bei allen Diskussionsteilnehmern bedanken für die vielen Anregungen, die ich empfangen habe. Ich bitte um Nachsicht, daß ich aus Zeitgründen jetzt direkt antworte nur noch auf diejenigen, die mich direkt angegriffen haben. Das war zum einen Herr *Bryde,* der sich gegen meine These 19 gewandt hat. Ich habe mir die Formulierung der These 19 und auch das Beispiel, das ich im Vortrag gebracht habe, allerdings genau überlegt, und ich habe nicht gesagt, daß Technologieverbote oder -beschränkungen nicht in Betracht kämen, wenn das Problem, um das es geht, als Ganzes nur auf internationaler Ebene bewältigt werden könne, sondern ich habe gesagt, solche Maßnahmen kämen nicht in Betracht, wenn sie ihren Zweck nicht erreichen könnten, weil entsprechende Regulierungen im Ausland fehlen. Das heißt, daß diese These sich nur bezieht auf solche Sachverhalte, bei denen eine innerstaatliche Regelung überhaupt keinen positiven Effekt erzielen könnte. Ich meine damit aber nicht solche Konstellationen, in denen die nationale Regelung lediglich einen Teileffekt erzielen könnte, aber nicht das gesamte Problem bewältigen könnte, beispielsweise Schadstoffeinträge in die Nordsee. Natürlich können wir mit unserem nationalen Recht nicht die Nordsee sanieren; dennoch bleiben nationale Regelungen zur Verbesserung der Gewässersituation in der Bundesrepublik sinnvoll und notwendig. Nur müssen die zuständigen Staatsorgane einen größeren Spielraum haben, wenn es um das Gesamtziel „Sanierung der Nordsee" geht und eben berücksichtigt werden muß, daß auch aus anderen Ländern erhebliche Schadstoffeinträge kommen. Und dann ist es selbstverständlich auch meine Intention, daß man eine optimale Regelung auf internationaler Ebene anstreben muß. Ich unterstreiche alles, was von den völkerrechtlichen Kollegen dazu gesagt worden ist.

Der 2. Einwand, der mir entgegengehalten worden ist, war der von Herrn *Pitschas.* Er bezog sich auf das Verhältnis von These 15 zu These 16. Herr *Pitschas,* der Dissens beruht lediglich darauf, daß ich offenbar einen sehr viel engeren Begriff von Sozialfolgen habe als sie, denn mit Sozialfolgen meine ich nur all das, was nicht bereits in den Bereich des Rechtsgüterschutzes fällt. Was Sie angesprochen haben mit dem Pseudokrupp, fällt für mich in den Bereich des Rechtsgüterschutzes; es geht um den Schutz des Rechtsguts Gesundheit. Und Herr *Badura,* der offenbar meine Habilitationsschrift gelesen hat, könnte Ihnen auch sagen, daß ich diesbezüglich sehr weitgehende Vorstellungen habe und der Auffassung bin, daß es eine staatliche Verantwortung sogar für nachfolgende Generationen gibt, also für Langzeitrisiken. Das alles ist in meiner Konzeption drin, und ich glaube, vom Ergebnis her unterscheiden wir uns deshalb gar nicht.

Das waren die beiden Einwände. Und um es kurz zu machen, möchte ich zum Schluß nur noch auf eine Anregung eingehen, die Herr *Steinberg* gegeben hat. Herr *Steinberg,* Sie haben eine Sorge angesprochen, die ich vollkommen teile, nämlich, daß das Parlament als das Staatsorgan, das eigentlich zuständig dafür sein sollte, die Leitentscheidungen unserer Politik zu treffen, sich in der Technologiepolitik dieser Entscheidungsverantwortung weitgehend begeben hat. Wir müssen darüber nachdenken, wie wir dem Parlament hier, jedenfalls teilweise, eine Steuerungsfunktion zurückgeben können. Sie haben gesagt, wir müßten Phantasie entwickeln für neue Formen der parlamentarischen Gesetzgebung. Vielleicht darf ich zum Abschluß Ihre Phantasie in dieser Hinsicht etwas beflügeln, indem ich nicht eine Lösung des Problems, sondern eine — zunächst einmal ganz vorläufige — Lösungsidee Ihnen skizziere, und ich betone von vornherein, daß ich weiß, wieviele Probleme mit dieser Idee verbunden sind. Ich kann Ihnen diese Probleme nicht hier vortragen, geschweige denn Problemlösungen im einzelnen, aber die Idee möchte ich Ihnen doch kurz mitteilen. Gehen wir davon aus, daß das Regelungsdefizit, das wir auf gesetzlicher Ebene zu beklagen haben, zum großen Teil im technischen Recht nicht aus Verantwortungsscheu des Gesetzgebers resultiert, sondern strukturelle Ursachen hat: Zum einen kann das Problem der Dynamik, der Geschwindigkeiten der notwendigen Änderungen auf parlamentarischer Ebene nicht so gut bewältigt werden; zum anderen reicht auch die Problemlösungskapazität des Parlaments nicht aus, um die komplizierten technischen und wissenschaftlichen Fragen aufzuarbeiten, die aufgearbeitet werden müssen, wenn man etwa Sicherheitsstandards für Kernkraftwerke setzt. Dann hat natürlich die Verlagerung des Konkretisierungsprozesses auf die untergesetzliche Ebene und auch auf Sachverständigengremien usw. ihre sachliche Berechtigung. Nur, die Frage ist, muß es denn dabei bleiben, daß die wesentlichen Entscheidungen, die wirklich wesentlichen Entscheidungen, auf dieser untersten Ebene, vielleicht sogar auf außerstaatlicher Ebene getroffen werden? Gibt es nicht vielleicht Wege, Organisationsmodelle, um diese Entscheidungen wieder heraufzuholen? Können wir uns den Konkretisierungsprozeß wirklich nur so vorstellen, wie er jetzt läuft, vertikal vom Parlament runter bis hin zum DIN oder VDI oder irgendwelchen Expertengremien? Kann nicht der Konkretisierungsprozeß auch kreisförmig organisiert werden in der Weise etwa, daß der Gesetzgeber zunächst nur Generalklauseln in das Gesetz hineinschreibt, so wie wir sie jetzt haben, unbestimmte Standards, daß dann eine stufenweise Konkrektisierung auf untergesetzlicher Ebene stattfindet, die einmündet in die Setzung konkreter Standards durch Expertengremien, dann allerdings — so wie ich es versucht habe, im Vortrag anzudeuten — mit einer klaren Herausarbeitung von Wertungs- und Entscheidungsspielräumen, nach Möglichkeit versehen mit Alternativvorschlägen, die sich aus diesen Wertungsspielräumen ergeben, und daß dann ein solcher Normungsvorschlag dem Parlament wiedervorgelegt wird, so daß das Parlament in den Konkretisierungsprozeß, in den Prozeß der Konkretisierung seiner eigenen Normen wieder eingeschaltet wird und dann nicht das gesamte, höchst komplizierte technische Regelwerk verabschieden muß, aber die entscheidende politische Dezision über den Sicherheitsstandard zu treffen hat? Wie gesagt, ich weiß, daß sich viele komplexe Einzelprobleme hieraus ergeben, und ich weiß, daß dieser Vorschlag unter vielfältigen Aspekten angreifbar ist, aber was ich erreichen wollte, war, Herr *Steinberg*, Sie und alle anderen Kollegen anzuregen, darüber nachzudenken, denn mir scheint die Frage doch für unser parlamentarisches System von großer Bedeutung zu sein, ob das Parlament in fundamentalen Fragen für unser Gemeinwohl seine Leitentscheidungsfunktion zurückgewinnen kann.

Vorsitzender: Schönen Dank, Herr *Murswiek*. Jetzt Herr *Ipsen*, bitte.

Ipsen: Herzlichen Dank, Herr Vorsitzender. Meine Damen und Herren, ich möchte Ihre Geduld zum Schluß nicht noch übermäßig strapazieren und mich deshalb auf ein etwas allgemeineres Schlußwort beschränken. Ich darf um Nachsicht bitten bei den Herren Kollegen, die mich persönlich angesprochen haben. Ich bin der Überzeugung, daß so wie es ist, es nicht notwendig so ist, und es nicht notwendig so richtig ist. Insofern können wir auch im Bereich des technischen Sicherheitsrechts manches in Frage stellen und wir sind als Rechtswissenschaftler nach meiner Überzeugung dazu aufgefordert, in Frage zu stellen. Das technische Sicherheitsrecht stellt sich uns heute als eine Gemengelage sehr unterschiedlicher Schichten dar. Es ist keineswegs so, daß über dieser Gemengelage immer eine leitende Vernunft obgewaltet hat, und insofern habe ich geglaubt, den Versuch unternehmen zu sollen, bestimmte Defizite aufzuzeigen. Mit einem Wort: das technische Sicherheitsrecht ist selbst von großen Unsicherheiten gekennzeichnet. Wir sehen die traditionellen Steuerungsinstrumente, um die Risiken der Technik zu bewältigen, und diesen traditionellen Steuerungsinstrumenten entsprechen die traditionell rechtsstaatlichen Kontrollinstrumente. Ein Gesichtspunkt, den ich hier namentlich auf die Intervention von Herrn *Goerlich* noch anfügen möchte, ist der der Vorwirkung. Dieser Gesichtspunkt ist bisher nicht genannt worden. Die Rechtskontrolle durch die Gerichte ist ja nicht nur als nachträgliche Rechtskontrolle zu begreifen, sondern insbesondere in ihren Vorwirkungen auf das Verfahren. Dieses Phänomen der Vorwirkung hat mich zu der Auffassung veranlaßt, den Versuchungen einer Plausibilitätskontrolle oder dem unbestimmten Rechtsbegriff mit Beurteilungsspielraum nicht zu folgen, weil über diesen Mechanismus eine ganz wesentliche Funktion des Rechts, nämlich die Vorwirkung für andere Verfahren, verlorenginge. Die gerichtliche Kontrolle kann nur dadurch entlastet werden, daß mehr und detailliertere Normen, auf welcher Ebene auch immer, geschaffen werden. Ich habe vorhin schon erwähnt, daß ich die Rechtsverordnung hier als zentrale Normenkategorie betrachten würde. Ich würde – ohne zu lang werden zu wollen – zu bedenken geben, ob gegen eine Entscheidung des Bundesverfassungsgerichts, daß etwa die herkömmlich in Verwaltungsvorschriften enthaltenen Standards notwendig einer Rechtsverordnung bedürften, vom Standpunkt der Technik aus etwas einzuwenden wäre. Ich glaube, nicht. Gleichwohl möche ich mich dem gelegentlich erhobenen Appell an die Selbstbescheidung des Juristen nicht verschließen, aber Selbstbescheidung auf die rechtlichen und rechtsstaatlichen Instrumente, die dem Juristen zur Verfügung stehen. Es bleibt ungewiß, ob diese Kontrollinstrumente zu einer größeren Akzeptanz der Technik führen werden, bleibt aber zu hoffen. Schönen Dank.

Vorsitzender: Schönen Dank, auch an Sie, Herr *Ipsen*. Und nun zum guten Ende, Herr *Schlink*.

Schlink: Lassen Sie mich zum Schluß auf die Kritik an meiner These 12 eingehen. Wie Sie, Herr *Bullinger*, meine auch ich, daß die dynamische Entwicklung von Wissenschaft und Technik ein dynamisches Verwaltungsrecht verlangt, eines, das mit dem Zeitfaktor arbeitet, das überprüft, nachfaßt und nachbessert. Im Bereich der Informations- und Kommunikationstechnik, wo anders als in anderen Bereichen des Technikrechts nicht nur novelliert, sondern vielfach überhaupt erstmals geregelt wird, bieten sich dafür vielleicht sogar besonders günstige Möglichkeiten. Herr *Murswiek* hat hierzu soeben einen faszinierenden Vorschlag vorgetragen. An die Zustimmung möchte ich eine Erinnerung anschließen. Ich hatte von der katechontischen Funktion des Verwaltungsrechts als *einer* Funktion, als einer latenten Funktion, als einer Funktion, die am Rande des Verwaltungsrechts aufscheint, und als einer, die Art. 19 Abs. 4 nicht relativieren darf, gesprochen. Es wurde weithin anders genommen und verstanden –

deswegen war mir diese Erinnerung und ist mir die folgende Erläuterung wichtig. Herr *Bullinger*, Sie haben das Wort vom „Teufel der technischen Entwicklung" geprägt und mich gefragt, ob ich den Teufel durch Nichtstun aufhalten wollte. Vielleicht haben Sie auf die alte Interpretation des Katechon als des Aufhalters des Antichristen angespielt, die bei *Carl Schmitt* lebendig ist. Nein, ich halte die wissenschaftliche und technische Entwicklung nicht für den Antichristen. Ich meine, daß die katechontische Funktion – und so wird auch das Katechon im Zweiten Thessalonicher-Brief heute verstanden – in der Gegenwart Raum zum Nachdenken und Entscheiden schaffen soll, gegenüber apokalyptischen wie euphorischen Zukunftsvisionen, Raum zu bewußtem Gestalten, statt der Entwicklung hoffend oder bangend untätig zuzusehen. Diese katechontische Funktion hat natürlich nicht nur das Verwaltungsrecht. Lassen Sie mich aus dem Kontext meines Berichts ein anderes Beispiel nehmen. IBFN wird z. Zt. in der Planung und auch im Ausbau dadurch verlangsamt, daß die Post durch die Postreform nicht mehr so reich ist, wie sie war, als sie mit Planungen und dem Ausbau begonnen hat. Das gibt der Gesellschaft erstmals die Gelegenheit, sich dessen zu vergewärtigen, was da eigentlich passiert. Es ist doch so: Die wissenschaftlichen und technischen Entwicklungen laufen an, und erst, wenn sie schon angelaufen sind, wird die Gesellschaft auf sie aufmerksam und fängt an, darüber nachzudenken, ob sie sie will. Und wenn sie nachdenkt, aber die Entwicklung ungestüm weiterläuft, hinken ihre Entscheidungen immer hinterher. Ein Stück weit ist das unvermeidlich. Aber wenn etwas Katechontisches in diesem Prozeß passiert, dann hat es nicht nur eine disfunktionale Ineffizienz, sondern auch eine wichtige und glückliche Funktion. Nochmals: es ist nur *eine*, es ist eine latente und eine, die am Rand aufscheint und mit der Verfassung verträglich bleiben muß. Aber diese ist es. Wenn das meine Kritiker so nachdenklich machen könnte, wie mich ihre Kritik nachdenklich gemacht hat, würde ich mich freuen. Vielen Dank.

Heckel: Verehrte Anwesende, ich darf diese so ungewöhnlich anregende Arbeitstagung in Hannover schließen mit einem dreifachen Dank:

Erstens einem Dank an die Herren Referenten, deren Referate ja keineswegs in all den Besonderheiten und Anregungen hier ausgeschöpft worden sind in der Diskussion. Das gilt für alle, aber auch besonders für Ihr Referat, Herr *Schlink*. Ich finde es aber sehr schön, daß das katechontische Moment gegenüber den Ideen einer säkularisierten Apokalypse hier in den gemeinsamen Konsens der Staatsrechtslehrervereinigung eingegangen ist. Das ist mir eine tiefe Befriedigung als Kirchenrechtler. Vielleicht könnte das auch ein neuer Staatszweck werden.

Zweitens mit dem Dank an alle Diskussionsteilnehmer in der Vielfalt und in der Spannung ihrer Positionen, die diese Diskussion so spannend gemacht haben. Vielleicht ist das auch ein Grund, um auch in der Zukunft die Diskussion beieinanderzuhalten. (Beifall.)

Das scheint mir eine der großen Lehren des gestrigen und des heutigen Tages zu sein. Vielleicht hätten die Referate und auch die Diskussion den Zusammenhang der Themen des gestrigen Tages und des heutigen noch deutlicher hervortreten lassen können. Das war die Hoffnung des Vorstandes. Aber es ist das Los des Konkreten, so zu faszinieren, daß sich beide Themenbereiche ein wenig abgekoppelt haben. Die Verschlungenheit der Staatsziele und der Staatszwecke: der Wohlfahrt, die ja die Technik zu leisten hat, der Sicherheit und der Freiheit, wird hier paradigmatisch deutlich. Und ich glaube doch, daß es richtig gewesen ist, gestern mit dem Allgemeinen begonnen zu haben. Der philosophische Aspekt ist vielleicht etwas notleidend geworden in der Staatsrechtslehrervereinigung, und daß alle geborene Staatsphilosophen seien, wie gestern einander bescheinigt worden ist, ist, meine ich, ungewöhnlich kühn.

Ein drittes nun ist der Dank an die Mitarbeiter hier in Hannover, an Ihre Mitarbeiter, Herr Kollege *Schneider*, die für eine so reibungslose Abwicklung der Diskussion gesorgt haben mit einer straffen, zügigen Abwicklung. Der Dank richtet sich aber vor allem auch an die Kollegen der Hannoveraner Fakultät und ganz besonders an Sie, Herr *Schneider!* So werden uns diese beiden Tage in Erinnerung bleiben. (Beifall.)

Vogel: Bevor Sie jetzt in die Apokalypse des Wilhelm-Busch-Abends aufbrechen, erlauben Sie mir, für eine Minute auch meinerseits die Funktion eines Katechonten zu übernehmen, Sie also noch etwas aufzuhalten. Den Dank an die Organisatoren dieser Tagung hat schon der Herr Vorstandsvorsitzende ausgesprochen. Aber was uns allen ebenso am Herzen liegt, ist der Dank an unseren Vorstand und an dessen Vorsitzenden, Herrn *Heckel,* dafür, daß der Vorstand auch diese Tagung wiederum in so trefflicher Weise vorbereitet und durchgeführt hat. Sie haben Themen ausgewählt, die Gelegenheit gegeben haben zu lebhaftester, ja heftiger, dabei aber doch immer freundschaftlich bleibender Diskussion, zu weiten Ausgriffen, nicht nur in die Staatsphilosophie (hier haben wir von Herrn *Leisner* gelernt, daß wir in Wahrheit alle Staatsphilosophen sind), sondern selbst bis in die

Theologie, bis hin zum 2. Thessalonicher-Brief. Dafür, daß Sie diese Themen ausgewählt haben und daß Sie diese Tagung in so hervorragender Weise geleitet haben, möchte ich Ihnen als Sprecher aller Kollegen ganz herzlichen Dank sagen: Ihnen, Herr *Heckel,* und Ihren Vorstandskollegen mit Ihnen. (Beifall.)

Heckel: Der Vorstand ist bekanntlich nicht monokratisch zusammengesetzt, sondern aristokratisch, und so haben wir auch alles gemeinsam beraten und beschlossen. Ich darf Ihre Worte deshalb auch auf Herrn *Denninger* und vor allem auch auf Herrn *Starck,* der nicht hier ist, beziehen. Vielen Dank.

Verzeichnis der Redner

Verzeichnis der Mitglieder der Vereinigung der Deutschen Staatsrechtslehrer

Stand: 15. August 1990

Ehrenvorsitzender auf Lebenszeit:

Ipsen, Dr. Hans Peter, o. Professor,
Augustinum, App. 1142, 2410 Mölln, (0 45 42) 81 31 42,
Tel. in Lüneburg (0 41 31) 40 11 31

Vorstand

1. *Vogel,* Dr. Klaus, o. Professor,
Ottostr. 36, 8130 Starnberg, (0 81 51) 88 81;
Universität München, (089) 21 80 27 18
2. *Götz,* Dr. Volkmar, o. Professor,
Geismarlandstr. 17 a, 3400 Göttingen, (05 51) 4 31 19;
Universität (05 51) 39 73 91
3. *Papier,*Dr. Hans-Jürgen, o. Professor,
Neusiedler Weg 14, 4904 Enger, (0 52 24) 52 02;
Universität Bielefeld, (05 21) 1 06 43 98

Mitglieder

1. *Abelein,* Dr. Manfred, o. Professor,
Rheinweg 12, 5300 Bonn, (02 28) 2 56 92;
(Universität Regensburg)
2. *Adamovich,* Dr. Ludwig, o. Professor,
Roosevelt-Platz 4, A-1090 Wien, (02 22) 42 73 95;
dienstl., (02 22) 66 16 23 61
3. *Alexy,* Dr. Robert, o. Professor,
Klausbrooker Weg 122, 2300 Kiel (04 31) 54 97 42;
Universität Kiel (04 31) 8 80 35 43
4. *Antoniolli,* Dr. h. c. Walter, o. Universitätsprofessor,
Ottensteinstr. 35, A-2344 Maria Enzersdorf, (0 22 36) 45 09;
(Universität Wien)

5. *Armbruster,* Dr. Hubert, o. Professor,
An der Allee 69, 6500 Mainz, (0 61 31) 3 19 50;
Univ., (0 61 31) 39 23 84

6. *Arndt,* Dr. Hans-Wolfgang, o. Professor,
Waldstr. 34, 6730 Neustadt/Weinstraße (0 63 21) 3 33 85;
Universität Mannheim, (06 21) 2 92 51 95

7. *v. Arnim,* Dr. Hans Herbert, o. Professor,
Im Oberkämmerer 26, 6720 Speyer, (0 62 32) 9 81 23;
Hochschule Speyer, (0 62 32) 91 03 43

8. *Arnold,* Dr. Rainer, o. Professor,
Plattenweg 7, 8400 Regensburg (09 41) 7 44 65;
Universität (09 41) 9 43 26 54/5

9. *Autexier,* Dr. Christian, Professor,
Bayernstr. 12, 6600 Saarbrücken, (06 81) 6 51 17;
Univers. Saarbrücken, Lehrstuhl f. französisches öffentliches Recht, (06 81) 3 02 21 21

10. *Baade,* Dr. Hans W., Professor,
6002 Mountain Climb Drive, Austin/Texas, USA, 78 731
Tel. (512) 4 52 50 71 und 4 71 51 51

11. *Bachof,* Dr. Dr. h. c. Otto, o. Professor,
Auf dem Kreuz 3, 7400 Tübingen, (0 70 71) 6 11 44;
Univ., (0 70 71) 29 49 10 od. 29 25 49

12. *Badura,* Dr. Peter, o. Professor,
Am Rothenberg Süd 4, 8113 Kochel am See, (0 88 51) 52 89;
Universität München

13. *Barfuß,* Dr. iur. Dr. rer. pol. Walter, a. o. Universitätsprofessor,
Tuchlauben 13, A-1014 Wien, (02 22) 63 87 61

14. *Bartlsperger,* Dr. Richard, o. Professor,
Schleifweg 55, 8521 Uttenreuth, (0 91 31) 5 99 16;
Universität Erlangen, (0 91 31) 85 28 18

15. *Battis,* Dr. Ulrich, Professor,
Rummenohler Str. 91, 8500 Hagen, (0 23 55) 21 55;
Fernuniv., (0 23 31) 8 04 29 17

16. *Bayer,* Dr. Hermann-Wilfried, Professor,
Henkenbergstr. 45 a, 4630 Bochum, (02 34) 79 17 44;
Univ., (02 34) 7 00 57 24

17. *Becker,* Dr. Jürgen, apl. Professor (Univ. Freiburg),
Scheffelstr. 13, 6000 Frankfurt/M. 1, (0 69) 5 97 44 74;
Börsenverein des Deutschen Buchhandels e. V., Justitiar
Großer Hirschgraben 17–21, 6000 Frankfurt/M. 1,
(069) 1 30 63 13

18. *Berchthold,* Dr. Klaus, Universitätsdozent,
Bräunerstr. 4–6/22, A-1010 Wien, (02 22) 53 14 34

19. *Berg,* Dr. Wilfried, o. Professor,
Waldsteinring 25, 8580 Bayreuth, (09 21) 9 31 25;
Univ., (09 21) 55 28 76

20. *Berka,* Dr. Walter, Universitätsdozent,
Birkenweg 2, A-5400 Hallein, (0 62 45) 6 25 52;
dienstl.: Weiserstr. 22, A-5020 Salzburg, (06 62/8044) 36 04

21. *Bernhardt,* Dr. Rudolf, o. Professor,
Gustav-Kirchhoff-Str. 2 a, 6900 Heidelberg, (0 62 21) 4 36 99;
dienstl., (0 62 21) 4 82-1

22. *Bethge,* Dr. Herbert, o. Professor,
Am Seidenhof 10, 8390 Passau, (08 51) 4 16 97;
Univ., (08 51) 50 91 97

23. *Bettermann,* Dr. Dr. h. c. Karl-August, o. Professor,
Alte Landstr. 173, 2000 Hamburg 63, (0 40) 5 38 40 64;
Univ., (0 40) 41 23 45 57

24. *Beyerlin,* Dr. Ulrich, Privatdozent,
Luisenstr. 7, 6903 Neckargmünd;
Max-Planck-Institut für ausländ. Öffentl. Recht und
Völkerrecht,
Berliner Str. 48, 6900 Heidelberg, (0 62 21) 48 22 36

25. *Binder,* Dr. Bruno, Universitätsdozent,
Mozartstr. 1, A-4020 Linz, (07 32) 27 51 10
oder Wischerstr. 30, A-4020 Linz, (07 32) 23 99 26.
Univ. Linz, Altenbergerstr. 69, A-4040 Linz,
(07 32) 23 13 81-411

26. *Birk,* Dr. Dieter, o. Professor,
Borkumweg 43, 4400 Münster, (02 51) 21 84 21;
Universität, (02 51) 83 27 95

27. *Blankennagel,* Dr. Alexander, Professor,
Uhlandstr. 20 a, 8700 Würzburg, (09 31) 88 53 93;
Lehrstuhl für Öffentliches Recht und Ostrecht der Universität Würzburg, Domerschulstr. 16, 8700 Würzburg, (09 31) 3 11/ App. 331

28. *Bleckmann,* Dr. Dr. Albert, Universitätsprofessor,
Thomas-Morus-Weg 10 f, 4400 Münster, (02 51) 23 58 67;
Univ., (02 51) 83 20 21

29. *Blümel,* Dr. Willi, Professor,
Angelhofweg 65, 6916 Wilhelmsfeld, (0 62 20) 18 80;
Hochschule Speyer, (0 62 32) 9 10–3 62/3 60

30. *Blumenwitz,* Dr. Dieter, o. Professor,
Tannenstr. 2, 8011 Baldham, (0 81 06) 3 32 52;
Universität Würzburg, (09 31) 3 13 08

31. *Böckenförde,* Dr. iur. Dr. phil. Dr. h. c. Ernst-Wolfgang, o. Professor, Bundesverfassungsrichter,
Türkheimstr. 1, 7801 Au bei Freiburg, (07 61) 40 56 23;
Universität Freiburg, (07 61) 2 03 34 31

32. *Böckstiegel,* Dr. Karl-Heinz, Professor,
Parkstr. 38, 5060 Bergisch-Gladbach, 60 22 04) 6 62 68;
Universität Köln, (02 21) 4 70 23 37

33. *Bogs,* Dr. Harald, Professor,
Dresdener Str. 7, 3406 Bovenden, (05 51) 8 15 95;
Universität Göttingen, (05 51) 39 73 92

34. *Bothe,* Dr. Michael, Universitätsprofessor,
Theodor-Heuss-Str. 6, 6140 Bensheim, (06 251) 43 45;
Universität Frankfurt a. M. 1, (0 69) 7 98 22 64

35. *Breuer,* Dr. Rüdiger, Professor,
Heinrich-Brauns-Str. 4, 5500 Trier, (06 51) 2 14 78;
Universität, (06 51) 2 01 25 78

36. *Brohm,* Dr. Winfried, o. Professor,
Wydenmööslistr. 11, CH-8280 Kreuzlingen, (0 72) 75 15 25;
Universität Konstanz, (0 75 31) 88 21 69/76

37. *v. Brünneck,* Dr. Alexander, apl. Professor,
Blumenhagenstr. 5, 3000 Hannover 1, (05 11) 71 69 11;
Universität Hannover, (05 11) 4 73 82 28

38. *Brünner,* Dr. Christian, o. Professor,
Lange Gasse 31/VI/40, A-8010 Graz, (03 16) 4 45 18;
Universität, (03 16) 3 80 33 67

39. *Brugger,* Dr. Winfried, LL.M., Universitätsprofessor,
Säckinger Str. 17 b, 6800 Mannheim 61, (06 21) 48 13 10;
Universität Mannheim, Schloß, Westflügel,
6800 Mannheim 1, (06 21) 2 92 24 35

40. *Brunner,* Dr. Georg, o. Professor,
Belvederestr. 94, 5000 Köln 41, (02 21) 4 97 35 94;
Univ. Köln, Ubierring 53, 5000 Köln 1, (02 21) 31 51 10 u.
31 51 49

41. *Bryde,* Dr. Brun-Otto, Universitätsprofessor,
Stettiner Str. 10, 6301 Wettenberg-Wißmar, (0 64 06) 7 41 91;
Universität Gießen, Hein-Heckroth-Str. 5, 6300 Gießen,
(06 41) 7 02 50 15

42. *Bull,* Dr. Hans Peter, o. Professor,
Rehbenitzwinkel 39, 2300 Kiel 1, (04 31) 3 3 62 28;
Innenministerium des Landes Schleswig-Holstein,
Düsternbrooker Weg 92, 2300 Kiel 1,
(04 31) 5 96 30 00; Universität Hamburg

43. *Bullinger,* Dr. h. c./Univ. de Dijon, Martin, o. Professor,
Altschlößleweg 4, 7801 Au be Freiburg, (07 61) 40 23 89;
Universität Freiburg, (07 61) 2 03 35 16

44. *Burmeister,* Dr. Joachim, o. Professor,
Blücherstr. 37, 6670 St. Ingbert-Rohrbach, (0 68 94) 5 75 83;
Universität, (06 81) 3 02 21 28

45. *v. Campenhausen,* Dr. Frhr. Axel, Professor,
Oppenbornstr. 5, 3000 Hannover 71, (05 11) 52 81 74;
Kirchenrechtliches Institut der EKD,
Goßlenstr. 11, 3400 Göttingen, (05 51) 5 77 11

46. *Carstens,* Dr. Karl, o. Professor,
Dechant-Kreiten-Str. 43, 5309 Meckenheim, (0 22 25) 24 55

47. *Czybulka,* Dr. Detlev, Privatdozent,
Viktor-Scheffel-Str. 18, 8000 München 40 oder Schmiedberg 12,
8901 Baindlkirch/Gemeinde Ried, (0 89) 48 30 41 oder
(0 82 02) 6 29;
Universität Augsburg, (08 21) 59 84 43

48. *Dagtoglou,* Dr. Prodromos, o. Professor,
Hippokrates Str. 33, Athen 144/Griechenland,
Universität Athen, 00 30/3 62 90 65

49. *Degenhart,* Dr. Christoph, Professor,
Stormstr. 3, 8500 Nürnberg 20, (09 11) 59 24 62;
Universität Münster, (02 51) 83 98 03

50. *Delbrück,* Dr. Jost, Professor,
Schoolredder 20, 2300 Kiel-Altenholz, (04 31) 32 25 58;
Universität, (04 31) 8 80 21 49

51. *Denninger,* Dr. Erhard, Universitätsprofessor,
Am Wiesenhof 1, 6240 Königstein 3, (0 61 73) 7 89 88;
Universität Frankfurt, (0 69) 7 98 26 54

52. *Dicke,* Dr. Detlev Christian, o. Professor,
Chrüzhubel 16, CH-3178 Bösingen;
Universität Freiburg/Schweiz

53. *Dittmann,* Dr. Armin, o. Professor,
Karl-Brennenstuhl-Str. 11, 7400 Tübingen 9, (0 70 71) 8 24 56;
Universität Hohenheim-Schloß, Postfach 70 05 62,
7000 Stuttgart 70, (07 11) 4 59-27 91

54. *Doehring,* Dr. Karl,o. Professor,
Mühltalstr. 117/3, 6900 Heidelberg, (0 62 21) 4 58 80;
Universität, (0 62 21) 54 74 54

55. *Dörr,* Dr. Dieter, Professor,
Ohnhorststr. 66, 2000 Hamburg 52, (0 40) 82 17 91;
Universität, Institut für Internationale Angelegenheiten,
Rothenbaumchaussee 19–23, 2000 Hamburg 13, (0 40) 41 23 01/04

56. *Dolzer,* Dr. Dr. Rudolf, Professor,
Am Pferchelhang 4/1, 6900 Heidelberg, (0 62 21) 80 33 44;
Universität Mannheim, Postfach 10 34 62 6800 Mannheim 1,
(06 21) 2 92 56 07/56 31

57. *Dreier,* Dr. Horst, Privatdozent,
Am Hölzlein 68, 8700 Würzburg (09 31) 27 30 82;
Universität Würzburg, Domerschulstraße 16, 8700 Würzburg,
(09 31) 3 13 36

58. *Dreier,* Dr. Ralf, o. Professor,
Wilhelm-Weber-Str. 4, 3400 Göttingen, (05 51) 5 91 14;
Universität, (05 51) 39 73 84

59. *Dürig,* Dr. Günter, o. Professor,
Staufenstr. 9, 7400 Tübingen, (0 70 71) 8 25 08

60. *Eberle,* Dr. Carl-Eugen, Professor,
Kapellenstraße 68 a, 6200 Wiesbaden (0 61 21) 52 04 68;
ZDF, Postfach 4040, 6500 Mainz 1, (0 61 31) 70-41 00

61. *Ebsen,* Dr. Ingwer, Professor,
Schürbusch 41, 4400 Münster, (02 51) 7 18 09 88;
Universität Münster, (02 51) 83 27 18

62. *Ehlers,* Dr. Dirk, Professor,
Am Mühlenbach 14, 4403 Senden, (0 25 97) 84 15;
Westfälische Wilhelms-Universität, Institut für Wirtschaftsverwaltungsrecht, Universitätsstr. 14–16, 4400 Münster,
(02 51) 83 27 01

63. *Ehmke,* Dr. Horst, o. Professor,
Bundeshaus, 5300 Bonn 1, (02 28) 16 34 29 oder 16 48 34

64. *Eichenberger,* Dr. Dr. h. c. Kurt, o. Professor,
Bärenbrunnenweg 4, CH-4144 Arlesheim b. Basel,
(0 61) 7 01 33 86

65. *Erbel,* Dr. Günter, Professor,
Burbacher Str. 10, 5300 Bonn 1;
Universität, (02 28) 73 55 83

66. *Erbguth,* Dr. Wilfried, Professor,
Kellermannstr. 21, 4400 Münster, (02 51) 2 51 48;
Ruhr Universität Bochum, Juristische Fakultät,
Universitätsstr. 150, 4630 Bochum 1, (02 34) 7 00 52 52/62

67. *Erichsen,* Dr. Hans-Uwe, o. Professor,
Falkenhorst 17, 4400 Münster-Str. Mauritz, (02 51) 3 13 12;
Universität Münster, (02 51) 83 27 41

68. *Ermacora,* Dr. Felix, o. Universitätsprofessor,
Karl-Lueger-Ring, A-1010 Wien I, (02 22) 42 76 11;
Universität, (02 22) 43 00 31 45, Schottenbastei 10–16

69. *Faber,* Dr. Heiko, Professor,
Wunstorfer Str. 1, 3007 Gehrden 1, (0 51 08) 22 34;
Universität Hannover, (05 11) 4 73 82 06

70. *Fastenrath,* Dr. Ulrich, Universitätsprofessor,
Kyreinstr. 6, 8000 München 70;
Universität Köln, Gottfried-Keller-Str. 2, 5000 Köln 41,
(02 21) 4 70 38 34

71. *Fiedler,* Dr. Wilfried, o. Professor,
Auf dem Löbel 1, 6602 Saarbrücken-Dudweiler,
(0 68 97) 76 64 01; Universität (06 81) 3 02 32 00

72. *Fleiner-Gerster,* Dr. Dr. h. c. Thomas, o. Professor,
Le Riedelet 9, CH-1723 Marly FR (0 37) 46 12 61;
Institut für Föderalismus, Universität Freiburg i. Ue.,
Miséricorde, CH-1700 Freiburg, (0 37) 21 95 91

73. *Folz,* Dr. Hans-Ernst, Professor,
Bispinger Weg 11, 3000 Hannover 61,
(05 11) 57 57 19 u. 56 28 92;
Universität Hannover, Fachbereich Rechtswissenschaften,
Hanomagstr. 8, 3000 Hannover 91, (05 11) 4 49 82 48/49

74. *Frank,* Dr. Götz, Professor,
Friedrichstr. 52, 3257 Springe 1;
Universität Hannover, (05 11) 4 73 82 08/82 29

75. *Friauf,* Dr. Karl Heinrich, o. Professor,
Eichenhainallee 17, 5060 Bergisch-Gladbach 1,
(0 22 04) 6 19 84

76. *Fröhler,* Dr. Ludwig, o. Universitätsprofessor,
Altebergerstr. 39, A-4010 Linz-Urfahr

77. *Fromont,* Dr. Dr. h. c. Michel, Professor,
9, Impasse Henri Bouchard, F-21000 Dijon, (80) 57 41 65;
Universität, (80) 39 52 62

78. *Frotscher,* Dr. Werner, Universitätsprofessor,
Habichtstalgasse 32, 3550 Marburg/Lahn, (0 64 21) 3 29 61;
Universität, Universitätsstr. 6, (0 64 21) 28 31 22

79. *Frowein,* Dr. Jochen A., o. Professor,
Berliner Str. 48, 6900 Heidelberg 1;
dienstl., (62 21) 4 82-1

80. *Funk,* Dr. Bernd-Christian, o. Professor,
Schönbrunngasse 46 a, A-8010 Graz, (03 16) 3 10 82;
Universität, (03 16) 3 80 33 66, 33 68

81. *Gallent,* DDr. Kurt, Professor, Obersenatsrat i. R.;
Pestalozzistr. 1/III, A-8010 Graz, (03 16) 77 89 62;
dienstl. (03 16) 7 30 54

82. *Gallwas,* Dr. Hans-Ullrich, Professor,
Hans-Leipelt-Str. 16, 8000 München 40, (0 89) 32 83 66;
Universität, (0 89) 21 80 62

83. *Göldner,* Dr. Detlef, Privatdozent,
Wilhelmshavener Str. 20, 2300 Kiel, (04 31) 8 16 44

84. *Görg,* Dr. Hubert, o. Professor,
Altenheim Söllner-Stift, 5064 Rösrath, (0 22 05) 25 40

85. *Goerlich,* Dr. Helmut, apl. Professor,
Brillkamp 13, 2000 Hamburg 63, (0 40) 5 38 59 91;
dienstl., (0 40) 38 07-21 25

86. *Götz,* Dr. Volkmar, o. Professor,
Geismarlandstr. 17 a, 3400 Göttingen, (05 51) 4 31 19;
Universität, (05 51) 39 73 91

87. *Gornig,* Dr. Gilbert H., Privatdozent,
Liebhartstr. 36 b, 8400 Regensburg, (09 41) 7 43 30;
dienstl.: Universität Würzburg, (09 31) 3 13 08

88. *Grabitz,* Dr. Eberhard, o. Professor,
Cosimaplatz 2, 1000 Berlin 41, (0 30) 8 52 21 36;
Universität, (0 30) 8 38 49 49

89. *Gramlich,* Dr. Ludwig, Privatdozent,
Setzweg 13, 8702 Veitshöchheim, (09 31) 9 37 40;
Universität, (09 31) 3 13 34

90. *Grawert,* Dr. Rolf, o. Professor,
Aloysiusstr. 28, 4630 Bochum 1, (02 34) 47 36 92;
Universität, (02 34) 7 00 28 09

91. *Grewe,* Dr. Dr. h. c. Wilhelm G., o. Professor,
Zum Kleinen Ölberg 28, 5330 Königswinter 41 (Thomasberg),
(0 22 44) 68 74;
dienstl., (02 28) 21 41 60

92. *Griller,* Dr. Stefan, Univ. Dozent,
Hungerbergstr. 11–13, A-1190 Wien,
Universität Wien

93. *Grimm,* Dr. Dieter, o. Professor, Bundesverfassungsrichter,
Bundesverfassungsgericht, Postfach 1771,
7500 Karlsruhe 1, (07 21) 14 92 20;
Universität Bielefeld, (05 21) 1 06 44 05

94. *Grupp,* Dr. Klaus, Universitätsprofessor,
Ostpreußenring 6, 6830 Schwetzingen, (0 62 02) 17 193;
Universität Saarbrücken, (06 81) 3 02 35 08

95. *Gusy,* Dr. Christoph, Professor,
Maiglöckchenweg 17, 6500 Mainz
Universität Mainz, FB 03,
6500 Mainz, (0 61 31) 39 33 75

96. *Häberle,* Dr. Peter, o. Professor,
Universität Bayreuth, Universitätsstraße, Postfach 30 08,
8580 Bayreuth, (09 21) 55 29 47

97. *Häfelin,* Dr. Ulrich, o. Professor,
Müseliweg 1, CH-8049 Zürich, (01) 56 84 60

98. *Hänni,* Dr. Peter, Privatdozent,
Schützenmatt 11, CH-3280 Murten, (0 37) 71 58 15;
Universität Freiburg i. Ue., Miséricorde, (0 37) 21 95 92

99. *Hahn,* Dr. Dr. h. c. Hugo J., LL. M. (Harvard), o. Professor,
Frankenstr. 63, 8700 Würzburg 1, (09 31) 28 42 86;
Universität, (09 31) 3 13 10

100. *Hailbronner,* Dr. Kay, o. Professor,
Toggenbühl, CH-8557 Fruthwilen, (0 72) 64 19 46;
Universität Konstanz, (0 75 31) 88 22 47

101. *Haller,* Dr. Herbert, a. o. Universitätsprofessor,
Felix-Mottl-Str. 48 Haus 2, A-1190 Wien, (02 22) 3 41 72 14;
Universität, (02 22) 34 75 41

102. *Haller,* Dr. Walter, o. Professor,
Burgstr. 264, CH-8706 Meilen, (01) 9 23 10 14;
Universität Zürich, (01) 2 57 30 03

103. *Hangartner,* Dr. Yvo, o. Professor,
Am Gozenberg 2, CH-9202 Gossau, (0 71) 85 15 11

104. *Haverkate,* Dr. Görg, Universitätsprofessor,
Klingenweg 26, 6900 Heidelberg, (0 62 21) 80 05 81;
Universität Heidelberg, (0 62 21) 54 77 23

105. *Heckel,* Dr. Martin, o. Universitätsprofessor,
Lieschingstr. 3, 7400 Tübingen, (0 70 71) 6 14 27;
Universität, (0 70 71) 29 29 71

106. *Hendler,* Dr. Reinhard, Universitätsprofessor,
Im Baumgarten 8, 7750 Konstanz 16, (0 75 31) 44 609;
Universität Marburg, Universitätsstraße 6, 3550 Marburg/L.,
(0 64 21) 28 31 32 oder 28 38 08

107. *Hengstschläger,* Dr. Johann, o. Universitätsprofessor,
Auf der Halde 16, A-4020 Linz, (07 32) 28 10 81;
Universität, (07 32) 24 68/401

108. *Henke,* Dr. Wilhelm, o. Professor,
Hohe-Rott-Weg 2, 3407 Gleichen-Gr. Lengden, (0 55 08) 530

109. *Herdegen,* Dr. Matthias, Professor,
Rainweg 60, 6900 Heidelberg, (0 62 21) 80 47 15;
Universität Bonn, Inst. für Öffentliches Recht, Juridicum,
Adenauerallee 24–42, 5300 Bonn

110. *Herrmann,* Dr. Günter, Professor
Wankweg 13, 8959 Buching/Allgäu, (0 83 68) 16 96

111. *Herzog,* Dr. Roman, Professor,
Präsident des Bundesverfassungsgerichts,
Schloßbezirk 3, Postfach 17 71, 7500 Karlsruhe 1,
(07 21) 14 92 12; privat: (0 72 47) 2 26 28

112. *Hesse,* Dr. Dr. h. c. Dr. h. c. Konrad, o. Professor,
Schloßweg 29, 7802 Merzhausen, (07 61) 40 38 11;
Universität Freiburg, (07 61) 2 03 35 14

113. *Hettlage,* Dr. Karl-Maria, o. Professor,
Friedrich-Ebert-Str. 83, 5300 Bonn-Bad Godesberg,
(02 28) 36 42 61

114. *Heun,* Dr. Werner, Privatdozent,
Von-Weichs-Str. 15, 5300 Bonn 1, (02 28) 61 28 86;
Universität Bonn, Adenauerallee 24–42m 5300 Bonn 1,
(02 28) 73 91 24

115. *Frhr. v. d. Heydte,* Dr. jur., Dr. rer. pol. Friedrich-August,
o. Professor,
Hagschneiderweg 1, 8311 Aham-Vils, (0 87 44) 10 64

116. *Heyen,* Dr. Erk Volkmar, apl. Professor,
Maxburgstr. 25, 6730 Neustadt/Weinstraße, (0 63 21) 79 83;
Hochschule Speyer, (0 62 32) 91 03 46

117. *Hilf,* Dr. Meinhard, Universitätsprofessor,
Schelpsheide 12, 4800 Bielefeld 1, (05 21) 88 92 82;
Universität, (05 21) 1 06-44 22

118. *Hill,* Dr. Hermann, Professor,
Obere Rheinallee 8, 5407 Boppard/Rhein, (0 67 42) 29 93;
Hochschule für Verwaltungswissenschaften Speyer,
Freiherr-vom-Stein-Str. 2, 6720 Speyer, (0 62 32) 9 10–3 28

119. *Höhn,* Dr. Ernst, o. Professor,
Wiesenstr. 6, CH-9302 Kronbühl, (0 71) 25 51 46;
Hochschule St. Gallen

120. *Hoffmann,* Dr. Dr. h. c. Gerhard, o. Professor,
Ernst-Lemmer-Str. 10, 3550 Marburg 6-Wehrda,
(0 64 21) 8 16 45

121. *Hoffmann-Riem,* Dr. Wolfgang, Professor,
Kätnerweg 24, 2000 Hamburg 65, (0 40) 6 40 24 78;
Universität, (0 40) 41 23 54 16

122. *Hoffmann,* Dr. Hasso, o. Professor,
Christoph-Mayer-Weg 5, 8700 Würzburg, (09 31) 8 73 88;
Universität, (09 31) 3 13 36

123. *Hollerbach,* Dr. Alexander, o. Professor,
Parkstr. 8, 7806 March-Hugstetten, (0 76 65) 22 51;
Universität Freiburg, (07 61) 2 03 35 35

124. *Hoppe,* Dr. Werner, o. Professor,
Erphostr. 36, 4400 Münster, (02 51) 39 18 99;
dienstl., (02 51) 83 27 03

125. *Hotz,* Dr. Reinhold, Privatdozent,
Rötelistr. 12, CH-9000 St. Gallen, (0 71) 28 44 96;
Hochschule St. Gallen, (0 71) 22 03 03

126. *Huber,* Dr. Ernst Rudolf, o. Professor,
In der Röte 2, 7800 Freiburg, (07 61) 5 37 13

127. *Hufen,* Dr. Friedhelm, o. Professor,
Hauptstr. 96, 8417 Lappersdorf-Kareth b. Regensburg,
(09 41) 18 57; Universität Regensburg, (09 41) 9 43–26 08

128. *Ipsen,* Dr. Hans Peter, o. Professor,
Augustinum App. 1142, 2410 Mölln, (0 45 42) 81 31 42;
Tel. in Lüneburg, (0 41 31) 40 11 31

129. *Ipsen,* Dr. Jörn, o. Professor,
Luisenstr. 41, 4550 Bramsche, (0 54 61) 44 96;
Universität Osnabrück, (05 41) 6 08-61 58/61 69

130. *Ipsen,* Dr. Knut, o. Professor,
Nevelstr. 59, 4630 Bochum-Weitmar, (02 34) 43 12 66;
Universität, (02 34) 7 00 28 20

131. *Isensee,* Dr. Josef, o. Professor,
Meckenheimer Allee 150, 5300 Bonn 1, (02 28) 69 34 69;
Universität, (02 28) 73 79 83

132. *Jaag,* Dr. Tobias, Privatdozent,
Bahnhofstr. 22, CH-8022 Zürich, (01) 2 11 25 50

133. *Jaenicke,* Dr. Günther, Professor,
Waldstr. 13, 6906 Leimen b. Heidelberg, (0 62 24) 35 71;
(Universität Frankfurt)

134. *Jahrreiß,* Dr. jur., Dr. h.c. mult., Hermann, o. Professor,
Nasse-Str. 30, 5000 Köln 41, (02 21) 46 15 53;
Universität, (02 21) 4 70 22 66

135. *Jakob,* Dr. Wolfgang, o. Professor,
Wilhelmstr. 25, 8000 München 40, (0 89) 39 05 06;
(Universität Augsburg)

136. *Janssen,* Dr. Albert, Ministerialrat,
Kaiser-Friedrich-Str. 35, 3200 Hildesheim

137. *Jarass,* Dr. Hans D., LL.M (Harvard), o. Professor,
Kulmer Str. 12, 4630 Bochum 1, (02 34) 31 12 91;
Universität Bochum, Postfach 10 21 48, (02 34) 7 00 28 18

138. *Kaiser,* Dr. jur., Dr. rer. pol. h. c. Joseph H., o. Professor,
Rothofweg, 7813 Staufen i. Br., (0 76 33) 57 28;
Universität Freiburg, (07 61) 2 03 35 67

139. *Karpen,* Dr. Ulrich, Professor,
Oldenfelder Str. 32, 2000 Hamburg 73 (Rahlstedt),
(0 40) 6 77 83 98;
Universität Hamburg, Seminar f. Öffentl. Recht und Staatsrecht,
Schlüterstr. 28, 2000 Hamburg 13, (0 40) 41 23-30 23 od. 45 72

140. *Kewenig,* Dr. Wilhelm, o. Professor,
Schumannstr. 8, 6000 Frankfurt/M. 1, (0 69) 74 93 13;
dienstlich: (0 69) 17 09 50

141. *Khol,* Dr. Andreas, Universitätsprofessor,
Cuviergasse 23, A-1130 Wien, (02 22) 84 15 73;
dienstl., (02 22) 83 15 31

142. *Kimminich,* Dr. Otto, o. Professor,
Killermannstr. 6, 8400 Regensburg, (09 41) 3 28 54;
Universität, (09 41) 9 43 26 60

143. *Kipp,* Dr. Heinrich, Universitätsprofessor,
Lanserstr. 61, A-6080 Igls, (0 52 22) 72 09

144. *Kirchhof,* Dr. Ferdinand, o. Professor,
Schopenhauerstr. 43, 7410 Reutlingen 1, (0 71 21) 34 04 11;
Juristische Fakultät der Universität Tübingen, Wilhelmstr. 7,
7400 Tübingen 1, (0 70 71) 29 25 61

145. *Kirchhof,* Dr. Paul, o. Professor, Bundesverfassungsrichter,
Am Pferchelhang 33/1, 6900 Heidelberg 1, (0 62 21) 80 14 47;
Universität, (0 62 21) 54 74 57

146. *Kirn,* Dr. Michael, o. Professor,
Rummelsburgerstr. 3, 2000 Hamburg 73, (0 40) 6 47 38 42;
Universität der Bundeswehr, (0 40) 65 41 27 82

147. *Kisker,* Dr. Gunter, Universitätsprofessor,
Waldstr. 74, 6301 Linden-Am Mühlberg, (0 64 03) 6 10 30;
Universität Gießen, (06 41) 7 02 50 25

148. *Klecatsky,* Dr. Hans R., Universitätsprofessor,
Reithmannstr. 20, A-6020 Innsbruck, (0 52 22) 46 76 74;
Universität Innsbruck, Innrain 80, A-6020 Innsbruck,
(0 52 22) 5 07 26 80

149. *Klein,* Dr. Eckart, o. Professor,
Ebersheimer Weg 35, 6500 Mainz, (0 61 31) 5 36 70

150. *Klein,* Dr. Hans Hugo, o. Professor, Bundesverfassungsrichter,
Heilbrunnstr. 4, 7507 Pfinztal-Söllingen, (0 72 40) 73 00;
Universität Göttingen, (05 51) 39 46 25

151. *Kloepfer,* Dr. Michael, o. Professor,
Sickingenstr. 16, 5500 Trier, (06 51) 4 19 32;
Universität, (06 51) 2 01-25 56

152. *Knemeyer,* Dr. Franz-Ludwig, o. Professor,
Unterdürrbacher Str. 353, 8700 Würzburg, (09 31) 9 61 18;
Universität, (09 31) 3 18 99

153. *Knies,* Dr. Wolfgang o. Professor,
Am Botanischen Garten 5, 6600 Saarbrücken 11, (06 81) 39 98 88;
Universität Saarbrücken, (06 81) 3 02 31 58

154. *Knöpfle,* Dr. Franz, o. Professor,
Höhenweg 22, 8901 Leitershofen;
Universität Augsburg, (08 21) 59 83 52

155. *Koch,* Dr. Hans-Joachim, Professor,
Wendlohstr. 80, 2000 Hamburg 61, (0 40) 5 51 88 04;
Universität, (0 40) 42 23 39 77

156. *König,* Dr. Dr. Klaus, Professor,
Wimphelingstr. 5, 6720 Speyer, (0 62 32) 59 01;
Freiherr-vom-Stein-Str. 2 6720 Speyer, (0 62 32) 91 03 69

157. *Kopp,* Dr. Ferdinand O., o. Professor,
Innstr. 40, 8390 Passau

158. *Korinek,* Dr. Karl,o. Professor,
Auhofstr. 225, A-1130 Wien, (02 22) 8 20 91 53;
Universität, (02 22) 34 75 41

159. *Krause,* Dr. Peter, o. Professor,
Weinbergstr. 12, 5501 Korlingen, (0 65 88) 73 33;
(Universität Trier)

160. *Krawietz,* Dr. Werner, o. Professor,
Bispinghof 24/25, 4400 Münster;
Universität (02 51) 83 25 91

161. *Krebs,* Dr. Walter, Professor,
Papenbusch 56, 4400 Münster (02 51) 21 51 85;
Universität Münster, Inst. f. Öffentl. Recht u. Politik,
Universitätsstr. 14–16, 4400 Münster, (02 51) 83 27 61

162. *Kreßel,* Dr. Eckhard, Privatdozent,
Spiegelstr. 1, 8700 Würzburg;
Universität, (09 31) 3 13 05

163. *Kriele,* Dr. Martin, o. Professor,
Richard-Wagner-Str. 10, 5090 Leverkusen 1, (02 14) 5 15 64;
Universität Köln, (02 21) 4 70 22 30

164. *Kröger,* Dr. Klaus, Universitätsprofessor,
Hölderlinweg 14, 6300 Gießen-Wieseck, (06 41) 5 22 40

165. *Krüger,* Dr. Hartmut, Professor,
Sielsdorfer Str. 10, 5000 Köln 41, (02 21) 43 49 27;
Universität Köln (02 21) 4 70 45 00

166. *Küchenhoff,* Dr. Erich, Professor,
Dachsleite 65, 4400 Münster, (02 51) 24 72 71;
Universität, (02 51) 83 27 06/05

167. *Kühne,* Dr. Jörg-Detlef, Professor,
Münchhausenstr. 2, 3000 Hannover 61, (05 11) 55 65 63;
Universität Hannover, Hanomagstr. 8, 3000 Hannover 91,
(05 11) 4 49 82 25/6

168. *Kunig,* Dr. Philip, Professor,
Wildpfad 5, 1000 Berlin 33;
Institut f. Staatslehre, Staats- und Verwaltungsrecht,
Thielallee 52, 1000 Berlin 33, (0 30) 8 38 30 11

169. *Lange,* Dr. Klaus, Universitätsprofessor,
Lilienweg 22, 6302 Lich, (0 64 04) 56 81;
Universität Gießen, (06 41) 7 02 50 19

170. *Laubinger,* Dr. Hans-Werner, Professor,
Philipp-Wasserburg-Str. 45, 6500 Mainz-Gonsenheim,
(0 61 31) 4 31 91
Universität Mainz, Saarstr. 21, (0 61 31) 39 59 42

171. *Laurer,* DDr. Hans René, Universitätsprofessor,
Scheffergasse 27 a, A-2340 Mödling, (0 26 36) 2 04 02;
Universität Wien, (02 22) 34 75 44/419

172. *Lecheler,* Dr. Helmut, o. Professor,
Würzburger Str. 10 d, 8600 Bamberg, (09 51) 5 41 46;
Universität Erlangen, (09 31) 85 47 81, 85 47 94

173. *Leisner,* Dr. Walter, o. Professor,
Pienzenauerstr. 99, 8000 München 81, (0 89) 98 94 05;
Universität Erlangen, (0 91 31) 85 22 60

174. *Lerche,* Dr. Peter, o. Professor,
Junkerstr. 13, 8035 Gauting b. München, (0 89) 8 50 20 88;
Universität München, (0 89) 21 80 33 35

175. *Link,* Dr. Heinz-Christoph, Professor,
Hindenburgstr. 47, 8520 Erlangen, (0 91 31) 20 93 35;
Hans-Liermann-Institut für Kirchenrecht, Hindenburgstr. 34,
8520 Erlangen, (0 91 31) 85 22 42

176. *Lipphardt,* Dr. Hanns-Rudolf, apl. Professor,
Auf der Weide 7, 6900 Heidelberg, (0 62 21) 38 23 12;
dienstl. (0 62 21) 41 03 21

177. *Listl,* Dr. Joseph, o. Professor,
Universitätsstr. 10, 8900 Augsburg, (08 21) 59 87 20 od.
59 87 30

178. *Löwer,* Dr. Wolfgang, Professor,
Lotharstr. 3, 3500 Bonn 1, (02 28) 21 82 73

179. *Lorenz,* Dr. Dieter, o. Professor,
Bohlstr. 21, 7750 Konstanz 18, (0 75 33) 68 22;
Universität, (0 75 31) 88 25 30

180. *Loschelder,* Dr. Wolfgang, Professor,
Am Ehrenmal 8, 5205 St. Augustin 3, (0 22 41) 31 23 16;
Universität Bochum, (02 34) 7 00 52 63/7

181. *Luchterhandt*, Dr. Otto, Privatdozent,
Dürerweg 23, 4010 Hilden;
Universität Köln, Institut für Ostrecht, Ubierring 53,
5000 Köln 1, (02 21) 31 51 10

182. *Lübbe-Wolff*, Dr. Gertrude, Privatdozentin,
Kollwitzstr. 55, 4800 Bielefeld, (05 21) 88 26 59;
Fakultät f. Rechtswissenschaft d. Universität Bielefeld,
4800 Bielefeld, (05 21) 10 64 40

183. *Lücke*, Dr. Jörg, Professor,
Körnerstr. 5 A, 5300 Bonn, (02 28) 35 61 10;
Universität Hamburg, (0 40) 41 23 32 94

184. *Magiera*, Dr. Siegfried, o. Professor,
Feuerbachstr. 1, 6725 Römberg, (0 62 32) 8 44 54;
Hochschule für Verwaltungswissenschaften Speyer, Freiherr-vom-Stein-Str. 2, 6720 Speyer, (0 62 32) 91 03 48 od. 91 03 31

185. *Majer*, Dr. Diemut, Professorin, Privatdozentin an der Universität Bern, Welfenstr. 30, 7500 Karlsruhe, (07 21) 81 65 50 oder (78 41) 41 12; Fachhochschule des Bundes für öff. Verw. – Fachbereich Bundeswehrverw. – Seckenheimer Landstr. 8–10, 6800 Mannheim 25, (06 21) 40 80 91

186. *v. Mangoldt*, Dr. Hans, Professor,
Goetheweg 1, 7401 Nehren, (0 74 73) 79 08;
Universität Tübingen, (0 70 71) 29 33 02

187. *Mantl*, Dr. Wolfgang, o. Universitätsprofessor,
Wiener Str. 256/XI/33m A-8051 Graz, (03 16) 6 13 06;
Universität, (03 16) 3 80 33 70

188. *Marti*, Dr. Hans, a. o. Professor,
Waldriedstr. 29, CH-3074 Bern, (0 31) 52 12 66;
dienstl., (0 31) 22 16 83

189. *Maunz*, Dr. Theodor, o. Professor,
Hartnagelstr. 3, 8032 Gräfelfing b. München, (0 89) 8 54 39 85
Universität München

190. *Maurer*, Dr. Hartmut, o. Professor,
Säntisblick 10, 7750 Konstanz 19, (0 75 33) 13 12;
Universität, (0 75 31) 88 36 57

191. *Mayer-Tasch*, Dr. Peter Cornelius, Professor,
Am Seeberg 11, 8919 Schondorf, (0 81 92) 6 68;
Universität München, (0 89) 21 80 30 20/1

192. *Meessen,* Dr. Karl Matthias, Professor,
Zobelstr. 18, 8900 Augsburg, (08 21) 55 59 89;
Universität, (08 21) 59 84 79/2 55

193. *Meissner,* Dr. Boris, o. Professor,
Kleine Budengasse 1, 5000 Köln 1, (02 21) 23 97 54

194. *Melichar,* Dr. Erwin, o. Universitätsprofessor,
Schulerstr. 20, A-1010 Wien;
Universität (02 22) 5 13 12 70

195. *Menger,* Dr. Christian-Friedrich, o. Professor,
Piusallee 109, 4400 Münster, (02 51) 2 30 33 15;
Universität, (02 51) 83 27 41

196. *Merten,* Dr. iur. Dr. rer. pol. Detlef, o. Professor,
Von-Dalberg-Str. 8, 6731 St. Martin, (0 63 23) 18 75;
Hochschule Speyer, (0 62 32) 91 03 49

197. *Meyer,* Dr. Hans, Universitätsprofessor,
Georg-Speyer-Str. 28, 6000 Frankfurt/M., (0 69) 7 98 38 63

198. *Meyn,* Dr. Karl-Ulrich, Professor,
Leyer Str. 36, 4500 Osnabrück, (05 41) 12 64 82;
Universität, (05 41) 6 08–61 36/61 72

199. *Mößle,* Dr. Dr. Wilhelm, o. Professor,
Schwindstr. 19, 8580 Bayreuth,
Universität, (09 21) 55 28 66

200. *Mössner,* Dr. Jörg Manfred, Professor,
Hinterm Vogelherd 28 A, 2070 Ahrensburg, (0 41 02) 5 30 90;
Universität Osnabrück, (05 41) 6 08 61 61

201. *Morscher,* Dr. Siegbert, Universitätsprofessor,
Tschiggyfreystr. 11 a, A-6020 Innsbruck, (0 52 22) 8 62 10

202. *Mosler,* Dr. Dr. h. c. Hermann, Professor,
Mühltalstr. 117 a, 6900 Heidelberg, (0 62 21) 48 00 82

203. *Müller,* Dr. Georg, o. Professor,
Sugenreben 356, CH-5015 Untererlinsbach, (0 64) 34 38 73;
Universität Zürich, (01) 2 57 30 03/4

204. *Müller,* Dr. Jörg Paul, o. Professor,
Kappelenring 42 a, CH-3032 Hinterkappelen, (0 31) 36 05 70;
Universität Bern, (0 31) 65 88 94/5

205. *Müller-Volbehr,* Dr. Jörg, Universitätsprofessor,
Universitätsstr. 6, 3550 Marburg;
Universität, (0 64 21) 28 38 10

206. *Münch,* Dr. Fritz, apl. Professor,
Jasperstr. 2, 6900 Heidelberg, (0 62 21) 38 83 87;
Max-Planck-Institut, (0 62 21) 48 21

207. *v. Münch,* Dr. Ingo, Professor,
Hochrad 9, 2000 Hamburg 52, (0 40) 82 96 24;
Universität, (0 40) 41 23 46 01

208. *Murswiek,* Dr. Dietrich, Universitätsprofessor,
Hainbundstr. 12, 3400 Göttingen, (05 51) 4 10 81;
Jurist. Seminar der Georg-August-Universität, Nikolausberger Weg 9 a, 3400 Göttingen, (05 51) 39-47 23 od. 73 93

209. *Mußgnug,* Dr. Reinhard, o. Professor,
Keplerstr. 40, 6900 Heidelberg, (0 62 21) 4 62 22;
Universität, (0 62 21) 54 74 66

210. *v. Mutius,* Dr. Albert, o. Professor,
Hof Altwasser, 2372 Brekendorf, (0 43 53) 5 15;
Universität Kiel, (04 31) 8 80 35 36

211. *Nicolaysen,* Dr. Gert, Professor,
Bockhorst 68 a, 2000 Hamburg 55, (0 40) 8 70 17 47;
Universität, (0 40) 41 23 45 88

212. *Nierhaus,* Dr. Michael, Professor,
Am Moosberg 1 c, 5000 Köln 50, (0 22 36) 6 36 29;
Universität Konstanz, Postfach 55 60,
7750 Konstanz 1, (0 75 31) 88 27 55 od. 26 73

213. *Novak,* Dr. Richard o. Professor,
Thadd. Stammel-Str. 8, A-8020 Graz, (03 16) 5 35 16;
Universität, (03 16) 3 80 33 71

214. *Oberndorfer,* Dr. Peter, o. Professor,
Wolfauerstr. 94, A-4045 Linz, (07 22) 34 96 94

213. *Oebbecke,* Dr. Janbernd, Privatdozent,
Kronacher Weg 36, 4000 Düsseldorf;
dienstl., (02 11) 65 20 45 (Landkreistag NW)

216. *Öhlinger,* Dr. Theo, o. Universitätsprofessor,
Tolstojgasse 5/6, A-1130 Wien, (02 22) 82 12 60;
Universität, (02 22) 43 00 13 44, Schottenbastei 10–16,
A-1010 Wien

217. *Oldiges,* Dr. Martin, Professor,
Am Vossberge 6, 4800 Bielefeld, (05 21) 12 18 32;
Universität, (05 21) 1 06 43 99

218. *Olshausen,* Dr. Henning, o. Professor,
Johann-Fesser-Str. 10, 6710 Frankenthal, (0 62 33) 2 05 04;
Universität Mannheim, (06 21) 2 92-55 97/56 31

219. *Oppermann,* Dr. Dr. h. c. Thomas, o. Professor,
Burgholzweg 122, 7400 Tübingen, (0 70 71) 4 95 33;
Universität, (0 70 71) 29 25 60

220. *Ossenbühl,* Dr. Fritz, Professor,
Im Wingert 12, 5309 Meckenheim, (0 22 25) 1 74 82;
Universität Bonn, (02 28) 73 55 72/3

221. *Osterloh,* Dr. Lerke, Universitätsprofessorin,
Winterfeldtstr. 58, 1000 Berlin 30, (0 30) 2 15 41 58;
Universität Trier, Postfach 38 25, 5500 Trier, (06 51) 2 01 25 77

222. *Papier,* Dr. Hans-Jürgen, o. Professor,
Neusiedler Weg 14, 4904 Enger, (0 52 24) 52 02;
Universität Bielefeld, (05 21) 1 06 43 98

223. *Partsch,* Dr. Karl Josef, o. Professor,
Frankenstr. 10, 6507 Ingelheim, (0 61 32) 22 64;
Universität Bonn

224. *Peine,* Dr. Franz-Joseph, Professor,
Telgter Str. 48, 4800 Bielefeld 1, (05 21) 10 53 25;
Universität Hannover, Hanomagstr. 8, 3000 Hannover 91,
(05 11) 4 49 82 27 od. 4 49 82 08

225. *Pernice,* Dr. Ingolf, Privatdozent,
17, dreve des deux Moutiers, B-1160 Brüssel,
(0 03 22) 6 60 30 79

226. *Pernthaler,* Dr. Peter, o. Universitätsprofessor,
Philippine-Welser-Str. 27, A-6020 Innsbruck, (0 52 22) 41 82 84;
Universität Innsbruck, Innrain 80, A-6020 Innsbruck,
(0 52 22) 5 07 26 70

227. *Graf von Pestalozza,* Dr. Christian, o. Professor,
dienstl.: Thielallee 52, 1000 Berlin 33, (0 30) 8 38 30 14

228. *Pieroth,* Dr. Bodo, Universitätsprofessor,
Am Krappen 23, 3550 Marburg, (0 64 21) 3 63 14;
Universität Marburg, (0 64 21) 28 31 23/8

229. *Pietzcker,* Dr. Jost, Professor,
Hausdorffstr. 95, 5300 Bonn, (02 28) 23 39 54;
Universität, (02 28) 73 91 77

230. *Pirson,* Dr. Dietrich, o. Professor,
Agnesstr. 46, 8000 München 40, (0 89) 2 71 67 77;
Universität, (0 89) 21 80 27 15

231. *Pitschas,* Dr. Rainer, o. Universitätsprofessor,
Alzstr. 9, 8000 München 90, (0 89) 6 90 13 82;
Hochschule für Verwaltungswissenschaften Speyer,
6720 Speyer, (0 62 32) 91 03 26/3 21

232. *Podlech,* Dr. Dr. Adalbert, Universitätsprofessor,
Sandbergstraße 68, 6100 Darmstadt,
TH Darmstadt, Hochschulstr. 1, 6100 Darmstadt, (0 61 51) 1 60

233. *Püttner,* Dr. Günter, o. Professor,
Mörikestr. 21, 7400 Tübingen, (0 70 71) 29 52 62 oder 29 52 63

234. *Quaritsch,* Dr. Helmut, o. Professor,
Otterstadter Weg 139, 6720 Speyer, (0 62 32) 3 26 37;
Hochschule, (0 62 32) 9 10–3 44

235. *Rack,* Dr. Reinhard, a. o. Universitätsprofessor,
Obere Teichstr. 19, A-8010 Graz, (03 16) 43 88 42;
Universität, (03 16) 3 80 33 73

236. *Randelzhofer,* Dr. Albrecht, o. Professor,
Van't-Hoff-Str. 8, 1000 Berlin 33, (0 30) 8 38 22 88

237. *Raschauer,* Dr. Bernhard, a. o. Universitätsprofessor,
Pfeilgasse 7, A-1080 Wien, (02 22) 4 39 43 02;
Univ., (02 22) 43 00 31 23, Schottenbastei 10–16, A-1010 Wien

238. *Rasenack,* Dr. Christian A.L., Professor,
Taunusstr. 8, 1000 Berlin 49, (0 30) 7 45 25 43;
Techn. Universität, (0 30) 31 42 58 74/75

239. *Rauschning,* Dr. Dietrich, o. Professor,
Rodetal 1, 3406 Bovenden, (0 55 94) 3 31;
Universität Göttingen, Platz der Göttinger Sieben 5,
3400 Göttingen (05 51) 39 47 51

240. *Rengeling,* Dr. Hans-Werner, Professor,
Brüningheide 192, 4400 Münster, (02 51) 21 20 38;
Universität Osnabrück, Martinistr. 8, 4500 Osnabrück,
(05 41) 6 08 45 05

241. *Ress,* Dr. jur. Dr. rer, pol. Georg, o. Professor,
Am Botanischen Garten 6, 6600 Saarbrücken, (06 81) 3 02 30 55;
Universität. (06 81) 3 02 25 03

242. *Rhinow,* Dr. René A., o. Professor,
Jurastr. 48, CH-4411 Seltisberg, (61) 96 99 35;
Universität Basel, (0 61) 25 52 77

243. *Riedel,* Dr. Eibe H., Universitätsprofessor,
Weintrautstr. 14, 3550 Marburg, (0 64 21) 2 36 19;
Institut f. öffentl. Recht, Abt. Völkerrecht,
Philipps-Universität Marburg, Universitätsstr. 6,
2550 Marburg, (0 64 21) 28 31 33 oder 28 31 27

244. *Rill,* Dr. Heinz Peter, o. Universitätsprofessor,
Peter-Jordan-Str. 145, A-1190 Wien, (02 22) 4 75 76 15;
Wirtschaftsuniversität, (02 22) 34 75 41/2 64

245. *Ringhofer,* Dr. Kurt, o. Universitätsprofessor,
Eduard-Macheiner-Str. 23, A-5020 Salzburg, (06 62) 84 47 67

246. *Robbers,* Dr. Gerhard, Universitätsprofessor,
Gerberstr. 6, 5500 Trier (06 51) 7 42 25;
Universität Trier, Postfach 38 25 5500 Trier, (06 51) 2 01 25 42

247. *Roellecke,* Dr. Gerd, o. Professor,
Kreuzackerstr. 8, 7500 Karlsruhe 41, (07 21) 49 17 39;
Universität Mannheim, (06 21) 2 92 51 86

248. *Ronellenfitsch,* Dr. Michael, o. Professor,
Augusta-Anlage 15, 6800 Mannheim 1, (06 21) 41 23 34;
Universität Berlin, Boltzmannstr. 3, 1000 Berlin 41,
(0 30) 8 38 47 06/47 20

249. *Rudolf,* Dr. Walter, o. Professor,
Rubensallee 55 a, 6500 Mainz 31, (0 61 31) 7 26 51;
Universität, (0 61 31) 39 24 12

250. *Rüfner,* Dr. Wolfgang, Professor,
Hagebuttenstr. 26, 5309 Meckenheim, (0 22 25) 71 07;
Universität Köln, (02 21) 4 70 26 79 oder 4 70 37 77

251. *Ruland,* Dr. Franz, Professor,
Kälberstücksweg 55, 6380 Bad Homburg, (0 61 72) 3 11 09;
Universität Frankfurt a. M. 1, (0 69) 1 52 22 19

252. *Rupp,* Dr. Hans Heinrich, o. Professor,
Am Marienpfad 29, 6500 Mainz (0 61 31) 3 45 88

253. *Sachs,* Dr. Michael, Universitätsprofessor,
Dattenfelder Str. 7, 5000 Köln 91, (02 21) 59 84 29

254. *Saladin,* Dr. Peter, o. Professor,
Forrerstr. 26, CH-3006 Bern;
Universität Bern, (031) 44 80 06

255. *Salzwedel,* Dr. Jürgen, o. Professor,
Siebengebirgsstr. 86, 5300 Bonn 3, (02 28) 48 17 10;
Universität, (02 28) 73 55 80

256. *Sattler,* Dr. Andreas, Professor,
Ludwig-Beck-Str. 17, 3400 Göttingen, (05 51) 2 23 40;
Universität, (05 51) 39 73 77 u. 39 73 93

257. *Schachtschneider,* Dr. Karl Albrecht, Professor,
Hubertusstraße 6, 8500 Nürnberg 20, (09 11) 59 94 36;
Universität Erlangen-Nürnberg (09 11) 5 30 23 29

258. *Schäffer,* Dr. Heinz, o. Universitätsprofessor,
Große Neugasse 6/14, A-1040 Wien, (92 22) 5 76 96 73;
Universität Salzburg, Weiserstr. 22,
A-5020 Salzburg, (06 62) 4 45 11/3 34

259. *Schambeck,* Dr. Herbert, o. Universitätsprofessor,
Hofzeile 21, A-1190 Wien, (02 22) 36 34 94;
Universität Linz, (07 32) 24 68/4 24

260. *Schenke,* Dr. Wolf-Rüdiger, o. Professor,
Beim Hochwald 30, 6800 Mannheim, (06 21) 74 42 00;
Universität, (06 21) 2 92 52 14

261. *Scherer,* Dr. Joachim, LL.M., Professor,
Universität der Bundeswehr München,
Werner Heisenberg Weg 39,
8014 Neubiberg (0 89) 60 04-37 02 oder -42 61

262. *Scheuing,* Dr. Dieter H., o. Professor,
Finkenstr. 17, 8706 Höchberg b. Würzburg, (09 31) 4 83 31;
Universität Würzburg, (09 31) 3 13 24

263. *Schick,* Dr. Walter, o. Professor,
Strindbergstr. 27, 8500 Nürnberg, (09 11) 50 14 22;
Universität, (09 11) 5 30 23 53

264. *Schiedermair,* Dr. Hartmut, o. Professor,
Universität Köln, Gottfried-Keller-Str. 2,
5000 Köln 41, (02 21) 4 70 23 64

265. *Schindler,* Dr. Dietrich, Professor,
Lenzenwiesstr. 8, CH-8702 Zollikon, (01) 3 91 41 40;
Universität Zürich, (01) 3 91 71 18

266. *Schlaich*, Dr. Klaus, o. Professor,
Wolkenburgstr. 2, 5205, St. Augustin 1, (0 22 41) 33 75 09;
Universität Bonn, (02 28) 73 91 25

267. *Schlink*, Dr. Bernhard, Professor,
Endenicher Allee 16, 5300 Bonn 1, (02 28) 65 23 58;
Universität Bonn, (02 28) 73 55 74

268. *Schlochauer*, Dr. Hans-Jürgen, Professor,
Blauenstr. 18, 6000 Frankfurt, (0 69) 67 58 07;
Universität, (0 69) 7 98 31 93

269. *Schmid*, Dr. Gerhard, Professor,
Hochwaldstr. 24, CH-4059 Basel, (0 61) 3 31 84 25;
dienstl., (0 61) 3 24 78 30

270. *Schmidt*, Dr. Reiner, o. Professor,
Bachwiesenstr. 4, 8901 Gessertshausen, (0 82 38) 41 11;
Universität Augsburg, (08 51) 59 84 43

271. *Schmidt*, Dr. Walter, Universitätsprofessor,
Brüder-Knauß-Str. 86, 6100 Darmstadt, (0 61 51) 6 47 10;
Universität Frankfurt, (0 69) 7 98 21 89

272. *Schmidt-Aßmann*, Dr. Eberhard, o. Professor,
Höhenstr. 30, 6900 Heidelberg, (0 62 21) 80 08 03;
Universität, (0 62 21) 54 74 28

273. *Schmidt-Jortzig*, Dr. Edzard, Professor,
Graf-Spee-Str. 18 a, 2300 Kiel 1;
Universität, (04 31) 8 80-35 45

274. *Schmitt Glaeser*, Dr. Walter, o. Professor,
Rübezahlweg 9 A, 8580 Bayreuth, (09 21) 3 20 70;
Universität, (09 21) 55 29 42

275. *Schmitt-Kammler*, Dr. Arnulf, Professor,
Renthof 33, 3550 Marburg/Lahn, (0 64 21) 6 49 02;
Universität Köln, (02 21) 4 70 35 44 oder 4 70 35 00

276. *Schnapp*, Dr. Friedrich E., o. Professor,
Efeuweg 22, 4630 Bochum 6, (0 23 27) 7 42 13;
Universität Bochum, (02 34) 7 00 22 39

277. *Schneider*, Dr. Hans, o. Professor,
Ludolf-Krehl-Str. 44, 6900 Heidelberg, (0 62 21) 48 03 81

278. *Schneider*, Dr. Hans-Peter, Professor,
Echternfeld 16, 3000 Hannover 51, (05 11) 65 08 58;
Universität, (05 11) 7 62 81 85/6

279. *Schneider*, Dr., Litt. D. h. c. Peter, o. Professor,
Goldenluftgasse 4, 6500 Mainz, (0 61 31) 22 32 73

280. *Schnur*, Dr. Roman, o. Professor,
Lindenstr. 49, 7409 Rottenburg 5, (0 74 72) 2 22 24;
Universität Tübingen

281. *Schoch*, Dr. Friedrich, Universitätsprofessor,
In der Weede 116, 4400 Münster, (0 25 36) 64 86;
dienstl.: Westf. Wilhelms-Universität,
4400 Münster, (02 51) 83 27 45

282. *Scholler*, Dr. Heinrich, Professor,
Zwengauerweg 5, 8000 München 71, (0 89) 79 64 24;
Universität, (0 89) 21 80 27 24

283. *Scholz*, Dr. Rupert, o. Professor,
Erbacher Str. 1, 1000 Berlin 33, (0 30) 8 91 17 99;
Universität München, (0 89) 21 80 21 13

284. *Schröder*, Dr. Meinhard, o. Professor,
Zum Wingert 2, 5501 Mertesdorf, (06 51) 5 78 87;
Universität Trier, (06 51) 2 01 25 86

285. *Schulze-Fielitz*, Dr. Helmuth, Professor,
Fockestr. 34, 5300 Bonn 1, (02 28) 25 45 12;
Universität der Bundeswehr München, Werner-Heisenberg-Weg 39, 8014 Nürnberg, (0 89) 60 04 42 40 oder 42 39

286. *Schuppert*, Dr. Gunnar Folke, Professor,
Beethovenstr. 1, 8900 Augsburg, (08 21) 15 12 71;
Universität Augsburg, Eichleitner Str. 30, 8900 Augsburg,
08 21) 59 81

287. *Schwabe*, Dr. Jürgen, Professor,
Erlenweg 1, 2150 Buxtehude, (0 41 61) 8 71 41;
Universität Hamburg, (0 40) 41 23 44 54

288. *Schwarze*, Dr. Jürgen, o. Professor,
Universität Freiburg, Institut für Öffentliches Recht,
Europaplatz 1, 7800 Freiburg/Br. (07 61) 203–3567

289. *Schweitzer*, Dr. Michael, Professor,
Göttweiger Str. 135, 8390 Passau;
Universität, (08 51) 5 50 55 47

290. *Schweizer*, Dr. Rainer J., Privatdozent,
Jubiläumstr. 33, CH-3005 Bern, (0 31) 43 57 58;
Universität Basel, Maiengasse 51, CH-4056 Basel/Schweiz

291. *Schwerdtfeger,* Dr. Gunther, Universitätsprofessor,
Hülsebrinkstr. 23, 3015 Wennigsen 1/Deister, (0 51 03) 13 11;
Universität Hannover, Fachbereich Rechtswissenschaften,
Hanomagstr. 8, (05 11) 4 49 82 80

292. *Seewald,* Dr. Otfried, o. Professor,
Peter-Griesbacher-Weg 11, 8390 Passau, (08 51) 3 51 45;
Universität, (08 51) 50 91 58 und 60 91 59

293. *Seidl-Hohenveldern,* Dr. Dr. h. c. Ignaz, o. Professor,
A-1010 Wien I, Schwertgasse 4, (0 04 32 22) 5 33 15 60

294. *Selmer,* Dr. Peter, Professor,
Akazienweg 9, 2000 Hamburg 55, (0 40) 86 47 43;
Universität, (0 40) 41 23 45 76

295. *Siedentopf,* Dr. Dr. h. c. Heinrich, o. Professor,
Hauptstr. 170, 6740 Landau-Godramstein, (63 41) 6 07 57;
Hochschule Speyer, (0 62 32) 9 10–2 12

296. *v. Simson,* Dr. Werner, o. Professor,
Luisenstr. 3, 7800 Freiburg, (07 61) 3 58 63

297. *Skouris,* Dr. Wassilos, Professor,
Nikolaou Manou 18, 54643 Thessaloniki, Griechenland,
(00 30 31) 83 14 44
Fachber. Rechtswissensch., (00 30 31) 99 13 89

298. *Söhn,* Dr. Hartmut, o. Professor,
Eppanerstr. 9, 8390 Passau, (08 51) 5 85 20;
Universität Passau, (08 51) 50 91 92

299. *Soell,* Dr. Hermann, o. Professor,
Domspatzenstr. 34, 8419 Mittendorf-Etterzhausen, (0 94 04)
21 25; Universität Regensburg, (09 41) 9 43 26 57

300. *Spanner,* Dr. Hans, o. Professor,
Candidstr. 24, 8000 München 90,)0 89) 65 21 41

301. *Staff,* Dr. Ilse, Universitätsprofessorin,
Am Forum 4, 6233 Kelkheim, (0 61 95) 33 08;
dienstl., (0 69) 7 98 29 91

302. *Starck,* Dr. Christian, o. Professor,
Schlegelweg 10, 3400 Göttingen, (05 51) 5 54 54;
dienstl.: Universität Göttingen, Juristisches Seminar,
Platz der Göttinger Sieben 6, 3400 Göttingen (05 51) 39 74 12

303. *Steiger,* Dr. Heinhard, Universitätsprofessor,
Oberhof 16, 6307 Linden, (06 41) 2 32 52;
Universität Gießen, (06 41) 7 02 50 30

304. *Stein,* Dr. Ekkehart, Professor,
Jakob-Burckhardt-Str. 49, 7750 Konstanz, (0 75 31) 6 32 57;
Universität, (0 75 31) 88 23 29

305. *Stein,* Dr. Torsten, apl. Professor,
Ludolf-Krehl-Str. 1 b, 6900 Heidelberg, (0 62 21) 48 04 38;
dienstl., (0 62 21) 48 22 30

306. *Steinberg,* Dr. Rudolf, Universitätsprofessor,
Wingertstr. 2 a, 6238 Hofheim/Ts. 1;
Senckenberganlage 31, 6000 Frankfurt/M. 1;
Universität, (0 69) 7 98 24 38

307. *Steinberger,* Dr. Helmut, o. Professor,
Schloß West 140, 6800 Mannheim, (0 62 21) 3 69 54;
dienstl., (06 21) 2 92 33 68

308. *Steiner,* Dr. Udo, o. Professor,
Am Katzenbühl 5, 8400 Regensburg-Harting, (09 41) 70 09 13;
Universität, (09 41) 9 43 26 66/7

309. *Stern,* Dr. Dr. h. c. Klaus, o. Professor,
Am Stockberger Busch 10, 5067 Kürten, (0 22 68) 61 67;
Universität Köln, (02 21) 4 70 22 89

310. *Stettner,* Dr. Rupert, Professor,
Jahnstr. 6, 8060 Dachau, (0 81 31) 1 32 44;
Universität Bamberg, Postfach 15 49, 8600 Bamberg,
(09 51) 8 63 82 75 oder 8 63 82 76

311. *Stober,* Dr. Rolf, Professor,
Am Blütenhain 33, 4400 Münster, (0 25 36) 17 34;
Universität, (02 51) 83 27 04

312. *Stock,* Dr. Martin, Professor,
Am Knick 22, 4800 Bielefeld 1, (05 21) 88 95 33;
Universität, (05 21) 1 06 43 82

313. *Stödter,* Dr. Rolf, Professor,
Golfstr. 7, 2057 Wentorf b. Hamburg, (0 40) 7 20 26 46

314. *Stolleis,* Dr. Michael Universitätsprofessor,
Waldstr. 15, 6242 Kronberg 2,
Universität Frankfurt a. M., (0 69) 7 98 31 92

315. *Stolzlechner,* Dr. Harald, o. Universitätsprofessor,
Sackengutstr. 5 b, A-5020 Salzburg, (06 62) 42 02 52;
Universität, (06 62) 80 44/36 01

316. *Streinz,* Dr. Rudolf, o. Universitätsprofessor,
Brucknerstr. 23, 8300 Landshut, (08 71) 6 17 09;
Universität Bayreuth, Universitätsstr. 30 (Postfach 10 12 51), 8580 Bayreuth, (09 51) 55 35 20

317. *Suhr,* Dr. Dieter, Professor,
Birkenstr. 37, 8900 Augsburg 22, (08 21) 9 76 46;
Universität, (08 21) 59 83 55

318. *Tettinger,* Dr. Peter J., o. Professor,
Bergstr. 30, 5000 Köln 50, (0 22 36) 6 68 56;
Universität Bochum, (02 34) 7 00 52 75

319. *Thieme,* Dr. Werner, Professor,
Am Karpfenteich 58, 2000 Hamburg 63, (0 40) 5 38 49 92;
Universität, (0 40) 41 23 26 27

320. *Thürer,* Dr. Daniel, o. Professor,
Abeggweg 20, CH-8057 Zürich, (01) 3 62 65 47
Universität Zürich, Hirschengraben 40, CH-8001 Zürich, (01) 2 57 20 51

321. *Tomuschat,* Dr. Christian, Professor,
Kautexstr. 43, 5300 Bonn 3, (02 28) 43 00 67;
Universität Bonn, (02 28) 73 91 72

322. *Trzaskalik,* Dr. Christoph, Professor,
Pf. Stockheimer Str. 30, 6500 Mainz-Bretzenheim, (0 61 31) 36 94 14; Universität Mainz, (0 61 31) 39 21 38

323. *Tsatsos,* Dr. Dimitris Th., o. Professor,
Am Waldesrand 10 e, 5800 Hagen, (0 23 31) 58 66 68;
Fernuniversität, (0 23 31) 8 04 28 76

324. *Uber,* Dr. Giesbert, o. Professor,
Roseneck 5, 4400 Münster-Hiltrup, (0 25 01) 31 59;
Universität, (02 51) 83 27 01

325. *Ule,* Dr. Dr. h. c. Carl Hermann, o. Professor,
Oberer Gaisbergweg 9, 6900 Heidelberg (0 62 21) 2 78 32;
Hochschule Speyer

326. *Umbach,* Dr. Dieter C., Privatdozent,
Steinstr. 23, 7500 Karlsruhe, (07 21) 69 11 34;
Landessozialgericht Rheinland-Pfalz, Ernst-Ludwig-Str. 1, 6500 Mainz, (0 61 31) 14 15 51

327. *v. Unruh,* Dr. Georg-Christoph, o. Professor,
Steenkamp 2, 2305 Heikendorf, (04 31) 23 14 59;
Universität Kiel, (04 31) 8 80 35 22/69

328. *Vallender,* Dr. Klaus A., Professor,
Unterbach 4, CH-Trogen, (0 71) 94 27 69;
Institut f. Finanzwirtschaft u. Finanzrecht,
Varnbüelstr. 19, CH-9000 St. Gallen, (0 71) 22 72 27

329. *Vedder,* Dr. Christoph, Privatdozent,
Georgenstr. 46, 8000 München 40, (0 89) 34 61 04;
Universität München, Professor-Huber-Platz 2,
8000 München 22,
(0 89) 21 80 27 42 und 27 98

330. *Graf Vitzthum,* Dr. Wolfgang, o. Professor,
Im Rotbad 19, 7400 Tübingen 1, (0 70 71) 6 38 44;
Universität Tübingen, (0 70 71) 29 52 66

331. *Vogel,* Dr. Klaus, o. Professor,
Ottostr. 36, 8130 Starnberg, (0 81 51) 88 81;
Universität München, (0 89) 21 80 27 18

332. *Voigt,* Dr. Alfred, o. Professor,
Schwedenstr. 26, 8521 Spardorf, (0 91 31) 5 60 43

333. *Wagner,* Dr. Heinz. o. Professor,
Tietzenweg 54, 1000 Berlin 45, (0 30) 8 33 21 67;
Universität, (0 30) 8 38 36 39

334. *Wahl,* Dr. Rainer, o. Professor,
Sundgauallee 68, 7800 Freiburg, (07 61) 8 58 71;
Universität, (07 61) 2 03 44 65/6

335. *Wallerath,* Dr. Maximilian, Privatdozent,
Gudenauer Weg 86, 5300 Bonn 1, (02 28) 28 32 02;
dienstl., (02 21) 37 10 78

336. *Weber,* Dr. Albrecht, Professor,
Weidenweg 20, 4516 Bissendorf, (0 54 02) 39 07;
Universität Osnabrück, (05 41) 6 08–61 88

337. *Weber,* Dr. Karl, Privatdozent,
Innrain 100/Top 127, A-6020 Innsbruck, (0 52 22) 2 85 76;
Universität Innsbruck, Innrain 80, (0 52 22) 7 24 26 70

338. *Weber-Dürler,* Dr. Beatrice, Professorin,
Susenbogstr. 5, CH-8044 Zürich, (01) 2 62 04 20,
Universität Zürich, Wilfriedstr. 6, CH-8032 Zürich,
(01) 2 57 30 03

339. *Weides,* Dr. Peter, o. Professor,
Käthe-Kollwitz-Str. 16, 5000 Köln 50, (02 21) 39 11 92;
Universität, (02 21) 4 70 44 54

340. *Wendt*, Dr. Rudolf, Professor,
Schulstr. 45, 6670 St. Ingbert-Hassel, (0 68 94) 5 32 87;
Universität Saarbrücken, Im Stadtwald, 6600 Saarbrücken,
(06 81) 3 02 21 04 oder 31 04

341. *Wenger*, DDr. Karl, Universitätsprofessor,
Meytensgasse 18, A-1130 Wien, (02 22) 8 22 72 44;
Universität, (02 22) 43 00 31 36, Schottenbastei 10–16,
A-1010 Wien

342. *Wengler*, Dres. Dres. h. c. Wilhelm, Professor,
Werderstr. 15, 1000 Berlin 37, (0 30) 8 01 65 35

343. *Wieland*, Dr. Joachim, LL.M., Privatdozent,
Goethestr. 42, 7800 Freiburg, (07 61) 7 34 57;
Universität Freiburg, Europaplatz 1, 7800 Freiburg i. Br.
(07 61) 2 03 35 35

344. *Wielinger*, Dr. Gerhart, Universitätsdozent,
Bergmanngasse 22, A-8010 Graz, (03 16) 31 87 14
dienstl., (03 16) 70 31 24 28

345. *Wildhaber*, Dr. Luzius, o. Professor,
Auf der Wacht 21, CH-4104 Oberwil, (0 61) 4 01 25 21;
Universität Basel

346. *Wilke*, Dr. Dieter, Präsident des Oberverwaltungsgerichts,
Universitätsprofessor a. D., apl. Professor (FU Berlin);
Hardenbergstr. 21, 1000 Berlin 12, (0 30) 31 83 25 70 (dienstl.)

347. *Wimmer*, Dr. Norbert, o. Universitätsprofessor,
Hörtnaglstr. 16, A-6020 Innsbruck, (0 52 22) 83 02 63;
Universität Innsbruck, Innrain 80, A-6020 Innsbruck,
(0 52 22) 5 07 26 71

348. *Winkler*, Dr. Günther, Universitätsprofessor,
Reisnerstr. 22, A-1030 Wien, (02 22) 7 13 44 15;
Universität, (02 22) 43 00 31 31, Schottenbastei 10–16,
A-1010 Wien

349. *Wolfrum*, Dr. Rüdiger, o. Professor,
Lindenallee 13, 2300 Kiel 1 (Altenholz), (04 31) 32 18 44;
Universität, (04 31) 8 80-21 89

350. *Wollenschläger*, Dr. Michael, Privatdozent,
An den Forstäckern 15, 8706 Höchberg, (09 31) 4 91 96;
Universität, (09 31) 3 13 05

351. *Würtenberger*, Dr. Thomas, o. Professor,
Sundgauallee 72, 7800 Freiburg, (07 61) 8 46 52;
Universität Freiburg, Europaplatz, 7800 Freiburg, (07 61) 2 03 35 14 oder 2 03 35 17

352. *Zacher*, Dr. Hans F., o. Professor,
Starnberger Weg 7, 8134 Pöcking, (0 81 57) 13 84;
Universität München, (0 89) 21 80 27 25

353. *Zeh*, Dr. Wolfgang, Ministerialrat,
Sibyllenstr. 40, 5300 Bonn 2, (02 28) 37 56 52;
dienstl., (02 28) 16 26 49 oder 16 30 44

354. *v. Zezschwitz*, Dr. Friedrich, Universitätsprofessor,
Petersweiher 47, 6300 Gießen, (06 41) 4 51 52;
Universität, (06 41) 7 02 50 20

355. *Zieger*, Dr. Gottfried, Professor,
Leuschnerweg 10, 3400 Göttingen, (05 51) 2 22 55

356. *Zimmer*, Dr. Gerhard, Privatdozent,
Bamberger Str. 22, 1000 Berlin 30, (0 30) 8 54 46 56

357. *Zippelius*, Dr. Reinhold, o. Professor,
Niendorfstr. 5, 8520 Erlangen, (0 91 31) 5 57 26;
Universität, (0 91 31) 85 28 20

358. *Zuleeg*, Dr. Manfred, Universitätsprofessor, Richter,
117, Avenue Gaston Diderich, L-1420 Luxemburg, (0 03 52) 44 86 21; Gerichtshof der Europäischen Gemeinschaften, L-2925 Luxemburg, (0 03 52) 43 03 22 30 oder 22 31,
Telefax 43 03 26 00

Satzung

(Nach den Beschlüssen vom 21. Oktober 1949, 19. Oktober 1951
14. Oktober 1954, 10. Oktober 1956, 13. Oktober 1960
5. Oktober 1962, 1. Oktober 1971, 6. Oktober 1976 und
3. Oktober 1979)

§ 1

Die Vereinigung der Deutschen Staatsrechtslehrer stellt sich die Aufgabe:

1. wissenschaftliche und Gesetzgebungsfragen aus dem Gebiet des öffentlichen Rechts durch Aussprache in Versammlungen der Mitglieder zu klären;
2. auf die ausreichende Berücksichtigung des öffentlichen Rechts im Hochschulunterricht und bei staatlichen und akademischen Prüfungen hinzuwirken;
3. in wichtigen Fällen zu Fragen des öffentlichen Rechts durch Eingaben an Regierungen oder Volksvertretungen oder durch öffentliche Kundgebungen Stellung zu nehmen

§ 2

Mitglied der Vereinigung kann werden, wer auf dem Gebiet des Staatsrechts und mindestens eines weiteren öffentlich-rechtlichen Fachs

a) seine Befähigung zu Forschung und Lehre durch hervorragende wissenschaftliche Leistung nachgewiesen hat* und

---

* Mit der oben abgedruckten, am 1. 10. 1971 in Regensburg beschlossenen Fassung des § 2 hat die Mitgliederversammlung den folgenden erläuternden Zusatz angenommen:

„Eine hervorragende wissenschaftliche Leistung im Sinne dieser Vorschrift ist eine den bisher üblichen Anforderungen an die Habilitation entsprechende Leistung."

b) an einer deutschen oder deutschsprachigen Universität** oder der Hochschule für Verwaltungswissenschaften in Speyer als Forscher und Lehrer tätig ist oder gewesen ist.

Das Aufnahmeverfahren wird durch schriftlichen Vorschlag von drei Mitgliedern der Vereinigung eingeleitet. Ist der Vorstand einstimmig der Auffassung, daß die Voraussetzungen für den Erwerb der Mitgliedschaft erfüllt sind, so verständigt er in einem Rundschreiben die Mitglieder von seiner Absicht, dem Vorgeschlagenen die Mitgliedschaft anzutragen. Erheben mindestens fünf Mitglieder binnen Monatsfrist gegen die Absicht des Vorstandes Einspruch oder beantragen sie mündliche Erörterung, so beschließt die Mitgliederversammlung über die Aufnahme. Die Mitgliederversammlung beschließt ferner, wenn sich im Vorstand Zweifel erheben, ob die Voraussetzungen der Mitgliedschaft erfüllt sind. Von jeder Neuaufnahme außerhalb einer Mitgliederversammlung sind die Mitglieder zu unterrichten.

§ 3

Eine Mitgliederversammlung soll regelmäßig einmal in jedem Jahre an einem vom Vorstand zu bestimmenden Orte stattfinden. In dringenden Fällen können außerordentliche Versammlungen einberufen werden. Die Tagesordnung wird durch den Vorstand bestimmt. Auf jeder ordentlichen Mitgliederversammlung muß mindestens ein wissenschaftlicher Vortrag mit anschließender Aussprache gehalten werden.

§ 4

Der Vorstand der Vereinigung besteht aus einem Vorsitzenden und zwei Stellvertretern. Die Vorstandsmitglieder teilen die Geschäfte untereinander nach eigenem Ermessen. Der Vorstand wird am Schluß jeder ordentlichen Mitgliederversammlung neu gewählt. Zur Vorbereitung der Mitgliederversammlung kann sich der Vorstand durch Zuwahl anderer Mitglieder verstärken. Auch ist Selbstergänzung zulässig, wenn ein Mitglied des Vorstandes in der Zeit zwischen zwei Mitgliederversammlungen ausscheidet.

** In Berlin hat die Mitgliederversammlung am 3. 10. 1979 die folgende zusätzliche Erläuterung angenommen:

„Universität im Sinne dieser Vorschrift ist eine wissenschaftliche Hochschule, die das Habilitationsrecht in den Fächern des öffentlichen Rechts und die Promotionsbefugnis zum Doctor iuris besitzt und an der Juristen durch einen Lehrkörper herkömmlicher Besetzung ausgebildet werden."

§5

Zur Vorbereitung ihrer Beratungen kann die Mitgliederversammlung, in eiligen Fällen auch der Vorstand, besondere Ausschüsse bestellen.

§6

Über Eingaben in den Fällen des §1 Ziffer 2 und 3 und über öffentliche Kundgebungen kann nach Vorbereitung durch den Vorstand oder einen Ausschuß im Wege schriftlicher Abstimmung der Mitglieder beschlossen werden. Ein solcher Beschluß bedarf der Zustimmung von zwei Dritteln der Mitgliederzahl; die Namen der Zustimmenden müssen unter das Schriftstück gesetzt werden.

§7

Der Mitgliedsbeitrag wird von der Mitgliederversammlung festgesetzt. Der Vorstand kann den Beitrag aus Billigkeitsgründen erlassen.

FSC
www.fsc.org
MIX
Papier | Fördert gute Waldnutzung
FSC® C083411

Kolibri 360 GmbH
Ferdinand-Jühlke-Straße 7
99095 Erfurt, Deutschland
produktsicherheit@kolibri360.de